IMPARTITION

FONDEMENTS ET ANALYSES

IMPARTITION

FONDEMENTS ET ANALYSES

Sous la direction de Michel Poitevin

Les Presses de l'Université Laval
1999

Les Presses de l'Université Laval reçoivent chaque année du Conseil des Arts du Canada et de la Société de développement des entreprises culturelles du Québec une aide financière pour l'ensemble de leur programme de publication.

CANADA Nous reconnaissons l'aide financière du gouvernement du Canada par l'entremise de son Programme d'aide au développement de l'industrie de l'édition pour nos activités d'édition.

Données de catalogage avant publication (Canada)

Vedette principale au titre :

Impartition : fondements et analyses

Comprend des réf. bibliogr.

ISBN 2-7637-7659-0

1. Impartition. 2. Impartition – Aspect économique. 3. Gestion. 4. Impartition – Cas, Études de. 5. Services publics – Impartition. I. Poitevin, Michel, 1957-   .

HD3860.I46   1999   658.7'23   C99-940419-9

Infographie : Mariette Montambault

Couverture : Chantal Santerre

Distribution de livre UNIVERS
845, rue Marie-Victorin
Saint-Nicolas (Québec)
Canada G7A 3S8
Tél. (418) 831-7474 ou 1 800 859-7474
Téléc. (418) 831-4021
http://www.ulaval.ca/pul

TABLE DES MATIÈRES

PARTIE 2
LA LOGISTIQUE DE L'IMPARTITION

LES AUTEURS

Ont contribué à cet ouvrage sous la supervision de Michel Poitevin :

GAMAL ATALLAH
Industrie Canada, Université de Montréal et CIRANO.

BENOIT AUBERT
Technologies de l'information, École des Hautes Études Commerciales de Montréal et CIRANO.

MARIO BOURGAULT
École polytechnique de Montréal et CIRANO.

MARCEL BOYER
Titulaire de la Chaire Stephen A. Jarislowsky en technologie et concurrence internationale, École polytechnique de Montréal ; Département de sciences économiques, Université de Montréal et CIRANO.

MARIE-HÉLÈNE CONSTANTIN
Droit du travail, Martineau Walker, Montréal.

PATRICK GONZÁLEZ
Département d'économique, Université Laval et CIRANO.

PIERRE LASSERRE
Département des sciences économiques, Université du Québec à Montréal et CIRANO.

MICHEL MOREAUX
Institut universitaire de France ; ERNA-INRA, GREMAQ et IDEI, Université de Toulouse I, France.

MICHEL PATRY
Institut d'économie appliquée, École des Hautes Études Commerciales de Montréal et CIRANO.

MICHEL POITEVIN
Département de sciences économiques, Université de Montréal, CRDE et CIRANO.

SUZANNE RIVARD
Technologies de l'information, École des Hautes Études Commerciales de Montréal et CIRANO.

BERNARD SINCLAIR-DESGAGNÉ
Département de mathématiques et de génie industriel, École polytechnique de Montréal et CIRANO.

GILDA VILLARAN
Droit des affaires, Martineau Walker, Montréal.

REMERCIEMENTS

Nous, les auteurs de cette monographie, tenons à remercier Alain Charbonneau pour l'excellent travail de révision du français qu'il a accompli, pour avoir osé changer nos écrits, pour nous avoir démontré que la langue française est remplie de nuances et de subtilités qui trop souvent nous échappent.

Nous tenons également à remercier Sylvie Barrette-Méthot et Nathalie Bannier pour leur excellent travail de secrétariat et sans qui l'intégration des chapitres n'aurait pu prendre forme. Finalement, nous tenons à remercier Steve Girard pour son excellent travail bibliographique.

RECONNAISSANCES

Les travaux de recherche ayant permis de réaliser un tel ouvrage ont été faits sous l'égide du CIRANO. Le CIRANO (Centre interuniversitaire de recherche en analyse des organisations) constitue une corporation privée à but non lucratif qui s'est donné pour mission de développer l'analyse scientifique des organisations et des comportements stratégiques en établissant au Québec une équipe de recherche de haut niveau dans ces domaines. La création de partenariats de recherche avec les entreprises, de même que la diffusion des résultats de ces recherches, font également partie de cette mission.

L'existence du CIRANO est rendue possible grâce au financement accordé par le ministère de la Recherche, de la Science et de la Technologie, par ses partenaires corporatifs et par la contribution en ressources humaines de ses partenaires universitaires :

Alcan Aluminium ltée
Banque Nationale du Canada
Bell Canada
Développement des ressources humaines Canada [DRHC]
Egis
Fédération des caisses populaires Desjardins de Montréal et de l'ouest du Québec
Hydro-Québec
Imasco
Industrie Canada
Microcell Labs Inc.
Raymond Chabot Grant Thornton
Téléglobe Canada Inc.
Ville de Montréal

École des Hautes Études Commerciales (HEC)
École polytechnique de Montréal
Université Concordia
Université de Montréal
Université du Québec à Montréal
Université Laval
Université McGill

LISTE DES FIGURES

LISTE DES GRAPHIQUES

LISTE DES TABLEAUX

INTRODUCTION

Michel Poitevin[1]

Impartition et sous-traitance apparaissent souvent comme des synonymes et pourtant, les deux termes recoupent des réalités distinctes l'une de l'autre. La sous-traitance renvoie aux modalités (économiques ou légales) de toute forme de délégation. L'impartition, elle, désigne une stratégie d'entreprise et se distingue donc de la sous-traitance en ce qu'elle comporte une dimension managériale essentielle : elle touche non seulement à la cession d'une activité de production comme telle, mais aussi à tout ce qui motive la décision de céder à un fournisseur externe la responsabilité de produire un bien ou de fournir un service. En d'autres termes, l'impartition intègre une réflexion sur l'opportunité de la sous-traitance. Une entreprise doit-elle se délester d'une part de sa production ? Quel volume d'activités doit-elle céder au sous-traitant ? Comment peut-elle optimiser le choix de ses partenaires ? Quels types de contrats doit-elle signer ? Ces questions délimitent le domaine propre à l'impartition, car, selon les réponses qu'il leur apportera, un gestionnaire sous-traitera ou non le produit ou le service dont il est responsable.

L'impartition a fait couler beaucoup d'encre dans les dernières années, sans doute parce qu'elle touche autant les entreprises que les organisations publiques. MacMillan (1994) note que, relativement aux grandes entreprises américaines, le nombre médian d'employés des entreprises du Fortune 500 est passé de 16 018 en 1973 à 13 100 en 1983 et à 10 136 en 1993, soit une baisse de 37 % en 20 ans. Dans le secteur public, on a assisté à plusieurs vagues de rationalisation. Par exemple, en Angleterre, le *Compulsory Competitive Tendering* (ou CCT), qui soumet chaque service à des appels d'offres obligatoires, a complètement modifié la prestation des services municipaux. De nos jours, l'impartition touche pratiquement toutes les sphères économiques et est pratiquée dans presque tous les pays industrialisés.

Quelles sont les causes de ce phénomène organisationnel grandissant ? La présente monographie aborde l'impartition dans une double perspective de gestion et d'économique. Elle vise à jeter un nouvel éclairage sur ce phénomène en présentant les arguments théoriques sous-jacents à l'impartition et en illustrant ces arguments par des études de cas.

---

1. Département de sciences économiques, Université de Montréal, CRDE et CIRANO.

La monographie comporte quatre parties. Dans la première, on trouve les grands enjeux de l'impartition : compétences-clés, concurrence et changement technologique. Les chapitres de la deuxième partie exposent de façon plus détaillée certains facteurs-clés qui peuvent expliquer le recours à l'impartition : les considérations stratégiques et informationnelles, la présence d'investissements spécifiques, le caractère irréversible et risqué de la décision d'impartition, les possibilités offertes par le mariage organisationnel. La plupart des arguments avancés se situent dans un contexte générique et s'appliquent tout aussi bien au secteur privé qu'au secteur public. La troisième partie présente de nombreuses analyses de cas qui viennent illustrer les arguments avancés dans la partie précédente. D'une revue des études statistiques des résultats de l'impartition, on passe à une présentation de divers cas bien documentés de firmes dans plusieurs industries pour terminer par un bilan de données inédites sur les tendances à l'impartition dans les municipalités canadiennes. Enfin, on termine avec une partie sur les considérations légales à prendre en compte dans toute aventure d'impartition. Histoire de mettre l'eau à la bouche du lecteur, on offre maintenant un plan plus détaillé de la monographie.

L'objectif de la première partie est de présenter les grands enjeux économiques de l'impartition. Le premier chapitre insiste sur le fait que la concurrence qui s'exerce sur les organisations tant privées que publiques les force à se concentrer sur leurs compétences-clés. Cela leur permet de survivre, de demeurer compétitives dans un monde de plus en plus concurrentiel. Les sources de compétitivité proviennent des produits offerts, des activités exercées et des savoir-faire de l'organisation. Les compétences-clés trouvent leur source au sein de ces éléments. Mais comment gérer ces compétences ? Pour bien gérer, il faut savoir les identifier, les entretenir et les renouveler si nécessaire. Cet exposé se termine par l'identification de principes sous-jacents à cette théorie des compétences-clés qui conduisent à l'impartition.

Le chapitre suivant explique l'émergence de l'impartition par deux facteurs : l'accroissement de la concurrence (tout comme le premier chapitre) et le changement technologique. Sur le plan technologique, on décrit comment l'avènement des nouvelles technologies de l'information a affecté différentes facettes de l'impartition, de la recherche de partenaires à la spécificité des actifs en passant par la coordination et la supervision des relations d'impartition. Le changement technologique a également frappé les technologies de production, affectant ainsi les décisions d'impartition. Les facteurs principaux sont le développement des processus de conception et de production assistées par ordinateur et la présence grandissante d'économies d'échelle. Enfin, l'impartition peut toucher le processus d'innovation technologique lui-même. La dernière portion du chapitre analyse les effets de la concurrence sur les incitations et l'impartition.

L'objectif de la deuxième partie est d'entrer dans la « microéconomie » de l'impartition et de présenter les principaux facteurs technologiques, incitatifs et organisationnels qui affectent la décision d'impartir. Elle regroupe six chapitres. Le

premier décrit les bénéfices et les coûts d'une décision d'impartir lorsqu'un intervenant (fournisseur et/ou donneur d'ordres) possède une information privilégiée que
ne détient pas l'autre partie. Les considérations informationnelles affectent non
seulement la décision d'impartir mais également la forme des ententes entre parties
(contrats) s'il y a impartition. Après avoir décrit ce qu'on entend par information
privée et discuté de sa pertinence, l'auteur analyse l'impact de cette information sur
le mode de production, soit à l'interne, soit à l'externe. Un élément crucial dans ce
choix demeure la nécessité de coordonner la décision à partir de l'information de
tous les intervenants. Le chapitre se clôt par une discussion de certains problèmes
contractuels qui affectent l'efficacité des ententes, soit les problèmes de renégociation
et de collusion.

Le deuxième chapitre étudie le rôle des investissements dits spécifiques
dans l'attribution des droits de contrôle et, donc, dans la décision d'impartir. L'auteur,
qui définit dans une première étape ce qu'il faut entendre par investissements spécifiques, démontre dans la suite du texte que la présence de contrats incomplets
justifie le recours aux droits de propriété comme mécanisme incitatif. L'attribution
des droits de propriété s'apparente à une décision d'impartition. Un lien est donc
créé entre la présence d'investissements spécifiques dans une relation productive et
la structure organisationnelle gérant cette relation.

L'impartition peut comporter de nombreux avantages. Cependant, un
élément de risque est toujours associé à toute décision d'impartir. Le résultat final
peut être passablement différent de celui escompté. Le troisième chapitre présente
et analyse les risques multiples auxquels une organisation s'expose lorsqu'elle impartit une activité. Les auteurs énumèrent d'abord les conséquences négatives pouvant résulter d'une décision d'impartition pour ensuite les relier aux facteurs de
risque qui les sous-tendent. Cette analyse débouche subséquemment sur des éléments de stratégie pouvant atténuer les risques auxquels l'organisation fait face.

L'étude de la décision d'impartir se fait souvent en « vase clos », c'est-à-
dire sans égard aux concurrents du donneur d'ordres. Or, tout changement organisationnel peut avoir des conséquences sur le degré de concurrence dans une industrie,
puisqu'il conditionne la capacité de réaction de l'entreprise à de nouvelles conditions de marché.

Le quatrième chapitre étudie le rôle stratégique que peut jouer l'impartition
dans une industrie oligopolistique. La prémisse est qu'une entreprise peu intégrée
(avec un niveau élevé d'impartition) est relativement plus flexible qu'une entreprise
fortement intégrée. La flexibilité d'une structure organisationnelle impartie permet
de réagir rapidement aux conditions changeantes de l'environnement, alors qu'une
structure intégrée permet de faire une concurrence plus rude aux concurrents. Une
entreprise oligopolistique doit pondérer ces facteurs en plus de tenir compte du
comportement organisationnel de ses concurrents – avec lesquels elle est engagée
dans une lutte stratégique.

Les deux derniers chapitres portent sur la gestion même de la décision d'impartition. Le cinquième chapitre traite des conséquences de l'irréversibilité des décisions d'impartition. Par irréversibilité, on entend qu'il est généralement difficile de faire marche arrière à peu de frais après avoir imparti une activité. Dans ce cas, retarder la décision d'impartir dans le but d'avoir une meilleure information peut constituer une option valable. Or, cette option a une valeur économique : elle peut être évaluée. On doit donc en tenir compte dans la détermination du juste moment où l'on devrait impartir.

Le dernier chapitre traite de toutes les facettes du mariage organisationnel. La première étape consiste à choisir le partenaire et, donc, à évaluer sa réputation ainsi que sa culture d'entreprise. Le donneur d'ordres doit ensuite gérer la transition vers une structure impartie en réglant tous les problèmes politiques qui peuvent survenir. Puis la relation d'impartition doit être bien gérée, c'est-à-dire qu'on doit mettre en place des systèmes de gestion cohérents et incitatifs, évaluer et rémunérer en conséquence la performance. Enfin, le renouvellement ou la rupture du contrat doivent également être bien gérés.

La troisième partie vise à présenter l'état des connaissances en matière d'expériences vécues d'impartition. Le premier chapitre fait une revue quasi exhaustive de toutes les études statistiques sur les effets de changements organisationnels telles l'impartition ou l'intégration verticale. Une section de ce chapitre est consacrée à l'impartition dans le secteur public. L'auteur discute des sources d'économies et des effets sur la qualité d'une décision d'impartition. La dernière section fait le bilan de l'expérience des autorités locales anglaises en matière d'impartition.

Le deuxième chapitre présente deux cas d'impartition qui font ressortir à la fois les bénéfices et les difficultés d'un processus d'impartition d'activités. Dans un cas, l'impartition s'est avérée un franc succès alors qu'elle s'est soldée par un échec total dans le second cas. Les causes du succès ou de l'échec sont analysées en détail.

Les « services informatiques » ont été dans plusieurs cas une des premières fonctions importantes à être imparties par les entreprises. En 1993, Aubert, Patry et Rivard (1994) réalisaient une première enquête auprès d'entreprises sur le comment et le pourquoi de l'impartition des services informatiques. Le troisième chapitre présente les résultats d'une nouvelle enquête menée auprès des mêmes entreprises afin de pouvoir comparer l'évolution des attitudes et des attentes face à l'impartition ainsi que des motifs d'impartir.

Le quatrième chapitre présente une étude de l'impartition et de la sous-traitance dans l'industrie aérospatiale nord-américaine. Cette étude se distingue d'autres études en prenant la perspective des sous-traitants. On analyse les facteurs de succès ou d'échec d'une relation donneur d'ordres – sous-traitants.

Le cinquième chapitre présente les cas de trois entreprises qui ont poussé à la limite leur stratégie d'impartition jusqu'à devenir des « entreprises virtuelles ».

Les auteurs décrivent dans un premier temps ce qu'est une organisation virtuelle pour ensuite étudier comment ces entreprises sont devenues virtuelles. Cette étude permet également de mieux comprendre les limites de telles formes organisationnelles.

Le sixième chapitre présente les résultats d'une enquête inédite sur l'impartition ainsi que les intentions des municipalités canadiennes en matière de délégation des services publics. Ensuite, un sous-ensemble de ces activités est analysé en détail relativement au pourquoi et au comment de l'impartition. Cette étude fait également ressortir certaines différences interprovinciales intéressantes.

Enfin, la dernière partie tient en un seul chapitre qui couvre toutes les considérations légales entourant une décision d'impartition tant à l'échelle canadienne que québécoise. Après avoir dressé un portrait de la situation actuelle, les auteures décrivent les éventuelles modifications qui pourraient être apportées aux contrats de sous-traitance conformément aux recommandations du Rapport Mireault sur l'application des articles 45 et 46 du *Code du travail*.

PARTIE 1

LES LOGIQUES DE L'IMPARTITION

Chapitre 1.1

COMPÉTENCES-CLÉS

Bernard Sinclair-Desgagné[1]

1.1.1   INTRODUCTION

On ne peut de nos jours amorcer une réflexion sur l'impartition sans évoquer la notion de compétences-clés. Après maintes expériences plus ou moins heureuses de diversification et de changement organisationnel, les organisations ont, au cours de la dernière décennie, su bâtir sur le socle des compétences-clés une gestion cohérente et performante de leurs activités. Pour plusieurs, cependant, la notion de compétences-clés, bien que suggestive, reste plutôt vague et abstraite. Cela est particulièrement vrai pour les gestionnaires d'organismes publics, car cette notion, élaborée avant tout par et pour les entreprises privées, donne souvent l'impression de ne s'adresser qu'à celles-ci. Ce chapitre développe une définition opérationnelle des compétences-clés, pertinente à la fois pour les organisations publiques et privées. On proposera certaines méthodes permettant d'identifier, d'entretenir et de renouveler les compétences-clés au sein d'une organisation. On dégagera du même coup des principes pouvant servir de base à la réflexion sur l'impartition.

1.1.2   AU COMMENCEMENT, IL Y EUT LA CONCURRENCE

Intuitivement, la notion de compétence-clé suggère la comparaison : on pense à certaines activités, à certains produits que l'on réussit mieux que les autres. Une compétence ne mérite d'être appelée « clé » qu'au feu de la compétition. Un préalable à une définition opérationnelle des compétences-clés consiste donc à examiner la concurrence à laquelle fait face l'organisation, pour étudier ensuite comment elle s'en sort et pourquoi.

Cette insistance sur la compétition vue comme point de départ d'une analyse des compétences-clés peut paraître inappropriée pour les organisations publiques. Même s'il est actuellement à la mode de proposer pour celles-ci les recettes

---

1. Département de mathématiques et de génie industriel, École polytechnique de Montréal et CIRANO.

de gestion ayant fait le succès de leurs homologues privés, l'application concrète de ces recettes au secteur public bute en effet généralement sur plusieurs écueils. Ces difficultés sont attribuables au fait que les organisations publiques ont pour tâche d'assurer la livraison de biens et services *non appropriables*, c'est-à-dire dont la consommation par un citoyen ne réduit pas les possibilités de consommation des autres. La police et l'appareil judiciaire sont de bons exemples de tels services. Une organisation publique obéit aussi à des *objectifs d'équité*. Certains biens et services – dont l'eau et le service d'aqueduc – doivent être accessibles à tous les citoyens, quel que soit leur budget, en quantités et en qualités acceptables. Pour ces raisons, on voit mal l'établissement d'un véritable marché pour les biens et services publics, analogue au marché habituel, où les transactions entre les citoyens et l'organisme public seraient régies par le libre ajustement des prix. C'est précisément là que s'arrête l'analogie entre l'entreprise privée et l'organisation publique. À cause de sa mission, cette dernière est nécessairement beaucoup moins soumise à la vérité des prix, ce qui rend inopérants plusieurs des instruments de pilotage utilisés dans l'entreprise privée.

Bien qu'elles ne soient pas assujetties *stricto sensu* à la discipline du marché, les organisations publiques ne peuvent pour autant éluder toute compétition, même à court terme. Prenons l'exemple d'une municipalité. L'opinion des citoyens d'une ville influe constamment sur la quantité et la qualité des biens et services municipaux par d'autres moyens que l'achat ou l'acquisition. La tribune politique reste un canal privilégié permettant aux citadins d'exprimer leurs exigences à cet égard. Ce canal touche directement les élus, mais le message risque d'être manipulé par les groupes de pression et de ne pas pénétrer l'administration municipale en tant que telle. Une manifestation moins équivoque des préférences des citoyens est leur décision de résider ou non sur le territoire municipal. Une agglomération urbaine comprend en effet plusieurs municipalités. Par leur choix de résidence, les citoyens et les entreprises votent sur la quantité et la qualité des biens et services municipaux, de la même manière qu'en usant de leur tirelire ils élisent les gagnants et les perdants au jeu du marché. En ce sens, une municipalité peut être vue comme un *club* dont les adhérents sont les citoyens résidants[2]. Il est logique qu'elle cherche à optimiser le nombre et la composition de ses membres, et c'est sur le « membership » que les municipalités se font effectivement concurrence.

Revenons maintenant aux compétences-clés. Comme nous l'avons dit, celles-ci semblent sous-tendre la manière dont une organisation (publique ou privée) se démarque de ses concurrentes. Ce constat d'un avantage organisationnel doit reposer sur le choix d'un critère de performance clair et approprié. Dans le cas d'une entreprise privée, ce critère pourra être le profit, les parts de marché ou la valeur des actions; pour une municipalité, on utilisera plutôt la rente foncière ou,

---

2. Cette analogie a par ailleurs été vérifiée récemment dans le cadre de la communauté urbaine de Los Angeles. Le lecteur pourra consulter à ce sujet l'étude d'E. J. Heikkila, « Are Municipalities Tieboutian Clubs ? ».

encore, le nombre et la composition des résidants[3]. L'avantage organisationnel constaté doit aussi s'inscrire dans la durée. On qualifiera finalement de *compétitive* une organisation qui maintient sur une période relativement longue une performance égale ou supérieure à celle de ses rivales. C'est vers l'étude des sources de la compétitivité ainsi définie que nous allons maintenant nous tourner.

1.1.3   DES SOURCES DE COMPÉTITIVITÉ

Une analyse des causes de la compétitivité peut se dérouler à trois niveaux. La compétitivité d'une organisation provient d'abord du montant des bénéfices ou du degré de satisfaction que l'on retire de ses *produits*. On peut, par ailleurs, rechercher les raisons de la compétitivité à un niveau plus fondamental, soit la manière dont les *activités* nécessaires à la production fonctionnent et s'enchaînent. On peut, enfin, tenter de fonder la compétitivité sur certains *savoir-faire* apparemment indispensables au bon exercice des activités elles-mêmes. Nous allons examiner séparément de plus près ces trois niveaux. On verra que c'est celui des savoir-faire qui s'avère le plus pertinent pour répondre aux questions relatives à la décision d'impartir. Or c'est précisément à ce niveau que se situent les compétences-clés.

1.1.3.1   Les produits

Pour se distinguer des autres et survivre, une organisation doit ultimement livrer des biens et services dits à *valeur ajoutée*. La notion de « valeur ajoutée » est actuellement beaucoup utilisée dans l'entreprise privée, où elle se rapporte à l'écart existant entre le prix de vente et le coût des intrants. Un tel écart peut être dû au fait que le bien ou le service est unique en son genre, ou bien qu'il est meilleur à certains points de vue que ses plus proches substituts, ou enfin qu'on a découvert et mis en branle des méthodes de production plus efficaces.

Saisir la valeur ajoutée par les biens et services d'une organisation publique reste cependant plus difficile à cause de l'absence de marché proprement dit pour ces biens et services. Mais la tâche n'est pas impossible. Les économistes de l'environnement ont élaboré plusieurs méthodes pour ce faire. L'une de ces méthodes est celle dite des *prix hédonistiques*: elle permet de mesurer l'impact sur le prix de marché de certains biens et services (les maisons, par exemple) des changements dans la quantité ou la qualité de biens non marchands. Cette méthode a déjà été appliquée au calcul de la valeur de nombreux biens incorporels (*tangible assets*),

---

3.   Ajoutons que les critères et les politiques choisis différeront selon que la municipalité est une métropole ou une banlieue. On peut, par exemple, démontrer que maximiser la valeur foncière n'est pas un objectif raisonnable pour les résidants d'une métropole parce que les politiques en ce sens auront aussi des retombées sur la valeur foncière dans les banlieues et ne seront jamais complètement capitalisées dans le prix des maisons des propriétaires résidants de la métropole. À ce sujet, le lecteur peut consulter, entre autres, l'article de W. H. Hoyt, « Market Power of Large Cities and Policy Differences in Metropolitan Areas ».

comme le niveau de bruit au voisinage d'une autoroute ou la qualité de l'air ambiant[4].

Une autre difficulté affectant le calcul de la valeur ajoutée réside dans le fait qu'un même intrant entre souvent dans la fabrication non pas d'un seul mais de plusieurs produits. Le personnel de vente assume généralement la responsabilité de vendre plusieurs biens et services en même temps. Un autre exemple nous est fourni par la construction d'une usine d'assemblage devant produire divers modèles d'automobiles. Un troisième exemple, enfin, est celui des sièges sociaux qui coordonnent et soutiennent simultanément les diverses divisions d'une entreprise. Il faudra dans ces cas utiliser des méthodes permettant d'imputer séparément à chacun des produits les coûts communs[5].

Le calcul de la valeur ajoutée permet à une organisation de préciser sa position concurrentielle sur les divers marchés où elle est présente. Mais il s'agira en l'occurrence uniquement de dresser une liste des succès de l'entreprise ou des symptômes dont elle souffre. La décision d'abandonner une ligne de produits, décision qui serait fondée exclusivement sur le fait que la valeur ajoutée par ces produits reste faible, serait prématurée et risquerait même de heurter la compétitivité d'une organisation. Comme on le verra maintenant, l'analyse des causes et l'établissement d'un diagnostic, de même que l'adoption et l'application de correctifs et de remèdes, doivent se situer à un autre niveau.

1.1.3.2   Les activités

L'analyse de la valeur ajoutée, parce qu'elle comprend une évaluation des coûts des intrants, mène naturellement à l'identification de la contribution respective des différentes activités. C'est à ce niveau, celui des activités, qu'une organisation peut véritablement commencer à diagnostiquer les sources de sa compétitivité (ou de son manque de compétitivité). Une notion utile pour ce faire est celle de la chaîne de valeur (*value chain*), mise de l'avant notamment par Michael Porter[6].

La chaîne de valeur est une manière systématique de représenter une organisation en fonction des activités qu'elle exerce et de leurs interactions (tableau 1.1.1). On distingue généralement les activités dites élémentaires (*primary activities*), dont les catégories dans l'ordre chronologique sont la logistique, la production, le marketing et le service au client, et les activités dites d'appoint (*support activities*), qui se rapportent à la gestion des ressources humaines, à l'infrastructure de l'entreprise, au développement technologique et à la gestion des approvisionne-

---

4.   Le lecteur souhaitant en savoir plus sur la méthode des prix hédonistiques ou sur d'autres méthodes peut consulter notamment l'ouvrage de N. Hanley et C. L. Spash, *Cost-Benefit Analysis and the Environment*.

5.   À ce sujet, voir le récent rapport du CIRANO sur le « Partage des coûts communs », par Marcel Boyer, Michel Moreaux et Michel Truchon.

6.   Ceci n'est évidemment qu'un résumé très succinct. Pour en savoir plus, voir le livre de M. E. Porter, *Competitive Advantage. Creating and Sustaining Superior Performance*.

ments et des fournisseurs. La description et la configuration précises des activités qui constituent la chaîne de valeur varieront toutefois selon l'industrie, voire l'organisation considérée. Une banque mettra plutôt l'accent sur les activités de service; une chaîne de détaillants sur la logistique ou sur la gestion des approvisionnements; un fabricant de matériel de transport sur le système de production; et l'importance accordée à une catégorie d'activités déterminera ensuite le niveau de détail avec lequel on analysera ces mêmes activités.

TABLEAU 1.1.1

Principaux éléments d'une chaîne de valeur

Activités d'appoint	Gestion des ressources humaines
	Infrastructure de l'entreprise
	Recherche et développement
	Gestion des approvisionnements
Activités élémentaires	Logistique
	Production
	Marketing
	Service à la clientèle

Cette façon de faire prête, bien sûr, le flanc à des raisonnements circulaires : on attend de l'analyse de la chaîne de valeur des modifications, voire un recentrage de la stratégie existante, mais c'est cette dernière qui semble imposer la direction que prend l'analyse. C'est ici que le calcul de la valeur ajoutée s'avère utile. En permettant de chiffrer (plus ou moins exactement) la contribution de diverses activités, cet exercice confère en effet une plus grande objectivité à la construction de la chaîne de valeur. A priori, chacune des machines d'une usine pourrait constituer une activité séparée; ou, encore, la fonction de développement technologique pourrait être vue globalement comme une seule activité. Le principe de base devant finalement régir le degré d'agrégation des activités de la liste est la contribution de chaque activité aux coûts et à la valeur ajoutée, contribution qui ne devrait être ni trop élevée ni trop faible.

L'utilité principale de la chaîne de valeur réside toutefois non pas tellement dans l'énumération et la définition des activités principales de l'organisation, mais surtout dans la prise de conscience des liens (*linkages*) entre les différentes activités[7]. Il existe un lien entre deux activités lorsque la manière dont s'exerce l'une d'elles affecte les coûts et la performance de l'autre. De tels liens abondent dans toute organisation. Certains sont évidents, mais la plupart – comme le lien entre la gestion des approvisionnements et les coûts de fabrication ou, encore, celui entre le

---

7. Selon Porter (p. 49) : « Much of the recent change in philosophy towards manufacturing and towards quality – strongly influenced by Japanese practice – is a recognition of the importance of linkages. »

développement technologique et la force de vente – seront généralement implicites et méconnus au moment de la conception de la chaîne de valeur. La description des liens entre activités permet d'abord d'expliciter les compromis auxquels consent l'organisation dans la poursuite d'un objectif stratégique : des procédures d'approvisionnement plus rigoureuses, une conception de produit plus méticuleuse ou des inspections plus fréquentes et plus sévères peuvent, par exemple, diminuer le coût des services à la clientèle, et vice-versa. Pour notre propos, la recherche des liens entre activités permet ensuite d'identifier les activités que nous appellerons les *activités-pivots*, qui ne sont pas nécessairement les activités les plus visibles ni les plus coûteuses, mais qui sont essentielles à la production de la valeur et autour desquelles gravitent toutes les autres activités. La stratégie et la structure d'une organisation devront s'articuler en fonction de ces activités. C'est ce qu'illustre le mot d'ordre du président-directeur général de la Scandinavian Airlines (SAS), Jan Carlzon, aux employés de la compagnie, dont la plupart des activités-pivots se rapportent au service à la clientèle : « If you're not serving the customer, your job is to be serving someone who is. »

Le repérage des activités-pivots permet de mettre le doigt sur le lieu où se détermine la compétitivité d'une organisation. L'exercice de ces activités doit être constamment bonifié si l'organisation en question veut survivre. La description des moyens pour ce faire appelle cependant une réflexion à un niveau encore plus fondamental, celui des savoir-faire. Décider, à ce stade-ci, d'impartir la totalité ou un sous-groupe des activités qui ne sont pas des activités-pivots serait encore une fois prématuré.

1.1.3.3   Les savoir-faire

L'exercice d'une activité requiert au départ un ou des savoir-faire. Les activités de logistique exigent une connaissance pratique des systèmes d'information; celles liées au développement technologique requièrent des compétences scientifiques et techniques déterminées; celles rattachées à la gestion des ressources humaines demandent la compréhension de la situation actuelle et des tendances en matière de réglementation de la main-d'œuvre; celles, enfin, se rapportant à la gestion des approvisionnements supposent habituellement quelque formation en comptabilité. Certains, voire la plupart, de ces savoir-faire feront l'objet de contrats négociés entre l'organisation et ses membres. Même s'ils sont abondants et de très haute qualité à un moment donné au sein d'une organisation, ces savoir-faire ne devraient cependant générer que des bénéfices passagers, car la menace bien réelle qu'une organisation concurrente parvienne à se les approprier fera toujours disparaître la rente éventuelle de l'entreprise (au profit des entreprises rivales, et des employés concernés qui négocieront leur rémunération à la hausse).

Pour comprendre les raisons de l'excellence prolongée dans l'exercice d'une activité, il faut plutôt se tourner vers des savoir-faire non contractuels et diffus, donc *inimitables*. De manière anecdotique, ces savoir-faire sont ceux auxquels faisait allusion l'entraîneur d'une équipe rivale en parlant des anciens Packers de Green Bay : « We know exactly what they're going to do; all we have to do is stop them. However, hardly anybody does. » De tels savoir-faire semblent sous-jacents aux activités de production d'écrans plats de la compagnie Sharp, aux activités de service à la clientèle chez IBM ou, encore, aux activités de développement technologique de la compagnie 3M (voir l'encadré, p. 16). Lorsque ces savoir-faire sous-tendent une ou des activités identifiées comme étant des activités-pivots, il convient de les appeler des *compétences-clés*.

Les compétences-clés sont des savoir-faire liés à la *coordination* et à l'*intégration* de plusieurs ressources et compétences particulières au sein d'une ou de diverses activités-pivots, et peut-être aussi de leurs activités environnantes. En d'autres termes :

> [...] au cœur de la gestion des compétences-clés réside la capacité d'agréger des éléments de savoir-faire spécialisés (éléments enracinés dans des aptitudes, des systèmes techniques, et des activités spécifiques) en des compétences plus larges [...]. Ce qui confère un avantage concurrentiel à une entreprise n'est pas juste la somme de ses compétences élémentaires, mais la façon dont elles sont agrégées. Honda est beaucoup plus que la somme de ses technologies et de ses pratiques commerciales. Pour Honda, ce n'est pas la thermodynamique, la métallurgie, le calcul structurel, l'aérodynamique, ou bien d'autres technologies élémentaires qui fourniraient seules un avantage concurrentiel. C'est bien plus l'intégration entre fonctions autour du développement des produits, intégrant toutes ces technologies, mais aussi les transcendant, qui constitue une véritable compétence distinctive. [...] La compétence de Sony en matière de miniaturisation, par exemple, résulte de l'intégration de plusieurs compétences élémentaires différentes. La percée réussie d'AT&T dans le domaine des cartes de crédits résulte, elle aussi, de la combinaison de nombreuses compétences distinctes développées et cultivées depuis longtemps dans le secteur des services téléphoniques[8].

Ce dernier exemple de l'entrée d'AT&T sur le marché des cartes de crédit fait par ailleurs ressortir une autre facette importante des compétences-clés : leur caractère *générique*, ou la possibilité qu'elles offrent d'accéder à d'autres créneaux. Sur ce point, Bombardier offre un autre bon exemple : ses compétences dans la gestion de projets et dans l'assemblage, compétences développées grâce à la réalisation de contrats pour la construction de wagons de train ou de métro, lui ont permis d'entrer et de se maintenir avec succès dans l'industrie de l'aéronautique.

Si les activités-pivots sont le lieu de la compétitivité d'une organisation, les compétences-clés qui sous-tendent ces activités sont, quant à elles, maintenant vues comme la source de cette compétitivité[9]. La compétitivité à court terme d'une organisation dépend bien sûr de la qualité et du prix de ses biens et services. Mais

---

8. Y. Doz. « Le dilemme de la gestion du renouvellement des compétences-clés », p. 98.

9. Il n'en a pas toujours été ainsi. Ce changement de paradigme a coïncidé avec la parution de l'article fondamental de C. K. Prahalad et G. Hamel, « The Core Competence of the Corporation ».

DE LA DIFFICULTÉ D'IMITER POUR FAIRE AUSSI BIEN

L'anecdote relative aux anciens Packers de Green Bay révèle une chose : il ne suffit pas d'observer et de reconnaître la technique, encore faut-il l'exécuter correctement. Or le degré de perfection de l'exécution relève souvent davantage de l'art et de l'histoire que de la science du moment.

L'analogie avec la stratégie d'entreprise est directe. Il est devenu relativement facile de nos jours d'acquérir de nouvelles technologies. On peut pour cela recruter des spécialistes ou nouer des alliances. Il est beaucoup plus compliqué, en revanche, de combiner des technologies de manière judicieuse. Le Téléciné de Kodak en fournit un exemple. Ce produit permet à un producteur de prendre des films, de les digitaliser, de manipuler les images par ordinateur, puis de retransformer ces images en film. Il témoigne de la capacité de Kodak à intégrer les savoir-faire du chimiste et de l'électronicien. Ces savoir-faire sont disponibles dans les universités, les centres de R&D et sur le marché du travail. Beaucoup de compagnies les possèdent déjà. Mais jusqu'à présent, seule Kodak a su véritablement les intégrer*. Un autre exemple serait le Global Express de Bombardier-Canadair. Ce nouvel avion d'affaires, capable de relier sans escale New York à Tokyo à une altitude de 13 000 m, semble remporter beaucoup de succès, avant même sa production en série. Il combine des savoir-faire de pointe dans les domaines de la propulsion, du fuselage et de l'avionique. Tous les constructeurs aéronautiques (Gulfstream, Boeing, Airbus, etc.) ont aussi accès à de tels savoir-faire. Pourtant, seule Bombardier-Canadair a jusqu'à présent su les intégrer en un produit unique qui conforte sa niche actuelle dans l'industrie.

---

*   L'exemple de Kodak est tiré du numéro 22 (décembre 1994) de la revue *Manageris* résumant le livre *Competing for the Future* de Prahalad et Hamel.

les ressources et les procédés (humains, physiques, financiers et technologiques) permettant l'efficience et la qualité dont disposent des organisations concurrentes finiront toujours par converger. On admet maintenant que la compétitivité à long terme d'une organisation repose plutôt sur son habileté à développer plus rapidement et à un coût moindre ces savoir-faire inimitables que sont les compétences-clés. Dans la prochaine section, nous allons considérer diverses méthodes pour ce faire.

1.1.4 LA GESTION DES COMPÉTENCES-CLÉS[10]

Les compétences-clés sont des savoir-faire *inimitables* et *organisationnels* liés à l'*intégration* et à la *coordination* de plusieurs ressources au sein d'activités-clés. Leur caractère diffus et intangible semble défier toute tentative d'élaboration de définitions rigoureuses et de méthodes de construction précises. Toutefois, le fait que, depuis son apparition dans les cercles d'experts en management à la fin des années quatre-vingt, le vocable ait rapidement infiltré tous les cercles où l'on discute d'organisation semble révéler une compréhension intuitive et généralisée du concept. Plusieurs entreprises, japonaises surtout, ont par ailleurs déjà fait état de leur expérience en matière de définition, d'acquisition et de développement de compétences-clés. Ces expériences constituent le point de départ de la discussion qui suit.

1.1.4.1 Comment identifier une compétence-clé ?

La section précédente comporte déjà une méthode de repérage des compétences-clés. Les différentes étapes consistent dans l'ordre chronologique à d'abord partir des produits, pour ensuite passer aux activités et, enfin, remonter aux savoir-faire.

Premièrement, il faut procéder à l'**estimation de la valeur ajoutée** de tous les biens et services produits par l'organisation. Le principal obstacle à cette démarche réside souvent dans la complexité de la tâche : une compagnie comme 3M, par exemple, possède 60 000 produits. L'informatique et les technologies de l'information seront fortement mises à contribution à ce stade. Il est aussi possible de restreindre la gamme des produits considérés en se concentrant sur certains produits-clés (*core products*). Mais on risque, ce faisant, de biaiser l'identification des activités-pivots et des compétences-clés.

Deuxièmement, il faut **imputer la valeur ajoutée** aux diverses activités constituant la chaîne de valeur. Il existe plusieurs méthodes pour ce faire, les unes provenant de la comptabilité, en particulier de la comptabilité par activités, les autres fournies par la théorie des jeux coopératifs[11]. L'essentiel à ce stade consiste à

---

10. L'information contenue dans cette section sera nécessairement sommaire et parfois vague. Ce n'est pas seulement à cause du manque d'espace, mais surtout parce que le sujet de la gestion des compétences-clés est actuellement étudié par les économistes et les experts du management. On n'énoncera donc ici que quelques principes généraux qui paraissent devoir perdurer. Le lecteur intéressé à obtenir plus de détails peut néanmoins consulter, entre autres, les différents chapitres du récent livre édité par G. Hamel et A. Heene, *Competence-Based Competition*. Ou, encore, les récents ouvrages de G. Hamel et C. K. Prahalad, *Competing for the Future*, et de I. Nonaka et I. Takeuchi, *The Knowledge-Creating Company*.

11. Un survol de ces méthodes dépasserait largement l'objet de ce chapitre. Pour les procédures fondées sur la théorie des jeux, nous nous contenterons de renvoyer le lecteur au rapport de recherche de M. Boyer, M. Moreaux et M. Truchon, « Le partage des coûts communs ». Quant à la comptabilité par activités, une référence de base est le livre d'A. Atkinson, R. D. Banker, R. S. Kaplan et S. M. Young, *Management Accounting*.

choisir le bon **niveau d'agrégation** des activités. Une grille trop fine risque de diluer les contributions en s'attachant aux arbres plutôt qu'à la forêt. Des définitions trop larges, par contre, manqueront de souligner certains liens existant entre diverses tâches, liens qui serviront à repérer les compétences-clés. Enfin, le but principal de l'exercice est de préciser la nature des relations entre les différentes activités et d'identifier les activités-pivots, c'est-à-dire les activités dont la contribution à la valeur apparaît essentielle.

Troisièmement, sur la base des activités-pivots, il faut repérer parmi les **savoir-faire** sous-jacents à ces activités ceux qui sont génériques et intégrateurs, et qui ne sont pas imbriqués dans une ressource pouvant être marchandée. Une approche pour ce faire consiste à énoncer d'abord les problèmes de coordination inhérents à l'activité-pivot en question, pour ensuite saisir comment ces problèmes sont résolus. Ces problèmes peuvent être d'ordre interne, c'est-à-dire provenir de l'ajustement des diverses tâches composant l'activité ou, encore, d'ordre externe, c'est-à-dire être générés par l'alignement d'activités périphériques.

Au cours de la dernière décennie, plusieurs compagnies, principalement japonaises, ont tenté d'articuler leurs compétences-clés. La méthode généralement utilisée et décrite dans la littérature en management consiste à dresser une matrice où l'on met directement en relation les produits et les savoir-faire. À titre d'illustration, nous reproduisons ci-après une version abrégée de la matrice utilisée chez Canon.

Omettre de passer par les activités comporte cependant au moins deux écueils. Premièrement, la mise en œuvre d'une stratégie basée sur une telle analyse risque d'avorter le moment venu par manque de points d'ancrage. Une définition opérationnelle des compétences-clés exige qu'on leur associe des activités concrètes[12]. On pourra alors dire précisément ce qu'on attend que les personnes engagées dans ces activités fassent ou ne fassent pas, formuler des politiques précises de recrutement et de formation de la main-d'œuvre, gérer la dissémination de l'information et mettre en place une structure organisationnelle et des mécanismes d'incitation appropriés.

Deuxièmement, la décision d'impartir porte essentiellement sur des activités de la chaîne de valeur que l'on songe à déléguer à une autre organisation. L'utilisation des compétences-clés pour la prise de décision mènera donc de toute manière à identifier les activités-pivots qui leur servent de réceptacle.

---

12. Cette affirmation est fondée sur l'expérience d'experts et de consultants ayant travaillé à l'articulation et au développement des compétences-clés au sein de plusieurs organisations. Certaines de ces expériences sont relatées dans l'article de R. A. Irvin et E. G. Michaels III, « Core Skills: Doing the Right Things Right ».

TABLEAU 1.1.2

Matrice produits/savoir-faire de Canon

Savoir-faire / Produits	Mécanique de précision	Optique de précision	Micro-électronique	Imagerie électronique
App. photo électronique	•	•		
Caméra vidéo	•	•	•	•
Imprimante à laser	•	•	•	•
Imprimante couleur	•		•	•
Fax	•		•	•
Calculatrice			•	
Photocopieur	•	•	•	•

Source : *Manageris*, décembre 1994.

L'identification des compétences-clés, parce qu'elle part des produits, comporte toutefois le danger de la circularité : un produit à haute valeur ajoutée suggère une compétence-clé sous-jacente, mais ce sont les compétences-clés qui font le succès actuel et surtout futur d'un produit. L'entreprise Sony semble avoir déjà su éviter cet écueil. À la suite de la débâcle du Bétamax, elle a réduit sa participation au marché des lecteurs de vidéocassettes, sans pour autant cesser ses activités liées (mais non exclusivement) à ce type de produit, ce qui lui a permis de maintenir des compétences-clés grâce auxquelles elle affronte maintenant Matsushita sur le marché des caméscopes. Motorola, par contre, qui avait choisi d'abandonner pour des raisons financières la production de certaines puces, a dû recourir à des alliances avec des partenaires japonais pour récupérer les compétences-clés perdues et revenir au front sur le marché de la nouvelle génération de microprocesseurs[13]. D'une manière générale, il semble que le danger de la circularité puisse être contourné en incorporant à l'analyse de la valeur des produits des prévisions sur leur valeur future et en mettant encore une fois l'accent sur la deuxième partie de la démarche qui vise à repérer les activités-pivots.

Soulignons enfin que l'inclusion dans l'analyse de prévisions portant sur un horizon suffisamment long (10-15 ans) devrait aussi permettre de repérer les compétences-clés que l'on souhaiterait acquérir ou développer et de définir des moyens concrets pour ce faire. Ce sujet sera maintenant traité dans la sous-section suivante.

---

13. Ces exemples indiquent qu'il existe une valeur d'option associée au maintien et à l'entretien d'une compétence-clé. Le lecteur souhaitant en savoir plus sur la notion d'option réelle et sur les investissements irréversibles est prié de consulter le chapitre de ce livre portant sur « L'irréversibilité des décisions ».

1.1.4.2　Des principes devant régir l'entretien et le renouvellement des compétences-clés

La littérature managériale sur les compétences-clés converge sur au moins deux caractéristiques essentielles de leur dynamique.

Les compétences-clés sont des savoir-faire en action

Par conséquent, elles se maintiennent et se raffinent grâce à l'exercice régulier et répété de certaines activités. Et elles dépériront à cause du manque d'exercice des activités qui les nourrissent. À cet égard, les compétences-clés d'une organisation s'apparentent étrangement aux routines du musicien ou de l'athlète : comme ces dernières, elles exigent beaucoup de pratique. Trois importants corollaires découlent intuitivement de cette analogie. Premièrement, l'acquisition d'une compétence-clé risque de prendre du temps. On estime qu'il a fallu, par exemple, une vingtaine d'années à Casio pour harmoniser ses savoir-faire en matière de miniaturisation, de conception de microprocesseurs, de science des matériaux et de matériel de précision. Deuxièmement, les compétences-clés exigeant beaucoup de temps et d'efforts pour être maintenues, une organisation ne pourra en posséder qu'un nombre relativement restreint (estimé par les experts comme inférieur à dix) sur lequel elle sera pour ainsi dire *focalisée*. Les compétences-clés s'étiolent s'il y a trop d'activités et si on ne consacre pas assez de ressources aux activités essentielles à leur maintien. Enfin, troisièmement, le développement et l'entretien d'une compétence-clé présupposent un *engagement* ferme de la part de l'organisation. Il convient de noter que ces deux derniers corollaires exigent un engagement actif et soutenu de la part des dirigeants. La plupart des organisations où cet ingrédient a manqué n'ont pas réussi à entretenir leurs compétences-clés, ce qui a finalement entravé leur compétitivité.

Les compétences-clés résultent d'un apprentissage collectif se rapportant à la coordination et à l'intégration de plusieurs technologies et savoir-faire individuels

En d'autres termes, les compétences-clés sont « ancrées dans l'interaction de compétences individuelles, de systèmes et de procédures techniques et de gestion, d'actifs dédiés et, finalement, d'attitudes culturelles et de valeurs d'excellence dans des savoir-faire spécifiques[14] ». Une organisation devra permettre, voire encourager, une telle interaction et ne pas dissuader les essais et l'expérimentation en ce sens en évitant principalement de confiner les employés à des tâches définies de manière étroite et rigide.

> [...] la spécification exhaustive des procédures et l'adhérence stricte à celles-ci étouffent l'apprentissage [...].
>
> Un équilibre pour la direction est donc de créer un processus d'approfondissement et de diffusion des compétences à la fois strict et souple, permettant

---

14. Yves Doz, *op. cit.*, p. 93.

suffisamment de variations autonomes pour que l'apprentissage puisse avoir lieu, et présentant suffisamment de points communs pour qu'il soit possible d'en comparer la performance et d'en partager les résultats. [...]

L'équilibre à trouver entre expérimentation et approfondissement, entre diffusion par apprentissage informel ou par éducation formelle, et entre contrôle par l'observation des comportements ou par la mesure des résultats, varie donc selon la nature de la tâche (un banquier d'affaires ou un publiciste se doivent d'être créatifs, pas un chirurgien ni un pilote de ligne), selon le caractère plus ou moins collectif ou individuel des compétences et leur plus ou moins grande observabilité. Ces dimensions varient d'activité à activité et d'industrie à industrie. Elles peuvent également varier dans la même firme, selon le niveau des individus (par exemple partenaire senior ou associé junior) ou selon les fonctions remplies (une banque ne va pas rechercher le même équilibre entre variation et routinisation selon qu'elle gère ses agences locales et ses grands comptes, par exemple, ou les décisions de crédit et la recherche de nouveaux produits)[15].

Plus concrètement, les méthodes de gestion de la qualité totale ou de redéfinition des processus peuvent être vues comme des outils facilitant l'apprentissage organisationnel et le développement des compétences-clés. Ces méthodes offrent un cadre de travail, un langage et une méthodologie d'amélioration de l'action rigoureuse et complète, en particulier pour les opérations de nature récurrente et routinière. Le travail en équipes pluridisciplinaires et plurifonctionnelles favorise aussi le développement des compétences-clés. Des entreprises comme Sharp et Canon établissent, par exemple, des projets dits prioritaires réunissant du personnel de plusieurs sous-unités différentes. Mais tout cela présuppose bien sûr la collaboration d'individus dont le profil rejoint « ce que Honda appelle les ingénieurs «en forme de T», c'est-à-dire dotés d'une connaissance approfondie dans un domaine limité pour pouvoir offrir des aptitudes spécifiques précieuses tout en étant capables de permettre une «connexion transversale» avec les spécialistes des domaines voisins[16] ».

1.1.5 DES PRINCIPES POUR L'IMPARTITION

Au cours de la dernière décennie, bon nombre d'organisations ont eu des expériences plus ou moins réussies d'impartition. La compagnie Chrysler, par exemple, qui avait jugé bon de laisser à des sous-traitants la tâche de fabriquer la majeure partie de ses moteurs de voitures, s'est retrouvée dans la fâcheuse position de dépendre de plus en plus de ses rivales Mitsubishi et Hyundai. Plus près de chez nous, l'entreprise Téléglobe, active sur le marché de la télécommunication, fera sans doute preuve d'une prudence accrue lorsqu'elle renouvellera le contrat d'impartition de ses services informatiques, puisque les nouvelles technologies numériques placent maintenant l'informatique au cœur du domaine des télécommunications. Le diagnostic souvent posé à l'endroit d'expériences décevantes d'impartition et de sous-

---

15. *Ibid.*, p. 98.
16. *Ibid.*, p. 99.

traitance est que le donneur d'ordres a négligé au préalable de consacrer temps et effort à l'étude de ses compétences-clés.

L'impartition, si elle est bien menée, sera généralement un facteur de performance à court terme par l'abaissement du coût de certaines activités de la chaîne de valeur. Mais son impact sur la compétitivité à long terme reste ambivalent. Impartir sur une base purement comptable, en ignorant la qualité des savoir-faire collectifs sous-jacents à certaines activités, risque de provoquer l'atrophie des compétences-clés, voire leur disparition. Par contre, impartir certaines activités parce qu'elles se rapportent très peu ou pas du tout aux compétences-clés permet à une organisation de s'engager de manière crédible dans le développement de ces compétences et de s'y consacrer pleinement, ce qui favorisera l'établissement d'une position concurrentielle durable.

La décision d'impartir doit donc s'inscrire dans une réflexion plus large sur ce que Prahalad et Hamel appellent *l'architecture stratégique* de l'organisation. Une telle réflexion suivra la démarche suggérée plus haut : l'estimation de la valeur ajoutée, son imputation aux activités et le repérage des activités-pivots, l'analyse des savoir-faire et l'identification des compétences-clés. Elle visera à harmoniser les systèmes d'information, les définitions de tâches et de responsabilités, les sentiers de carrières et la rémunération de manière à favoriser non seulement l'apprentissage organisationnel en général, mais surtout *certains* apprentissages organisationnels bien identifiés. Un exemple de pratique réussie d'une telle réflexion est celui de la compagnie NEC :

> Early in the 1970s, NEC articulated a strategic intent to exploit the convergence of computing and communications, what it called « C&C ». Management adopted an appropriate « strategic architecture », summarized by C&C, and then communicated its intent to the whole organization and the outside world during the mid-1970s.
>
> NEC constituted a « C&C Committee » of top managers to oversee the development of core products and core competencies. NEC put in place coordination groups and committees that cut across the interests of individual businesses. Consistent with its strategic architecture, NEC shifted enormous resources to strengthen its position in components and central processors[17].

L'architecture stratégique est la définition, la trame de l'organisation. Elle doit être comprise de tout le personnel et constituer le point de mire de décisions stratégiques comme l'impartition. C'est en s'y référant qu'on maximise la cohérence, la pertinence et, donc, l'utilité des apprentissages. *Une organisation n'apprendra pas la même chose selon que certaines activités sont imparties et d'autres pas.* Selon qu'elle impartira ou n'impartira pas les activités liées au traitement et à la distribution de l'eau, une municipalité développera des compétences-clés tantôt dans la gestion des contrats d'impartition, tantôt dans la production d'eau potable.

_____

17. Voir l'article de Prahalad et Hamel déjà cité, p. 80.

La réflexion préalable sur l'architecture stratégique et sur les compétences-clés met donc généralement en garde contre une impartition trop large et trop hâtive. La nature même des compétences-clés suggère cependant un avantage important de l'impartition. Là où l'organisation doit renoncer à développer certains savoir-faire, en raison de leur coût prohibitif et des exigences d'engagement et de focalisation, l'impartition peut néanmoins permettre d'accéder à de tels savoir-faire chez une autre organisation qui aura pu les développer et les entretenir. Une gestion éclairée des preneurs d'ordres exige en effet que l'on favorise l'émergence et le maintien de compétences-clés chez ceux-ci également. C'est ce que semblent viser Mercedez-Benz, ou encore Bombardier, dans leurs relations avec leurs sous-traitants. Somme toute, il ne serait pas faux d'affirmer que l'analyse des compétences-clés doit devenir un exercice *collectif* incluant tous les partenaires de l'impartition.

1.1.6 RÉSUMÉ ET CONCLUSION

Nous avons proposé une méthode générale pour l'analyse des compétences-clés, qui permet d'éclairer les décisions d'impartition des organisations tant privées que publiques. Cette méthode comporte trois grandes étapes : (1) l'estimation de la valeur ajoutée des biens et services, (2) l'imputation de la valeur ajoutée aux diverses activités de la chaîne de valeur et le repérage des activités-pivots, et (3) l'identification des savoir-faire génériques et organisationnels – les compétences-clés – qui sous-tendent le bon exercice des activités-pivots.

Cette présentation n'a fait, bien sûr, qu'effleurer le sujet. Le développement des compétences-clés soulève de nombreuses questions relatives au degré de flexibilité organisationnelle, à la coordination des informations privées, à l'irréversibilité des décisions et au changement organisationnel. Ces questions seront traitées dans les chapitres qui suivent.

BIBLIOGRAPHIE

Atkinson, A., R. D. Banker, R. S. Kaplan et S. M. Young (1995), *Management Accounting*, Englewood Cliffs, N.J., Prentice-Hall.

Boyer, Marcel, Michel Moreaux et Michel Truchon (1997), « Le partage des coûts communs », rapport de recherche, Montréal, CIRANO.

Doz, Yves (janvier-février 1994), « Le dilemme de la gestion du renouvellement des compétences-clés », *Revue française de gestion*, n° 97, p. 92-104.

Hamel, Gary et Aimé Heene (1994), *Competence-Based Competition*, New York, John Wiley and Sons.

Hamel, Gary et C. K. Prahalad (1994), *Competing for the Future*, Harvard Business School Press.

Hanley, Nick et Clive L. Spash (1993), *Cost-Benefit Analysis and the Environment*, Brookfield, Edward Elgar.

Heikkila, Eric J. (1996), « Are Municipalities Tieboutian Clubs ? », *Regional Science and Urban Economics*, vol. 26, n° 2, p. 203-226.

Hoyt, William H. (1992), « Market Power of Large Cities and Policy Differences in Metropolitan Areas », *Regional Science and Urban Economics*, vol. 22, n° 4, p. 539-558.

Irvin, Robert A. et Edward G. Michaels III (été 1989), « Core Skills: Doing the Right Things Right », *The McKinsey Quarterly*, p. 4-19.

Nonaka, Ikujiro et Irotaka Takeuchi (1995), *The Knowledge-Creating Company*, Oxford University Press.

Porter, Michael E. (1985), *Competitive Advantage. Creating and Sustaining Superior Performance*, New York, The Free Press.

Prahalad, C. K. et Gary Hamel (mai-juin 1990), « The Core Competence of the Corporation », *Harvard Business Review*, vol. 68, n° 3, p. 79-91.

Chapitre 1.2

CONCURRENCE, CHANGEMENT TECHNOLOGIQUE ET INTÉGRATION VERTICALE[1]

Gamal Atallah[2] et Marcel Boyer[3]

1.2.1   INTRODUCTION

La présente étude se penche sur deux des principaux facteurs (économiques, technologiques, sociaux et managériaux) qui permettent d'expliquer l'essor de l'impartition : les changements technologiques et l'accroissement de la concurrence. De nombreux secteurs économiques, marqués par une impartition croissante, connaissent également des changements technologiques majeurs et il est donc légitime de se demander à quel degré, et par l'intermédiaire de quels mécanismes, de tels changements affectent la décision d'impartition. L'environnement technologique de l'entreprise est un des aspects qui entrent dans la décision d'impartir une activité ou un produit. Le recours à l'impartition est en croissance dans des secteurs très divers, ce qui indique que des processus communs sous-tendent ce phénomène. La théorie des coûts de transaction a relégué la technologie à l'arrière-plan pour ce qui est de la détermination des frontières de la firme. L'étude des effets des changements technologiques passe par l'un des éléments de cette théorie : la spécificité des actifs, ou l'incertitude. Toutefois, il importe de reconnaître que la

1. Nous remercions Suzanne Rivard ainsi que les participants à un séminaire donné à Industrie Canada pour leurs commentaires. Nous sommes reconnaissants au FCAR (Québec) et au CRSH (Canada) pour leur appui financier.
2. Industrie Canada, Université de Montréal et CIRANO. Les opinions exprimées dans ce texte ne reflètent pas nécessairement celles d'Industrie Canada.
3. Titulaire de la Chaire Stephen A. Jarislowsky en technologie et concurrence internationale, École polytechnique de Montréal; Département de sciences économiques, Université de Montréal et CIRANO.

technologie a des effets directs sur la décision et sur la nature de l'impartition, qui ne passent pas nécessairement par les coûts de transaction. Les trois premières parties de cet article traitent respectivement des interactions de l'intégration verticale avec, dans l'ordre, les technologies de l'information, les technologies de production et le processus d'innovation. Alors que les deux premières parties abordent la relation entre la technologie et l'impartition dans un cadre statique, la troisième étudie les interactions de la technologie et de l'intégration verticale dans une perspective dynamique.

Le second facteur explicatif de l'essor de l'impartition, auquel nous nous intéressons ici, est la concurrence, qui s'est récemment accentuée dans plusieurs secteurs et qui pousse les firmes à rationaliser leurs opérations. Pour nombre d'entreprises, l'impartition encourage l'efficacité managériale et la concurrence entre les travailleurs à l'interne et les fournisseurs externes et elle constitue en cela un moyen parmi d'autres de rationalisation. La deuxième section étudie donc les effets de l'accroissement de la concurrence sur l'intégration verticale et analyse comment l'impartition permet aux firmes d'introduire une forme de concurrence à l'interne et d'accroître ainsi le rendement de leurs gestionnaires et de leurs employés.

1.2.2   TECHNOLOGIES DE L'INFORMATION

L'investissement dans les technologies de l'information (TI) aux États-Unis est passé de 18,5 $ milliards en 1973 à 253,7 $ milliards en 1989[4]. Dans les pays de l'OCDE, cet investissement est passé de 220 $ milliards en 1985 à 400 $ milliards en 1995[5]. En guise de comparaison, notons que, durant la période 1975-1985, le stock de TI dans les entreprises manufacturières américaines a augmenté de 600 %, comparativement à 40 % pour le stock d'équipement total[6]. Et le rythme de ces investissements en TI semble s'accélérer.

Les TI modernes jouent un rôle fondamental dans les formes que prend l'impartition ainsi que dans sa nature et son étendue. Comme le notent Hammer et Champy (1993) : « A company that cannot change the way it thinks about information technology cannot reengineer. » Comme nous le verrons ci-après, l'utilisation des TI tend à favoriser l'impartition plutôt que l'intégration dans la mesure où elle permet une forme d'intégration « virtuelle » dans le cadre de laquelle les entités demeurent indépendantes et le degré de coopération et de coordination est (presque) aussi élevé qu'au sein d'une firme intégrée.

1.2.2.1   Effet des TI sur le niveau de l'impartition

Le recours aux marchés est généralement caractérisé par des coûts de production plus faibles (dus principalement aux économies d'échelle et à la spécialisation), mais aussi par des coûts de transaction plus élevés que ceux d'une struc-

4. Komninos (1995).
5. OCDE (1997).
6. Kambil (1991).

ture intégrée. La recherche d'un fournisseur, la signature d'un contrat, la supervision de la performance, la coordination durant la négociation et la renégociation du contrat entraînent en effet des coûts de transaction qui sont plus importants pour deux entités indépendantes que pour une structure intégrée. Pour que les TI encouragent l'impartition, il faut donc qu'elles facilitent une ou plusieurs de ces fonctions. Voyons comment les TI influent sur la relation firme-fournisseur.

L'introduction des TI provoque deux changements importants dans la gestion des organisations. Le premier consiste en une baisse du coût de l'information : outre qu'elle s'accompagne d'une baisse du coût de transfert et de traitement de l'information, elle permet d'améliorer ou d'accroître la quantité, la qualité (vérifiabilité et crédibilité), le partage et la disponibilité de l'information transmissible. Le deuxième changement se traduit par une baisse de la spécificité des investissements en TI. Ces changements affectent la relation verticale sur quatre points fondamentaux : la recherche de partenaires, leur coordination, leur supervision et la spécificité des actifs. Par certains aspects, ils favorisent l'impartition et par d'autres, l'intégration.

Recherche de partenaires

Les TI peuvent réduire le coût de la recherche et de l'évaluation des fournisseurs. Par exemple, elles permettent de réduire les coûts (en temps et en argent) attachés à la comparaison des prix et des caractéristiques des différents fournisseurs. Dans la mesure où elles améliorent la transparence du marché du travail (ex. : les banques de données d'employés/employeurs), elles facilitent également le recrutement du personnel et le développement de compétences (décisions) similaires au sein d'une firme intégrée.

Coordination

Les coûts élevés des systèmes d'information rendaient dans le passé la coordination étroite entre la firme et ses fournisseurs très difficile. La firme devait soit intégrer l'activité verticalement, soit l'impartir et réduire la coordination des opérations[7]. Les nouvelles TI peuvent dorénavant améliorer la coordination des opérations entre la firme et ses fournisseurs de plusieurs manières :

- Les systèmes d'aide à la décision facilitent l'analyse de situations plus complexes et de scénarios plus incertains, reculant ainsi les limites de la rationalité des agents. Par exemple, les TI permettent une budgétisation et une planification plus complexes des activités.

- La conception assistée par ordinateur et les systèmes de production plus flexibles permettent de réduire la taille des lots de production et d'accroître la fréquence de la reconception des produits, augmentant d'autant le besoin de communication entre le fournisseur et l'acheteur. La communication est facilitée par la baisse du coût de transfert de l'information que permet le recours aux TI.

---

7. Reddi (1994).

- L'accès à l'information permet la coordination directe et décentralisée des agents, réduisant ainsi le besoin de coordination centralisée.

- Les coûts du transfert instantané de l'information (ex. : la passation des commandes) entre la firme et ses fournisseurs sont réduits grâce aux standards de transmission de données (ex. : les codes-barres), ce qui facilite la délégation de certaines fonctions à des fournisseurs externes.

- Les bases informatiques intégrées, munies de langages d'interrogation supérieurs, facilitent l'analyse et le contrôle de données qui sont elles-mêmes souvent plus complexes[8].

- La mise en réseau de l'information en facilite le partage instantané entre la firme et ses fournisseurs ainsi que l'accès aux bases de données des partenaires en vue de coordonner les opérations. Par exemple, un accès facile au plan de production de son client peut aider un fournisseur dans la planification de la production et de la distribution de ses produits. Un système d'information liant les systèmes d'inventaire de l'acheteur et du fournisseur permet une fourniture *just in time*. En même temps, le partage de l'information risque de rendre le client vulnérable face au fournisseur. Par exemple, le fournisseur peut exiger un prix plus élevé pour un intrant dont l'acheteur a un besoin urgent.

Les TI améliorent aussi la coordination des opérations au sein de la firme intégrée et peuvent donc dans certains cas encourager l'intégration. Les économies de réseau et les économies d'échelle informationnelles sont caractéristiques des grandes bases de données. Dans les industries axées sur l'information, certaines activités, dont la gestion décentralisée s'avère coûteuse, peuvent être intégrées au sein d'une organisation autonome. Par exemple, plusieurs chaînes d'hôtellerie mondiales traitent de plus en plus les réservations de manière centralisée[9].

Supervision

La supervision exige un accès à des informations précises sur les activités du fournisseur, accès qui est facilité par la plus grande disponibilité de l'information et par des capacités de traitement plus élevées[10]. Certaines informations, trop coûteuses lorsque traitées manuellement, peuvent être traitées automatiquement à faible coût, comme un sous-produit du système de TI. Le client est alors en mesure de mieux observer et de superviser les processus de production du fournisseur. Dans d'autres cas, c'est une variable souvent difficile à évaluer, l'aide à la clientèle, qui devient plus facilement vérifiable.

Les systèmes comptables sophistiqués, les systèmes vidéo et les logiciels de traitement et de contrôle des données sur la qualité des produits constituent autant de moyens qui permettent de réduire les coûts d'agence associés à la supervision du processus de production[11]. Ce genre de TI peut favoriser l'implantation de systè-

---

8. Clemons *et al.* (1993).
9. Gurbaxani et Whang (1991).
10. Clemons *et al.* (1993).
11. Picot *et al.* (1996).

mes d'incitation (liés à l'extrant) au sein des hiérarchies, tels qu'une rémunération étroitement liée à la performance. Le recours à des mécanismes d'incitation qui étaient à l'origine réservés au marché s'étend ainsi à l'entreprise. Et même lorsque est utilisé un système à faible caractère incitatif (lié aux intrants plutôt qu'aux extrants), l'amélioration des mesures de l'intrant (ex. : les heures effectivement travaillées) facilite l'évaluation de la performance[12].

Spécificité des actifs

La spécificité des actifs est l'élément le plus important de la théorie des coûts de transaction. Cette théorie stipule que, en présence d'actifs spécifiques[13], les transactions entre des entités indépendantes risquent d'être faussées par l'opportunisme des agents, ce qui les rend difficiles à effectuer. L'agent qui supporte le coût d'un actif spécifique à une transaction donnée est en quelque sorte prisonnier de cette transaction, ce qui confère à l'autre partie un pouvoir de négociation susceptible d'engendrer des problèmes d'opportunisme. L'intégration verticale permettrait souvent de réduire ces difficultés[14].

Les TI limitent la spécificité des actifs compris dans la relation verticale et, partant, le risque des comportements opportunistes associés à la relation. Leurs effets se font sentir sur trois types distincts de spécificité : la spécificité du capital humain, la spécificité liée au temps et la spécificité du capital physique. Les TI réduisent la première, en favorisant le transfert du savoir et des connaissances, et la seconde, en accélérant le transfert de l'information. Quant à la troisième, elle est réduite par la standardisation des nouveaux équipements en TI : le paysage informatique tend de nos jours à s'uniformiser et les standards de communication inter et intra-industriels (ex. : EDI), de même que le « réseautage » des systèmes et la conversion de plus en plus aisée des logiciels et des programmes de toutes provenances, contribuent à réduire la spécificité de l'investissement en TI.

Picot, Ripperger et Wolff (1996) avancent que les transactions comportent un échange plus intense d'informations pour un actif spécifique que pour un actif non spécifique. Toutes les transactions qui engagent un actif spécifique, et qui sont toujours les plus difficiles à impartir, profitent donc davantage de la réduction des coûts de transaction que permettent les TI.

On pourrait avancer que les TI, en même temps qu'elles réduisent les coûts de transaction associés aux marchés, réduisent les coûts de transaction à l'interne et encouragent ainsi l'intégration verticale. Cela est probablement vrai dans certains cas. Mais Malone, Yates et Benjamin (1987) montrent que, en général, les TI favorisent le marché plutôt que l'intégration. La raison en est que l'introduction de TI dans une firme réduit les coûts de transaction de tous ordres. Et comme les

---

12. *Ibid.*
13. Un actif est dit spécifique si l'usage qu'on peut en faire en dehors de la relation pour laquelle il a été acquis est rare ou peu valorisé.
14. Voir également le chapitre 2.2.

marchés représentent en général des coûts de production plus faibles et des coûts de transaction plus élevés que ceux des opérations internes correspondantes, le recours au marché (ou, si l'on veut, l'impartition) devient généralement plus avantageux.

Études empiriques

Il ressort de l'analyse qui précède que la plupart des changements récents dans les TI favorisent l'impartition, ce que confirment d'ailleurs les études empiriques. On observe une relation inverse entre la taille des firmes et leurs investissements en TI, et cela, autant dans le secteur manufacturier que dans le secteur des services. Carlsson (1988), Kambil (1991) et Komninos (1995) montrent que l'augmentation des investissements en TI est accompagnée d'une baisse de la taille et du niveau d'intégration des firmes manufacturières, tant aux États-Unis qu'ailleurs dans le monde. Cette relation serait particulièrement forte dans l'équipement de transport, la machinerie électrique et la transformation du métal.

1.2.2.2   Effet des TI sur la nature de l'impartition

Il existe deux types d'impartition. Le premier repose sur un petit nombre de fournisseurs et suppose une coordination étroite et des relations à long terme entre les parties. Le second, plus traditionnel, intervient surtout lorsque les avantages de la coordination explicite sont limités : il se distingue par le grand nombre de fournisseurs avec lesquels la firme impartitrice fait affaire et par la recherche continuelle des fournisseurs offrant les meilleurs prix[15]. D'un type à l'autre d'impartition, les modes de gestion des relations avec les fournisseurs diffèrent totalement.

Or l'utilisation des TI ne fait pas qu'encourager le recours à l'impartition : elle détermine également le type d'impartition auquel une firme a recours. Grâce aux TI, en effet, le degré d'interdépendance des opérations de chaque partie est plus élevé et la coordination entre elles, souvent meilleure. Le client noue en général des liens avec un petit nombre de fournisseurs, ce qui favorise le transfert technologique de l'un aux autres[16]. Il en résulte une relation fondée moins sur l'antagonisme et la maximisation du profit à court terme que sur la coopération et la maximisation du profit à moyen et long terme. O'Neal (1989) montre, par exemple, que l'adoption des systèmes d'inventaires *just in time* prolonge souvent la relation entre deux partenaires. Même si les investissements en TI sont moins spécifiques aujourd'hui, ils exigent un niveau élevé de coopération et de communication. Les firmes recourent donc davantage au marché, mais elles le font de manière différente. Dans certains cas, les fournisseurs sont indépendants financièrement, mais leurs plans d'affaires sont contrôlés par les acheteurs[17]. De telles relations,

---

15.   Reddi (1994).
16.   Clemons et Row (1992). Toutefois, il est à noter que les Japonais présentaient des niveaux élevés d'impartition et de coopération entre les firmes et leurs fournisseurs bien avant l'apparition des TI modernes.
17.   Kumpe et Bolwijn (1988).

appelées « hiérarchies électroniques » par Malone *et al.* (1987) et décrite comme un « *move to the middle* » par Clemons et Row (1992), se construisent mieux dans le cadre d'une transaction à long terme façonnant en quelque sorte une entreprise virtuelle.

Cette nouvelle forme d'alliance n'est pas sans désavantages pour les petits fournisseurs, puisqu'une intégration poussée au processus de production du client hausse les exigences en matière de qualité et de fiabilité. Dans certains cas, les grandes firmes peuvent en profiter pour transférer aux petits fournisseurs les coûts et les risques associés aux transactions[18]. Toutefois, les conclusions sur ce point sont divisées : certaines études[19] considèrent que les grands constructeurs d'automobiles japonais transfèrent une bonne partie du risque de transaction à leurs fournisseurs, alors que d'autres études[20] montrent, au contraire, que ce sont les grandes firmes qui supportent le risque.

Certains auteurs vont plus loin, avançant qu'il ne s'agit pas seulement de relations plus coopératives et plus étendues entre les firmes et leurs fournisseurs, mais en réalité de l'émergence de nouvelles structures. Picot, Ripperger et Wolff (1996) avancent que les TI contribuent à la formation et à l'expansion de nouvelles formes d'organisation : alliances stratégiques, réseaux, groupes de travail, organisations virtuelles, télétravail, télécoopération et d'autres encore. Les TI changeraient les coûts relatifs de transaction des divers modes d'organisation, permettant ainsi l'implantation de nouvelles méthodes d'organisation qui n'étaient pas applicables auparavant[21].

De fait, le niveau de centralisation devient plus difficile à définir à mesure que la firme se convertit aux TI. Traditionnellement, un niveau élevé de centralisation organisationnelle exigeait un niveau correspondant de centralisation physique des activités de production. En automatisant les activités de supervision et en les séparant du processus de production, les TI disjoignent la décentralisation organisationnelle et la décentralisation physique, si bien que le niveau de l'une cesse d'être obligatoirement fonction du niveau de l'autre[22]. Le télétravail est un exemple de centralisation organisationnelle et de décentralisation physique. Les TI facilitent surtout la décentralisation physique sans sacrifier la centralisation organisationnelle, contribuant ainsi à la création de formes organisationnelles hybrides entre le marché et la firme traditionnelle[23].

---

18. Maier (1988).
19. Voir Ikeda et Lecler (1984).
20. Voir Kawasaki et McMillan (1987) et Asanuma et Kikutani (1992).
21. Voir également Lefebvre, Lefebvre et Mohnen (1997), « From the Virtual Enterprise to the Virtual Economy : Innovation Strategies for the 21ᵉ Century », rapport de recherche, Montréal, CIRANO.
22. Lucas et Baroudi (1994); Picot *et al.* (1996).
23. Gurbaxani et Whang (1991).

La plupart des grandes entreprises modernes ne pourront vraisemblablement survivre sans un réseau bien développé de contractants-partenaires. Sur ce point, les petites et les grandes firmes peuvent jouer des rôles complémentaires. Au Japon, par exemple, on observe une hiérarchie dans les rôles joués par les fournisseurs. Les fournisseurs principaux, dont l'expertise technologique est souvent plus élevée, entretiennent des relations étroites avec la firme impartitrice, mais ils traitent à leur tour, pour le compte de leur client, avec des fournisseurs de second rang, moins avancés sur le plan technique, qu'ils affectent à la prestation de sous-produits ou de services dérivés. Cette structure pyramidale comporte parfois plusieurs paliers de fournisseurs.

1.2.3   EFFETS DES TECHNOLOGIES DE PRODUCTION SUR L'IMPARTITION

Les premiers écrits sur l'intégration verticale étaient caractérisés par une sorte de déterminisme technologique : la technologie de production était en pratique l'unique déterminant des frontières de la firme. Aujourd'hui, les tenants de la théorie des coûts de transaction avancent que la technologie de production ne joue qu'un rôle secondaire dans la détermination des frontières de l'entreprise. Il est vrai qu'on observe une intégration verticale plus forte que ne le justifient les seules considérations de nature technologique. Toutefois, comme on le verra plus loin, la technologie de production peut affecter la spécificité des actifs, un élément au cœur de la théorie des coûts de transaction.

L'intégration verticale a dominé à une époque caractérisée par des changements technologiques peu fréquents et par des produits standardisés. Aujourd'hui, les changements technologiques sont plus fréquents, les cycles de vie des produits plus courts et les marchés plus spécialisés[24]. Nous cherchons ici à analyser en quoi de tels changements dans les processus de production modifient la configuration de l'impartition.

Alors que l'effet des TI est homogène, l'effet des changements dans la technologie de production est spécifique à chaque secteur et dépend du type de produit fabriqué et de la technologie utilisée. La technologie de production peut influencer la décision d'impartir à travers plusieurs canaux : les processus CAO-PAO[25], les économies d'échelle, la substitution entre les intrants, la spécificité de l'équipement, la nature du produit, l'importance des coûts fixes et l'interdépendance des stades de production.

Processus CAO-PAO

L'un des changements technologiques majeurs des deux dernières décennies a été la diffusion massive des processus CAO et PAO dans un grand nombre

---

24. Powell (1987).
25. Conception assistée par ordinateur et production assistée par ordinateur (*Computer-Aided Design* et *Computer-Aided Manufacturing* [*CAM/DAM*]).

de secteurs manufacturiers. Ces systèmes créent un environnement qui encourage la délégation de la production[26] :

- Ils permettent aux ingénieurs de conception et de production d'accéder à leurs données respectives et de les manipuler en tenant compte des exigences de l'autre partie[27]. Les différents stades de production n'ont dès lors plus besoin d'être localisés dans une même usine ni même au sein d'une même firme.

- Dans la mesure où ils fournissent des instructions de fabrication spécifiques et explicites, ils créent un environnement où l'indépendance des fournisseurs est moindre.

- Ils sont développés selon des exigences de compatibilité avec des échelles de production variables, ce qui empêche les petits fournisseurs d'être pénalisés.

- Ils permettent un traitement décentralisé de l'information.

Économies d'échelle

Les économies d'échelle représentent l'un des avantages classiques de la production à l'externe. Un fournisseur, en approvisionnant plusieurs clients en même temps, peut réaliser des économies d'échelle et d'envergure que chaque client pris individuellement est incapable de réaliser. Les résultats de la recherche empirique confirment l'importance des économies d'échelle pour la décision d'impartition[28]. Toutefois, les économies d'échelle sont moins importantes aujourd'hui pour plusieurs raisons. D'abord, certaines technologies modernes sont caractérisées par de petites échelles de production. Ensuite, les machines à contrôle numérique avantagent les unités de production à échelle réduite par rapport à la production de masse. Enfin, les équipements hautement sophistiqués, dont l'utilisation à la fois accélère les opérations, stabilise la production et réduit les temps morts, sont à la base des économies d'échelle[29], mais ils ne génèrent des bénéfices que si leur utilisation est soutenue et que les modifications apportées au produit ne sont pas trop fréquentes. Or, plusieurs secteurs manufacturiers traditionnels (ex. : l'automobile, l'acier) doivent redessiner plus souvent qu'autrefois leurs produits, en plus de faire face à des fluctuations plus importantes dans la demande. Les équipements spécialisés, et les économies d'échelle que leur utilisation rend possibles, perdent alors en importance.

Comment cela affecte-t-il l'impartition ? Tout dépend du rapport entre la taille des clients et celle des fournisseurs. La règle veut que les clients, lorsqu'ils sont plus gros que les fournisseurs de l'industrie, produisent à l'interne afin de bénéficier directement des économies d'échelle. L'importance relative des économies d'échelle s'amoindrissant avec l'introduction des TI, l'impartition devrait, en toute logique, être plus fréquente et plus étendue.

---

26. Blois (1986).
27. Clemons *et al.* (1993).
28. Walker et Weber (1984).
29. Gold (1986).

Lyons (1995), en utilisant des données sur des firmes de génie anglaises, conclut que les économies d'échelle jouent un rôle important dans le choix d'approvisionnement lorsque les actifs ne sont pas spécifiques. Par contre, lorsque la spécificité des actifs est importante, elle domine les économies d'échelle et d'envergure parmi les facteurs sous-jacents à l'intégration verticale et à l'impartition : elle contraint la firme à maintenir la production à l'interne même si les gains potentiels de l'impartition, en termes d'économies d'échelle, sont importants.

En contexte fortement concurrentiel, une entreprise opte en général pour un niveau de production efficace, c'est-à-dire un niveau minimisant le coût unitaire moyen. Mais à chaque produit correspond un niveau de production efficace différent. Lorsque les différents composants d'un produit ont des niveaux de production efficaces qui diffèrent de manière significative, on dira qu'il y a un problème d'incompatibilité d'échelle. Or, une entreprise intégrée verticalement se heurte souvent à ce genre de problème. Pour que tous les stades dont les niveaux de production diffèrent entre eux de manière significative soient de taille efficace, il faudrait que le niveau d'exploitation global de l'entreprise soit égal au plus petit commun multiple des niveaux efficaces de chaque stade. Ce plus petit commun multiple sera généralement très grand par rapport à la taille du marché lui-même et concernera des entreprises de tailles immenses. Le problème s'aggrave avec la fréquence des changements dans la demande et dans les spécifications du produit[30]. Ce problème est évidemment moins important si l'entreprise n'est pas parfaitement autarcique : les divisions en amont peuvent vendre à des entités en aval indépendantes (auquel cas l'entreprise se trouve à vendre à des tiers un produit possiblement peu relié à ses compétences propres)[31]. Il n'empêche que, à cause des incompatibilités d'échelle, une entreprise qui recherche un niveau élevé d'intégration devra vraisemblablement se résigner à produire, à plusieurs stades de son processus de production, selon des niveaux inefficaces.

Double marginalisation et substitution entre les intrants

Lorsque deux entreprises sont dans une relation verticale (acheteur-vendeur) et que chacune bénéficie d'un certain pouvoir de marché (les marchés sont oligopolistiques), on fait face à un problème de double marginalisation. Chaque firme fixe un prix égal à son coût marginal augmenté d'une marge de profit. Si les deux firmes sont verticalement intégrées au sein d'une même entité, ce problème de double marginalisation disparaît, puisque le bien intermédiaire est transféré du vendeur à l'acheteur (qui sont maintenant des divisions d'une même firme) à son coût marginal, sans marge supplémentaire. Le prix final du produit s'en trouve diminué et la quantité produite ainsi que les profits totaux augmentent. Dans ce contexte, les firmes sont incitées à fusionner afin d'éviter une double marginalisation. Toutefois, d'autres facteurs peuvent empêcher la fusion (ex. : lois antitrusts, champs

---

30. Mariotti et Cainarca (1986).
31. Voir également le chapitre 2.2.

d'expertise radicalement différents, complexité, etc.) et l'intégration ne se fait pas nécessairement.

Lorsque l'une des firmes appartient à une industrie concurrentielle, sa marge de profit est négligeable et le problème de double marginalisation ne se pose pas, puisque cette firme vend son produit à un prix équivalent au coût marginal de production. Dans ce cas, l'intégration est sans effet significatif sur le prix, la quantité et les profits. Par exemple, si l'acheteur (qui achète le produit de la firme en amont le transforme et le vend aux consommateurs) fait face à une compétition féroce sur le marché de la consommation finale, il ne réalisera qu'une marge négligeable par rapport à ses coûts et l'incitation à l'intégrer verticalement restera faible chez le vendeur (la firme en amont).

Flexibilité technologique et spécificité de l'équipement

La présence d'équipements spécifiques est une cause d'opportunisme entre la firme et son fournisseur, puisque ce dernier se retrouve dans une position vulnérable lors de la renégociation du contrat. L'intégration permet de réduire ou d'éliminer les comportements opportunistes des firmes. La flexibilité des technologies élargit la gamme de leurs utilisations, ce qui diminue la spécificité des actifs et facilite l'impartition. Dans certains cas, une technologie flexible permet même la séparation des différents stades de production, facilitant l'impartition des stades pour lesquels les actifs ne sont pas spécifiques.

Interdépendance des phases de la production

De tous les facteurs qui concernent la technologie de production, le degré d'interdépendance des phases de production est sans doute celui qui agit le plus directement sur la décision d'impartir une activité ou un produit. Lorsque la technologie utilisée est un processus continu, les coûts engendrés par l'interruption du processus de production peuvent être élevés. Par exemple, lorsque le produit intermédiaire est périssable, il faut le fabriquer sur place (spécificité liée au temps). Un autre exemple classique est celui d'un processus de production incluant des transferts de chaleur importants entre les étapes de production (ex. : le fer, l'acier). On pourrait avancer que rien n'empêche les responsables (indépendants) des deux étapes d'installer leurs usines le plus proche possible l'une de l'autre. Toutefois, l'ajustement de la capacité et de la production que cela exige peut être difficile à gérer par contrat[32].

L'amélioration des instruments de mesure et la multiplication des mécanismes de contrôle garantissent des niveaux supérieurs de qualité, facilitant à la fois l'introduction du produit intermédiaire dans la phase ultérieure d'un processus hautement automatisé (que ce soit dans la même usine ou ailleurs) et la production du produit intermédiaire par d'autres firmes. Elles profitent à toutes les unités de production, mais, surtout, elles réduisent l'avantage relatif attaché au regroupe-

---

32.   Balakrishnan et Wernerfelt (1986).

ment de plusieurs étapes du processus de production sous un même toit ou sous une même propriété[33].

Lorsque le degré de coopération technique entre les unités est élevé, l'intégration peut être appropriée. Elle assure souvent une meilleure coordination entre la conception, la production et la distribution. Dans ce cas, les actifs spécifiques revêtent une forme particulière : la spécificité du capital humain et du langage technique utilisé. Par exemple, dans les industries à haute technologie, on observe que l'utilisation de codes de communication technique spécifiques à l'entreprise facilite la coordination entre les différentes unités. Cela est important surtout lorsque le partage de l'information se fait de manière informelle. La communication pourrait se faire entre la firme et un fournisseur, mais elle est plus facile à assurer à l'intérieur de la firme. Cette hypothèse est confirmée pour l'industrie américaine des semi-conducteurs[34], où le niveau de dialogue technique informel est un bon indicateur du niveau d'intégration des activités de conception et de fabrication des puces. Dans le même ordre d'idées, la technologie utilisée, lorsqu'elle exige un dialogue technique (coopération) étroit entre les parties, devrait inciter la firme qui se résigne à impartir une activité de production à réduire le nombre de ses fournisseurs. Or, la réduction du nombre de fournisseurs est une des caractéristiques de l'impartition telle qu'on la pratique aujourd'hui.

1.2.4 EFFETS DU PROCESSUS D'INNOVATION SUR L'IMPARTITION

Outre les technologies de production et d'information, le rythme et le processus d'innovation peuvent influencer la décision d'impartir une activité. La structure organisationnelle est reliée au processus d'innovation qui lui-même détermine en partie la position compétitive et stratégique de la firme. D'où l'importance de tenir compte des liens entre impartition et innovation. Trois dimensions de la relation entre l'innovation et l'impartition seront analysées : l'impartition elle-même de la fonction R&D, l'incertitude technologique et l'interdépendance des phases de la production.

Impartition de la R&D

Pour défendre l'intégration de la fonction R&D au sein de la firme, on invoque traditionnellement les économies d'échelle qu'elle permet de réaliser. La plupart des études sur le sujet démontrent toutefois que, dans ce cas précis, les économies d'échelle restent négligeables : elles atteignent bien un certain niveau, mais en général, elles plafonnent assez rapidement ou décroissent par la suite[35].

Il peut cependant exister une forte complémentarité entre la R&D et les activités de production : la formulation d'objectifs de recherche appropriés est faci-

---

33. Gold (1986).
34. Monteverde (1995).
35. Kamien et Schwartz (1982).

litée lorsque l'utilisation des technologies est familière à la division de R&D[36]. Une division de R&D externe sera généralement en contact moins souvent qu'une division interne avec les différents processus de production et de mise en marché de la firme.

Une division de R&D peut aussi générer des externalités positives pour les autres divisions. Dans la mesure où les entreprises modernes tendent à avoir une conception plus intégrée des activités de production et de marketing, il est impératif que la division de R&D puisse interagir activement avec ces deux entités. La faiblesse des économies d'échelle, la complémentarité et la présence d'externalités positives favorisent donc les relations à long terme, qui sont en général mieux garanties par l'intégration[37].

Le marché du savoir ne se distingue pas uniquement par la complémentarité entre la R&D et la production, il se caractérise également par des coûts élevés de transaction. Ces coûts sont dus au fait que, en R&D, l'information n'est jamais parfaite et que les cas d'asymétrie d'information sont nombreux. Dans un monde d'information complète, la firme n'aurait d'ailleurs aucune raison de déléguer la R&D à des fournisseurs, car elle s'exposerait, ce faisant, au risque de perdre le contrôle de l'information et de connaître des problèmes d'appropriation. On retrouve donc sur le marché de la R&D les principaux ingrédients de la théorie des coûts de transaction :

- L'asymétrie d'information est le plus souvent patente entre le fournisseur et l'acheteur, puisque le premier connaît toujours mieux que le second la technologie ou l'innovation qu'il lui vend. Ce problème d'asymétrie peut prêter à un comportement opportuniste de la part du vendeur, qui voudra parfois conserver certains secrets technologiques. L'opportunisme est ici dû à la complexité même du produit échangé[38].

- Le produit de la R&D est en général de nature spécifique, puisqu'une innovation technologique n'est utile le plus souvent qu'à un nombre limité d'acheteurs et de vendeurs. Des problèmes d'opportunisme ne peuvent manquer de survenir, les connaissances qu'il détient plaçant le fournisseur de R&D en position avantageuse au moment de la renégociation du contrat. Ces problèmes sont dus à la nature du produit (le savoir) et au coût élevé de son transfert[39]. Dans l'industrie pharmaceutique, par exemple, une firme a souvent tendance à intégrer l'activité de recherche ou de développement que seuls un petit nombre de fournisseurs spécialisés sont en mesure d'exercer, ce qui, par voie de conséquence, la rend d'autant plus vulnérable lors de la renégociation du contrat[40].

- La R&D est caractérisée par un niveau élevé d'incertitude, et l'on sait que l'incertitude augmente les coûts de transaction : elle rend en effet difficile la rédaction

---

36. Armour et Teece (1980).
37. Teece (1988).
38. Yeong (1994).
39. Teece (1988).
40. Pisano (1990).

de contrats complets, ce qui augmente les risques de comportements opportunistes lors de la renégociation des contrats.

Audretsch, Menkveld et Thurik (1996), en étudiant les politiques de R&D des firmes hollandaises, ont montré que les firmes employant une main-d'œuvre qualifiée ont moins tendance à impartir la R&D, ce qui est conforme à l'argument de la théorie des coûts de transaction basée sur la spécificité des actifs[41]. De plus, les chercheurs montrent que la R&D interne et la R&D externe tendent à être des compléments dans les industries à haute technologie, mais des substituts dans les industries utilisant des technologies moins avancées. Cette différence s'explique principalement par le fait que dans les industries à haute technologie, les firmes n'ont pas toujours toutes les compétences requises pour exercer l'activité de R&D de manière autarcique. C'est d'ailleurs une des raisons de l'impartition croissante de la R&D, car les industries à haute technologie représentent dans les pays industrialisés une part de plus en plus importante des activités.

Enfin, il y a tout un débat sur la question de l'avantage des grandes firmes sur les petites en ce qui regarde la R&D. Les avantages des grandes firmes sont surtout matériels (ressources financières et humaines, projets de grande envergure, etc.), tandis que ceux des petites firmes sont surtout behavioristes (ouverture, flexibilité, spécialisation, entrepreneurship). Il est cependant vrai que les grandes firmes, en impartissant leur R&D, peuvent cumuler les avantages des petites firmes, à condition que les marché soient bien développés et efficaces[42]. Les *keiretsu* japonais l'ont bien compris, qui ont fondé les relations verticales de leurs organisations sur une impartition stratégique de la R&D[43]. Suzuki montre que, dans l'industrie de la machinerie électrique japonaise, le taux de rendement sur le capital investi en R&D est beaucoup plus élevé que celui du rendement dû aux externalités technologiques entre les firmes et leurs fournisseurs.

Incertitude technologique

Alors que la section qui précède analysait l'effet de l'incertitude technologique sur l'impartition de la fonction R&D, cette section étudie l'impact de l'incertitude technologique sur l'impartition des activités de production affectées par l'innovation. L'intégration verticale (des activités liées à l'innovation ou affectées par elle) s'impose aux firmes innovatrices, dans la mesure où les nouveaux processus sont peu connus des partenaires et fournisseurs de la firme. Lorsqu'il s'agit d'une nouvelle activité de production, que les actifs utilisés sont spécifiques à l'innovation et que le nombre de fournisseurs qualifiés est restreint, la firme peut faire face à un problème d'opportunisme[44]. C'est l'hypothèse de Stigler, selon laquelle

---

41. Rappelons que l'actif le plus spécifique dans la R&D est le capital humain, l'expertise du scientifique.
42. Rothwell (1989).
43. Suzuki (1993).
44. Teece (1986).

une industrie naissante aura recours à l'intégration verticale dans la mesure où les services spécialisés requis pour implanter la nouvelle activité comportent des économies d'échelle. Lorsque l'industrie atteint sa pleine maturité, les fournisseurs spécialisés exercent l'activité et l'intégration fait place à l'impartition.

En général, l'incertitude technologique rend l'impartition plus difficile. Les activités imparties tendent à être reliées à des processus stables, connus, prévisibles et bien établis. Cela s'applique aussi à la technologie. Une technologie qui est en continuelle évolution entraîne des changements fréquents des spécifications. Le coût de gestion de l'interface de l'ingénierie interne et des fournisseurs peut dépasser les coûts de coordination interne. Ainsi, dans l'industrie américaine de l'électronique, les firmes dont le rythme d'innovation est plus rapide tendent à être intégrées davantage[45].

Si le niveau de protection des innovations est faible, la firme voudra réduire le risque de piratage technologique en maintenant le processus de production à l'interne. Mansfield (1985) note que, en moyenne, l'information sur un nouveau produit ou sur un nouveau processus est divulguée un an après sa découverte, et que les fournisseurs et les distributeurs sont l'une des sources d'information les plus importantes. L'intégration verticale permet de mieux concentrer la rente de l'innovation[46]. Toutefois, la protection de l'innovation par l'appropriation du capital est plus simple dans le cas du capital physique que dans celui du capital humain[47].

En revanche, l'impartition offre des avantages en contexte de changement technologique fréquent. Elle permet une expérimentation qui s'appuie simultanément sur différentes approches et qui comporte un processus d'apprentissage, et de choix, plus rapide[48]. Les sous-traitants sont par ailleurs normalement plus sensibles aux changements technologiques et, donc, plus à même d'innover et d'améliorer la qualité de leur produit. Une firme qui décide de ramener la fabrication à l'interne risque en outre de se voir coupée des efforts de R&D de ses anciens fournisseurs, dont elle est maintenant la concurrente[49]. Enfin, l'intégration verticale augmente le coût relié à l'obsolescence des équipements. Dans cette optique, la perspective d'un développement fécond des innovations devrait encourager l'impartition[50] (ex. : IBM au moment de la conception du PC). À partir de données sur 93 industries manufacturières américaines pour la période 1972-1977, Balakrishnan et Wernerfelt (1986) montrent que le niveau d'intégration verticale est inversement relié à la fréquence des changements techniques. Si l'incertitude des marchés encourage en général l'intégration, il se pourrait bien que, dans sa version technologique, elle la décourage au profit de l'impartition.

---

45. Yeong (1994).
46. Teece (1986).
47. *Ibid.*
48. Malone et Smith (1988).
49. Hayes et Abernathy (1980).
50. Barreyre (1968); Balakrishnan et Wernerfelt (1986); Olleros (1986).

Un cas d'espèce intéressant est celui de l'industrie micro-informatique. Langlois (1990) montre que le développement de cette industrie a été rendu possible grâce à des capacités décentralisées et non pas grâce aux efforts isolés de quelques grandes firmes intégrées. Les grandes firmes ont depuis longtemps coopéré avec les plus petites pour les composantes, le logiciel et les ventes. Par exemple, IBM a eu souvent recours à l'impartition pour la fabrication du premier PC. Cela est dû à la nature de l'industrie des micro-ordinateurs : la technologie est variée et elle se renouvelle rapidement tant et si bien que les compétences nécessaires à sa production ne peuvent être développées au sein d'un réseau aussi étroit et centralisé qu'une firme. Le caractère modulaire des ordinateurs a en outre facilité l'accès à l'information entourant les pièces disponibles sur le marché, de telle sorte que les coûts de transaction sont toujours restés faibles et les économies d'échelle relatives à l'assemblage, négligeables[51].

Des changements technologiques fréquents dans une industrie indiquent que la technologie est un facteur de concurrence important[52]. Or, la structure de la firme doit être adaptée à la nature de la concurrence. Dans un nombre croissant de secteurs, la concurrence se fait de plus en plus sur la technologie (ex. : les cycles de vie de produit plus courts) et il devient impératif pour chaque firme d'adopter la structure d'approvisionnement la plus adéquate pour l'innovation. Par exemple, l'industrie de l'automobile moderne est caractérisée principalement par une concurrence à base technologique[53], ce qui incite les firmes à revoir leur structure d'approvisionnement de manière à maximiser leur potentiel d'innovation. De façon générale, les technologies modernes semblent favoriser l'innovation chez les petites firmes (soutenues par les grandes firmes), si bien que, souvent, la désintégration verticale s'impose d'elle-même.

D'ailleurs, il semble que dans l'industrie de l'automobile, les fournisseurs, une fois indépendants, soient davantage incités à innover[54]. Helper note qu'avec le mouvement de désintégration qui a marqué le début des années 1990, la durée de développement d'un nouveau produit s'est abrégée. L'incitation à innover s'accroît notamment dans le cas des contrats dont la continuité n'est plus assurée. Hagedoorn (1993) montre que, empiriquement, l'accélération du cycle d'innovation est un déterminant important de l'impartition.

Les firmes n'ont pas à faire face uniquement aux problèmes de coordination, que nous avons mentionnés plus haut, entre l'activité de R&D et les différentes phases de la production. Le partage des rentes de l'innovation s'avère lui aussi problématique. Lorsque l'interdépendance est importante, l'introduction d'une innovation se traduit souvent par une répartition asymétrique des coûts et des gains entre les parties concernées et entraîne des problèmes de coordination. Dans ce

---

51. Langlois (1990).
52. Ils pourraient aussi être dus à une base scientifique en évolution.
53. Helper (1991).
54. Helper (1991).

contexte, les parties hésiteront à faire des investissements spécifiques et à échanger l'information qu'elles détiennent[55]. Kindelberger (1964) donne l'exemple des sociétés ferroviaires britanniques qui ont tardé à permettre le remplacement des wagons de dix tonnes par ceux de vingt tonnes : les wagons étant la propriété des entreprises minières, et non des compagnies de chemins de fer, leur remplacement rapide aurait profité davantage aux premières qu'aux secondes, qui devaient absorber des coûts d'ajustement importants.

Les rigidités hiérarchiques peuvent constituer un obstacle à l'introduction d'une innovation touchant plusieurs unités. L'opposition à des changements qui modifient les relations entre les stades de la production est souvent importante. Hayes et Abernathy (1980) ont été parmi les premiers à noter le danger d'inertie organisationnelle (réduction du rythme d'innovation) que représentait l'intégration verticale, surtout dans les secteurs où le changement technologique est fréquent. Selon les auteurs, les investissements considérables des firmes intégrées de l'industrie de l'automobile dans l'automatisation de la fabrication des freins à tambour seraient à l'origine du retard de plusieurs années dans l'introduction des freins à disque. De plus, avant la conversion récente de l'industrie américaine de l'automobile à l'impartition[56], les grandes firmes empêchaient leurs fournisseurs de développer leur propre expertise et réduisaient du même coup la capacité d'innover de ces derniers[57]. Aujourd'hui, les firmes de ce secteur sont plus dépendantes de leurs fournisseurs sur le plan technique.

1.2.5   EFFETS DE LA CONCURRENCE SUR LES INCITATIONS ET L'INTÉGRATION VERTICALE

L'un des buts avoués de l'impartition est d'accroître la performance des gestionnaires et des travailleurs en soumettant la force de travail interne à la concurrence des fournisseurs externes. C'est ce qui explique que, dans plusieurs cas, la firme achète et fabrique, parallèlement, le même intrant. Plusieurs grandes firmes américaines pratiquent une telle politique d'approvisionnement. Dans certains cas, des travailleurs de la firme deviennent des fournisseurs indépendants : même s'ils continuent de vendre à la firme, ils entrent en concurrence avec d'autres fournisseurs potentiels. On observe en général que cette forme de concurrence accroît à la fois la productivité des travailleurs et celle des fournisseurs. Helper (1991), par exemple, note que, dans l'industrie de l'automobile, les travailleurs qui sont devenus des fournisseurs innovent davantage.

Comment la concurrence accroît-elle la productivité des firmes et des fournisseurs ? En réduisant essentiellement la négligence managériale, qui est une cause importante de perte de rendement. La plupart des travaux consacrés aux

---

55. Teece (1988).
56. Ford et Chrysler impartissent plus de la moitié de la valeur des matériaux utilisés.
57. Powell (1987).

interactions de la concurrence et des incitations à la performance constatent que les gestionnaires des entreprises ne maximisent pas toujours les profits, ce qui est le but ultime des propriétaires, mais qu'ils accordent plutôt la priorité à d'autres objectifs, tels que la croissance des ventes, l'augmentation de leur propre pouvoir managérial ou, encore, la réduction des efforts dans la gestion de l'entreprise. Un tel comportement tend à détourner une entreprise de sa fin première (maximisation des profits) et constitue en cela une forme d'inefficacité[58]. Or, la concurrence agit comme une source de discipline, qui réduit les risques d'inefficacité. Elle a notamment pour effet de rendre interdépendantes les performances de firmes pourtant indépendantes les unes des autres, la firme la plus productive forçant ses rivales à égaler sa performance. De plus, en contexte de concurrence parfaite, il n'y a pas de profits extraordinaires possibles : les gestionnaires sont tenus de maximiser les profits s'ils veulent assurer la survie de leurs entreprises. Déjà en 1967, Machlup émettait l'hypothèse que les firmes les plus efficaces disciplinent les moins efficaces. Et Leibenstein (1966) a démontré empiriquement, sur la base d'études de cas, que la concurrence réduit la négligence managériale.

Hart (1983) démontre que, dans un contexte d'information asymétrique, la concurrence peut réduire l'inefficacité managériale. Il établit une corrélation positive entre les coûts de production d'une firme et ceux de ses concurrentes, tous exposés à l'action de facteurs exogènes communs. Le modèle qu'il construit définit deux types de firmes : les firmes entrepreneuriales, qui maximisent les profits, et les firmes managériales, dont les gestionnaires poursuivent parfois des objectifs différents et souvent contraires à la quête de profits. Si les coûts de production sont élevés, les deux types de firmes fonctionnent de manière également efficace, mais s'ils sont faibles, les firmes managériales ont tendance à relâcher les efforts qu'elles consacrent à la gestion interne et se contentent souvent de profiter de la conjoncture. Cette stratégie passive permet aux firmes entrepreneuriales, qui, elles, gardent intact leur niveau d'efforts en matière de gestion, d'augmenter leur volume d'activités. Il s'ensuit sur le marché une augmentation de l'offre et une baisse des prix, qui ont pour effet de réduire la marge de profit des firmes managériales et de limiter les risques de négligence. Le modèle montre ainsi que la concurrence réduit la négligence managériale, sans pour autant l'éliminer complètement. Notons qu'en l'absence de corrélation entre les coûts des entreprises, la concurrence n'a aucun effet sur la négligence des gestionnaires. Les résultats de Hart ne sont toutefois pas d'application générale. Il existe des circonstances où la concurrence réduit les efforts de gestion. Par exemple, un gestionnaire dont la rémunération est basée sur des actions de l'entreprise peut relâcher les efforts qu'il consacre à la gestion si la concurrence dévalue les actions en question.

---

58.   C'est le type d'inefficacité connu sous le nom d'inefficacité-X (X-inefficiency), qui mesure le degré auquel les profits réalisés divergent des profits maximums qui auraient été réalisés si tous les coûts avaient été minimisés.

L'un des avantages de la concurrence est qu'elle permet l'établissement de schèmes de rémunération basés sur la performance relative des agents. Cette forme de rémunération est valable lorsque les intérêts du travailleur ne sont pas directement observables sans coût, que le niveau de production a une composante aléatoire et que les aléas sont corrélés entre les agents (Nalebuff et Stiglitz 1983). Les schèmes qui la caractérisent sont de forts incitatifs à la performance et s'ajustent automatiquement aux changements de l'environnement. Par exemple, si la performance des travailleurs à l'interne baisse, mais que cette baisse touche aussi les concurrents (ou les fournisseurs offrant le même service), le propriétaire peut conclure qu'il s'agit d'un facteur exogène et non de négligence de la part de ses travailleurs.

Selon le modèle étudié par Nalebuff et Stiglitz (1983), la production d'un travailleur dépend de trois variables : l'effort, une variable aléatoire commune et une variable aléatoire spécifique. Le propriétaire n'observe que la production. Si le propriétaire n'établit aucune comparaison entre les travailleurs, l'asymétrie d'information incite le travailleur à consacrer moins d'efforts que le niveau optimal. Si le propriétaire compare les performances des travailleurs, l'asymétrie d'information n'affecte pas l'efficacité de l'entreprise. Chaque travailleur se fixe un objectif de performance sur la base de la réalisation de la variable aléatoire commune. En utilisant judicieusement ces objectifs, le propriétaire peut inciter chaque travailleur à fournir l'effort optimal sans l'exposer à quelque risque que ce soit.

Schmidt (1997) introduit dans l'analyse l'effet de la concurrence sur le risque de faillite. Cet effet est double. D'une part, la concurrence, qui réduit les profits, tend à augmenter les risques de faillite et incite de ce fait le gestionnaire à accroître ses efforts afin d'éviter une faillite qui lui coûterait son emploi. D'autre part, la concurrence, en augmentant les risques de faillite, réduit la rentabilité des efforts de gestion – qui ne profitent qu'en cas de non-faillite – et, partant, abaisse les exigences du propriétaire en matière d'efforts de gestion.

En général, l'incitation à la performance se traduit par une diminution de la négligence des travailleurs. En mettant l'accent sur la relation entre la concurrence et la faillite, Schmidt (1997) donne une interprétation complémentaire au problème de l'incitation. La réduction des coûts, nécessaire dans l'éventualité d'une faillite par exemple, entraîne parfois des réorganisations et des mises à pied, auxquelles la force de travail peut résister. Cette résistance sera moins forte face à une menace de liquidation et, donc, face à une concurrence plus féroce. Ainsi, la concurrence n'agit pas uniquement sur la négligence des gestionnaires, mais aussi sur la résistance de l'ensemble de la force de travail et sur la facilité avec laquelle les gestionnaires réduiront les coûts.

Une récession peut être vue comme une forme de concurrence, puisque la probabilité de faillite augmente et que la pression à la baisse sur les prix est plus forte. On observe en période de récession des réorganisations majeures dans de nombreux secteurs industriels, et les gestionnaires multiplient les efforts afin de réduire les coûts qui risquent d'entraîner la faillite des firmes pour lesquelles ils travaillent. La résistance de la force de travail diminue également, car l'emploi se raréfiant, les conséquences d'une faillite sont d'autant plus graves pour les travailleurs.

Les études empiriques n'établissent pas de relation monotone entre la concurrence et l'innovation ou les incitations. Certaines études décrivent une relation en forme de U inversé entre la concentration du marché et l'innovation, ce qui signifie que les incitations à l'innovation augmentent lorsqu'on passe d'un monopole à un oligopole, mais décroissent lorsque la concurrence augmente. Il est intéressant de constater que ce concept de niveau optimal intermédiaire de concurrence figure dans deux littératures relativement indépendantes, soit celle sur l'innovation[59] et celle sur les incitations.

Plusieurs points ressortent de cette revue partielle de la littérature sur le sujet. Tout d'abord, il n'y a probablement pas de relation théorique clairement établie entre l'incitation à la performance et la concurrence. Les résultats dépendent des types de coûts d'agence considérés et de l'effet de la concurrence sur la structure d'information. En conséquence, l'étude théorique doit se limiter à identifier les facteurs explicatifs les plus importants selon le contexte étudié. Sa portée limitée reflète en un sens la richesse et la complexité théorique du problème, tout en fixant un cadre relativement restreint aux tests empiriques de prédictions des modèles.

Cette étude nuance également l'idée commune voulant que l'impartition, en exposant les employés d'une entreprise à la concurrence des fournisseurs, soit une source importante de motivation. Dans plusieurs cas, comme le suggèrent les modèles théoriques, la concurrence s'avère néfaste pour la productivité des travailleurs. Et il n'est pas toujours facile pour une firme de déterminer le niveau de concurrence optimal, susceptible de stimuler ses travailleurs dans l'accomplissement de leurs travaux. En définitive, recourir à l'impartition comme à un remède miracle à la contre-performance des employés est une décision qui comporte des risques et dont les conséquences sont parfois imprévisibles.

BIBLIOGRAPHIE

Armour, H. O. et D. J. Teece (1980), « Vertical Integration and Technological Innovation », *The Review of Economics and Statistics*, vol. 62, n° 3, p. 470-474.

Asanuma, B. et T. Kikutani (1992), « Risk Absorption in Japanese Subcontracting: A Microeconometric Study of the Automobile Industry », *Journal of the Japanese and International Economies*, vol. 6, n° 1, p. 1-29.

Audretsch, D. B., A. J. Menkveld et A. R. Thurik (1996), « The Decision between Internal and External R&D », *Journal of Institutional and Theoretical Economics*, vol. 152, n° 3, p. 519-530.

---

59. Pour un survol de cette question, voir Kamien et Schwartz (1982).

Balakrishnan, S. et B. Wernerfelt (1986), « Technical Change, Competition, and Vertical Integration », *Strategic Management Journal*, vol. 7, n° 4, p. 347-359.

Barreyre, P. Y. (1968), *L'impartition : politique pour une entreprise compétitive*, Paris, Hachette.

Blois, K. J. (1986), « The Electronic ReOrganisation of Industry: Implications for SubContractors », *European Journal of Marketing*, vol. 20, n° 8, p. 41-48.

Braga, H. et L. Willmore (1991), « Technological Imports and Technological Effort: An Analysis of Their Determinants in Brazilian Firms », *The Journal of Industrial Economics*, vol. 39, n° 4, p. 421-432.

Brynjolfsson, E., T. W. Malone, V. Gurbaxani et A. Kambil (1994), « Does Information Technology Lead to Smaller Firms ? », *Management Science*, vol. 40, n° 12, p. 1628-1644.

Carlsson, B. (1988), *The Evolution of Manufacturing Technology and Its Impact on Industrial Structure: An International Study*, Stockholm, The Industrial Institute for Economic and Social Research.

Clemons, E. K. et M. C. Row (1992), « Information Technology and Industrial Cooperation: The Changing Economics of Coordination and Ownership », *Journal of Management Information Systems*, vol. 9, n° 2, p. 9-28.

Clemons, E. K, S. P. Reddi et M. C. Row (1993), « The Impact of Information Technology on the Organization of Economic Activity: The 'Move to the Middle' Hypothesis », *Journal of Management Information Systems*, vol. 10, n° 2, p. 9-35.

Daniels, P. W. (1985), *Service Industries: A Geographical Appraisal*, Londres, Methuen.

Empey, W. F. (1988), *Contracting Out of Services by Manufacturing Industries*, Montréal, Institut de recherche en politiques publiques.

Frankel, M. (1955), « Obsolescence and Technological Change in a Maturing Economy », *AER*, vol. 45, n° 3, p. 296-319.

Gold, B. (1986), « Technological Change and Vertical Integration », *Managerial and Decision Economics*, vol. 7, n° 3, p. 169-176.

Gurbaxani, V. et S. Whang (1991), « The Impact of Information Systems on Organizations and Markets », *Communications of the ACM*, vol. 34, n° 1, p. 59-73.

Hagedoorn, J. (1993), « Understanding the Rationale of Strategic Technology Partnering: Interorganizational Modes of Cooperation and Sectoral Differences », *Strategic Management Journal*, vol. 14, n° 5, p. 371-385.

Hamme, M. et J. Champy (1993), *Reengineering the Corporation*, Harper Collins.

Hart, O. (1983), « The Market as an Incentive Mechanism », *Bell Journal of Economics*, vol. 14, n° 2, p. 366-382.

Hayes, R. H. et W. J. Abernathy (1980), « Managing Our Way to Economic Decline », *HBR*, juillet-août, vol. 58, n° 4, p. 67-77.

Helper, S. (1991), « Strategy and Irreversibility in Supplier Relations: The Case of the U.S. Automobile Industry », *Business History Review*, vol. 65, n° 4, p. 781-824.

Hermalin, B. (1994), « Heterogeneity in Organizational Form: Why Otherwise Identical Firms Choose Different Incentives for Their Managers », *RAND Journal of Economics*, vol. 25, n° 4, p. 518-537.

Hermalin, B. (1992), « The Effects of Competition on Executive Behavior », *RAND Journal of Economics*, vol. 23, n° 3, p. 350-365.

Heywood, J. S. et D. Pal (1996), « Convex Costs and the Incentive for Vertical Control », *Economic Record*, vol. 72, n° 217, p. 130-137.

Holmström, B. (1982), « Moral Hazard in Teams », *Bell Journal of Economics*, vol. 13, n° 2, p. 324-340.

Ikeda, M. et Y. Lecler (1984), *Modernisation industrielle et sous-traitance au Japon*, Paris, École des Hautes Études en Sciences Sociales et Centre National de la Recherche Scientifique.

Kambil, A. (1991), « Information Technology and Vertical Integration: Evidence from the Manufacturing Sector », dans C. Guerin, E. Margaret et S. S. Wildman (éd.), *Electronic Services Networks: A Business and Public Policy Challenge*, Londres, Greenwood Praeger.

Kamien, M. I. et N. L. Schwartz (1982), *Market Structure and Innovation*, Cambridge, Cambridge University Press.

Katrak, H. (1990), « Imports of Technology and the Technological Effort of Indian Enterprises », *World Development*, vol. 18, n° 3, p. 371-381.

Katrak, H. (1989), « Imported Technologies and R&D in a Newly Industrialising Country: The Experience of Indian Enterprises », *Journal of Development Economics*, vol. 31, n° 1, p. 123-139.

Kawasaki, S. et J. McMillan (1987), « The Design of Contracts: Evidence from Japanese Subcontracting », *Journal of the Japanese and International Economies*, vol. 1, n° 3, p. 327-349.

Kindelberger, C. P. (1964), *Economic Growth in France and Britain 1851-1950*, Cambridge, Mass., Harvard University Press.

Komninos, N. E. (1994), *The Effect of Information Technology on the Degree of Vertical Integration and Average Firm Size in the Manufacturing Sector*, thèse de Ph.D., American University.

Krickx, G. A. (1995), « Vertical Integration in the Computer Mainframe Industry: A Transaction Cost Interpretation », *Journal of Economic Behavior and Organization*, vol. 26, n° 1, p. 75-91.

Kumar, N. et M. Saqib (1996), « Firm Size, Opportunities for Adaptation and Inhouse R&D Activity in Developing Countries: The Case of Indian Manufacturing », *Research Policy*, vol. 25, n° 5, p. 713-722.

Kumpe, T. et P. T. Bolwijn (1988), « Manufacturing: The New Case for Vertical Integration », *HBR*, vol. 66, n° 2, p. 75-81.

Lall, S. (1983), « Determinants of R&D in a LDC: The Indian Enginering Industry », *Economics Letters*, vol. 13, n° 4, p. 379-383.

Lane, S. J. (1991), « The Determinants of Investment in New Technology », *AER*, vol. 81, n° 2, p. 262-265.

Langlois, R. N. (1988), « Economic Change and the Boundaries of the Firm », *Journal of Institutional and Theoretical Economics*, vol. 144, n° 4, p. 635-657.

Langlois, R. N. (1990), « Creating External Capabilities: Innovation and Vertical Disintegration in the Microcomputer Industry », *Business and Economic History*, Second series, vol. 19, p. 93-102.

Leibenstein, H. (1966), « Allocative Efficiency vs. 'X-Efficiency' », *AER*, vol. 56, n° 3, p. 392-415.

Lewis, T. R. et D. E. M. Sappington (1991), « Technological Change and the Boundaries of the Firm », *AER*, vol. 81, n° 4, p. 887-900.

Lucas, H. C. Jr et J. Baroudi (1994), « The Role of Information Technology in Organization Design », *Journal of Management Information Systems*, vol. 10, n° 4, p. 9-23.

Lyons, B. R. (1995), « Specific Investment, Economies of Scale, and the MakeorBuy Decision: A Test of Transaction Cost Theory », *Journal of Economic Behavior and Organization*, vol. 26, n° 3, p. 431-443.

Machlup, F. (1967), « Theories of the Firm: Marginalist, Behavioral, Managerial », *AER*, vol. 57, n° 1, p. 1-33.

Maier, H. (1988), « Partnerships between Small and Large Firms: Current Trends and Prospects », Conference on Partnership between Small and Large Firms, CEE, Bruxelles, 13-14 juin.

Malone, T. W. et S. A. Smith (1988), « Modeling the Performance of Organizational Structures », *Operations Research*, vol. 36, n° 3, p. 421-436.

Malone, T. W., J. Yates et R. I. Benjamin (1987), « Electronic Markets and Electronic Hierarchies », *Communications of the ACM*, vol. 30, p. 484-497.

Mansfield, E. (1985), « How Rapidly Does New Industrial Technology Leak Out ? », *Journal of Industrial Economics*, vol. 34, n° 2, p. 217-223.

Mariotti, S. et G. C. Cainarca (1986), « The Evolution of Transaction Governance in the Textile-Clothing Industry », *Journal of Economic Behavior and Organization*, vol. 7, n° 4, p. 351-374.

Masten, S. E. (1984), « The Organization of Production: Evidence from the Aerospace Industry », *Journal of Law and Economics*, vol. 27, n° 2, p. 403-417.

McFetridge, D. G. et D. A. Smith (1988), *The Economics of Vertical Distintegration*, Vancouver, Fraser Institute.

McMillan, J. (1994), *Reorganizing Vertical Supply Relationships*, Working Paper, University of California, San Diego.

Monteverde, K. (1995), « Technical Dialog as an Incentive for Vertical Integration », *Management Science*, vol. 41, n° 10, p. 1624-1638.

Nalebuff, B. et J. Stiglitz (1983), « Information, Competition, and Markets », *AER (PP)*, vol. 73, n° 2, p. 278-283.

OCDE (1997), *Information Technology Outlook 1997*. Paris.

Olleros, F. (1986), « Emerging Industries and the Burnout of Pioneers », *Journal of Product Innovation Management*, vol. 3, n° 1, p. 5-18.

O'Neal, C. R. (1989), « JIT Procurement and Relations Marketing », *Industrial Marketing Management*, vol. 18, p. 55-63.

Picot, A., T. Ripperger et B. Wolff (1996), « The Fading Boundaries of the Firm: The Role of Information and Communication Technology », *Journal of Institutional and Theoretical Economics*, vol. 152, n° 1, p. 65-88.

Pisano, G. P. (1990), « The R&D Boundaries of the Firm: An Empirical Analysis », *ASQ*, vol. 35, n° 1, p. 153-176.

Powell, W. W. (1987), « Hybrid Organizational Arrangements: New Form or Transitional Development ? », *California Management Review*, vol. 30, n° 1, p. 67-87.

Reddi, S. P. (1994), *The Impact of Information Technology on the Organization of Economic Activity (Outsourcing)*, thèse de Ph.D., University of Pennsylvania.

Rendeiro, J. O. (1988), « Technical Change and Vertical Disintegration in Global Competition: Lessons from Machine Tools », dans N. Hood et J. Vahlne (éd.), *Strategies in Global Competition*, Londres, Croom Helm.

Rothery, B. et I. Robertson (1995), *The Truth About Outsourcing*, Hampshire, Angleterre, Gower.

Rothwell, R. (1989), « SMFs, Inter-Firm Relationships and Technological Change », *Entrepreneurship & Regional Development*, vol. 1, p. 275-291.

Scharfstein, D. (1988), « Product Market Competition and Managerial Slack », *RAND Journal of Economics*, vol. 19, n° 1, p. 147-155.

Scherer, F. M. et T. Ross (1990), *Industrial Market Structure and Economic Performance*, Boston, Houghton Mifflin.

Schmidt, K. (1997), « Managerial Incentives and Product Market Competition », *Review of Economic Studies*, vol. 64, n° 2, p. 191-213.

SME Task Force (1988), *Subcontracting in Europe*, Bruxelles, Commision des Communautés Européennes.

Suzuki, K. (1993), « R&D Spillovers and Technology Transfer among and within Vertical Keiretsu Groups: Evidence from the Japanese Electrical Machinery Industry », *International Journal of Industrial Organization*, vol. 11, n° 4, p. 573-591.

Teece, D. J. (1986), « Firm Boundaries, Technological Innovation and Strategic Management », dans L. G. Thomas (éd.), *The Economics of Strategic Planning*, Lexington, Mass., Lexington Books.

Teece, D. J. (1988), « Technological Change and the Nature of the Firm », dans G. Dosi *et al.* (éd.), *Technical Change and Economic Theory*, Londres, Pinter Publishers.

Walker, G. et D. Weber (1984), « A Transaction Cost Approach to Make-or-Buy Decision », *ASQ*, vol. 29, n° 3, p. 373-391.

Weil, U. (1982), *Information Systems in the 80s*, Englewood Cliffs, N.J., Prentice Hall.

Yeong, H. L. (1994), *Vertical Integration and Technological Innovation: A Transaction Cost Approach*, New York, Garland Publishing.

PARTIE 2

LA LOGISTIQUE DE L'IMPARTITION

Chapitre 2.1

INFORMATION PRIVÉE ET COORDINATION

Michel Poitevin[1]

« L'information se détourne plus facilement que les avions. »

2.1.1 INTRODUCTION

Le présent chapitre étudie les éléments informationnels qui motivent l'impartition ou la délégation des droits et des activités de production. De manière plus précise, il indique quels sont les éléments informationnels dont doit tenir compte une organisation qui se prépare à impartir l'une de ses activités et comment elle doit les envisager.

Au cours des quinze dernières années, les modes de production, de coordination et d'échange ont connu des bouleversements majeurs. Les nouvelles technologies de l'information, de la robotique et de l'informatique ont transformé radicalement les modes de communication, de gestion et de production des entreprises. Elles ont incité les organisations à revoir leurs modes de gestion et à augmenter ainsi leur efficacité, ce qui était devenu nécessaire pour faire face à une concurrence internationale accrue. Des études américaines ont démontré que la taille des grandes firmes diminue en proportion inverse des investissements en technologies de l'information. Loin de se traduire par des pertes d'emplois massives, comme on le prétend souvent depuis quelques années, ces mutations technologiques ont, au contraire, favorisé la croissance de l'emploi qui, depuis quinze ans, n'a jamais été aussi forte, tant au Canada qu'aux États-Unis. En fait, l'introduction des nouvelles technologies dans la gestion des entreprises, combinée à un accroissement de la flexibilité des marchés du travail nord-américains, a entraîné une croissance soutenue de l'emploi comme de la production nationale.

---

1. Département de sciences économiques, Université de Montréal, CRDE et CIRANO.

Les grandes tendances que nous venons de décrire brièvement ont affecté les modes de gestion et de production des activités. Le défi d'une organisation aujourd'hui est, d'une part, d'harmoniser ses intérêts et ceux de ses employés et, d'autre part, de rassembler et de coordonner les informations de tous les intervenants. On dit souvent que la principale tâche d'un gestionnaire est de collecter les informations nécessaires à la bonne prise de décision. Cet énoncé prend toute sa valeur dans le présent contexte.

L'avènement des technologies de l'information a facilité la transmission d'informations au sein des organisations et aura permis tantôt une plus grande centralisation de la prise de décision, tantôt une certaine décentralisation grâce à l'amélioration des contrôles et de la supervision des activités. De façon générale, on constate un aplatissement des pyramides hiérarchiques, les firmes éliminant les niveaux de gestion intermédiaires. Certaines décisions sont centralisées, alors que d'autres sont décentralisées.

La décentralisation touche non seulement la dimension hiérarchique d'une organisation mais également sa dimension géographique. Nombreuses sont les firmes qui déplacent une partie de leurs activités vers de nouveaux lieux de production. La délocalisation de la production vise en général à embaucher la main-d'œuvre la mieux qualifiée et la plus concurrentielle possible. À ce chapitre, l'impartition joue un rôle important. Elle permet aux organisations de modifier leurs structures de production et de décision pour demeurer concurrentielles. De telles transformations exigent de réfléchir sur la motivation des agents et sur la convergence des objectifs individuels et des objectifs organisationnels. Les modes de motivation doivent donc changer au fur et à mesure que se modifient les canaux d'information et les responsabilités.

Plusieurs facteurs doivent être pris en compte lorsque l'on instaure ou modifie les schèmes incitatifs dans une organisation. Les plus importants d'entre eux sont les facteurs technologiques et les facteurs informationnels. Le présent chapitre ne couvre que les seconds, c'est-à-dire les facteurs qui découlent de la nature privée de l'information nécessaire à une prise de décision cohérente et coordonnée[2].

La motivation des agents est obtenue par l'établissement des schèmes incitatifs de rémunération appropriés. On utilise ici schème au sens large. Par exemple, il peut s'agir non seulement de la rémunération directe de l'agent, mais également de l'attribution de ressources financières et/ou matérielles à l'unité qu'il contrôle. Comme nous le verrons plus loin, ces schèmes doivent être sensibles aux décisions prises par l'agent ainsi qu'à la collaboration qu'il apporte à la bonne marche de l'organisation. Cette collaboration se traduit souvent par la recherche et la transmission d'informations privées qui sont utiles à l'organisation.

---

2. Certains facteurs technologiques sont étudiés dans le chapitre 1.2. Nous définissons l'information privée dans la section suivante.

Si ces schèmes peuvent être conçus en théorie, en pratique, plusieurs facteurs en réduisent l'efficacité, et ce, même après que sont incorporés les facteurs motivationnels. Premièrement, des problèmes d'engagement et de renégociation des ententes formelles ou implicites viennent parfois miner les efforts de motivation. Deuxièmement, des problèmes de collusion entre intervenants (ou divisions de l'organisation) peuvent saboter toute collaboration en détournant les objectifs individuels des objectifs organisationnels. Tous ces facteurs interviennent dans la conception optimale des mécanismes de motivation et de coordination et, de façon plus précise, dans les modes d'impartition de différentes activités. L'objet de ce chapitre est de décrire la conception optimale de tels mécanismes qui tienne compte de ces facteurs.

2.1.2   QU'ENTEND-ON PAR INFORMATION PRIVÉE ?

2.1.2.1   Définition de l'information privée

Une activité typique comprend plusieurs intervenants, chacun détenant des informations-clés dont l'utilisation est nécessaire au succès de l'activité. Dans plusieurs cas, ces informations sont détenues de façon « privée », c'est-à-dire qu'un intervenant ou un groupe d'intervenants possède une information qui ne peut être directement vérifiée par les autres intervenants. L'intervenant informé n'a pas toujours intérêt à révéler aux autres intervenants l'information qu'il possède, non par malveillance nécessairement, mais simplement parce qu'il est conscient des contraintes auxquelles font face les autres intervenants et qu'il souhaite influencer en sa faveur le partage des ressources. Un directeur de service peut, par exemple, exagérer le coût des activités dont il est responsable afin d'obtenir un financement plus généreux et détourner ainsi des ressources qui, selon lui, seront utilisées à meilleur escient par son service. Il est donc nécessaire de tenir compte de telles incitations au moment d'attribuer des budgets ou d'opter pour l'impartition d'une activité.

Considérons le cas du service des eaux d'une municipalité. Lorsque l'eau n'est pas vendue, les ressources sont fournies par l'administration municipale au directeur qui en a besoin pour assurer les services à la population. L'administration doit, d'une part, déterminer le taux de taxation des citoyens et, d'autre part, faire l'arbitrage entre différents services de l'allocation du produit de la taxe. Il est évident que les décisions municipales sont prises, entre autres choses, en fonction du coût de production du service des eaux. Or, ces coûts de production (pas nécessairement les coûts comptables ou comptabilisés, mais les coûts réels pour assurer des services de même qualité) ne sont pas directement observables par l'administration municipale. Si l'information que détient le directeur de service sur les coûts de production est plus précise que celle de l'administration municipale, on dira alors d'elle qu'elle est privée.

Prenons un autre exemple. Supposons qu'une entreprise s'occupe elle-même de l'entretien de ses édifices. L'attribution du budget du service d'entretien, ou la détermination du prix de transfert interne (s'il en existe un), dépend du coût des ressources humaines et matérielles utilisées. Encore une fois, le coût de production est connu de façon beaucoup plus précise par le directeur du service. On dira alors que celui-ci détient de l'information privée.

2.1.2.2   Pertinence de l'information privée

C'est une chose de reconnaître que certains agents détiennent de l'information privée pertinente pour une décision, c'en est une autre d'affirmer que cette information joue un rôle important dans l'allocation des ressources. La question est de savoir si l'information privée peut ou non être déduite par les intervenants non informés.

Nous évoluons dans une économie où les prix sur les marchés concurrentiels véhiculent beaucoup d'informations. La concurrence force les producteurs à abaisser les prix de leurs produits au niveau de leurs coûts de production. Parce que le prix concurrentiel d'un produit ou d'un service reflète le coût marginal de production, il est possible à tous les intervenants non informés de déduire du premier le montant du second. Le caractère privé de l'information ne vient donc pas entraver la prise de décision.

Reprenons les deux exemples donnés plus haut. Les activités produites par le service des eaux ne sont pas offertes de façon concurrentielle sur le marché. Il est donc difficile pour les autorités municipales de connaître avec précision les coûts de production dudit service. La procédure d'attribution budgétaire se complique du fait que le directeur de service peut, de façon délibérée, gonfler ses coûts de production afin d'attirer plus de ressources au sein de son service. Idéalement, la tentation à laquelle se trouve soumis le directeur devra être prise en compte au moment de l'établissement de la procédure budgétaire. L'exemple de l'entretien des édifices est, lui, sensiblement différent. Ce service est relativement standard et offert de façon concurrentielle sur les marchés. Son coût de production peut donc être déduit en observant le tarif de services similaires. La procédure d'attribution de budget au service d'entretien se verra grandement facilitée si l'information disponible est utilisée. Le marché fournit une base de comparaison qui permet d'allouer les ressources de façon efficace.

2.1.2.3   Coordination des informations

L'information de nature privée joue donc un rôle important dans les décisions concernant une activité qui n'est pas offerte sur un marché concurrentiel. Quelles sont les caractéristiques de ces décisions ? Certaines d'entre elles sont complexes et reposent sur l'information privée de plusieurs intervenants, comme l'illustre l'exemple du développement d'un nouveau modèle d'automobile. Dans ce cas précis, on doit d'abord décider du type d'automobile à produire, du segment de marché à occuper, de la technologie de production à utiliser. Pour être efficaces, les décisions doivent s'appuyer sur des informations précises concernant les technologies accessibles à l'entreprise, leurs coûts d'implantation et de production, le plan de mise en marché. Chacun des intervenants (ingénieurs, responsables des autres modèles construits par l'entreprise, directeurs du marketing, etc.) doit bien comprendre les répercussions de l'information dont il dispose sur la décision à prendre. La manipulation indue de l'information privée est fréquente et c'est pourquoi il est important de concevoir des mécanismes (canaux formels de communication, rémunération des agents en fonction de l'information fournie, etc.) qui limitent les risques de manipulation et forcent chacun des agents à jouer cartes sur table. Ce n'est qu'à ces conditions qu'il sera possible de prendre une décision sur la base de toutes les informations disponibles.

Ce type de décision suppose des efforts importants de coordination des intervenants informés, mais il en existe un autre type qui, lui, n'exige qu'une coordination minimale : il s'agit des décisions reposant sur l'information d'un seul intervenant ou d'un ensemble bien intégré d'intervenants. Quand vient le temps, par exemple, de répartir l'effectif policier sur le territoire d'une municipalité, le directeur du service est en mesure d'évaluer avec beaucoup plus de précision que ne saurait le faire l'administration municipale la répartition optimale des agents, car il peut tenir compte non seulement du taux de criminalité par quartier – ce que l'administration municipale, à la limite, pourrait très bien faire elle-même – mais aussi de réalités moins tangibles et plus difficilement observables, comme les avantages qu'il y a à affecter un agent supplémentaire à un quartier plutôt qu'à un autre. Dans ce cas, la coordination est réduite à sa plus simple expression, puisque la prise de décision s'appuie sur l'information d'un seul et unique acteur.

2.1.3 INFORMATION PRIVÉE ET CHOIX DU MODE DE PRODUCTION

Nous venons de classer les décisions selon les besoins de coordination des différents intervenants. Comment peut-on obtenir les informations nécessaires à une coordination efficace ? En théorie, un gestionnaire omniprésent et hyperrationnel peut centraliser toutes les décisions, lesquelles sont alors basées sur les rapports que chacun fait de l'information dont il dispose. L'attribution du budget et la rémunération font en sorte que chacun trouve son compte à révéler le contenu de son information. Une telle organisation relève cependant de l'utopie. En réalité, pour toute activité organisationnelle, un choix s'impose entre production externe et production interne.

Le fondement d'une organisation efficace est la responsabilisation de l'employé. Sans mécanismes qui permettent de fixer la rémunération des employés ou les ressources qu'ils contrôlent en fonction de leur performance, une organisation s'expose à des pertes plus ou moins grandes de productivité. Notons ici que l'on entend par rémunération un large éventail d'outils, allant du salaire de l'employé aux conditions de travail et aux ressources allouées à une division ou à un service.

Les mécanismes de responsabilisation supposent l'établissement de normes précises de performance et une claire définition des objectifs à atteindre, sans quoi l'évaluation des employés risque d'être livrée à l'arbitraire de ceux qui évaluent.

2.1.3.1 Production à l'interne

Lorsqu'une activité est exercée à l'interne, la gestion est régie par des règles plus ou moins formelles, sujettes à changement et contrôlables par les agents en poste d'autorité. Toute nouvelle information ou tout changement imprévu peut porter les dirigeants « à changer d'idée » en cours de route. Cette flexibilité comporte des avantages, mais elle peut aussi s'avérer néfaste au chapitre des incitations. Par exemple, même si un directeur accroît la productivité du service qu'il dirige, son patron pourra, en cas de baisse non prévue des revenus de l'entreprise, lui refuser l'augmentation des ressources qu'il lui a promise en récompense de son rendement. Le cas contraire est également possible : même si le directeur n'a pas réussi à accroître la productivité de son service, le patron pourra lui accorder des ressources supplémentaires pour remédier à la situation, et ce, en dépit des pénalités qu'il aura prévues en cas de faible rendement. Dans les deux cas, un directeur clairvoyant tendra à réduire ses efforts de rationalisation. La difficulté pour le patron de s'engager vient réduire, voire annuler, l'efficacité de la responsabilisation du directeur de service.

Le manque d'engagement des intervenants, c'est-à-dire l'impossibilité pour eux de toujours s'en tenir à leurs décisions initiales quoi qu'il advienne, s'explique du fait que le « système légal » qui régit les rapports de production à l'interne est presque inexistant. Dans l'exemple donné, le « contrat » liant le directeur de service à son patron est informel et implicite : il repose sur la confiance mutuelle des deux acteurs et sur une négociation continue. Dans un environnement aussi changeant, il est forcément difficile de s'engager de manière crédible. *Ex post*, on peut avoir intérêt à modifier le plan initial en vue d'améliorer la prise de décision, sans s'apercevoir qu'un pareil changement peut venir réduire les incitations *ex ante*. Dès que l'on peut enfreindre impunément les règles, s'engager de façon crédible devient très difficile. Les limites aux possibilités d'engagement entravent le bon fonctionnement des mécanismes internes de responsabilisation.

Le principal avantage de la production à l'interne tient à l'efficacité, à la rapidité et à la flexibilité des canaux de communication. Ces derniers sont nécessaires si l'on veut coordonner les différentes informations privées et s'adapter rapidement à un environnement changeant. Ils sont mis en place par des comités et des instances décisionnelles qui regroupent les principaux détenteurs d'informations et qui doivent tenir compte des exigences de chacun. Lorsque les intervenants réunis proviennent d'une même organisation, le processus décisionnel se trouve en général simplifié.

2.1.3.2 Production à l'externe

Lorsqu'une activité est exercée à l'externe, des contrats formels et explicites définissent les règles qui régiront sa production et orienteront les incitations de
tous les intervenants vers un but commun. Un système légal garantit le respect de
ces contrats et arbitre les différends qui peuvent survenir entre les parties.
L'impartition représente un exemple de mode de production à l'externe où la relation est régie par un contrat explicite d'une durée déterminée.

Dans un tel environnement, le nombre de problèmes liés aux difficultés
d'engagement est limité. À la différence du mode interne de production, le mode
externe facilite le remplacement d'un partenaire non performant qui ne satisfait
pas aux clauses du contrat. Les possibilités d'engagement sont donc plus fortes et
incitent davantage à la performance. La production à l'externe permet également
de ne pas intervenir de façon indue dans le déroulement d'une activité. En limitant
l'accès d'une organisation à l'information, elle réduit les possibilités d'ingérence
des gestionnaires, qui, à l'interne, conduisent souvent à une contrainte budgétaire
douce, reflet d'un manque d'engagement de l'organisation.

L'avantage de la production à l'externe, c'est que les mécanismes de
responsabilisation sont plus résistants aux problèmes d'engagement. Pour reprendre l'exemple donné ci-dessus, si le directeur de service est un sous-traitant lié par
un contrat à prix fixe, il bénéficie de tout gain de productivité du service ou, inversement, supporte toute perte due à une baisse de productivité. Un tel contrat
maintient toutes les incitations *ex ante* du sous-traitant à produire efficacement.

Le principal désavantage de la production à l'externe tient aux difficultés
à coordonner les informations et les activités des intervenants qui évoluent au sein
d'organisations différentes. Les règles de fonctionnement d'instances décisionnelles sont plus difficiles à établir lorsque les rapports entre intervenants sont régis par
des contrats explicites. Ces instances doivent être en mesure de s'ajuster aux informations-clés des intervenants. Une telle souplesse s'acquiert plus difficilement lorsque l'activité est régie par des contrats formels et explicites.

2.1.3.3 Mode de gestion, impartition et coordination

Ayant établi les différences entre production à l'interne et production à
l'externe, nous allons maintenant voir quel mode de production privilégier pour
chacun des types de décision décrits plus haut et déterminer ensuite, de façon plus
précise, le type d'impartition qui convient le mieux au mode de production à
l'externe.

Dans le cas d'une activité reposant sur l'information privée d'un seul agent
ou d'un groupe d'agents bien intégrés, les besoins de coordination sont minimes.
La production à l'externe (l'impartition) permet de mettre en place des mécanismes de responsabilisation qui incitent à la performance. Par exemple, dans le cas de
l'entretien des rues d'une municipalité, la seule information privée pertinente est

celle dont dispose le fournisseur du service et qui concerne les coûts de production. Si l'administration municipale décide d'impartir ce service au secteur privé, il lui faudra définir toute une série de critères et de paramètres (performance, qualité des services, niveau d'entretien, etc.) qui mesureront le niveau d'activité et sur lesquels la rémunération du partenaire sera basée. Cette étape est sans contredit l'une des plus délicates, mais elle ne devrait pas être en soi un obstacle à l'impartition, car pour être saine, même une gestion à l'interne doit établir des critères précis de rémunération.

Une fois ces critères définis, il est possible de rédiger un contrat. Ce dernier doit tenir compte de l'information privée sur les coûts de production détenue par le fournisseur. Il devra donc spécifier non seulement les exigences de l'administration municipale, la rémunération du fournisseur et les pénalités en cas de dérogation, mais aussi un schème de rémunération incitatif qui permettra au fournisseur de choisir correctement, compte tenu de ses coûts de production, le niveau d'activité (par exemple, les critères définis plus haut). La stratégie de l'administration municipale consiste, ici, non pas tant à deviner le montant réel des coûts du fournisseur, mais plutôt à se faire une idée des différents niveaux de coûts possibles.

Pour simplifier, supposons que le coût du fournisseur puisse être soit faible, soit élevé. S'il est faible, la municipalité souhaitera un niveau d'entretien supérieur; s'il est élevé, elle préférera un niveau d'entretien plus bas. Le fournisseur connaissant seul les coûts de son entreprise, le contrat doit spécifier un prix minimal qui lui permettra de rentabiliser ses opérations en échange d'un entretien de base et une rémunération « à la pièce » pour tout accroissement au-dessus du niveau minimal. Selon que le coût est faible ou élevé, le taux à la pièce devra être tel qu'il sera rentable ou non pour le fournisseur d'assurer un entretien au-dessus du niveau de base requis. Dans l'exemple donné, la gestion optimale de l'impartition repose sur un contrat incitatif approprié, c'est-à-dire un contrat qui permet de produire efficacement tout en accordant au partenaire la liberté de choisir lui-même le niveau d'entretien selon son niveau de coût. Le principe-clé est que le contrat accorde le pouvoir de décision à la partie qui détient l'information privée (ici, le fournisseur). Le contrat responsabilise donc les intervenants et empêche la manipulation indue de l'information.

Une autre stratégie possible de responsabilisation consiste à tirer profit de la concurrence entre fournisseurs. La municipalité peut en effet diviser son territoire en deux et accorder l'entretien de chaque partie à un fournisseur différent. Une évaluation annuelle permet de comparer les rendements des cotraitants et d'accorder au plus performant des deux une partie ou la totalité du territoire de son rival. Une telle façon de faire suffit parfois à décourager les producteurs dont les coûts de production sont élevés et à attirer les producteurs les plus concurrentiels.

Dans les cas où l'activité repose sur l'information privée d'un seul agent et où l'impartition est privilégiée, on doit opter pour la sous-traitance ou le contrat de gérance assorti du schème incitatif décrit plus haut. La sous-traitance impartit des tâches secondaires pour lesquelles les besoins de coordination sont minimes, tandis que le contrat de gérance est préféré dans le cas de tâches plus complexes, lorsque le niveau des actifs dont on confie la gestion ne dépend pas de l'information détenue par le gérant. Par exemple, dans le cas de l'entretien des égouts, la taille optimale du réseau d'égouts est pour une bonne part indépendante des coûts d'entretien du réseau. La coordination des intervenants est minime et la gestion de l'entretien peut alors être impartie par contrat de gérance. Rappelons enfin qu'un tel contrat n'est viable que si le niveau de production (d'entretien dans notre exemple) est observable et vérifiable, auquel cas on peut incorporer au contrat un schème de responsabilisation.

Lorsqu'elle concerne plusieurs intervenants, la décision d'impartir une activité se complique du fait que toutes les informations détenues par l'ensemble des intervenants sont nécessaires pour atteindre un niveau optimal d'activité. Il faut donc établir des canaux de communication efficaces (comités, instances décisionnelles, rapports, etc.), qui assureront la meilleure coordination possible des informations privées. Dans ces conditions, l'impartition est souvent risquée, car il n'est pas rare que la communication entre l'interne et l'externe soit paralysée et, partant, inefficace. Comme nous l'avons mentionné plus haut, dès qu'il s'agit de prendre des décisions, les comités d'intervenants internes et externes sont rarement efficaces, car les rapports entre les intervenants sont régis par contrats. Pour la firme, la difficulté tient à l'arbitrage qu'il lui faut faire entre les avantages de la gestion interne (meilleure coordination) et ceux de l'impartition (meilleurs mécanismes de responsabilisation). L'issue d'un tel arbitrage peut se traduire par une impartition totale du réseau d'activités indiquées, exception faite des activités qui ressortissent aux compétences-clés de l'impartiteur. Le problème consiste alors à identifier ces compétences-clés[3].

Pour les activités où la coordination des informations-clés est importante, le choix se fait entre la production à l'interne et les types d'impartition qui établissent des relations à long terme entre partenaires, comme l'affermage, la concession ou la SEM (société d'économie mixte). Les relations à long terme facilitent l'établissement des canaux de communication nécessaires à la coordination des informations-clés. De plus, elles permettent le développement d'effets de réputation sur lesquels nous reviendrons plus loin.

Reprenons l'exemple mentionné plus haut du développement d'un nouveau modèle d'automobile. La conception d'un nouveau modèle dépend de l'information privée de plusieurs intervenants : ingénieurs, directeurs marketing, financiers, responsables des autres modèles, etc. Il est difficile d'impartir le développement du nouveau modèle sans impartir l'ensemble des autres activités qui lui sont associées. Il faut donc identifier un réseau d'activités ainsi que tous les intervenants qui en font partie. La formation d'un comité regroupant ces intervenants facilite la

---

3. Sur cette question, voir le chapitre 1.1.

coordination des différentes décisions. Une fois ces décisions prises, on pourra alors déléguer la production et la gestion de l'activité soit à un fournisseur unique rémunéré selon la qualité de ses services, soit à un centre de coûts (ou de profits) au sein de l'entreprise : comme le réseau d'activités de tous les intervenants est, dans l'exemple donné, trop important pour être imparti, la seconde solution sera sans doute la meilleure.

Pour terminer, mentionnons que le choix d'une gestion à l'interne ne signifie pas nécessairement que l'on doive renoncer à toute forme de responsabilisation. Des critères de performance peuvent en effet être définis afin d'évaluer les employés. L'évaluation passe par l'établissement de centres de profits ou de coûts liés à une instance décisionnelle supérieure où s'établiront la communication et la coordination nécessaires. Une fois les informations pertinentes transmises à cette instance, on délègue la gestion des différentes activités aux centres de profits ou de coûts. Leur « rémunération » est basée, d'une part, sur les informations préalablement obtenues qui déterminent les attentes et, d'autre part, sur la performance du centre de profits. Il est souhaitable d'imiter le contrat d'impartition incitatif pour déterminer le schème de rémunération du centre de profits ou de coûts. Toutefois, comme nous le soulignions plus haut, il est souvent difficile de donner autant d'incitations crédibles dans une gestion à l'interne.

Que faut-il retenir de cette argumentation ?

Premièrement, que des considérations informationnelles peuvent être au cœur même des décisions concernant les modes de gestion.

Deuxièmement, que l'information privée, si elle est déductible par une analyse des marchés concurrentiels, perd de son importance dans la décision d'impartir. Le schème incitatif du contrat repose alors sur cette information.

Troisièmement, que l'information privée est importante en l'absence de marchés concurrentiels. Il faut alors trouver des indicateurs et des mesures de performance qui permettent de responsabiliser les intervenants informés en leur laissant le soin de décider sur la base de leur information privée.

Quatrièmement, que la décision d'impartir doit faire l'arbitrage entre une coordination aisée des informations à l'interne et la responsabilisation que permet la gestion à l'externe grâce à des possibilités d'engagement accrues.

2.1.4   LA PRISE EN COMPTE DE L'INFORMATION PRIVÉE : PROBLÈMES ET SOLUTIONS

L'analyse a permis jusqu'à présent de dégager certains principes généraux quant aux décisions de délégation et d'impartition, mais elle a revêtu un caractère plutôt général et ne s'est guère attardée aux aspects de gérance ou d'implantation du mode de gestion optimal. Que l'on choisisse l'impartition ou la production à l'interne, la relation entre les intervenants engendre des comportements stratégiques de part et d'autre, qu'il convient maintenant de présenter. Nous discuterons ici des problèmes d'engagement et de collusion qui surviennent au cours de la relation.

2.1.4.1 Problèmes d'engagement et renégociation

Les aspects intertemporels ou dynamiques associés à la gestion de la production des activités sont importants. Nous présentons dans un premier temps les difficultés qu'ils entraînent entre les intervenants pour ensuite étudier les différentes formes que ces difficultés peuvent prendre, tant à l'interne qu'à l'externe.

L'information privée est souvent persistante, c'est-à-dire qu'elle demeure pertinente sur un horizon relativement long. Nous avons vu qu'en présence d'information privée, il est préférable de faire appel à des mécanismes de responsabilisation qui limitent les risques de manipulation d'informations par les agents. Or, si les agents prévoient que l'information sera persistante, ils auront tendance à tenir compte de l'impact de leurs actions présentes sur le déroulement futur de la relation. Les mécanismes de responsabilisation doivent donc prendre en compte les liens intertemporels et maintenir les incitations sur la totalité de l'horizon. Par exemple, un directeur de service doit être assuré que ses gains de productivité ne serviront pas d'alibi pour lui refuser des ressources ou des budgets, mais qu'ils seront, au contraire, partagés ou rémunérés.

Les problèmes d'engagement peuvent cependant venir miner les effets de tels mécanismes. Même s'il peut être optimal de promettre aux intervenants efficaces de partager les gains de productivité, la tentation est forte de couper court à ce partage tout en continuant d'exiger une haute performance de l'agent. Un agent rationnel prévoira ces tentations et hésitera à fournir l'effort nécessaire pour devenir efficace au début de la relation. C'est ce qu'on appelle l'effet de cliquet. Cet effet vient exacerber les problèmes d'incitation au sein des organisations. Si les partenaires ne peuvent s'engager à partager les gains de productivité tout au long de la relation, il devient difficile d'inciter à la productivité. C'est malheureusement un problème difficile à résoudre et dont il faut tenir compte lorsque l'on conçoit les schèmes de responsabilisation. Une solution possible est d'accorder à l'agent encore plus d'avantages ou de gratifications immédiates pour une bonne performance.

Les problèmes d'opportunisme, d'expropriation et d'engagement sont tous liés à l'aspect dynamique des relations. On les rencontre dans les modes de gestion interne et externe. Un exemple : la révision des standards de production. À l'interne, l'administration peut avoir intérêt à réduire les ressources consacrées à un service organisé et efficace, dont la gestion s'est avérée moins coûteuse qu'on avait prévu. Conséquemment, un directeur prévoyant révisera à la baisse la performance de son service afin d'obtenir de l'administration dont il dépend des ressources supplémentaires. À l'externe, l'administration dont le partenaire empoche des profits importants pourrait elle aussi avoir intérêt à négocier une nouvelle entente. Même si les parties sont liées par des contrats formels et explicites, une renégociation peut se justifier au nom de la préservation d'un climat sain dans la relation. Peu importe le mode de gestion, de tels problèmes se présentent et il faut en tenir compte lors de la signature des ententes.

2.1.4.2 Possibilités de collusion

Dans les organisations à multiples échelons, plusieurs intervenants participent à la gestion et à la production d'une même activité. Ils peuvent parfois être tentés de nouer des ententes implicites parallèles afin de détourner à leur avantage des ressources de l'organisation, notamment par la manipulation d'informations destinées aux dirigeants. Par exemple, si un sous-groupe d'intervenants retire des avantages d'un choix qui n'est pas le choix optimal, il peut avoir intérêt à manipuler certains rapports afin de faire pencher la décision de son côté. On dira alors que ce sous-groupe s'engage dans une forme de collusion avec les intervenants responsables de la décision.

La collusion ne peut évidemment pas s'opérer par des contrats explicites, puisqu'elle se fait toujours au préjudice de l'organisation. Elle s'opère le plus souvent par des ententes implicites entre les intervenants. Les agents qui participent à ces ententes ont en général recours à des échanges plus subtils, souvent sur un horizon relativement long. On observe, parfois, que certains hauts fonctionnaires d'agences de réglementation trouvent à la fin de leur mandat, en récompense des services rendus, un emploi dans les entreprises qu'ils réglementaient. Au sein d'une entreprise, les divisions qui s'unissent de façon plus étroite parviennent parfois à prendre le contrôle effectif de l'entreprise, et ce, sans jamais détenir un pouvoir formel. Une entreprise pourrait, par exemple, être contrôlée par les ingénieurs de ses différentes divisions. L'allocation de budget favoriserait alors la dimension « génie » au détriment du marketing.

Dans les modes de gestion à l'interne, la collusion peut inclure différents services ou divisions engagés dans une décision commune. À l'externe, elle se produit notamment entre le fournisseur et le gestionnaire qui gère la relation. Si les décisions du choix du fournisseur et des paramètres de son contrat sont prises par un gestionnaire de niveau hiérarchique intermédiaire, un arrangement collusoire peut intervenir entre le fournisseur et ce gestionnaire. Cependant, ce type de collusion est généralement difficile à maintenir, puisque le fournisseur et le gestionnaire n'agissent qu'en fonction d'un nombre limité de paramètres : il est alors plus difficile de trouver une base de négociation de l'entente collusoire.

La collusion existe parce qu'elle est difficilement vérifiable par les dirigeants de l'organisation et parce que les intervenants ont l'impression qu'ils peuvent influencer les décisions. Si les intervenants étaient indifférents au choix effectué, ils n'auraient aucun intérêt à s'allier à d'autres pour changer ce choix. Une première solution aux problèmes de collusion consisterait donc à rendre les choix relativement indépendants des informations : les intervenants ne seraient plus tentés de manipuler collectivement leurs informations afin d'influencer à leur avantage la décision à prendre. Une seconde solution est la séparation des responsabilités, qui sont alors partagées entre plusieurs intervenants. Une telle séparation réduit considérablement les risques de manipulation du processus décisionnel, en éloignant les intervenants les uns des autres. Ainsi dispersés et responsabilisés, les intervenants ne sont guère tentés de former des ententes collusoires. Le mode de gestion à l'externe favorise la séparation des responsabilités, puisque, par définition, il déplace une partie des services d'une entreprise vers des centres de décision périphériques. En résumé, la collusion est plus facile à contrôler en séparant les responsabilités (au lieu de les centraliser) et en laissant ainsi les intervenants libres de décider par eux-mêmes (plutôt que de les intéresser de près aux décisions du centre). Elle est, par conséquent, une variable à considérer au moment du choix du mode de gestion.

2.1.4.3   Autres considérations

Il existe deux différences importantes entre les modes interne et externe de gestion quant à l'aspect dynamique de la relation. La première porte sur la concurrence. La gestion à l'externe permet de maintenir une concurrence du moins potentielle tout au long de la relation, concurrence qui n'est généralement pas introduite dans un mode de gestion à l'interne. Cette concurrence accroît la flexibilité de l'entreprise qui impartit et sa capacité d'adaptation à un environnement toujours changeant. Elle permet également de définir des mesures comparatives de performance sur lesquelles la rémunération du fournisseur peut être basée. Par exemple, les prix offerts par d'autres firmes peuvent servir de termes de comparaison à l'impartiteur et lui permettre ainsi de vérifier les prix qu'il paie les services qui lui sont fournis. De plus, lors du renouvellement de l'entente, il est toujours possible de procéder à un appel d'offres afin de voir si le partenaire actuel est concurrentiel.

La seconde différence concerne les possibilités de financement externe. Il est en général beaucoup plus facile pour une firme indépendante que pour une division d'une organisation de réduire ses coûts et de transférer des ressources d'un exercice financier à un autre. Toucher la totalité des gains de productivité encourage la minimisation des coûts, car les intervenants savent qu'ils ne perdront pas leurs ressources même s'ils ne les consomment pas toutes immédiatement. Cette souplesse facilite également une politique optimale d'investissement en permettant aux agents d'investir au bon moment et sans crainte d'une indisponibilité des ressources. La gestion à l'externe présente donc sur son pendant interne un avantage non négligeable, qui doit être pris en compte, surtout dans les environnements variables. Encore une fois, la possession de l'ensemble des gains de productivité est également possible dans un mode de gestion à l'interne, mais les possibilités d'engagement restent limitées, car rien n'empêche la direction de saisir les épargnes d'un service en « temps de crise ». Le risque de saisie limite ainsi l'incitation à l'épargne et à l'effort.

2.1.5   CONCLUSION

La présence et l'extension de l'information privée au sein des organisations sont des éléments majeurs à considérer lors du *design* des modes de gestion. Si la décentralisation favorise généralement le maintien d'un haut niveau d'incitation, elle réduit la coordination des informations nécessaire à une juste prise de décision. Faire l'arbitrage entre incitation et coordination doit être un aspect essentiel d'une réflexion sur le mode de gestion efficace de l'organisation.

Chapitre 2.2

INVESTISSEMENTS SPÉCIFIQUES, CONTRATS INCOMPLETS ET STRUCTURE ORGANISATIONNELLE

Pierre Lasserre[1]

2.2.1 INTRODUCTION

Une raffinerie reçoit son pétrole par pipeline. Les limites de ses capacités de stockage et les principes de gestion auxquels elle obéit lui dictent en matière d'exploitation une politique d'adaptation rapide à la demande, qui est elle-même susceptible de fluctuer de façon difficilement prévisible. Pour la firme, il est donc important que le pipeline puisse alternativement fonctionner à pleine capacité pendant les périodes de forte demande et à capacité réduite pendant les périodes de faible demande. Dans ce contexte, un investissement dans l'entretien préventif des équipements afin d'éviter les scénarios-catastrophes – avarie du pipeline en temps de forte demande, par exemple – se justifie pleinement. Supposons toutefois que le pipeline est géré par une firme indépendante (le fournisseur) et que le contrat qui lie la raffinerie à son fournisseur prévoit une rémunération en fonction du volume de pétrole livré. Si le contrat ne s'assortit pas de pénalités en cas de retard de livraison ou de récompenses en cas de livraison complète, le fournisseur n'aura pas intérêt à engager des sommes dans l'entretien des équipements. Les conditions faisant coïncider les objectifs du fournisseur avec ceux de l'acheteur sont sans doute observables par les deux parties et, à ce titre, pourraient être insérées dans un contrat. Mais elles sont également très complexes à décrire, trop complexes vraisemblablement pour qu'une tierce partie (un juge) puisse trancher en cas de conflit sur la base de tels critères. En conséquence, les parties sont contraintes de laisser le contrat

---

1. Département des sciences économiques, Université du Québec à Montréal et CIRANO.

incomplet, au sens où il ne couvre pas toutes les contingences. Il est alors probable que l'investissement en entretien préventif ne sera pas optimal.

Un chirurgien veut s'intégrer à une équipe spécialisée. Son embauche est évidemment conditionnelle à l'acquisition de compétences (utilisation de certains appareils; apprentissage de nouvelles procédures) qui lui seront indispensables dans l'exercice de ses nouvelles fonctions, mais qui lui seront par contre inutiles en d'autres contextes. En contrepartie de l'investissement qu'on lui demande de faire et des efforts qu'il lui faudra consentir, le chirurgien est en droit de son côté d'exiger des garanties : présence durable au sein de l'équipe, conditions de travail, rémunération, etc. Dans un pareil cas, un contrat de travail liant les deux parties ne pourrait inclure que de façon très rudimentaire les différents paramètres que nous venons d'énumérer. Il serait par exemple étonnant qu'il puisse comprendre des clauses de résiliation qui tiennent compte de l'investissement du chirurgien en compétence spécifique, car il n'est jamais exclu que l'équipe puisse un jour ne plus avoir besoin des services de son partenaire, pour des raisons qui peuvent d'ailleurs être totalement étrangères à sa performance. Devant la perspective d'un investissement qui risque, à terme, de ne pas être rentable pour lui, le chirurgien hésitera sans doute à s'engager et la signature du contrat s'en trouvera par conséquent compromise.

Ces deux exemples illustrent les problèmes qui peuvent se poser lorsqu'une transaction exige des investissements qui lui sont spécifiques et que les contrats correspondants ne peuvent être assez finement rédigés pour prévoir toutes les contingences de la relation ni décrire toutes les dimensions de la transaction envisagée. La nature de l'organisation et, plus particulièrement, la structure de propriété peuvent, dans ce genre de situations, aggraver le problème. C'est ce qui va être analysé dans ce qui suit. Après avoir précisé la notion d'investissement spécifique et la façon d'en détecter la présence ou la nécessité, nous rappellerons ce que l'on entend par contrats incomplets et nous examinerons les conséquences de cette incomplétude. Le modèle simplifié qui sera ensuite présenté permettra de mettre en évidence le rôle des structures de propriété et du degré d'intégration dans le jeu qui s'opère en pareilles circonstances et de dégager les conditions sous lesquelles une forme d'organisation sera préférable à une autre.

2.2.2   NATURE ET CARACTÉRISTIQUES DES ACTIFS ET DES INVESTISSEMENTS

L'ampleur et la nature des investissements réalisés sous un mode d'organisation ou sous un autre sont des éléments cruciaux du choix d'une structure organisationnelle. Il est important, pour étudier les conséquences de l'impartition, de bien identifier les actifs en jeu et de les classer en fonction de certaines caractéristiques qui vont déterminer par quel canal le mode d'organisation choisi affecte les investissements correspondants. Comme nous allons le voir, il est important de déterminer si un actif est **corporel ou incorporel**, s'il s'agit de capital humain ou de capital physique, notamment. Il est tout aussi important de vérifier si un actif est

spécifique à l'activité, à l'organisation ou à la relation contractuelle étudiée. Ces caractéristiques ne sont pas sans lien avec la notion de **complémentarité** de deux ou plusieurs actifs et avec l'existence ou l'absence d'un **marché** pour l'actif en question. Enfin – et la réponse n'est pas sans lien avec les caractéristiques qui viennent d'être mentionnées –, il est important de déterminer dans quelle mesure un investissement est irréversible ou dans quelle mesure l'adoption de telle ou telle forme d'organisation constitue une décision **irréversible**[2].

Pour illustrer ces concepts, prenons l'exemple d'un hôpital et des services chirurgicaux qu'il fournit ou auxquels il fait appel dans le cadre de ses activités. Pour faire simple, étant entendu qu'il ne s'agit pas ici de faire une description précise de l'organisation ni de ses activités, nous distinguons deux activités : les services de chirurgie d'une part et les autres services d'autre part. On peut imaginer que les services de chirurgie font partie de l'ensemble des services fournis par l'hôpital ou qu'ils constituent des services acquis par le reste de l'hôpital et qui servent d'intrants aux autres activités. C'est plutôt cette deuxième conception que nous adoptons.

Qu'ils soient chirurgicaux ou autres, les services hospitaliers sont assurés par des équipes de travail et des gestionnaires dont les compétences sont les éléments du capital humain : il s'agit d'actifs incorporels. Ils nécessitent également des équipements qui constituent le capital physique : il s'agit dans ce cas d'actifs corporels. Comme les compétences, les équipements sont plus ou moins directement associés à une activité. Les blocs opératoires servent sans ambiguïté à l'activité *services chirurgicaux*, de même que les équipes chirurgicales; les équipements de rééducation et de soins postopératoires, les locaux correspondants, de même que l'administration générale de l'hôpital ou le personnel des services non chirurgicaux, servent plutôt aux *autres activités* de l'hôpital. Cependant, comme les activités sont liées entre elles, il y a divers degrés de complémentarité entre les types de capital : complémentarité très forte et évidente entre l'équipe chirurgicale et le bloc opératoire; complémentarité moins directe mais non négligeable entre l'administration générale et les services chirurgicaux, entre les équipements du bloc opératoire et les équipements des services postopératoires, entre les équipes chirurgicales et les équipes de rééducation.

Certains investissements, qu'ils soient corporels ou incorporels, sont spécifiques au partenariat services chirurgicaux-autres services. Par exemple, les investissements (en compétence, en savoir-faire, en relations personnelles) que fait un chirurgien en vue de travailler au sein d'une équipe particulière sont beaucoup plus spécifiques à l'activité qu'il exerce dans son hôpital que le capital humain qu'il représente et qui est sanctionné par un diplôme : c'est pourquoi ils perdraient une partie de leur valeur si le chirurgien devait se joindre à une autre équipe. De même, les investissements en capital humain faits par les membres de l'équipe chirurgicale en vue d'adapter les services aux besoins de l'hôpital peuvent être très spécifiques. Il

---

2. Voir également le chapitre 2.5.

peut s'agir d'une spécialité au sens médical, ou d'une adaptation à certains besoins particuliers de l'hôpital (comme le recours à des techniques permettant d'abréger la durée de l'hospitalisation), ou d'une organisation intégrant la dimension enseignement ou recherche ou, encore, d'une adaptation à certaines procédures organisationnelles (comptabilité, contrôle des coûts) particulières à l'institution et d'une contribution à l'amélioration de ces procédures. Les équipements peuvent être tout aussi spécifiques : un équipement peut être acquis parce qu'un chirurgien, ou son équipe, est capable de l'utiliser et qu'il verrait sa compétence sous-employée si on l'en privait ; ou, encore, des locaux seront destinés à recevoir les opérés qui ont besoin des soins particuliers réclamés par une nouvelle procédure introduite par le service de chirurgie.

La spécificité prend une dimension particulière lorsque l'investissement est irréversible : c'est elle qui rend l'irréversibilité potentiellement dangereuse ou coûteuse. Un investissement en compétence, par exemple, est irréversible : on ne peut se faire rembourser les efforts consentis ni restituer en retour la compétence acquise. Mais l'investissement fait pour obtenir un diplôme n'est pas spécifique à un hôpital en particulier ; il peut donc être rentabilisé à divers endroits et son auteur n'en est pas prisonnier. En revanche, un investissement spécifique irréversible ne concrétise sa valeur que dans un contexte limité. La décision d'un hôpital d'adapter ses services de rééducation aux besoins d'une équipe chirurgicale unique est risquée, de même qu'il est risqué pour une équipe de faire des investissements en compétence pour s'adapter aux besoins particuliers d'un hôpital. De tels investissements sont néanmoins rentables et le problème est précisément de trouver des formes d'organisation qui fassent en sorte qu'ils soient réalisés. L'impartition doit être envisagée sous cet angle et c'est là qu'interviennent les notions de droits de propriété, de pouvoir et de contrats incomplets dont il va être question dans la prochaine section, qui est largement inspirée de Hart (1995).

2.2.3   CONTRATS INCOMPLETS ET DROITS DE PROPRIÉTÉ

2.2.3.1   Les notions de base

Comme nous l'avons déjà mentionné, la question du choix d'un mode d'organisation pour une firme ou un organisme public ne se pose que lorsque l'incertitude entourant les activités à organiser rend impossible la rédaction de contrats complets qui définiraient entièrement les rôles et fonctions de chaque partie dans l'activité à exercer. Par contrat, nous entendons ici toute entente, écrite ou non, explicite ou implicite, **spécifiant** les caractéristiques d'une ou plusieurs transactions et **garantissant** le respect de ces caractéristiques.

Les contrats sont laissés **incomplets** parce qu'il est difficile (compliqué, coûteux) d'identifier toutes les dimensions d'une transaction (heure d'une livraison, intensité d'un effort, qualité d'un sourire) mais également parce que, même lorsqu'il est possible d'en identifier une particulièrement importante, il n'est pas toujours possible d'en imposer le respect : il peut être évident qu'un gérant travaille avec peu d'assiduité mais impossible de faire valoir cela devant un tribunal. En fait, certaines dimensions sont **observables** (les parties savent parfaitement que le gérant n'a pas fait l'effort convenu) mais pas **vérifiables** (il serait impossible d'en convaincre un juge pour obtenir compensation). C'est pourquoi elles ne seront pas spécifiées dans un contrat; l'exemple de l'assiduité au travail montre qu'il s'agit souvent de dimensions très importantes.

Lorsqu'il est incomplet, le contrat, surtout s'il concerne une activité durable, se divise en une succession de contrats à court terme ou, ce qui revient au même, fait l'objet de **renégociations** périodiques entre les parties. C'est à ce niveau que se situe l'impact de l'incomplétude des contrats. Étant par définition quelque chose de durable, un actif tire sa rentabilité sur une période relativement longue. Si la partie qui envisage d'investir dans un tel actif n'est pas raisonnablement certaine de pouvoir retirer dans l'avenir les avantages produits par son investissement, elle devra peut-être y renoncer.

De manière plus précise, supposons qu'un fournisseur A investisse une somme de 2000 $ en vue de s'adapter aux besoins de son client B et que ledit client s'engage, de son côté, à verser à son fournisseur une somme de 1000 $ au début de la première année et, au début de la deuxième année, une somme dont le montant dépendrait du produit fourni – produit dont la nature ne serait connue avec précision qu'au début de la deuxième année. On voit tout de suite le risque que présente pour le fournisseur un tel investissement : aucun contrat signé entre les parties ne peut décrire de manière juridiquement satisfaisante le produit et la nature de l'investissement. A risque donc, au début de la seconde année, de se retrouver dans une position d'otage vis-à-vis de B (problème de hold-up). Dépendant de son client en ce qui regarde le financement de son investissement, le fournisseur ne serait pas en position de force lors de la négociation du second contrat et s'exposerait du coup à devoir accepter en guise de rémunération une somme qui compenserait ses coûts de production mais non l'excédent déjà dépensé des sommes reçues. Pour lui, la décision d'investir aurait été une erreur *ex post*.

Mais ce problème doit-il vraiment se poser ? Si l'actif est corporel (capital physique, par exemple) et peu spécifique, il est fort probable qu'il y aura un marché pour lui : A pourra le vendre à un prix proche du montant de la somme déjà engagée et sa position de négociation vis-à-vis de B ne sera donc pas si faible au début de la seconde période. De même, si l'investissement est réversible (l'existence d'un marché est une façon de déceler la réversibilité), A n'aura pas affaibli sa position en engageant des dépenses. En fait, dans le cas d'un investissement précis et facile à décrire, il ne serait même pas nécessaire que A s'engage sans garantie : même s'il est impossible de décrire en première période le produit ou le service qui sera fourni, il peut être possible de décrire l'investissement nécessaire et de signer un contrat spécifiant un niveau d'investissement. Au contraire, si l'actif est **incorporel**, très **spécifique** au tandem A-B et **irréversible**, il est impossible de décrire adéquatement sa nature et ses composantes dans le contrat. Sa valeur en outre ne peut se concrétiser que dans le cadre d'une **collaboration** entre A et B. Le fournisseur A risque alors d'être pris en otage lors de la négociation du deuxième contrat, qui doit compléter sa rémunération, et pourra en conséquence décider de ne pas procéder à l'investissement initial.

L'impossibilité de rédiger des contrats complets nuit donc à des investissements qui, s'ils se réalisent, profitent pourtant aux deux parties d'une relation d'impartition. Nous allons voir que ce type de problème est plus ou moins grave selon le mode d'organisation dans lequel se noue la relation entre A et B. Il se pose, de plus, dans des termes différents selon la **structure de propriété** qui caractérise les parties. La structure de propriété et l'impartition peuvent jouer un rôle important parce qu'il est habituel que les **droits et obligations résiduels**, c'est-à-dire tout ce qui n'est pas spécifié dans un contrat, échoient au propriétaire. Ces droits et obligations définissent à leur tour le **pouvoir**, notamment le **pouvoir de négociation** des parties, et les **positions de repli** des parties lors d'une négociation. Des investissements souhaitables dans le cadre d'une relation entre deux parties peuvent se réaliser sous une certaine structure et pas sous une autre.

À première vue, l'intégration apparaît comme la structure la plus apte à résoudre le problème de hold-up que nous venons de décrire : si A est le propriétaire d'une firme intégrant ses propres activités et celles de B, il peut financer son investissement initial à même les revenus de l'organisation intégrée, ce qui lui évite de dépendre de B et d'être ainsi victime d'une rémunération partielle après l'investissement de base. Mais en fait, dans nombre de situations, les deux parties doivent investir, chacune de son côté et sans possibilité de contrat, dans des actifs spécifiques à leur relation. Par exemple, supposons que A produit les numéros d'un spectacle de cirque, tandis que B s'occupe des éclairages. L'idéal serait que les numéros et les éclairages soient conçus en fonction les uns des autres, les premiers exploitant les possibilités qu'offre le système d'éclairage et, en contrepartie, les seconds s'adaptant aux besoins du cirque. Pour collaborer efficacement avec la partie A, la partie B doit faire des investissements particuliers pour lesquels il n'y a pas de marché : certaines des compétences à acquérir et certains des équipements nécessaires servent les besoins d'un spectacle de cirque et seront de peu d'utilité pour un concert rock ou une assemblée politique. Si la propriété est concentrée entre les mains de A, B court le risque d'être pris en otage et sera moins incité à investir. Il y a arbitrage entre l'incitation à investir de A et celle de B et une structure de propriété qui favorise A, même intégrée, ne sera préférable que si les investissements spécifiques de A sont plus importants que ceux de B.

Avant d'illustrer les mécanismes en jeu dans le cadre d'un modèle simple, examinons brièvement la signification des droits de propriété. Lorsqu'une firme A achète une firme B, elle achète des actifs corporels (comme des équipements) ou incorporels (comme une marque de commerce ou une réputation). La propriété de ces actifs confère à la firme des **droits résiduels** : A, par exemple, peut décider de la mise en service (ou de la mise au rancart) d'une machine ou, encore, de son remplacement. C'est un pouvoir que la firme n'aurait pas si, au lien d'acheter B, elle passait simplement avec elle un contrat pour la prestation de certains services. Par contre, en achetant B, A n'acquiert pas le capital humain, la compétence, l'expérience et les relations des gens qui travaillent pour la firme, que ce soit à titre d'employés ou de gestionnaires. Il y a donc des limites au pouvoir que confère la propriété : il n'est pas certain qu'un investissement en compétence de la part de B ait plus de chances de se réaliser si A est propriétaire de B que s'il s'agit de deux firmes distinctes.

2.2.3.2 Le modèle simplifié de Hart

Les investissements en compétence spécifique constituent des illustrations particulièrement probantes des problèmes que nous venons d'évoquer. En conséquence, nous présentons un modèle où les parties A et B doivent s'interpréter comme des individus dont l'intervention est importante dans l'activité étudiée et qui peuvent décider d'améliorer la qualité de leur intervention par des investissements spécifiques en compétence. On note HA et HB pour bien souligner la dimension humaine, donc non marchande, qui est présente. Mais où intervient la propriété ? L'activité que nous modélisons fait intervenir du capital marchand (nous pensons à du capital physique). Nous introduisons donc deux actifs corporels notés J et K, qui sont nécessaires aux activités de HA et HB. On peut, sans que ce soit indispensable, imaginer que J est plus directement associé à HA et K à HB, mais il doit demeurer clair qu'autant HA que HB peuvent être propriétaires de K ou J, qui sont des actifs marchands.

Si nous nous référons à l'exemple des services chirurgicaux fournis à un hôpital, HA est une équipe de chirurgiens susceptibles d'être propriétaires du bloc chirurgical J, ou de tout l'hôpital, $K + J$, ou, encore, de fournir simplement les services sans posséder autre chose que leur capital humain. HB représente les administrateurs de l'hôpital, eux aussi susceptibles d'être propriétaires de l'ensemble $K + J$, ou seulement de la partie non chirurgicale K ou, encore, de fournir les services sans posséder aucun actif corporel de l'organisation.

Cet exemple permet de se faire une idée de la relation qui lie HA et HB et dans laquelle chacun trouve son compte. L'hôpital a besoin de services chirurgicaux; HA fournit de tels services. HA désire un débouché pour ses services chirurgicaux; HB peut acquérir ces services. Mais la relation va plus loin. HA répond mieux aux besoins de HB qu'une autre équipe de chirurgiens et HB est en mesure de valoriser davantage les compétences de HA qu'un autre hôpital, ce qui donne une **valeur particulière à la relation**. Pourquoi en va-t-il ainsi ? D'une part, cela peut être le fruit du hasard : il n'est pas rare dans une société que des individus ou des groupes aient des caractéristiques uniques qu'un bon mariage met en valeur. D'autre part, cette relation privilégiée présente un aspect endogène : les investissements spécifiques effectués par les deux parties portent mieux leurs fruits dans le cadre de cette relation particulière que dans le cadre d'une autre relation[3].

Par ailleurs, le lecteur pourra utilement se demander ce qui distingue un groupe chirurgical d'un laboratoire et pourquoi il arrive beaucoup plus fréquemment que les services de laboratoire soient impartis que ceux du bloc chirurgical. Certaines caractéristiques particulières des investissements spécifiques ou des personnes qui en sont responsables peuvent rendre une structure organisationnelle préférable à une autre. On introduira ainsi dans l'analyse qui suit des notions telles que l'élasticité et la productivité relative des investissements spécifiques, mais également des notions s'appliquant aux actifs corporels non spécifiques avec lesquels ils sont combinés (indépendance ou complémentarité) et des caractéristiques s'appliquant au capital humain non spécifique des acteurs comme la compétence générale des chirurgiens (celle qui est demandée par tous les hôpitaux) ou des administrateurs.

Pour pouvoir étudier la question de l'investissement, il faut introduire une dimension temporelle. Pour s'en tenir au cas le plus simple, on considère un modèle à deux périodes. L'actualisation n'ayant pas d'importance pour la nature qualitative des résultats, nous supposons nul le taux d'intérêt. Pour simplifier également, nous envisageons un cas polaire des droits de propriété : le propriétaire de J ou de K peut en user à sa guise. À la date 0, les investissements spécifiques sont effectués : HA investit α et HB investit β. La taille et la nature de ces investissements ne peuvent faire l'objet de contrats : même si elles sont observables, elles ne sont pas juridiquement vérifiables ou démontrables. Par ailleurs, il est impossible pour HB de se substituer à HA pour faire l'investissement α et vice versa. Pour reprendre notre exemple, les chirurgiens pourraient investir dans les compétences nécessaires à la réalisation d'une délicate opération chirurgicale, qui constituerait un atout pour l'hôpital et le distinguerait des autres centres hospitaliers, tandis que les administrateurs, de leur côté, investiraient dans une série d'activités et de produits connexes relatifs à l'opération en question : soins postopératoires, organisation du bloc opératoire, système de diffusion des informations, détection des maladies, etc.

L'ensemble des services dont aura besoin HB n'est toutefois pas défini au moment des investissements (date zéro), car il y a alors encore trop d'impondérables. Cette incertitude sera entièrement résorbée à la date 1 et c'est à ce moment que les parties négocieront la prestation et la rémunération de HA. Appelons $B(\beta; K + J) - p$ le revenu net (ou l'utilité nette) que retire HB si un accord de prestation de services est conclu avec HA à la date 1. Il peut s'agir du montant des ventes

---

3. En fait, le passé joue ici un rôle : ce sont des investissements passés dans la relation qui font qu'aujourd'hui, les deux parties ont des caractéristiques qui rendent leur association plus productive que ne le serait une association avec d'autres partenaires. Cela étant, quelle que soit la situation héritée du passé, il demeure que certains investissements spécifiques sont souhaitables aujourd'hui et que leur concrétisation n'est pas acquise.

effectives de services hospitaliers, nettes de tous les coûts, dont la rémunération p de HA; il peut également s'agir d'une mesure hors marché de la valeur sociale nette des services hospitaliers. Ce revenu net dépend explicitement de l'investissement en compétence β effectué par HB et du capital physique total mis en œuvre. Comme il s'agit du cas de figure où les parties s'entendent, peu importe qui est propriétaire de K et J. Le revenu net de HB dépend aussi de l'investissement en compétence effectué par HA, mais comme cette dépendance se reflète dans la rémunération p, elle n'est pas introduite explicitement à ce stade. Nous y reviendrons plus bas.

Rien n'oblige HA et HB à conclure un accord à la date 1. Si les parties ne réussissent pas à s'entendre, HB s'adressera à une autre équipe qui fournira un service **non spécifique** en échange d'une rémunération exogène $\bar{p}$ (on peut supposer qu'elle est déterminée par le marché). Outre l'investissement spécifique β, la valeur nette $b(\beta; k)$ des services que peut fournir HB sans recourir aux services spécifiques de HA dépend cette fois du capital k contrôlé par HB. En effet, HB ne peut compter sur la collaboration de HA – avec lequel il ne s'est pas entendu – pour utiliser le capital physique contrôlé par ce denier et jouit donc en principe d'un accès plus direct à l'équipement s'il en est propriétaire que s'il ne l'est pas; les cas de figure possibles sont $k = 0$, $k = K$, ou $k = K + J$. Quel que soit k, HB obtiendra de moins bons résultats en l'absence d'entente avec HA : $b(\beta; k) < B(\beta; K + J)$.

De la même façon, l'efficacité de l'équipe de chirurgiens différera selon l'investissement spécifique effectué et, s'il n'y a pas d'entente, selon le capital physique contrôlé. Nous notons $p - A(\alpha; J + K)$ la rémunération nette de HA s'il y a accord et $\bar{p} - a(\alpha; j)$ la rémunération en l'absence d'accord, lorsque le capital physique contrôlé par HA est j. On peut penser aux fonctions $A(\alpha; j + k)\, a(\alpha; j)$ comme à des coûts de production de services chirurgicaux. Comme nous supposons que seuls HA ou HB peuvent contrôler le capital physique, $j = 0$ lorsque $k = J + K$ (c'est le cas lorsque les chirurgiens ne sont propriétaires d'aucun équipement alors que les administrateurs possèdent ou contrôlent à la fois le bloc chirurgical et le reste des équipements hospitaliers); $j = J$ lorsque $k = K$ (les chirurgiens contrôlent le bloc, les administrateurs le reste des équipements); $j = J + K$ lorsque $k = 0$ (les chirurgiens contrôlent tous les équipements). L'hypothèse selon laquelle HA est moins efficace lorsqu'il n'y a pas collaboration suppose : $A(\alpha; J + K) < a(\alpha; j)$ pour tout j.

Hart fait l'hypothèse que la supériorité de la collaboration sur l'absence d'entente s'observe non seulement à l'échelle des valeurs totales de b et B ou de a et A, mais également à celle des productivités marginales des investissements. Formellement, on a[4]

$$b(\beta;k) < B(\beta;K+J) \text{ et } b'(\beta;K) < B'(\beta;K+J) \text{ pour tout } k \geq 0 \qquad (1)$$

$$a(\alpha; j) < A(\alpha;J+K) \text{ et } a'(\alpha;j) > A'(\alpha;J+K) \text{ pour tout } j \geq 0 \qquad (2)$$

---

4. Pour des raisons techniques, on suppose B strictement concave en β et A strictement convexe en α et l'on suppose b et a respectivement concave et convexe.

Les inégalités (1) signifient que les profits de l'hôpital, ou plutôt les bénéfices que retire la société[5], sont plus élevés lorsque les chirurgiens et les administrateurs travaillent ensemble que lorsque les administrateurs recourent à d'autres sources pour assurer des services chirurgicaux. L'inégalité de gauche définit l'avantage de la collaboration quant aux bénéfices totaux; celle de droite, quant aux bénéfices marginaux: un investissement spécifique supplémentaire (une augmentation de β) de la part des administrateurs sera plus productif s'il y a collaboration des chirurgiens HA que si les administrateurs recourent aux services d'une autre équipe de chirurgiens. Les inégalités (2) s'interprètent de la même manière, mais elles renvoient aux chirurgiens et indiquent que l'avantage de la collaboration porte sur les coûts plutôt que sur les bénéfices. Soulignons que la collaboration offre un avantage, quelle que soit la structure de propriété (ou de contrôle) des actifs: que les chirurgiens contrôlent tout l'hôpital ou qu'ils ne contrôlent aucun actif corporel, les investissements spécifiques qu'ils font sont plus productifs dans une relation de collaboration avec les administrateurs.

L'hypothèse selon laquelle le propriétaire d'un actif possède les droits résiduels sur cet actif et qu'il peut donc en faire un usage plus productif que s'il n'en était pas propriétaire suppose

$$b'(\beta; J + K) \geq b'(\beta; K) \geq b'(\beta; 0) \text{ pour tout } \beta \tag{3}$$

$$a'(\alpha; J + K) \leq a'(\alpha; J) \leq a'(\alpha; 0) \text{ pour tout } \alpha \tag{4}$$

Les inégalités (3) signifient qu'une augmentation de l'investissement spécifique des administrateurs, dans le cas où ils fonctionnent sans la collaboration des chirurgiens HA, est d'autant plus productive que le stock d'équipements contrôlé par les administrateurs est important.

Les inégalités sont strictes dans (1) et (2), ce qui signifie que les investissements en compétence α et β sont au moins partiellement spécifiques au partenariat AB. Les inégalités sont faibles dans (3) et (4), ce qui signifie que α et β ne sont pas nécessairement spécifiques aux équipements J et K: par exemple, il se peut qu'un surcroît de compétence n'apporte rien aux chirurgiens en l'absence de collaboration des administrateurs.

Les investissements α et β sont observables par les parties de même que les productivités marginales a' et b'; mais ces éléments ne peuvent de façon réaliste figurer dans un contrat. Comme nous l'avons déjà mentionné, il s'agit d'investissements bien réels, mais dont la description est nécessairement floue et compliquée: comment un juge pourrait-il se prononcer sur la compétence technique d'un chirurgien requise pour une opération rare? comment pourrait-il décider qu'un administrateur a fait les efforts nécessaires pour bien s'entendre avec un chirurgien et ainsi mieux planifier la convalescence de certains patients?

---

5.   Nous supposons ici que les administrateurs et la société partagent le même objectif.

Introduisons l'impartition dans ce modèle. Si l'on se réfère à l'exemple de l'hôpital, l'impartiteur éventuel serait HB et l'activité dont on envisage l'impartition serait soit l'ensemble des services chirurgicaux (impartition partielle), soit l'ensemble des services hospitaliers, chirurgicaux et autres (impartition totale). Dans ce dernier cas, les administrateurs n'auraient aucun contrôle sur les actifs corporels, mais ils fourniraient des services aux propriétaires qui seraient les chirurgiens. Le degré d'intégration ou d'impartition dépend ici de la répartition entre les administrateurs et les chirurgiens de la propriété (ou du contrôle) de J (en gros, le bloc opératoire et ses équipements) et de K (les locaux et tous les équipements autres que chirurgicaux). Il y a donc trois structures de propriété envisageables:

1. HB possède J et K: c'est l'intégration complète. Les administrateurs contrôlent tout ce qu'il est possible de contrôler des services chirurgicaux et des autres services hospitaliers.

2. HA possède J et K: on a procédé à une impartition totale. Les administrateurs restent intéressés aux activités de prestation de services chirurgicaux et de prestation de services hospitaliers en général, mais ils n'interviennent qu'en mettant leur compétence, spécifique et non spécifique, au service de la firme (intégrée) – un hôpital – à laquelle sont confiées ces activités et la charge financière de les organiser.

3. HA possède J et HB possède K: c'est l'impartition partielle. Chacune des deux parties possède du capital physique et, qu'il s'agisse de firmes ou d'autres types d'organisations, chacune possède vraisemblablement une personnalité juridique distincte. Il s'agit d'une structure non intégrée.

Dans ce modèle, la somme investie dans les actifs J et K est supposée donnée. La seule question est de savoir qui devrait être le propriétaire des actifs. Et cette question est importante parce que l'investissement en compétence spécifique effectué par chaque groupe, gestionnaires ou chirurgiens, en dépend. On constate que, quelle que soit la structure de propriété, l'investissement spécifique est inférieur à ce qui serait optimal si les contrats étaient complets[6]. Cela dit, on peut identifier certains cas de figure où une telle structure est préférable aux autres parce qu'elle suscite un investissement plus élevé. La proposition ci-dessous, formulée par Hart, énumère les principaux d'entre eux.

Proposition 1 (Hart)

1. Lorsque l'investissement spécifique de HB est **inélastique**, l'impartition totale est optimale; à l'inverse, si c'est l'investissement de HA qui est inélastique, l'intégration complète de A dans B sera alors optimale.

2. Lorsque l'investissement spécifique de HB est **peu productif** par rapport à celui de HA, l'impartition totale est optimale.

---

6. Dans des versions plus complexes de ce modèle, où l'investissement spécifique peut être de nature physique, il peut arriver que le niveau optimal soit, au contraire, dépassé.

3. Lorsque les actifs J et K sont **indépendants,** la structure non intégrée (impartition partielle) est optimale, la possession de l'un, ou des deux actifs, ne changeant rien à la productivité de l'investissement spécifique de chaque gestionnaire.

4. Lorsque les actifs J et K sont **strictement complémentaires,** une intégration partielle est optimale, la possession des deux actifs à la fois étant nécessaire pour accroître la productivité de l'investissement spécifique de l'un ou l'autre des gestionnaires : dans ce cas, HB doit choisir entre une impartition totale ou la prise en charge complète de l'activité.

5. Lorsque le capital humain **non spécifique** de HB est **essentiel,** l'intégration complète de A dans B est optimale, la possession des actifs J et K n'influençant la productivité de l'investissement spécifique de HA que dans la mesure où la participation de HB à leur exploitation est acquise[7].

6. Lorsque le capital humain **non spécifique** de HA et celui de HB sont **essentiels,** toutes les structures sont équivalentes.

Nous reviendrons sur les types de situations évoqués dans cette proposition et nous essaierons de les rendre plus concrets à l'aide d'exemples. Commençons cependant par expliquer la logique qui sous-tend les résultats. Ces derniers sont toujours l'aboutissement d'un même processus que nous allons présenter de façon explicite.

Dans une première période, étant donné une certaine structure de propriété, HA et HB prennent chacun une décision concernant leurs investissements spécifiques respectifs. Ils prennent cette décision, sachant qu'ils devront négocier les conditions de leur collaboration éventuelle durant la période suivante, une fois connue la nature exacte de la prestation attendue de HA (c'est-à-dire une fois possible la signature d'un contrat sur cette question). Comme cette collaboration est utile et génère un surplus par rapport à ce que HA et HB pourraient réaliser indépendamment, une entente spécifiant le partage du surplus sera conclue. C'est de ce point de vue que la structure de propriété a de l'importance. À cause des droits résiduels que confère la possession d'un actif, HA et HB seront, s'ils ne réussissent pas à s'entendre, dans une situation différente selon qu'ils sont propriétaires de deux, d'un ou d'aucun actif corporel. La propriété d'actifs corporels définit en effet les **positions de repli** des négociateurs, **donc leur pouvoir de négociation,** et détermine ainsi ce qu'ils vont retirer de l'entente, compte tenu des investissements préalablement réalisés. C'est sur la base de ce qu'ils prévoient retirer de l'entente et de l'effet de leur investissement sur ce résultat, que HA et HB choisissent cet investissement.

En général, en vertu des droits résiduels que confère la propriété d'un actif, plus un gestionnaire possède d'actifs, plus son investissement spécifique sera productif en l'absence d'entente, donc plus favorable sera sa position de repli. La

---

7. C'est le cas si les compétences spécifiques α acquises par HA ne donnent un meilleur rendement qu'à condition que HB participe aux opérations même si les actifs J et K sont la propriété de A.

contrepartie, c'est que plus la répartition de la propriété des actifs penche vers l'un des acteurs, plus elle défavorise l'autre. Il y a donc un arbitrage entre les investissements spécifiques respectifs des deux acteurs. La proposition de Hart définit quelques cas de figure où la solution de cet arbitrage est connue.

Examinons plus en détail le processus qui mène à ces résultats. Pour savoir quelles décisions d'investissement sont prises à la date 0, il faut prévoir autant que possible leurs conséquences. Nous commençons donc par étudier ce qui va se passer à la date 1, étant donné des investissements arbitraires α et β et une structure de propriété caractérisée par j et k. Si HA et HB concluent un accord par lequel HA vend des services chirurgicaux à HB au prix p, HA gagne $p - A$ (nous omettons les arguments des fonctions A et B temporairement) et HB gagne $B - p$; à elles deux, les parties gagnent $B - A$. Si, au contraire, HA et HB ne s'entendent pas, elles gagnent à elles deux $b - a$, ce qui est inférieur à $B - A$ en vertu de (1) et (2). Comme les parties gagnent à s'entendre, il est raisonnable de présumer qu'une entente sera conclue. Hart suppose en outre que dans ce cas, les parties se partagent le surplus en parts égales[8]. En effet, ce partage fait en sorte que les profits respectifs de HA et HB dans le cadre de l'accord sont égaux au profit réalisé en l'absence d'une entente, augmenté de la moitié du gain de l'entente. Il s'effectue par entente sur le prix p :

$$\pi_A = p - A = \overline{p} - a + \frac{1}{2}[B - A - (b - a)] \tag{5}$$

$$\pi_B = B - p = b - \overline{p} + \frac{1}{2}[B - A - (b - a)] \tag{6}$$

ce qui suppose

$$p = \overline{p} + \frac{1}{2}[B - b] + \frac{1}{2}[a - A] \tag{7}$$

Les deux parties peuvent faire ce calcul dès la date 0. Elles savent donc à quoi s'attendre et elles peuvent choisir leurs investissements spécifiques : il s'agit pour chaque partie de choisir son niveau d'investissement de façon à maximiser son profit, diminué du coût de l'effort d'investissement : $\pi_A - \alpha$ pour HA et $\pi_B - \beta$ pour HB. Les conditions du premier ordre, obtenues en dérivant ces profits nets respectivement par rapport à α et β après remplacement de π_A et π_B par $p - A(\alpha; J + K)$ et $B(\beta; J + K) - p$ respectivement, et après substitution de (7) pour p, sont

$$-\frac{1}{2}[A'(\alpha; J + K) + a'(\alpha; j)] = 1$$

$$-\frac{1}{2}[B'(\beta; J + K) + b'(\beta; k)] = 1$$

---

8. Les caractéristiques qualitatives des résultats ne seraient pas modifiées si le partage était moins équilibré.

Il existe une version de ces conditions pour chacune des structures d'intégration ou d'impartition envisagées et lesdites conditions définissent les investissements spécifiques correspondants : α_B et β_B dans le cas de l'intégration complète (HB possède tout l'actif corporel); α_A et β_A dans le cas de l'impartition totale (HA possède tout l'actif corporel); α_p et β_p dans le cas de l'impartition partielle (HA possède J et HB possède K) :

$$\bullet -\frac{1}{2}[A'(\alpha_B; J + K) + a'(\alpha_B; 0)] = 1 \text{ et } \frac{1}{2}[B'(\beta_B; J + K) + b'(\beta_B; J + K)] = 1$$

$$\bullet -\frac{1}{2}[A'(\alpha_A; J + K) + a'(\alpha_A; J + K)] = 1 \text{ et } \frac{1}{2}[B'(\beta_A; J + K) + b'(\beta_A; 0)] = 1$$

$$\bullet -\frac{1}{2}[A'(\alpha_P; J + K) + a'(\alpha_p; J)] = 1 \text{ et } \frac{1}{2}[B'(\beta_P; J + K) + b'(\beta_P; K)] = 1$$

Étant donné les conditions (4), (3), (2) et (1), il apparaît que

$$\alpha_B \leq \alpha_P \leq \alpha_A < \alpha^* \tag{8}$$

$$\beta_A \leq \beta_P \leq \beta_B < \beta^* \tag{9}$$

où α^* et β^* indiquent les niveaux qui seraient optimaux dans l'intérêt commun des deux parties, c'est-à-dire les niveaux qui maximisent le surplus que retirent conjointement HA et HB de leur relation spécifique : $B(\beta; J + K) - \beta - A(\alpha; J + K) - \alpha$. Les conditions de premier ordre qui définissent α^* et β^* sont :

$$\bullet -A'(\alpha^*; J + K) = 1 \text{ et } B'(\beta^*; J + K) = 1$$

L'examen de (8) et (9) nous permet de formuler les remarques suivantes. S'il est clair que chaque structure d'impartition mène, pour HA comme pour HB, à un niveau d'investissement spécifique inférieur au niveau optimal, l'écart n'est pas le même pour chaque partie selon la structure retenue. Une impartition complète amène HA à faire un investissement α_A plus proche de l'optimum α^* que toute autre structure; en revanche, elle incite HB à faire un investissement β_A plus éloigné de β^* que toute autre structure. La situation est inversée dans le cas d'une intégration complète, tandis que l'impartition partielle mène à un état intermédiaire. Il y a donc un arbitrage, qui s'opère à travers la structure de propriété, entre les investissements spécifiques de HA et ceux de HB. Ce phénomène provient du surcroît de pouvoir – illustré dans le modèle par les différences entre les valeurs des fonctions a et b selon j et k – que confère la propriété des actifs corporels sur l'organisation d'une activité. Il est remarquable cependant que ce pouvoir n'ait d'importance que dans la mesure où il définit les positions de repli des parties lorsqu'elles négocient les conditions de leur collaboration. Il affecte donc la dimension financière p de la transaction conclue mais pas, du moins pas directement, les autres dimensions de la relation entre HA et HB. En effet, dans la mesure où ils collaborent, HA et HB ont accès aux fonctions $B(\beta; J + K)$ et $A(\alpha; J + K)$ qui ne dépendent pas directement de la structure de propriété. En outre, p n'apparaît pas dans le surplus qui se dégage de la relation entre les deux parties, car il n'affecte que le partage de ce surplus. Malgré tout, la dimension réelle de l'activité commune et, donc, le surplus se trouvent indirectement affectés par la structure de propriété à cause de l'impact de celle-ci sur α et β par le prix p. La meilleure structure est celle qui donne le surplus le plus élevé :

- impartition totale : $S_A = B\,(\beta_A\,;J + K) - \beta_A - A\,(\alpha_A;J + K) - \alpha_A$
- intégration complète : $S_B = B\,(\beta_B;J + K) - \beta_B - A\,(\alpha_B;J + K) - \alpha_B$
- impartition partielle : $S_P = B\,(\beta_P;J + K) - \beta_P - A\,(\alpha_P;J + K) - \alpha_P$

2.2.4   DISCUSSION

La proposition ci-dessus décrit un certain nombre de cas où le choix qui s'impose est sans ambiguïté. Le point 1 de la proposition indique que si l'investissement de HA est inélastique, le mieux qu'on puisse faire est de favoriser l'investissement de HB, donc d'adopter une structure intégrée. Dans le cas de l'hôpital donné en exemple plus haut, cela signifie que l'investissement spécifique des chirurgiens est relativement indépendant de la structure de contrôle des équipements : les chirurgiens ont pour mission de soigner les malades, ce sont des chercheurs, et on peut très bien envisager de leur confier le contrôle effectif des équipements du bloc opératoire tout en leur en refusant le contrôle juridique. Dans ces conditions, les chirurgiens font le même investissement que s'ils étaient propriétaires et ils assurent de la sorte une bonne coordination de leurs activités avec celles du reste de l'hôpital.

Par ailleurs, les actifs J et K, c'est-à-dire le bloc opératoire d'une part et le reste des équipements de l'hôpital d'autre part, ne seront probablement pas indépendants l'un de l'autre, contrairement à ce qui est envisagé au point 3 de la proposition : avoir le contrôle de la totalité des actifs plutôt que d'une partie seulement des équipements permet aux administrateurs, en cas d'absence de collaboration avec les chirurgiens, d'être plus productifs dans la gestion de l'hôpital et la coordination des activités. Même si c'est en fait une situation de collaboration qui s'établit en pareil cas, les administrateurs qui ont le contrôle de J et de K sont en meilleure position pour négocier les conditions de la collaboration. De plus, ils courent moins le risque d'être pris en otages – une fois réalisés les investissements spécifiques irréversibles – que s'ils ne contrôlaient qu'une partie des équipements. Avoir le contrôle de J et de K les incite donc à investir.

Le point 4 correspond à un cas extrême de ce genre de complémentarité. Lorsque les actifs J et K sont strictement complémentaires, les administrateurs qui ne contrôlent qu'une partie seulement des équipements se montrent moins productifs dans leurs investissements spécifiques que s'ils ne contrôlaient aucun actif : c'est seulement en contrôlant à la fois J et K qu'ils sont productifs. Dans ce cas, une structure intégrée s'impose, mais comme nous venons de l'illustrer, la complémentarité stricte des actifs, si elle est suffisante, reste non nécessaire à une structure intégrée.

Appliquée à notre exemple, la proposition de Hart permet de comprendre pourquoi l'impartition des services de chirurgie d'un hôpital n'est pas une pratique courante. Il arrive cependant fréquemment que certains services de laboratoire soient impartis : le point 3 de la proposition est de ce point de vue sans doute plus conforme au cas d'un laboratoire d'analyse. De fait, l'équipe du laboratoire peut faire des investissements spécifiques (maîtrise de certaines procédures, rapidité) afin de mieux répondre aux besoins de l'hôpital et, inversement, l'hôpital peut faire des investissements spécifiques (organisation des tâches, communication) afin de collaborer plus étroitement avec le laboratoire. Et vraisemblablement, lorsque le laboratoire offre ses services à un autre hôpital, les investissements sont tout aussi productifs, que l'équipe contrôle seulement les équipements du laboratoire ou qu'elle contrôle l'ensemble des équipements de l'hôpital. Dans ce cas, l'hôpital, lorsqu'il impartit les services de laboratoire, encourage l'investissement de l'équipe du laboratoire, sans que ne soit réduit l'investissement des administrateurs.

Les points 5 et 6 sont un peu différents en ce qu'ils dépendent de propriétés du capital humain non spécifique des parties. Il s'agit ici de compétences générales et non de compétences orientées spécifiquement vers une collaboration efficace entre les deux parties. La notion de capital humain essentiel, introduite aux points 5 et 6, est particulière. Il s'agit d'un critère plus élevé que la compétence des administrateurs, pourtant indispensable à la bonne marche d'un hôpital. La compétence des administrateurs est essentielle si, et seulement si, leur collaboration est nécessaire à la concrétisation de la productivité des investissements spécifiques des chirurgiens. Sans la collaboration des administrateurs de l'hôpital, les investissements faits pour adapter la sélection des malades-candidats à la procédure et les soins postopératoires des patients aux modes de fonctionnement généraux de l'institution restent inutiles. Dans ce cas, le point 5 s'applique, et on ne devrait pas observer d'impartition des services chirurgicaux dans les hôpitaux.

Il est clair que les divers cas de figure envisagés dans la proposition ne sont pas mutuellement exclusifs. Il est clair également qu'ils ne couvrent pas toutes les situations possibles. Le mérite de la proposition et de la démarche de Hart est d'identifier les éléments et les caractéristiques qui ont conduit aux résultats obtenus. Une fois déterminées la présence ou l'opportunité d'investissements irréversibles spécifiques à une activité, et une fois évaluée leur importance relative de chaque côté du partenariat, c'est la présence d'**actifs indépendants**, d'**actifs complémentaires** ou de **capital humain essentiel** qui détermine si l'impartition totale ou partielle est, oui ou non, préférable à une intégration complète.

Le modèle présenté est particulièrement simplifié. Il confirme et explicite des intuitions qui sont souvent perçues de façon assez floue et dont le mécanisme n'est pas *a priori* évident. Il est probable que les plus fortes intuitions survivent au relâchement des hypothèses simplificatrices du modèle. Ainsi en va-t-il de celles qui veulent qu'une partie dont l'investissement est important ait plus de chances d'être propriétaire d'un actif corporel dans une structure optimisée; que les em-

ployés dont les tâches sont simples et routinières aient moins besoin d'être actionnaires que ceux dont les tâches sont complexes et exigent une adaptation spécifique; que les actifs hautement complémentaires aient le même propriétaire et qu'il
soit préférable que les propriétaires soient différents en l'absence de complémentarité.

Comme les tâches nouvelles exigent d'importants investissements spécifiques et qu'elles font intervenir des actifs hautement complémentaires, l'intégration
complète ou l'impartition totale semblent alors indiquées. Au contraire, lorsque les
tâches deviennent plus généralisées, des marchés se créent pour les compétences
autrefois spécifiques et les équipements fonctionnent de façon plus standard :
l'impartition partielle (non-intégration) devient alors optimale.

Hart fait remarquer que les principaux éléments de la théorie des droits
de propriété s'appliquent même lorsque l'investissement spécifique n'est pas nécessairement un investissement en compétence. Il signale cependant certaines différences comme le fait que la stricte complémentarité ne conduit pas nécessairement
à l'impartition totale ou à l'intégration complète ou qu'il peut aussi y avoir
surinvestissement et non pas seulement sous-investissement dans le modèle que
nous avons présenté.

Plus fondamentalement, le modèle de Hart, fondé qu'il est sur l'hypothèse que la propriété confère un pouvoir au propriétaire, passe sous silence le fait
que pouvoir et autorité peuvent provenir de bien d'autres sources. Un article d'Aghion
et Tirole (1997) examine les efforts des partenaires d'une organisation et l'initiative
dont ils font preuve à travers le prisme non pas de la propriété, mais d'une structure
d'autorité soit centralisée, soit au contraire déléguée. Les auteurs insistent également sur l'acquisition et sur la circulation de l'information dans une organisation,
alors que le modèle des droits de propriété, sans nier l'importance de l'information,
s'attache à mettre en évidence des phénomènes qui ne lui sont pas associés. Dans le
modèle d'Aghion et Tirole, l'information donne un pouvoir et une autorité à celui
qui la détient, même si les auteurs concèdent qu'il n'est pas toujours souhaitable
qu'information, pouvoir et autorité soient concentrés entre les mains d'une même
partie[9]. De même que la propriété peut encourager les investissements spécifiques,
l'autorité (déléguée ou non) peut amener des niveaux d'effort et d'initiative différents chez les parties en présence. Cela nous rappelle que la décision d'impartition
n'est qu'une décision parmi un riche choix d'organisations et de structures.

---

9. Voir le chapitre 2.1 sur ce sujet.

BIBLIOGRAPHIE

Aghion, P. et J. Tirole (1997), « Formal and Real Authority in Organization », *Journal of Political Economy*, vol. 105, n° 1, p. 1-29.

Hart, O. (1995), *Firms, Contracts, and Financial Structure*, Oxford, Oxford University Press.

Chapitre 2.3

LE RISQUE ASSOCIÉ À L'IMPARTITION

Benoit Aubert[1], Michel Patry[2] et Suzanne Rivard[3]

2.3.1 INTRODUCTION

Les bénéfices potentiels de l'impartition sont nombreux. Réduction des coûts, économies d'échelle, flexibilité organisationnelle accrue et accès à une expertise de pointe sont les avantages les plus souvent mentionnés par les organisations ayant eu recours à l'impartition. Par ailleurs, il arrive que l'impartition ait des conséquences moins bénéfiques. Des contrats irréversibles, des litiges au sujet de la qualité du service rendu et des coûts élevés de gestion de contrats sont des exemples de certaines conséquences négatives qui sont parfois associées à l'impartition. Cela ne signifie pas pour autant que l'on doive reculer devant une décision d'impartition. Il s'agit plutôt d'être en mesure d'évaluer et de gérer le risque qui est rattaché à la délégation de la prestation d'un service. Ce chapitre porte sur le risque auquel s'expose l'entreprise qui impartit l'une de ses activités et sur les mécanismes qui lui permettent de gérer ce risque le plus efficacement possible afin d'être en mesure de tirer le meilleur parti d'une décision d'impartition.

2.3.2 QU'EST-CE QUE LE RISQUE?

Le risque est une caractéristique commune à la plupart des décisions d'affaires, que ce soit dans le domaine de la finance, de l'assurance, de la gestion de projets informatiques ou du lancement de nouveaux produits: « You'll never have all the information you need to make a decision – if you did, it would be foregone conclusion, not a decision[4]. » En cela, une décision risquée n'est donc pas nécessai-

---

1. Technologies de l'information, École des Hautes Études Commerciales de Montréal et CIRANO.
2. Institut d'économie appliquée, École des Hautes Études Commerciales de Montréal et CIRANO.
3. Technologies de l'information, École des Hautes Études Commerciales de Montréal et CIRANO.
4. Mahoney (1994).

rement une mauvaise décision. Autant elle peut avoir des conséquences catastrophiques, autant elle est susceptible de mener à des résultats extrêmement profitables.

Cette constatation ne signifie pourtant pas que les décisions d'affaires doivent être prises à l'aveuglette, au contraire. En effet, l'évolution des environnements technologique et concurrentiel et l'interdépendance des activités accentuent l'exposition au risque des entreprises. Par conséquent, celles-ci doivent renforcer leur maîtrise des risques qu'elles courent, mais aussi de ceux qu'elles génèrent. Pour ce faire, il est essentiel que, face à une décision comportant un certain risque, l'organisation soit en mesure (1) d'évaluer le degré de risque de la décision et (2) de mettre en place des mécanismes de gestion du risque.

La notion de risque renvoie à la notion de sinistre ou de dommage – au sens où on entend ces deux termes dans le domaine des assurances. Une situation est risquée lorsqu'elle peut avoir des conséquences négatives. Cependant, la présence de conséquences négatives n'est pas suffisante pour qualifier le niveau de risque d'une situation donnée. Par exemple, la conséquence la moins souhaitable pour un passager voyageant en avion est la mort lors d'un écrasement. Prendre l'avion est-il pour autant une situation très risquée? La réponse est, bien évidemment, que cela dépend des circonstances. Il se présentera des situations où la probabilité d'écrasement sera élevée (par exemple, un décollage au cours d'une tempête) ou faible (par exemple, à bord d'un avion très sécuritaire et dans des conditions météorologiques optimales). Pourtant, le sinistre est le même dans les deux cas. Ce qui a amené ici la différence dans le niveau de risque est la probabilité que le sinistre se produise.

La probabilité d'un sinistre et la perte associée à sa réalisation sont donc les composantes essentielles du risque. Considérons la situation suivante. Un joueur lance un dé. Si le résultat est 1, le joueur perd 20 $. Sinon, il ne perd rien. On le sait, la probabilité pour le joueur de perdre est de 1/6. La situation est-elle risquée? Probablement pas pour la plupart d'entre nous. La perte de 20 $ est bien sûr une conséquence négative de ce jeu, mais de peu d'importance. Pourtant, si l'enjeu change et que, plutôt que de lancer un dé, on demande au joueur de jouer à la roulette russe avec un revolver six coups, le niveau de risque augmentera de façon marquée. En effet, bien que la probabilité de perdre demeure la même que dans le cas du lancement du dé, le sinistre pouvant résulter du jeu est incomparablement plus grave.

L'analyse du risque comporte donc deux composantes essentielles :

- la probabilité associée à un événement;
- la perte associée à la réalisation de cet événement.

En économique, on distingue le risque de l'incertitude selon qu'il est possible ou non d'attribuer une probabilité subjective à différents sinistres à cause de la récurrence du phénomène étudié. Le traitement du risque débouche ainsi dans les domaines de la finance et des assurances sur l'utilisation de diverses techniques pour déterminer ces probabilités. Il reste que, dans d'autres domaines, il est quasiment impossible de procéder de cette façon, puisqu'il n'existe pas de données antérieures à partir desquelles on peut établir des probabilités. C'est le cas des grands projets d'ingénierie (construction de centrales nucléaires, de barrages hydroélectriques, par exemple) et des projets de développement de systèmes informatiques. On adopte alors une approche qui consiste à identifier des facteurs dont on sait qu'ils déterminent la probabilité de sinistre.

Reprenons l'exemple du voyageur prévoyant se déplacer en avion. Dans ce cas précis, un certain nombre de facteurs contribueront à faire augmenter ou diminuer la probabilité qu'un sinistre survienne. Ce sont l'âge de l'avion, son fabricant, l'état de sa mécanique, l'itinéraire suivi, l'expertise et l'expérience du pilote, pour n'en nommer que quelques-uns. Ainsi, un voyage effectué en Piper vieux de 30 ans, n'ayant reçu aucun entretien mécanique au cours des six derniers mois, au-dessus d'une région montagneuse et désertique où sévit une guérilla, avec un pilote novice, se verra attribuer une probabilité élevée qu'une conséquence négative lui soit associée.

Il est possible d'établir des listes génériques de facteurs de risque propres à un type de situation en particulier. Par exemple, lorsqu'on établit le risque de maladie coronarienne pour un patient donné, on prendra en considération son poids, son âge, son alimentation, certains facteurs héréditaires, ses habitudes de travail et de loisir, et ainsi de suite. La probabilité d'occurrence d'une maladie cardiovasculaire varie selon la valeur prise par chacune de ces caractéristiques. Dans le cas d'un projet de développement d'un système informatique, il a été établi que la taille du projet, la complexité technologique du système en développement, le manque d'expertise de l'équipe de développement et l'environnement organisationnel sont autant de facteurs qui contribuent à augmenter la probabilité qu'un sinistre (en l'occurrence l'échec du développement) surviendra. L'évaluation du risque d'un tel projet passera donc par la caractérisation du projet en regard de ces facteurs.

Ainsi, si l'on adopte une telle approche, l'évaluation du risque comportera les activités suivantes :

- Caractérisation de la situation en regard des facteurs de risque propres à cette situation. (Cette activité correspond essentiellement à l'établissement de la probabilité de sinistre.)
- Établissement de la « valeur » de chaque sinistre.

Cette approche suppose que l'on dispose non seulement d'une liste générique des facteurs de risque pour une situation donnée, mais aussi d'une liste des sinistres reliés à la situation ainsi que des liens entre les facteurs de risque et les sinistres. C'est ce que fait la méthode d'évaluation du risque qui sera décrite plus loin dans ce chapitre.

2.3.3   LES CONSÉQUENCES NÉGATIVES POUVANT RÉSULTER D'UNE DÉCISION D'IMPARTITION

De la même façon que l'on ne fait pas un investissement en capital en ayant l'espoir qu'un sinistre se produise, on ne confiera pas une activité à un fournisseur en espérant que cette décision ait des conséquences négatives pour l'organisation. Pourtant, de telles conséquences sont une possibilité : une décision d'impartition réfléchie devrait les prendre en compte. Les études menées jusqu'à maintenant dans le domaine des contrats en général et de l'impartition des services en particulier nous fournissent une liste assez complète des divers sinistres reliés à l'impartition. Le tableau 2.3.1 présente cette liste.

TABLEAU 2.3.1

Conséquences négatives pouvant résulter d'une décision d'impartition

Coûts	Coûts de transition et de gestion imprévus
Contrats	Modifications coûteuses aux contrats
	Litiges
	Difficulté de renégociation de contrat
	Problèmes de hold-up
Service	Diminution de la qualité du service offert
	Augmentation des coûts de prestation de service
Compétences de l'organisation	Perte des compétences reliées à l'activité
	Perte de la capacité d'innovation
	Perte de la capacité de coordination
	Perte de contrôle sur l'activité
Climat organisationnel	Perte de légitimité
	Perturbation de l'organisation

Il arrive que l'on sous-estime l'importance des coûts de transition et des coûts de gestion des contrats. Les coûts associés à la transition entre le faire et le faire faire sont variés, et ils peuvent être très élevés. Il semble que les organisations aient tendance à oublier, ou à tout le moins à sous-estimer, les coûts que représentent les frais d'avocats pour la rédaction et la négociation d'ententes contractuelles, la cession des actifs et le passage de l'interne à l'externe. Une entreprise rapportait récemment qu'elle évaluait à 1,5 million de dollars le seul coût de la négociation d'une entente majeure d'impartition avec un fournisseur : ce coût comportait essentiellement les honoraires des conseillers juridiques et financiers et le temps des gestionnaires ayant consacré plus de deux mois à cette négociation. Par ailleurs, il arrive que l'on oublie de prendre en compte les ressources, calculées en termes de temps de gestionnaires, qui devront être consacrées à la « surveillance » du contrat, à l'évaluation de la qualité des services offerts et à la gestion de la relation avec le fournisseur.

La deuxième catégorie de conséquences négatives a trait aux aspects contractuels. Un souhait commun à toutes les entreprises qui impartissent une ou plusieurs activités est sans doute ce que les économistes appellent le contrat complet. Ce dernier définirait les droits, les privilèges et les obligations de chacune des parties en cause, les quantités à produire et les critères de qualité. Pourtant, la rédaction de contrats complets semble être une utopie et, malgré tous les efforts qu'y mettent les conseillers juridiques de chaque partie, la plupart des contrats d'impartition comportent nombre de zones grises. En conséquence, on souhaitera parfois apporter des modifications au contrat qui peuvent être extrêmement coûteuses. D'autre part, la différence d'interprétation des clauses contractuelles peut donner lieu à des litiges qui, en plus de perturber la relation client-fournisseur, peuvent eux aussi être assortis de coûts non négligeables.

Pour plusieurs organisations, la décision d'impartir est prise rapidement. On analyse la décision, on choisit un fournisseur, puis on se départit de l'activité. À moyen terme, pourtant, viendra le moment de renégocier le contrat, ce qui peut donner lieu à des difficultés de taille. En effet, le client peut se retrouver prisonnier de son fournisseur, incapable de réintégrer l'activité à l'interne ou de passer à un autre fournisseur – soit parce qu'il n'en existe aucun autre, soit parce que les coûts de changement de fournisseur seraient prohibitifs.

Le sinistre le plus craint par les «consommateurs» de l'activité impartie est sans doute la diminution de la qualité du service. En effet, on s'interroge souvent au sujet de la motivation du fournisseur à assurer une qualité de service aussi grande que si l'activité était effectuée par des employés de l'entreprise. Et si parfois la qualité du service est la même ou supérieure au départ, il arrive effectivement qu'elle se détériore par la suite. À cette diminution de la qualité peut s'ajouter l'augmentation des coûts de prestation du service. En effet, alors que de nombreuses organisations impartissent une activité avec l'objectif déclaré de réduire leurs coûts et de profiter des économies d'échelle de leur fournisseur, la réalité est parfois fort différente. Très souvent, le fournisseur établira un tarif de base correspondant à une transaction de type «standard». Il en est ainsi, par exemple, dans le cas des activités de soutien aux utilisateurs en informatique. Une grande entreprise a récemment délégué cette activité à un fournisseur externe. Alors qu'avant l'impartition, les services de soutien aux utilisateurs, assurés par dix analystes et techniciens, ne représentaient ni plus ni moins qu'un coût fixe pour l'entreprise, ils sont, depuis l'impartition, entrés dans une spirale inflationniste dont on se demande bien comment sortir. En effet, le fournisseur a établi des tarifs standard de soutien selon le type d'expertise requise par le besoin de l'utilisateur et le temps passé à répondre à une demande précise. Alors que les analystes et techniciens de l'interne tentaient de répondre directement à la demande de l'utilisateur, et y réussissaient en général, le fournisseur semble avoir adopté une politique de référence à l'expertise la plus élevée – et, partant, la plus coûteuse – pour une demande donnée. L'entreprise a estimé que le coût moyen d'une prestation de soutien est de 50 % plus élevé qu'il ne l'était lorsque l'activité était effectuée à l'interne. Conséquence : les services utilisateurs sont de plus en plus nombreux à recruter leurs propres analystes ou techniciens, ce qui représente pour eux des coûts inférieurs à ceux qu'ils engendrent lorsqu'ils utilisent les services de l'impartiteur.

La quatrième catégorie est constituée de conséquences associées à la perte de compétences organisationnelles. L'expertise dans un domaine d'activité s'acquiert et se développe en exerçant cette activité. Pour une organisation, le fait de confier la totalité d'une activité à un fournisseur peut avoir comme conséquence la perte des compétences qui y sont reliées. De la même façon, la capacité d'innovation dans le domaine d'activité pourra être compromise, puisque peu de compétences internes y seront consacrées. Le fournisseur, pour sa part, ne sera pas motivé à encourager l'innovation en faveur de son client, en particulier dans les cas où l'impartition aura eu pour motif principal la réduction des coûts. On consacrera les énergies à l'atteinte de cet objectif, pas nécessairement à favoriser la créativité. Si l'activité a peu d'importance pour l'organisation, la conséquence négative sera moindre. Si, par contre, l'activité est au cœur de la mission même de l'organisation, l'impact sera beaucoup plus important et grave.

La réalisation d'activités interdépendantes requiert une bonne dose de coordination. Il en est ainsi, par exemple, de la conception d'un système informatisé, de sa réalisation technique et de son implantation. Ces activités doivent suivre une séquence logique, et l'output de l'une constitue l'input de l'autre. Lorsque les activités sont effectuées à l'interne, il existe des mécanismes par lesquels l'organisation peut en assurer la coordination. Si, par contre, l'organisation confie à des fournisseurs différents ces trois activités, la coordination deviendra beaucoup plus difficile, voire, dans certains cas, impossible. Non seulement l'organisation ne parviendra plus à coordonner les activités, mais elle perdra la maîtrise de chacune d'elles.

Enfin, l'impartition d'une activité peut avoir des retombées négatives sur le climat organisationnel. Plusieurs entreprises ayant imparti des activités importantes ou plusieurs activités doivent faire face à une organisation perturbée : démoralisation des employés qui restent (on parle même du syndrome du survivant) et craintes de perte d'emplois si d'autres activités venaient à être imparties. Le travail est souvent perturbé et la productivité en souffre. Dans ces circonstances, il peut même arriver que l'on n'accorde plus sa confiance à la haute direction de l'organisation. Dans le cas des organisations du secteur public, les impacts sont parfois ressentis non seulement à l'interne, mais aussi dans la population. Les nombreuses discussions ayant récemment entouré les études d'impartition faites par la Ville de Montréal en sont une illustration. Le débat au sujet de la seule question de la gestion de l'eau montre bien comment une décision qui, du strict point de vue de l'analyse économique, pourrait sembler sensée, a le potentiel de perturber le climat politique.

2.3.4 LES FACTEURS DE RISQUE ASSOCIÉS À UNE DÉCISION D'IMPARTITION

Heureusement, tous les sinistres décrits à la section précédente ne sont pas la conséquence immédiate d'une décision d'impartition. Certaines caractéristiques d'une situation d'impartition font que ces sinistres ont une probabilité plus ou moins grande de se produire. Ce sont ces caractéristiques que nous analyserons maintenant. Comme ce fut le cas aux chapitres 2.1 et 2.2, notre analyse s'appuie principalement sur la théorie des coûts de transaction et sur la théorie de l'agence.

L'analyse transactionnelle propose un cadre d'analyse des relations contractuelles entre agents économiques. Elle s'intéresse notamment à la question de la frontière efficiente des organisations : quand doit-on faire plutôt que faire faire ? La seconde approche aborde les problèmes de motivation et de coordination dans les relations entre un principal (le donneur d'ordres ou le demandeur de service) et un agent (dans le cas qui nous intéresse, le fournisseur de service ou sous-traitant). Comme l'indique le tableau 2.3.2, il est possible de rattacher les facteurs de risque identifiés à quatre sources : le principal, l'agent, la transaction et l'environnement.

TABLEAU 2.3.2[5]

Facteurs de risque associés à une décision d'impartition

Principal	Niveau d'expérience et d'expertise en ce qui a trait à l'activité à impartir
	Niveau d'expérience et d'expertise dans la gestion de relations d'impartition
	Précision dans l'estimation des coûts de transition et de gestion
	Présence d'un syndicat
Agent	Taille du fournisseur
	Stabilité financière du fournisseur
	Niveau d'expérience et d'expertise en ce qui a trait à l'activité à impartir
	Niveau d'expérience et d'expertise dans la gestion de relations d'impartition
	Degré d'opportunisme (risque moral, sélection adverse, engagement imparfait)
	Capacité de l'agent à gérer
Transaction	Spécificité des actifs
	Incertitude
	Fréquence
	Difficulté de mesure
	Origine de l'investissement le plus important
	Interdépendance des activités
	Complexité
	Proximité des compétences de base de l'organisation
Environnement économique	Rareté des fournisseurs
	Opinion publique
	Discontinuité technologique
	Changement de réglementation

---

5. Un contrat d'impartition comporte des risques non seulement pour le client, mais aussi pour le fournisseur. Ainsi, certaines caractéristiques du principal sont des facteurs de risque pour l'agent. Cependant, nous n'en traiterons pas ici, puisque nous focalisons sur le risque d'impartition pour le client.

Le principal. Un nombre important de facteurs de risque relèvent du principal lui-même, c'est-à-dire de l'organisation qui impartit une activité. Dans un article qu'il a consacré aux risques de l'impartition des activités relatives aux technologies de l'information, Michael J. Earl (1996) souligne l'importance des risques trouvant leur origine dans l'organisation qui impartit une activité. L'un des premiers constats que fait Earl est qu'une organisation qui ne sait pas gérer efficacement une activité verra ses difficultés de gestion décupler quand viendra le temps de faire affaire avec un fournisseur. Il sera, par exemple, difficile d'évaluer la qualité du service offert par le fournisseur si on n'évaluait pas la qualité lorsque l'activité était effectuée à l'interne. Si l'organisation ne parvient pas à coordonner efficacement des activités interdépendantes effectuées à l'interne, elle pourra difficilement élaborer des mécanismes pour assurer cette coordination entre plusieurs fournisseurs, le cas échéant. Si l'organisation faisait preuve de peu d'innovation face à une activité donnée, elle pourra difficilement juger de la valeur des innovations proposées par le fournisseur ou déterminer ses attentes en ce domaine. Pourtant, nombreuses sont les entreprises qui, lorsqu'une activité n'est pas effectuée de façon efficace et efficiente, décident de l'impartir. Elles augmentent sans doute ainsi la probabilité d'avènement de sinistres.

Le niveau d'expérience et d'expertise du principal en ce qui a trait à l'impartition elle-même est aussi considéré par Earl comme un facteur de risque important. La décision d'impartir, le choix du ou des fournisseurs, la préparation du contrat et la gestion de la relation d'impartition sont autant d'activités qui exigent une expertise. Certaines organisations se lancent pourtant un peu à l'aveuglette dans une aventure d'impartition, attirées par une sorte d'effet libérateur que comporte un contrat d'impartition. En effet, en plus d'offrir une éventuelle réduction de coûts, l'impartition permet de transférer à une tierce partie la charge de gestion des employés et de mise à niveau des expertises, des équipements et des méthodes de travail. C'est pourtant compter sans les difficultés inhérentes au choix du fournisseur le plus approprié, à l'établissement du contrat, incluant les mesures de performance, les mécanismes de conciliation en cas de litiges, et ainsi de suite. Le manque d'expérience et d'expertise du principal en cette matière peut augmenter la probabilité d'avènement de conséquences non voulues. De la même façon, l'ignorance des coûts reliés à la gestion des contrats d'impartition, tels que décrits à la section précédente, peut réserver au principal des surprises de taille.

La présence d'un syndicat introduit une logique de négociation très particulière dont toute entreprise désireuse de réaliser une impartition doit être avertie. D'une part, les négociations peuvent ralentir le processus de décision, le perturber ou même rendre l'impartition impossible. D'autre part, le traitement légal de l'impartition et de la sous-traitance par le *Code du travail* et les législations commande une attention particulière, sans quoi la stratégie d'impartition peut aboutir à des contestations juridiques importantes[6].

---

6.   Le droit du travail et les problèmes de transition sont abordés de manière systématique aux chapitres 2.6 et 4.1.

L'agent. Le fournisseur de services, c'est-à-dire l'agent, est lui aussi à l'origine de facteurs de risque. La taille et la stabilité financière du fournisseur sont parmi les premières caractéristiques de l'agent que le principal devrait évaluer. Un manque d'expérience d'un fournisseur dans le domaine de l'activité qui lui est impartie fait bien évidemment augmenter la probabilité que la qualité du service ne soit pas celle que l'on attendait et que les coûts réels soient plus élevés que les coûts prévus. Mais l'expertise et l'expérience dans le domaine de l'activité impartie ne sont pas suffisantes. L'expérience en matière d'impartition est, elle aussi, essentielle et son absence est un facteur de risque important. On peut s'interroger au sujet de la possibilité d'avoir un fournisseur expérimenté dans le domaine d'activité, mais novice en ce qui a trait à l'impartition. Certaines des nouvelles firmes fournisseuses de services en sont des exemples. En effet, certaines entreprises, souhaitant se départir d'une activité, créent une nouvelle entreprise offreuse de services ou contribuent à sa création. Cette nouvelle entreprise comporte souvent une grande expertise en ce qui a trait à l'activité. Pourtant, elle en possède généralement peu en ce qui a trait à la gestion de relations d'impartition, ce qui constitue assurément un facteur de risque.

L'opportunisme de l'agent manifesté dans des situation de risque moral, de sélection adverse et d'engagement imparfait constituent un facteur de risque important. Selon la théorie de l'agence, l'opportunisme fait partie intégrante de toute relation entre un principal et un agent. L'agent opportuniste vise son propre intérêt et a un comportement qui dévie de celui prévu par le contrat lorsque cela lui est profitable. Finalement, l'agent opportuniste aura tendance à tricher, à mentir et à se dérober à ses obligations s'il peut en retirer un bénéfice. Cela ne veut pas dire que tous les agents auront un comportement opportuniste. Les codes moraux, les normes sociales et les risques de poursuite mettent un frein à ce type de comportement. Cependant, ces facteurs contraignants ne peuvent freiner toutes les manifestations d'opportunisme, lesquelles peuvent avoir des conséquences fâcheuses.

Il existe trois grandes manifestations de l'opportunisme : le risque moral, la sélection adverse et l'engagement imparfait. Le risque moral survient lorsqu'il est impossible pour le principal d'observer le comportement de l'agent ou d'exercer une surveillance constante sur ses agissements. En conséquence, l'agent pourra en profiter pour faire moins que ce que l'on attend de lui : tricher, se dérober à ses obligations, gonfler les coûts des activités effectuées, exploiter son partenaire ou être tout simplement négligent dans la façon dont l'activité est effectuée.

La sélection adverse résulte de l'impossibilité pour le principal d'être complètement certain que l'agent possède effectivement toutes les caractéristiques qu'il dit posséder. Si l'agent a menti au sujet de ses caractéristiques essentielles, le principal court le risque de choisir le mauvais agent. Parfois, l'agent, sans mentir, se méprend sur sa réelle capacité à réaliser un mandat. L'orgueil de l'agent est une source de risques non négligeable. L'hypothèse de l'antisélection ayant pour origine l'orgueil d'un agent économique a fait l'objet de nombreuses discussions dans le domaine des fusions et acquisitions où d'aucuns sont d'avis que certaines primes payées aux actionnaires de firmes acquises sont injustifiées : seule une surestimation des capacités de l'acquéreur à créer de la valeur expliquerait ce phénomène.

La dernière catégorie de manifestations d'opportunisme est l'engagement imparfait. Ce dernier survient lorsque l'agent n'est pas suffisamment engagé dans une relation et revient sur des promesses faites ou sur des mandats qu'il avait acceptés.

La transaction. Les caractéristiques de la transaction, c'est-à-dire de l'activité à impartir, jouent un rôle majeur dans la détermination de la probabilité de conséquences négatives. La théorie des coûts de transactions s'est intéressée de façon particulière au poids que devrait avoir chacune de ces caractéristiques dans la décision de confier une activité à un fournisseur externe.

La spécificité des actifs utilisés pour mener à bien une activité est souvent considérée comme un élément-clé dans la décision d'impartir. Un actif peut aussi bien être une pièce d'équipement qu'un immeuble, mais il peut aussi être constitué de connaissances ou d'habiletés acquises en vue d'exécuter une activité. La notion de spécificité d'un actif a trait à la valeur de cet actif lorsqu'il n'est plus utilisé pour réaliser l'activité pour laquelle il avait d'abord été acquis. Un actif est très spécifique lorsqu'il n'a d'utilité que dans l'exécution de cette activité. Un actif spécifique a une valeur de revente faible. Lorsqu'une activité exige des actifs très spécifiques, le fournisseur peut plus difficilement bénéficier d'économies d'échelle par des contrats avec d'autres clients. Si le client décide de ne pas renouveler son contrat, le fournisseur demeure aux prises avec ces actifs qui, pour lui, ont peu de valeur. D'autre part, un client qui retire un avantage concurrentiel d'un actif spécifique investi par son fournisseur risque d'être prisonnier du contrat qui le lie à ce dernier s'il lui est difficile de trouver un autre fournisseur disposant des mêmes actifs.

Le degré d'incertitude entourant la transaction est lui aussi un facteur de risque. L'incertitude est en fait un manque d'information au sujet de l'activité impartie. Elle peut, pour une activité donnée, avoir trait à la demande ou encore aux stratégies des compétiteurs. Plus une activité est incertaine, plus elle peut susciter des comportements opportunistes de la part de l'agent. Par exemple, si le principal possède peu d'information au sujet des compétences requises pour effectuer une activité, l'agent aura la possibilité de mentir à ce sujet et de facturer à des tarifs élevés l'utilisation d'expertises qui, dans les faits, n'étaient pas requises pour mener à bien l'activité.

De plus, si en plus d'être incertaine, l'activité est effectuée fréquemment, la probabilité de comportements opportunistes est encore plus grande. Ainsi, la fréquence à laquelle une activité est effectuée vient augmenter le degré de risque de l'impartition de cette activité.

Certains biens et services peuvent être échangés sans que l'on éprouve de difficulté de mesure : on peut facilement préciser la quantité à produire et les normes de qualité de ce qui est produit. D'autres types d'activités sont cependant plus difficiles à mesurer. Il n'est pas toujours facile, par exemple, de déterminer avec précision la quantité à commander d'un service du type «relations publiques». Qui plus est, la mesure de la qualité du service pose des difficultés certaines. Le manque de précision dans les mesures, conséquence de la difficulté de mesure inhérente à certaines activités, peut donner lieu à des divergences d'interprétation entre un principal et son agent et par le fait même mener à des litiges. De plus, lorsqu'on ne peut préciser ni la quantité ni la qualité d'un service imparti, il est d'autant plus difficile d'établir la valeur de ce service et les contributions de chacune des parties.

Le degré d'interdépendance entre diverses activités doit aussi être pris en compte comme facteur de risque. L'impartition d'une activité complètement indépendante ne sera pas, toutes choses égales d'ailleurs, fortement associée à des conséquences négatives. Plus l'activité à impartir est liée à d'autres activités, plus les coûts de coordination augmentent et plus le risque de perte de maîtrise est élevé. Prenons l'exemple d'une organisation qui aurait imparti l'exploitation des technologies de l'information à plusieurs fournisseurs. Lors d'une panne, ou dans le cas d'une diminution de la qualité de service, qui doit-on blâmer : le fournisseur de logiciel, le fournisseur responsable des télécommunications, le fournisseur responsable de l'exploitation des ordinateurs ou les utilisateurs de l'organisation ayant imparti ses activités ?

La complexité de l'activité à impartir représente un autre facteur de risque. Dans la mesure où la tâche à accomplir ou les travaux à exécuter peuvent être décrits de manière explicite et des mesures de performance spécifiées, on conviendra que des contrats complets contenant des protections pour le donneur d'ordres peuvent régir la transaction. Lorsque la tâche ou l'environnement dans lequel le contrat sera réalisé sont complexes, telle la construction d'une centrale électrique ou d'une composante d'une station spatiale, la rédaction de contrats complets est impossible. Cela introduit la nécessité d'apporter des ajustements avec le temps et, partant, de négocier de nouveau.

La nature des technologies comprises dans la transaction et celle du cadre réglementaire sont deux dimensions importantes de la complexité. La complexité technologique rend difficile la spécification, *ex ante*, du *design* et des normes que les travaux du preneur d'ordres doivent respecter. Il se peut que la technologie évolue trop vite pour que l'on puisse spécifier à l'avance tous les paramètres des travaux à réaliser ou que l'activité impartie ait des liens technologiques encore mal définis ou compris avec d'autres activités de l'entreprise. Dans tous ces cas, les risques d'une mauvaise coordination d'une part ou de difficultés contractuelles d'autre part sont significatifs.

De manière similaire, la complexité de l'environnement réglementaire ou juridique augmente les risques de difficultés contractuelles. Pensons seulement aux risques auxquels s'expose un donneur d'ordres qui délègue la construction d'un équipement dans un contexte environnemental délicat. Les risques des entreprises qui ont conclu des ententes avec des partenaires évoluant dans des environnements juridiques complexes, incertains et changeants, comme ceux d'anciens pays communistes, en sont un autre exemple.

Enfin, le degré de proximité entre l'activité à impartir et ce qui constitue la mission même de l'organisation est lui aussi un facteur de risque relié à la transaction. En effet, on peut presque dire de l'entreprise qui impartit ce qui est au cœur même de sa mission qu'elle se saborde, puisqu'elle confie à un fournisseur externe la responsabilité de définir ce qu'elle est et de le réaliser. On donne souvent en exemple la firme Nike qui, tout en vendant des millions de paires de chaussures par an, n'est pas, à proprement parler, un fabricant de chaussures. Si Nike impartit la fabrication des chaussures qu'elle vend, c'est que là ne réside pas sa compétence distinctive qui se situe plutôt dans la conception des produits et de leur mise en marché. Impartir ces activités pourrait avoir des conséquences néfastes telles que la perte d'expertise, la perte de la capacité d'innovation et, à la limite, la disparition même de l'entreprise.

L'environnement. De l'environnement dans lequel évolue l'organisation désirant impartir une ou plusieurs activités dépendent également un certain nombre de facteurs de risque. La rareté des fournisseurs peut créer une situation difficile pour le principal. En effet, comme nous l'avons mentionné précédemment, la rareté des fournisseurs peut amener un principal à être l'otage de son agent. Par exemple, au moment de la renégociation du contrat, un fournisseur, s'il est le seul à exercer l'activité impartie, pourra à la limite dicter les conditions du contrat à son client, jusqu'à concurrence des coûts de réintégration de l'activité à l'interne. L'opinion publique peut jouer un rôle important dans la détermination des conséquences négatives d'une décision d'impartition. Prenons la Ville de Montréal dont les études au sujet de la privatisation ont soulevé un tollé et ont été à l'origine de nombreuses discussions sur la place publique. Dans le cas d'une administration publique, l'opinion des citoyens peut avoir un effet direct sur la probabilité de réélection.

2.3.5 COMMENT LES FACTEURS DE RISQUE MÈNENT AUX CONSÉQUENCES NÉGATIVES

Cette section brosse un tableau rapide des liens entre les conséquences négatives de l'impartition et les facteurs de risque. Il faut noter qu'un même facteur peut être relié à plus d'un sinistre. Nous indiquons simplement les liens qui semblent *a priori* les plus immédiats. Le tableau 2.3.3 synthétise cette analyse.

TABLEAU 2.3.3

Liens facteurs de risque – conséquences négatives

Conséquences négatives	Facteurs de risque
Coûts de transition et de gestion du contrat imprévus	Niveau d'expérience et d'expertise du principal en ce qui a trait à l'activité à impartir
Problèmes de hold-up	Spécificité des actifs Rareté des fournisseurs
Modifications coûteuses aux contrats	Incertitude Discontinuité technologique Changement de réglementation
Litiges	Difficulté de mesure Niveau d'expérience et d'expertise du principal ou de l'agent dans la gestion de contrats d'impartition
Diminution de la qualité du service offert	Interdépendance des activités Niveau d'expérience et d'expertise de l'agent en ce qui a trait à l'activité à impartir Taille du fournisseur Stabilité financière du fournisseur
Accroissement des coûts de la prestation de service	Opportunisme Niveau d'expérience et d'expertise du principal dans la gestion de contrats d'impartition
Perte de compétence	Proximité des compétences de base de l'organisation

Les **coûts de transition et de gestion du contrat imprévus** peuvent être dus au manque d'expérience et d'expertise du principal en ce qui a trait à l'activité à impartir. Si le principal manque d'expertise pour décrire ses activités, pour les expliquer à un agent, pour spécifier exactement ses besoins, il est fort probable que des éléments imprévus surgiront lors de la transition. On s'apercevra alors de l'existence de zones grises dans la définition des activités, entraînant des frais imprévus. Cette sous-estimation des frais reliés à la transition vient souvent alourdir la facture du contrat à un point tel que les bénéfices escomptés de l'impartition disparaissent.

De manière similaire, les **problèmes de hold-up**, qui sont parfois observés au moment du renouvellement du contrat, peuvent survenir si le premier contrat a entraîné des investissements spécifiques irréversibles[7]. Le hold-up se traduit par des coûts élevés de renouvellement de contrat, le fournisseur sachant que le client peut difficilement changer de fournisseur, puisque des investissements spécifiques devraient être faits par le nouveau fournisseur. De plus, dans les secteurs d'activité où les fournisseurs sont peu nombreux – à cause du caractère spécifique de l'activité ou de sa nouveauté –, il sera souvent difficile, très coûteux, voire impossible de changer de fournisseur lors d'un renouvellement de contrat.

---

7. Voir à ce sujet le chapitre 2.2.

Les **modifications coûteuses aux contrats** sont généralement dues à l'incertitude liée aux activités imparties. Dans la mesure où les définitions des besoins, les critères de qualité, les niveaux de services ne sont pas totalement certains et stables, ils peuvent ne pas convenir au client à moyen terme. On doit alors rouvrir les ententes. Ces modifications aux contrats sont souvent nécessaires afin d'assurer la continuité des activités du client et la qualité de ses services. La demande de réouverture des contrats entraîne généralement des coûts pour la partie demanderesse. Un autre ensemble de facteurs entraînant des modifications aux contrats relève de changements environnementaux, qu'ils soient de nature technologique ou liés à la réglementation et à l'environnement d'affaires. Ces changements requièrent des ajustements des contrats d'impartition. Comme le fournisseur n'est généralement pas tenu de modifier ses activités en fonction de discontinuités technologiques non anticipées, il peut demander une prime importante pour le faire.

Les **litiges** résultent souvent de la difficulté de mesurer les services assurés par le fournisseur. Il se peut que le client et le fournisseur ne s'entendent pas sur la valeur des activités ou des produits livrés et que ces différends créent une escalade des coûts. Souvent, le manque d'expérience de l'agent ou du principal dans la gestion des ententes d'impartition est également un facteur important dans l'apparition de tels différends. Le client peu expérimenté aura souvent tendance à moins bien définir ses attentes et il s'en remettra à la bonne volonté du fournisseur, s'exposant ainsi à connaître de sérieuses désillusions.

La **diminution de la qualité du service offert** a deux causes principales. La première est liée à l'interdépendance des activités. Lorsqu'on impartit une activité, on suppose que son exclusion des frontières de la firme n'entraînera pas de conséquences fâcheuses dans la conduite des activités régulières de celle-ci. Il se peut toutefois que des effets secondaires se produisent après l'impartition, que l'on découvre que le fait d'avoir imparti une activité perturbe la conduite des activités conservées dans l'organisation. Inversement, il se peut que la qualité des activités imparties se dégrade parce qu'elles sont disjointes d'activités conservées dans la firme. La seconde cause est le manque d'expérience de l'agent. Si l'activité qu'un agent prend en charge lui est peu familière, il se peut que sa performance ne soit pas à la hauteur des attentes du client. L'atteinte des niveaux de qualité attendus engendrerait alors des coûts que les fournisseurs ne seraient pas prêts à assumer. Ces augmentations seraient transférées au client en dernier lieu. Cette situation apparaît également dans le cas où l'agent surestime ses compétences et s'engage à livrer des services pour lesquels il n'est pas qualifié, quand sa taille n'est pas suffisante pour répondre adéquatement à la demande de service ou que sa situation financière précaire fait en sorte qu'il lésine sur la qualité du service.

Un **accroissement des coûts de la prestation de service** peut également être attribuable au comportement opportuniste de l'agent. Celui-ci peut être tenté d'exagérer ses coûts afin de dégager un bénéfice accru de la relation avec le client.

Cette situation est encore plus risquée si le client n'est pas très expérimenté dans la gestion de relations client-fournisseur.

Le transfert d'une activité à un fournisseur peut entraîner à moyen terme une **perte de compétence** chez le principal. Si une activité est trop proche des compétences de base de l'organisation, son impartition peut diminuer la capacité du principal à réaliser ses propres activités. D'autre part, lorsque la conduite des activités faisant l'objet de l'entente d'impartition demande une contribution critique de la part du principal, celui-ci aura plus de difficulté à contribuer adéquatement à ces activités si elles ne sont plus sous sa gouverne. Ces pertes de compétence peuvent également être un frein à l'innovation. Le principal perd une partie des connaissances reliées aux activités qu'il impartit. Une connaissance moins complète de son domaine d'activité peut diminuer sa capacité à améliorer ses processus ou ses produits et services. Ces pertes peuvent diminuer la capacité concurrentielle du principal à moyen terme.

La présence d'un syndicat et l'opinion publique peuvent entraîner des conséquences imprévues lors de décisions d'impartition. Que l'on pense aux entreprises comme Métro qui se sont vues dans l'obligation de reprendre des employés longtemps après avoir imparti une activité ou aux employés de la fonction publique qui ont une sécurité d'emploi garantie. L'impartition peut se traduire, dans ces situations, par un accroissement important des frais reliés aux ressources humaines. De plus, il se peut également que l'image de la firme soit ternie. Si le fournisseur entre en contact avec le client du principal (par exemple, dans le cas de l'impartition de services de télémarketing) et que le service qu'il fournit au client n'est pas aussi bon que ce que la firme faisait lorsque le principal avait un service interne, le client attribuera la faute au principal et non au fournisseur. C'est le principal qui risque de voir son volume d'affaires décroître.

Ces quelques paragraphes montrent bien que les différentes conséquences fâcheuses de l'impartition peuvent avoir plusieurs sources. Ces différents éléments ne sont pas indépendants, loin de là. Plusieurs éléments sont reliés de près à d'autres éléments et la combinaison de ceux-ci peut provoquer d'autres sinistres. Cela dit, ces conséquences fâcheuses peuvent être évitées grâce à des mécanismes de protection appropriés. Il sera question, dans les sections suivantes, de ces mécanismes et des modes de gestion associés.

2.3.6 LA GESTION DU RISQUE D'IMPARTITION

L'évaluation du risque relié à une décision est bien sûr importante, mais elle n'est pas suffisante. Le risque doit non seulement être évalué, il doit être géré. La gestion du risque a pour objectif d'éviter les conséquences négatives d'une décision d'impartir, mais aussi d'en diminuer l'impact, dussent-elles se matérialiser malgré tout. Trois types de stratégies peuvent être adoptés pour gérer le risque : la mitigation, la déflexion et l'établissement d'un plan de contingence.

La mitigation. Le terme *mitigation* renvoie à des mesures prises pour réduire la probabilité d'occurrence d'un sinistre. L'exemple extrême de ce type de stratégie est la décision de ne pas entreprendre une activité quelconque. Dans le cas de l'impartition, ce serait donc la décision de ne pas impartir une activité ou un service. Ce pourrait être aussi d'agir sur certains facteurs de risque afin de diminuer la probabilité d'occurrence d'un sinistre. Par exemple, la décision d'impartir une portion seulement d'une activité ou d'un service ou de mieux préciser les mesures de performance constituent des mécanismes de mitigation.

La déflexion. La déflexion consiste à « modifier la direction » des impacts découlant d'un sinistre, donc à transférer le risque, en tout ou en partie. C'est la stratégie qu'adopte le propriétaire de maison lorsqu'il contracte une police d'assurance. Les facteurs de risque demeurent toujours présents, l'importance du sinistre demeure la même, mais une tierce partie accepte, par contrat, d'assumer le risque. Les marchés financiers ont développé, au cours des dernières années, de nombreux contrats dont la fonction principale est de permettre une distribution du risque socialement plus efficace. Un agent économique riscophobe peut ainsi transférer à d'autres agents, plus nombreux et possiblement moins riscophobes, une partie du risque en échange du paiement d'une prime ou d'autres instruments financiers.

Les contrats d'impartition, dans la mesure où ils contiennent des clauses d'assurance ou de garantie, permettent une certaine déflexion du risque.

Le plan de contingence. En gestion du risque, l'établissement d'un plan de contingence consiste à prendre des mesures ayant pour but de diminuer l'impact d'une conséquence non souhaitée. La gestion du risque s'intéresse non plus aux probabilités de telles conséquences, mais à leurs effets. En sécurité informatique, par exemple, la notion de plan de contingence est très présente. Bien sûr, les entreprises adoptent des mesures de type mitigation (salles climatisées, revêtement ignifuge des salles d'ordinateurs, contrôles de sécurité à l'entrée des centres de traitement de données), de déflexion (assurances), mais en plus, nombreuses sont les organisations qui disposent d'ordinateurs ou même de centres de traitement de relève. Si un sinistre quelconque devait se produire, le site de relève serait alors utilisé.

De la même façon qu'elles nous fournissent de nombreux éléments pour analyser et évaluer le degré de risque d'une décision d'impartition, la théorie des coûts de transaction et la théorie de l'agence proposent divers mécanismes de gestion de risque. Ce sont ces mécanismes que nous examinerons maintenant. Le tableau 2.3.4 présente ces divers mécanismes selon la stratégie de gestion de risque – mitigation, déflexion et établissement d'un plan de contingence – à laquelle ils appartiennent.

Mécanismes de mitigation. Rappelons-le, le terme *mitigation* renvoie à des mesures prises pour réduire la probabilité d'occurrence d'un sinistre ou pour atténuer l'impact négatif que le sinistre peut avoir. On l'a vu, cette stratégie peut conduire, à l'extrême, à ne pas s'engager dans l'entreprise dont le niveau de risque paraît trop élevé. Cette solution est tout à fait acceptable dans le cas de l'impartition, et un certain nombre d'organisations l'ont appliquée. Mais l'abandon d'un projet n'est pas le seul mécanisme de mitigation à la disposition du décideur. On pourra aussi choisir d'agir directement sur les facteurs de risque pour réduire la probabilité d'occurrence de sinistres. Par exemple, le principal qui constate une piètre qualité de la gestion de l'activité à l'interne pourra décider de corriger cette lacune puis d'impartir l'activité. Il est certain que cette recommandation peut sembler peu attrayante. En effet, pourquoi investir dans une activité si c'est pour s'en départir immédiatement après? Pourtant, l'expérience le démontre : cela constitue une condition critique de succès d'un projet d'impartition. Dans le même ordre d'idées, l'entreprise qui manque d'expérience et d'expertise dans la gestion de relations d'impartition pourra atténuer l'effet de ce facteur de risque en s'assurant les services de conseillers dans ce domaine. La collecte d'information sur les coûts de transition et de gestion de contrats, les discussions préalables avec les syndicats et le choix d'un fournisseur ayant de l'expérience dans le domaine de l'activité impartie sont autant de moyens de diminuer la probabilité de sinistre.

Le comportement opportuniste de l'agent est l'une des principales sources de risque d'une entente contractuelle. Par ailleurs, il est sans doute aussi l'un des facteurs de risque pour lesquels le plus grand nombre de mécanismes de mitigation ont été proposés.

On appelle mécanismes de clan les mécanismes de gestion de contrat qui tentent de gérer une relation non par une règle bureaucratique ou par le recours aux lois du marché, mais plutôt par le partage de valeurs et de croyances et par l'établissement d'objectifs communs. Une telle façon de gérer un contrat se rapproche beaucoup plus de l'alliance stratégique que du simple lien client-fournisseur. Elle permet d'établir des normes communes aux deux parties, normes qui ont pour rôle de diminuer la probabilité de comportements opportunistes. De tels mécanismes de clan s'inscrivent généralement dans la durée : ils exigent le développement de relations durables entre les parties.

Les activités de surveillance, de mesure et de contrôle sont un moyen de limiter les risques d'opportunisme. Le donneur d'ordres voudra observer directement certains comportements du preneur d'ordres ou obtenir des informations et rapports détaillés à son sujet. La surveillance peut être indirecte et passer par l'évaluation de la performance relative d'un agent. Le balisage (*benchmarking*) et la concurrence entre agents sont des moyens d'obtenir de l'information sur la performance du preneur d'ordres et de réduire la probabilité que l'agent adopte des comportements opportunistes.

Les contrats incitatifs, qui lient la rémunération de l'agent à l'atteinte de cibles de performance, peuvent également prévenir les sinistres dus au risque moral. En établissant un partage des profits et du risque, les contrats incitatifs font supporter par l'agent une partie des coûts de certains sinistres. De tels contrats sont de meilleurs outils de motivation de l'agent que ne le sont les contrats à prix fixe, par exemple.

L'engagement crédible de l'agent vise la même fin. En cas de contre-performance, l'agent subit une pénalité, ce qui réduit la probabilité de risque moral. Un exemple est l'exploitation de la réputation de l'agent par le principal. En effet, lorsque le lien d'impartition entre un principal et un agent est connu sur la place publique, il devient beaucoup plus compromettant pour l'agent de donner une piètre performance. Dans le cas de contrats importants, en particulier, la relation d'impartition sera même suivie dans la presse spécialisée. Un cas d'impartition réussi et rendu public dans les journaux vaut sans doute de nombreuses campagnes de promotion et plusieurs activités de démarchage auprès de clients éventuels.

Ces mécanismes sont surtout utiles pour protéger le donneur d'ordres contre le risque moral. Pour réduire la probabilité que le donneur d'ordres ne soit victime de sélection adverse, il cherchera normalement à améliorer sa connaissance des agents et à offrir des contrats qui inciteront les agents à révéler eux-mêmes leur type[8].

La connaissance des agents passe évidemment par la collecte d'informations à leur sujet. Mais elle fait également appel à la conception de contrats incitatifs qui ont la propriété d'inciter les agents à révéler de l'information à leur sujet. Le niveau de franchise choisi par un assuré est un indice du type de cet assuré. Dans bien des cas, les bons agents chercheront à communiquer cette information au principal. Pour un bon agent, un signal approprié est un signal qu'un agent moins compétent peut difficilement envoyer. L'expérience de l'agent, la qualité de sa formation, l'opinion de clients antérieurs sont autant de signaux auxquels le principal aura intérêt à porter attention et dont la réception est corrélée avec une baisse de la probabilité de sinistres.

Enfin, le choix de l'activité ou des sous-activités à impartir est aussi un mécanisme de type mitigation. En effet, il est parfois possible de découper une activité en sous-activités et de sélectionner, pour l'impartition, celles qui sont relativement indépendantes des autres, nécessitant des actifs peu spécifiques, présentant peu de difficultés de mesure, et ainsi de suite. La probabilité de sinistre est par le fait même diminuée.

---

8. Voir à ce sujet le chapitre 2.1.

TABLEAU 2.3.4

Mécanismes de gestion du risque d'impartition

Mitigation	Ne pas impartir Impartir les activités ou les sous-activités à faible risque Agir sur la probabilité de sinistre Établir un contrat détaillé
Déflexion	*Bonds* Garanties
Établissement d'un plan de contingence	Durée du contrat Arbitrage *Second sourcing, parallel sourcing, partial sourcing*

Mécanismes de déflexion. La deuxième stratégie, la déflexion, consiste essentiellement à transférer le risque, c'est-à-dire à modifier la direction des impacts découlant d'un sinistre. On l'a déjà vu, plusieurs contrats incitatifs possèdent cette propriété : en acceptant de lier rémunération et performance, l'agent accepte de supporter une partie du coût de toute contre-performance. En revanche, il touche une partie des gains d'efficience et de productivité qu'il génèrera. Dans le cas des contrats d'impartition, deux autres mécanismes relèvent de cette stratégie : l'établissement de *bonds* et les garanties. Dans le cas des garanties, il s'agit de clauses contractuelles qui permettent au principal d'exiger de l'agent qu'il reprenne certains travaux ou qu'il verse un dédommagement en cas de contre-performance. Dans le cas des *bonds*, il peut s'agir de toute forme d'engagement que prend volontairement l'agent et qui lui imposerait une pénalité en cas d'insatisfaction du principal.

Mécanismes de contingence. Enfin, un certain nombre de mécanismes relèvent de l'établissement d'un plan de contingence; ce sont donc des mesures ayant pour but de diminuer l'impact potentiel des sinistres. Par exemple, en développement de système, le principal pourrait avoir prévu une période de grâce pour retard de livraison du système. Ou le maintien provisoire de l'ancien système parallèlement à l'adoption du nouveau. Un principal pourrait également décider de maintenir une capacité de production à l'interne pour une pièce ou composant dans le but d'avoir une position de repli en cas de manquement de la part du preneur d'ordres. Certains donneurs d'ordres, comme l'armée américaine, insistent parfois auprès d'un sous-traitant, avant de lui accorder un contrat d'approvisionnement, pour qu'il octroie une licence à un concurrent. Il s'agit ici de s'assurer une seconde source d'approvisionnement.

2.3.7   CONCLUSION

« To outsource or not[9] ? », telle est la question que se posent nombre d'organisations au sujet d'une variété de leurs activités. L'environnement changeant dans lequel les organisations évoluent exige un niveau élevé de flexibilité. L'impartition est l'un des moyens privilégiés pour atteindre cette flexibilité. Pourtant, si elle comporte de nombreux avantages, elle peut aussi avoir des conséquences négatives pour l'organisation qui choisit cette voie. C'est pourquoi il est important qu'une décision d'impartition s'accompagne d'une démarche d'évaluation du risque qui lui est associé, et qu'elle soit assortie de divers mécanismes de gestion de ce risque. Ce chapitre a présenté un cadre d'analyse à partir duquel les décideurs peuvent examiner une décision d'impartition, en identifier les principaux facteurs de risque et déterminer certains mécanismes qui peuvent être mis en place pour gérer ce risque.

BIBLIOGRAPHIE

Buck-Lew, M. (mars 1992), « To Outsource or Not ? », *International Journal of Information Management*, vol.12, n° 1, p. 3-20.

Earl, M. J. (printemps 1996), « The Risks of Outsourcing IT », *Sloan Management Review*, vol. 37, n° 3, p. 26-32.

Mahoney, D. (1988), *Confessions of a Street-Smart Manager*, New York : Simon & Shuster, p. 156, cité par Lon Roberts, *Process Reingeneering* (Milwaukee : ASQC Quality Press, 1994).

---

9.   Buck-Lew (1992).

Chapitre 2.4

IMPARTITION STRATÉGIQUE ET FLEXIBILITÉ[1]

Marcel Boyer[2] et Michel Moreaux[3]

2.4.1 INTRODUCTION

Un rapport récent de Business International (1991) met l'accent sur la nécessité pour les entreprises d'accroître leur flexibilité afin de mieux faire face aux changements importants de leur environnement concurrentiel. Les marchés de l'entreprise type changent continuellement, parfois de manière significative et soudaine, de sorte que l'on peut, sans abus de langage, parler de véritables mutations. L'une des thèses du rapport de Business International avance même que la recherche d'une bonne flexibilité est le concept intégrateur qui permet de comprendre, sinon toutes, du moins la grande majorité des nouvelles théories du management.

L'un des thèmes centraux de ces nouvelles théories est celui des politiques d'impartition ou d'externalisation. Depuis plusieurs années, le choix des activités à préserver et le repérage de celles qu'il vaudrait mieux sous-traiter sont redevenus des questions majeures auxquelles les gestionnaires d'entreprises, tant publiques que privées, doivent répondre : c'est un problème récurrent en gestion[4]. En revan-

1. Ce chapitre est basé sur Boyer et Moreaux (1997, 1998). Nous remercions Michel Patry, Michel Poitevin et Mihkel Tombak pour leurs commentaires sur une version antérieure de cet article et le FCAR (Québec), le CRSHC (Canada) et l'INRA (France) pour leur soutien financier. Nous restons évidemment seuls responsables du contenu et des conclusions de cet article.
2. Titulaire de la Chaire Stephen A. Jarislowsky en technologie et concurrence internationale, École polytechnique de Montréal; Département de sciences économiques, Université de Montréal et CIRANO.
3. Institut universitaire de France ; ERNA-INRA, GREMAQ et IDEI, Université de Toulouse I, France.
4. On n'oubliera pas que Ford, qui est apparu dans les années trente comme un modèle d'intégration verticale, a longtemps sous-traité à Dodge la fabrication des moteurs de la Ford T ainsi que d'autres composants mécaniques. C'est d'ailleurs la rupture de ce contrat qui a amené Dodge à entrer sur le marché des voitures particulières.

che, ce qui est récent, c'est l'analyse formelle du problème, incorporant les nouvelles raisons d'impartir et débouchant sur de nouvelles façons de le faire (modes de gestion et types de contrats[5]). Pour un grand nombre de gestionnaires et pour plusieurs théoriciens, impartition et flexibilité vont de pair et une plus grande flexibilité, quoique souvent jugée plus coûteuse, semble toujours préférable. Reconfigurer une organisation ou une entreprise pour améliorer sa flexibilité suppose que l'on agisse sur plusieurs plans. Il faut mettre en place des structures organisationnelles moins hiérarchiques, installer des systèmes manufacturiers plus automatisés, créer des réseaux d'alliances fortes mais souples, utiliser des systèmes de décision axés sur les résultats, recourir à des mécanismes d'incitation et de motivation mieux finalisés et, enfin, bien identifier ce qui constitue le cœur dur de l'entreprise pour asseoir les politiques d'impartition et de sous-traitance à développer[6].

Ce retour au premier plan des problèmes de flexibilité et d'impartition est basé sur un constat. Malgré l'importance des enjeux pour la firme – il y va de sa croissance et même dans certains cas de sa survie –, il semble que les investissements en flexibilité aient été, du moins jusqu'à très récemment, souvent mal compris et mal évalués par les services d'ingénierie des entreprises, leurs services financiers et leurs services comptables. C'est ce qui ressort des études de Gerwin (1982), Lederer et Singhal (1988) et Mensah et Miranti (1989), pour ne citer que les plus importantes. Plusieurs articles sur ce sujet, qui s'adressent en particulier aux ingénieurs, suggèrent que l'incompréhension et l'évaluation incorrecte de ce genre d'investissements, surtout les investissements en flexibilité technologique, seraient à l'origine d'un biais de sous-estimation de leur rentabilité. Ce biais aurait été particulièrement prononcé aux États-Unis et expliquerait pourquoi les industries américaines ont adopté ces technologies plus tardivement que leurs homologues japonais[7].

Il est classique de distinguer l'analyse décisionnelle et l'analyse stratégique, encore que nombre d'ouvrages de management ne soient pas d'une clarté exemplaire et tendent à confondre les deux plans d'analyse (Harrigan 1985). L'analyse décisionnelle postule que le milieu dans lequel évolue l'entreprise est non réactif, en ce sens que son évolution n'est ni accélérée ni freinée par les décisions que pourrait prendre l'entreprise. L'analyse stratégique, au contraire, postule que toute entreprise tient compte de la réaction de ses concurrentes à ses propres décisions et, inversement, s'adapte le mieux possible aux décisions des autres. C'est pourquoi cette forme d'analyse s'impose dans toute configuration industrielle mettant en concurrence un nombre restreint de firmes qui, chacune, représentent une part

---

5. Voir cependant l'ouvrage précurseur de Barreyre (1968) ; c'est à ce dernier que l'on doit le néologisme *impartition*.

6. On pensera, entre autres, aux débats sur la privatisation du secteur public ainsi qu'au vaste mouvement, amorcé au cours des dernières années, de rectification de la frontière entre activités directement organisées par la puissance publique et activités dévolues au secteur privé.

7. Voir à ce sujet Boyer et Moreaux (1997).

significative du marché; elle s'impose, en fait, dès que l'une des firmes représente une part significative du marché. La thèse que nous soutenons dans cet article est que, dans ce genre d'industries, toute tentative d'évaluation de l'intérêt de tel ou tel mode d'organisation, qui voudrait faire l'économie d'une analyse stratégique, est vouée à l'échec. Les choix d'impartition en particulier, dans la mesure où ils constituent l'une des composantes majeures de la structure organisationnelle, doivent être insérés dans une analyse stratégique. C'est probablement la confusion des plans d'analyse qui est à l'origine de la sous-évaluation de la rentabilité des investissements en flexibilité, constatée dans les études citées plus haut. Mais nous voudrions aussi montrer que, hormis certains cas triviaux, recommander systématiquement aux entreprises de passer à une structure d'organisation plus flexible procède de la même confusion.

Pour mieux cerner les zones de divergence entre les deux approches, essayons de réunir les éléments d'appréciation de la rentabilité du choix d'une structure organisationnelle plus flexible. Ils peuvent être classés en trois groupes. Dans le premier figurent les caractéristiques des débouchés : quelle est la taille moyenne ou espérée des marchés ? quelle est leur volatilité, aujourd'hui et demain ? qu'en est-il du comportement des clients ou, en d'autres termes, que savons-nous des fonctions de demande ? Sont rassemblées dans le deuxième groupe les caractéristiques des technologies et des structures organisationnelles disponibles : quelles sont les complémentarités entre investissements technologiques et restructurations organisationnelles (la réingénierie) ? quels sont les coûts fixes d'investissement des différents types d'organisation, plus flexibles (axés sur l'impartition) et moins flexibles ? quels sont les niveaux minimums des coûts moyens des différentes configurations technologiques et organisationnelles ? à quels niveaux de production ou d'activités ces différentes technologies et ces différentes formes d'organisations sont-elles particulièrement efficientes ? comment sont affectés la dynamique des investissements futurs et des nouveaux produits ainsi que la structure et le coût du capital ? Le dernier groupe réunit les caractéristiques de la concurrence et de la structure des marchés : combien d'entreprises importantes sont-elles présentes sur les marchés concernés ? quelle est la structure concurrentielle de ces marchés ? quelles sont les véritables variables stratégiques par lesquelles la concurrence s'exprime ? quelle est la position de l'entreprise sur ces marchés : meneur stratégique, suiveur stratégique, entreprise marginale ou parfaitement concurrentielle ? Les deux premiers groupes relèvent de l'analyse décisionnelle simple; l'analyse stratégique, elle, fait intervenir les trois. La différence essentielle entre un contexte non stratégique et un contexte stratégique vient de la prise en compte explicite, au moment des choix technologiques et organisationnels, de la structure des marchés et du comportement (actions et réactions) des concurrents qu'il faut analyser et anticiper.

Nous développons dans cet article un modèle industriel simple, permettant d'évaluer l'avantage (ou le désavantage) stratégique de la flexibilité par impartition. Nous considérerons deux cadres différents. D'abord un cadre dans lequel le niveau d'impartition est réversible et malléable si bien qu'une entreprise peut continuellement ajuster sa stratégie d'impartition en fonction des variations dans la stratégie de ses concurrents. Ensuite, un cadre dans lequel le choix du niveau d'impartition est irréversible et non malléable si bien qu'une entreprise ne peut ajuster facilement ou rapidement sa stratégie d'impartition en fonction des variations dans la stratégie de ses concurrents. Selon le cadre que l'on envisage, la configuration observée des choix d'impartition dans l'industrie résultera de choix dits «simultanés» ou de choix dits «séquentiels». Dans le premier cas, le niveau de flexibilité par impartition de chaque entreprise est considéré comme la meilleure réponse au niveau de flexibilité par impartition de ses concurrents; dans le second cas, la stratégie d'impartition d'un suiveur est la meilleure réponse à la stratégie d'impartition du meneur qui, en tant que meneur, opte pour un degré d'impartition qui tient compte, de manière explicite, de la meilleure réponse du suiveur. Afin d'alléger la présentation et la discussion, nous nous limiterons au cas d'un duopole[8].

Le plan de l'article est le suivant. Le modèle de base que nous proposons pour étudier le choix de flexibilité par impartition dans un contexte explicitement stratégique est présenté dans la section qui suit. Les principales contributions à l'analyse des choix de flexibilité sont passées en revue dans la section 3. La section 4 a pour objet la présentation des résultats dérivés de manière formelle et rigoureuse dans Boyer et Moreaux (1998). Ces analyses montrent que déterminer la valeur stratégique de la flexibilité par impartition, et par conséquent prédire l'adoption de stratégies d'impartition dans une industrie ou dans une économie, requiert une compréhension fine des équilibres industriels dynamiques et de leurs facteurs explicatifs. Les généralisations hâtives du genre *Il faut être flexible* ou encore *La flexibilité est toujours avantageuse pour l'entreprise* ne résistent pas à une analyse rigoureuse des interactions des entreprises.

2.4.2   FLEXIBILITÉ, IMPARTITION ET FONCTION DE COÛT

Le choix d'un niveau d'impartition dans une organisation procédant à la fois de considérations de coûts et de considérations stratégiques, nous présentons d'abord la notion de fonction de coût qui résulte d'un choix de flexibilité par impartition, puis notre modèle de duopole.

2.4.2.1   Choix de flexibilité par impartition et fonction de coût

Puisque nous nous intéressons tout particulièrement à l'impartition comme source de flexibilité et à la valeur stratégique de cette flexibilité, nous négligerons ici certains aspects de l'évaluation d'une stratégie d'impartition : économies d'échelle et de gamme du fournisseur, information asymétrique entre firme impartitrice et

---

8. Voir Boyer et Moreaux (1987) pour une discussion de la détermination endogène des rôles de meneur et suiveur dans un duopole.

fournisseur, crédibilité et réputation des firmes impartitrices et des fournisseurs, utilisation variable des capacités de production, transformation de coûts fixes en coûts variables, spécialisation du fournisseur, etc.[9]. Nous mettrons plutôt l'accent sur les principales différences de coût entre une organisation flexible (peu intégrée, à impartition élevée) et une organisation inflexible (intégrée, à impartition faible). Ces différences sont, de fait, nombreuses et variées. D'abord, une organisation peu intégrée nécessite un investissement plus grand en équipement et machinerie flexibles, mais surtout en mécanismes contractuels de coordination et de motivation des fournisseurs ainsi qu'en mécanismes de règlement des différends susceptibles de surgir entre l'entreprise et ses fournisseurs : en d'autres termes, l'investissement juridique est plus important dans le cas d'une entreprise faiblement intégrée et présente pour l'essentiel les caractéristiques d'un coût fixe. Ensuite, organisations à flexibilité élevée et organisations à flexibilité faible diffèrent doublement par les coûts de démarrage et par les coûts variables de production (achats de biens et services intermédiaires et assemblage pour les premières, production et assemblage pour les secondes). Les organisations à impartition faible sont généralement plus efficientes (coût variable moyen plus bas) que les organisations à impartition élevée pour des tailles ou programmes de production qui sont proches de leur taille minimale efficace (minimisant le coût moyen) : si le niveau ou programme de production se trouve habituellement proche de la taille minimale efficace, alors la flexibilité n'a pas de valeur *per se* et il existera une forme spécifique d'inflexibilité ou d'impartition faible, technologique ou organisationnelle, qui sera plus profitable à l'entreprise. D'un autre côté, dans les organisations peu intégrées, changer le niveau ou le programme d'activités entraîne un coût d'ajustement ou de démarrage relativement faible : plus ces changements sont fréquents et importants, plus une organisation flexible est attrayante. Enfin, une entreprise peu flexible peut être contrainte de réaliser un programme de production supérieur à ses ventes lorsque, pour des raisons stratégiques, il n'est pas dans son intérêt de vendre toute la production réalisée (du moins dans le marché étudié). Ainsi, l'entreprise, dans notre modèle, doit choisir trois variables : un niveau de flexibilité par impartition I, un niveau ou programme de production P et un niveau ou programme de mise en marché M. Dans ce contexte, le premier choix modifie les coûts et les bénéfices des deux autres et présente lui-même un coût spécifique : *a priori*, aucun mode d'organisation ne domine l'autre.

Pour analyser les choix de flexibilité, la fonction de coût doit intégrer des variables ou des paramètres explicites pour les activités de production P, pour les activités de mise en marché M (qui pourraient différer des activités de production P), pour le niveau de flexibilité par impartition I et pour la taille minimale efficace X. Toutes ces variables font l'objet de décisions importantes au sein des entreprises.

---

9.   Plusieurs de ces éléments sont complémentaires dans l'analyse de la décision d'impartir et sont examinés dans d'autres chapitres de la présente monographie.

L'étude de Maidique et Hayes (1984)[10] a mis en évidence que « the most successful high-technology firms [...] are highly focused. With few exceptions, the leaders in high-technology fields, such as computers, aerospace, electronic instruments, and duplicating machines, realize the great bulk of their sales either from a single product line or from a closely related set of product lines. IBM, Boeing, Intel and Genentech confine themselves almost entirely to computer products, commercial aircraft, integrated circuits, and genetic engineering, respectively. » Pour cette raison, on supposera que chaque entreprise produit un seul bien et que les biens produits par les deux firmes sont des substituts parfaits : les appareils d'Airbus et de Boeing ne sont peut-être pas identiques, mais il est clair que ce sont des produits similaires et substituts. On voit par là que les firmes produisant des biens identiques constituent un cas polaire type, et c'est à l'examen de ce cas que nous procéderons, selon une approche basée sur la flexibilité de volume plutôt que sur la flexibilité de gamme[11].

Nous supposons, pour simplifier, que le choix d'une structure d'impartition est un choix dichotomique, la variable I qui représente le choix d'un niveau d'impartition ne pouvant prendre que deux valeurs : h pour un niveau d'impartition élevé et ℓ pour un niveau d'impartition faible. Dans notre hypothèse, les variables P, M et X sont des scalaires, la taille minimale efficace X est exogène (ce qui simplifiera l'analyse et permettra de nous concentrer sur les choix de flexibilité) et le processus de production dans une entreprise à impartition faible ($I = \ell$) ne peut être mis en œuvre qu'à un niveau fixe donné (à pleine capacité) permettant de réaliser un programme d'activités $P = X$, programme que l'entreprise n'est pas tenue de mettre en totalité sur le marché. Même si ces hypothèses ne sont pas anodines, les stratégies optimales d'impartition ne seraient pas sensiblement modifiées par leur relâchement.

La fonction de coût total TC dépend des variables de décision (I,M,P). Pour simplifier, on lui donne la forme suivante :

$$TC\left(M,P,I;X\right)=H\left(I;X\right)+CP\left(P;I,X\right) \tag{1}$$

où H est la fonction de coût d'investissement et CP, la fonction de coût variable de production.

Les divers éléments du choix entre un niveau élevé ou faible de flexibilité peuvent être intégrés dans la fonction de coût. Les hypothèses formulées ci-après permettent à la fois de respecter les caractéristiques réelles exposées plus haut et de simplifier l'analyse. Nous supposons d'abord que le coût d'investissement d'une organisation flexible à impartition élevée est plus grand que celui d'une organisation à impartition faible, ce dernier pouvant être supposé nul sans perte de généralité :

---

10.   Voir aussi Morone (1993).

11.   On remarquera cependant qu'il est difficile de concevoir une structure à flexibilité de gamme élevée qui ne soit pas non plus à flexibilité de volume élevée.

$H(\ell, X) = 0$ et $H(h, X) = H > 0$. Nous supposons ensuite qu'une structure d'impartition faible comporte un coût de démarrage (ou de changement de programme) égal à sX alors que ce coût est nul si la structure choisie est une structure flexible d'impartition élevée. Nous supposons enfin qu'une organisation à impartition faible comporte un coût variable moyen et marginal de production négligeable si $P = X$ et égal à A sinon (où A est supposé très élevé) et qu'une organisation à impartition élevée comporte un coût marginal de production de c. Nous supposons, toujours pour simplifier, que $c = s$. On a donc :

$$CP(P, I, X) = S(I, X) + VCP(P; I, X)$$

où pour $I = h$: $\begin{cases} S(h, X) = 0 \\ VCP(P; h, X) = sP \quad \forall P \end{cases}$

et pour $I = \ell$: $\begin{cases} S(\ell, X) = sX \text{ si et seulement si } P > 0 \\ VCP(P; \ell, X) = \begin{cases} 0 & \text{si } P \in \{0, X\} \\ A & \text{sinon} \end{cases} \end{cases}$

En d'autres termes, quand l'entreprise choisit d'être très flexible, il n'y a pas de différence réelle entre son programme de production et son programme de mise en marché, d'où $M = P$; le coût variable moyen et le coût marginal sont tous deux constants et égaux à s. Quand l'entreprise choisit d'être inflexible, son coût variable de production $VCP(P; \ell, X)$ est tel que l'entreprise soit réalise le programme efficace donné, soit ferme ses portes (A est supposé très élevé) : pour une production positive, le coût variable moyen minimum de production est égal à s et est atteint pour $P = X$. Le coût variable moyen du programme mis en marché est alors, supposant que le coût de mise au rebut est négligeable, $AVC(M; \ell, X) = sX/M$ pour $M \leq X$.

La fonction de coût total $TC(P, M, I; X)$ peut donc être simplifiée et s'écrire comme suit :

– avec une structure d'impartition élevée ($M \equiv P$) :

$$TC(M, P, h, X) = H + sM$$

– avec une structure d'impartition faible :

$$TC(M, P, \ell, X) = \begin{cases} 0 & \text{si } M = P = 0 \\ sX & \text{si } P = X \text{ et } M \leq P \\ A & \text{sinon} \end{cases}$$

Ces hypothèses paraîtront très simplificatrices, réductrices penseront certains. Il faut bien comprendre qu'elles sont nécessaires à tout traitement analytique du problème et qu'elles ne remettent pas en question l'intérêt ou la pertinence de nos résultats – qui tendent plutôt à justifier leur formulation – puisqu'elles ne sont que des représentations stylisées des caractéristiques réelles des technologies, des organisations et des enjeux.

2.4.2.2 Un modèle de duopole d'impartition stratégique

La notion d'impartition stratégique fait surtout référence à la possibilité pour une firme d'influencer le comportement et le choix de ses concurrents, y compris éventuellement d'empêcher leur entrée sur le marché (Boyer et Moreaux 1997). Nous considérerons le contexte le plus simple, celui d'une industrie composée de deux entreprises, avec éventuellement une frange concurrentielle[12].

Qu'elle soit flexible ou non, une organisation ne se construit pas instantanément. Le cadre stratégique que nous délimitons dans notre analyse comprend deux étapes. Dans une première étape, les deux entreprises fixent simultanément ou de manière séquentielle leurs positions de flexibilité par impartition. Une fois la structure organisationnelle déterminée, dans une seconde étape, elles se concurrencent l'une l'autre en établissant simultanément les quantités qu'elles mettent en marché en fonction de la position de flexibilité choisie par chacune.

Nous supposons que le prix est une fonction linéaire de la quantité totale mise en marché : $p = \max\{0, \alpha - \beta (M_1 + M_2)\}$ où α (une mesure de la taille du marché) est une variable aléatoire dont la fonction de distribution de probabilité $U(\alpha)$ est définie sur l'intervalle $[\underline{\alpha}, \overline{\alpha}]$, de variance σ^2 et de moyenne μ. Pour simplifier, on supposera que la distribution est uniforme. Cette fonction de distribution est supposée connue des deux entreprises. Pour mieux mettre en évidence le caractère stratégique des positions de flexibilité par impartition, nous supposons que l'incertitude de la demande est levée entre les deux étapes.

Nous excluons de l'analyse certains phénomènes, tels que la fermeture temporaire ou la faillite. Ces phénomènes sont évidemment importants dans des contextes particuliers, mais leur traitement rendrait l'analyse (qui est déjà complexe) plus difficile et les résultats seraient moins intuitifs. Pour éviter ces difficultés, nous supposons que le niveau minimal de la demande est suffisamment élevé pour garantir que les deux entreprises seront actives lors de la seconde étape. Les deux entreprises choisissent leurs stratégies de façon à maximiser les profits escomptés.

Stricto sensu, dans une industrie où les entreprises font mouvement simultanément à la première étape, la stratégie d'une firme comprend deux composantes. La première composante est le choix à la première étape de la forme organisationnelle, c'est-à-dire le choix de la valeur de I, soit h ou ℓ. La seconde composante est une fonction de décision qui décrit la quantité que la firme s'engage

---

12. La frange concurrentielle n'est pas explicitement modélisée. Rappelons qu'on appelle frange concurrentielle l'ensemble des petites entreprises de l'industrie qui, n'ayant aucun poids, n'ont pas de stratégies au sens fort du terme. Elles s'adaptent aux conditions du marché, prenant le comportement des entreprises importantes comme une donnée.

à mettre sur le marché à la seconde étape, selon sa propre forme d'organisation, celle choisie par son concurrent et la demande constatée. Un équilibre est une paire de stratégies, une pour chaque firme, de sorte que la stratégie choisie par chacune est la meilleure réponse à la stratégie de l'autre. Un équilibre est parfait si, pour tous les choix de formes organisationnelles qu'auraient pu retenir les deux firmes à la première étape et pour toute demande constatée, les décisions de mise en marché qu'elles prennent à la seconde étape sont chacune les meilleures réponses à la décision de l'autre.

Lorsque les mouvements de la première étape sont séquentiels, la stratégie de la firme qui fait mouvement en premier est formellement identique à celle d'une firme, d'une industrie, où, à la première étape, les deux entreprises font mouvement simultanément. La stratégie de la firme qui fait mouvement en deuxième est différente, tout au moins dans sa première composante. Cette première composante est une fonction de décision dont l'argument est le choix d'impartition de la firme qui fait mouvement en premier et la valeur, le choix de la firme en question. La deuxième composante, la fonction de décision de mise en marché à la seconde étape, est, pour les deux firmes, de même type que dans le modèle à mouvements simultanés.

Nous cherchons l'équilibre industriel entre les choix stratégiques, simultanés ou séquentiels de flexibilité par impartition des entreprises. Ces équilibres seront fonction des six paramètres suivants qui caractérisent une industrie : μ, la taille espérée du marché; σ, la volatilité ou le risque inhérent aux fluctuations de la demande; β, la pente de la fonction de demande, un indicateur de la sensibilité des clients au prix des produits; X, le programme d'activités qui minimise le coût moyen, une mesure techno-économique de la taille minimale efficace des entreprises; H, le différentiel de coûts d'investissement entre les choix de flexibilité par impartition élevée et faible; s, le niveau minimum de coût variable moyen de production pour un choix de flexibilité par impartition faible, égal par hypothèse au coût marginal de production c pour une position de flexibilité par impartition élevée. Puisque la variable de flexibilité par impartition, I, peut prendre deux valeurs, nous devrons examiner les quatre configurations possibles de politiques d'impartition choisies par les deux firmes : (h, h), (h, ℓ), (ℓ, h), (ℓ, ℓ).

2.4.3   LA LITTÉRATURE RELATIVE À LA FLEXIBILITÉ

Les définitions générales et formelles de la flexibilité ne sont pas légion dans la littérature sur le sujet. Pionnier de l'analyse économique de la flexibilité, George Stigler (1939) fut le premier à souligner que les différences d'équipements d'une entreprise à l'autre se reflètent dans les différences entre les configurations de coûts. Il est généralement possible de se doter soit d'une fonction de coût moyen en forme de U relativement évasée, soit d'une fonction de coût moyen en forme de V relativement accentuée : dans ce dernier cas, la firme atteint une taille minimale efficace à très faible coût aux dépens d'un fort accroissement lorsque la production s'éloigne du niveau le plus efficace[13].

Que ce soit en ingénierie, en recherche opérationnelle, en management de la production, en management des ressources humaines ou en théorie économique, la plupart des travaux qui lui sont consacrés abordent la question de la flexibilité dans une perspective d'analyse décisionnelle (théorie de la décision) et l'analyse n'est étayée le plus souvent que d'allusions prudentes à un contexte stratégique précis. Par définition, les contributions inspirées de la théorie des jeux étudient, elles, des contextes explicitement stratégiques. Nous allons brièvement passer en revue quelques-unes des contributions les plus importantes en insistant sur celles qui traitent explicitement de contextes stratégiques.

Vives (1989) démontre que plus l'incertitude de la demande augmente, plus la valeur de la flexibilité et la valeur d'engagement du choix technologique augmentent et, partant, plus la flexibilité technologique augmente. L'auteur appuie sa démonstration en comparant deux équilibres industriels : soit les entreprises choisissent simultanément leurs paramètres technologiques et organisationnels et leurs niveaux de production respectifs, soit elles se font concurrence en deux étapes, les positions initiales de flexibilité choisies simultanément par les entreprises étant observées au début de la seconde étape dans laquelle sont choisis les niveaux de production. Selon Vives, le choix technologique est dans le premier équilibre un choix d'efficacité pure, alors qu'il dépend dans le deuxième équilibre de considérations d'efficacité et de considérations stratégiques : cette différence aurait pour cause la valeur stratégique (valeur d'engagement) du choix technologique. Dans les deux cas de figure étudiés, les fonctions de coûts sont des fonctions à un seul paramètre et ne permettent donc pas de distinguer clairement la flexibilité (choisie pour des raisons d'efficience) de la taille[14] (choisie pour des raisons d'engagement stratégique). Or, si l'on considère des technologies à deux paramètres explicites, l'un pour la flexibilité et l'autre pour la taille, l'accroissement de l'incertitude ne conduit pas nécessairement à faire des choix technologiques plus flexibles. Nous avons déjà montré dans Boyer et Moreaux (1997) que la flexibilité *per se* a d'importantes incidences tactiques et peut, dans certains cas, fonder une stratégie efficace de prévention d'entrée.

Milgrom et Roberts (1990) ont cherché à développer un modèle de l'entreprise, capable d'expliquer les caractéristiques principales (faits stylisés) du développement des technologies modernes de fabrication : remplacement des technologies de production de masse par des technologies multiproduits flexibles,

---

13.   Des définitions plus formelles ont été données par Marshak et Nelson (1962) et par Jones et Ostroy (1984). Le principal problème qu'elles posent vient du fait qu'elles font référence à un contexte de théorie de la décision qui est significativement différent du contexte stratégique que nous analysons ici. Pour une revue et une discussion de ces définitions, voir Boyer et Moreaux (1989, 1998).

14.   C'est-à-dire du niveau de production minimisant le coût moyen.

utilisation d'équipements sophistiqués contrôlés par ordinateur, nouvelles architectures organisationnelles – le tout mettant l'accent sur la qualité des produits et la rapidité des réactions aux conditions du marché. Les auteurs ont pris soin de situer leur entreprise type dans un environnement non stratégique, caractérisé par une baisse rapide de certains coûts (coûts de collecte, d'analyse et de dissémination des données; coûts de conception des produits; coûts de fabrication), par le développement de complémentarités significatives entre les compétences-clés de l'entreprise (interactions positives nombreuses des facteurs de production entre eux, et avec les variables de mise en marché et les structures organisationnelles) et, enfin, par l'existence de rendements croissants importants, qui sont souvent générateurs de décisions non marginales[15]. Milgrom et Roberts démontrent que, loin d'être le fruit du hasard, la concentration d'avancées technologiques et organisationnelles[16] dans certaines entreprises est le résultat de stratégies de maximisation des profits fondées sur l'exploitation de complémentarités fortes entre la mise en marché, la fabrication, l'ingénierie, la créativité et l'organisation : les entreprises qui adoptent certaines de ces avancées technologiques et organisationnelles sont davantage susceptibles d'en adopter d'autres.

Enfin, Boyer et Moreaux (1997) ont caractérisé les configurations d'industries dans lesquelles des équilibres asymétriques en flexibilité sont possibles. Identifiant les différentes composantes structurelles des industries, ils montrent comment, dans certains cas, c'est en passant de la flexibilité à l'inflexibilité qu'une firme en place peut bloquer l'entrée à un concurrent et comment, dans d'autres cas, c'est au contraire en passant de l'inflexibilité à la flexibilité[17].

Le présent article ne traite pas que de la prévention d'entrée, il fait également abstraction de plusieurs activités et décisions sous-jacentes au choix d'une organisation flexible (la définition et la différenciation du produit, l'intégration du type kanban, les communications rapides de données massives à travers des systè-

---

15. D'où les conséquences dramatiques des insuffisances dans les méthodes d'évaluation des investissements en flexibilité. Il faudrait, pour prendre les bonnes décisions, réévaluer de manière fondamentale le coût du capital de l'entreprise, sa structure « optimale » de financement, sa structure organisationnelle, les activités et les mécanismes de coordination et les programmes de motivation et d'incitation. Voir à ce sujet Boyer (1991, 1992).

16. Milgrom et Roberts donnent la liste suivante : « rapid mass data communications, production equipment with low set-up, wastage and retooling costs, flexible design technologies, product designs that use common inputs, very low levels of inventories (of both work in process and finished goods), and short production cycle times, [...] [increased] manufacturing quality, [...] [controlled] variable production costs, [...] integration of the product and process engineering functions and an extensive use of independently owned suppliers linked with the buying firm by close communications and joint planning ».

17. La flexibilité stratégique est aussi liée à la flexibilité temporelle : un agent demeure flexible en remettant à plus tard une décision afin de bénéficier ultérieurement de l'amélioration de son information. Voir Henry (1974), Freixas et Laffont (1984), Spencer et Brander (1992), Sadanand et Sadanand (1996) ainsi que le chapitre 2.5.

mes CALS[18]). La fonction de coût simplifiée que nous utilisons intègre des paramètres explicites de flexibilité et de capacité. Insistons sur le fait que, dans notre modèle, un accroissement de la flexibilité signifie, quel que soit le niveau de capacité,
une réduction des coûts de démarrage, des lots de production, des inventaires et des
coûts de production variables à tous les niveaux de production ainsi qu'une amélioration des ajustements aux conditions changeantes du marché. Mais l'accroissement de
la flexibilité s'accompagne aussi d'une hausse du coût d'investissement.

Notre modèle tient également compte du fait que, dans un contexte stratégique, le choix d'un niveau plus faible de flexibilité procure un bénéfice stratégique. Une firme peu flexible limite nécessairement les choix de mise en marché
qu'elle pourra faire. Cette stratégie d'impartition faible peut néanmoins s'avérer
avantageuse, car la firme, en s'engageant de façon crédible à produire à un niveau
fixe (X dans notre modèle), accapare – à condition que la demande soit faible – une
part de marché plus grande que celle d'une entreprise très flexible : de là la valeur
stratégique de l'inflexibilité. Cependant, l'adaptation aux changements dans la demande reste pour elle plus difficile. Il est donc important de mettre en balance,
d'une part, le bénéfice de l'engagement et, d'autre part, la difficulté à tirer parti des
accroissements imprévus des débouchés et à résister aux récessions du marché. C'est
à l'établissement de ce bilan que nous procédons.

2.4.4   PRINCIPAUX RÉSULTATS

Les résultats de notre étude[19] montrent qu'il existe des configurations industrielles dans lesquelles l'équilibre est asymétrique même si les entreprises sont
dans des situations semblables au départ : une des entreprises adopte une politique
d'impartition élevée et l'autre, une politique d'impartition faible, toutes deux choisissant leurs positions respectives de manière rationnelle. Nous montrons aussi qu'une
industrie peut être piégée par une forte impartition, les entreprises adoptant des
stratégies d'impartition élevée alors qu'une stratégie contraire serait plus avantageuse pour elles. Cela suggère que l'émergence d'une organisation efficace de l'industrie pourrait nécessiter une certaine forme de coordination entre les entreprises.
Notons que cette coordination relative aux choix d'impartition n'entraîne aucune
collusion sur les marchés des produits ou sur celui des facteurs. Nous montrons
aussi que le meneur est en général avantagé dans les équilibres d'impartition, son
niveau de profit espéré étant plus élevé. Les choix de flexibilité par impartition sont
donc des substituts stratégiques plutôt que des compléments stratégiques : l'investissement d'une entreprise dans une stratégie d'impartition forte réduit (ou du moins
n'augmente pas) la profitabilité d'un investissement semblable chez le concurrent.
Ce résultat va à l'encontre de l'idée largement répandue selon laquelle il est avantageux pour une entreprise de suivre de près ses concurrents qui investissent en flexibilité par impartition élevée.

---

18.   Continuous Acquisition and Life-Cycle Support. Voir Lefebvre, Lefebvre et Mohnen (1997).
19.   Pour un exposé plus détaillé, voir Boyer et Moreaux (1998).

L'analyse du modèle conduit aussi aux conclusions ou prédictions suivantes. L'accroissement de la taille du marché favorise l'émergence dans l'industrie d'organisations fortement impartitrices, mais il le fait différemment selon le niveau de volatilité du marché considéré. En effet, la mise en place de structures flexibles se fera par les deux entreprises simultanément (en situation de faible volatilité), par le leader d'abord et par le suiveur ensuite (en situation de volatilité moyenne), et, enfin, par le suiveur d'abord et par le leader ensuite (en situation de volatilité élevée). Dans le dernier cas, si la taille du marché s'accroît suffisamment, il s'opère un phénomène de bouclage (*reswitching*) qui pousse le leader et le suiveur à changer tous les deux leur stratégie, le premier optant pour une stratégie d'impartition élevée et le second revenant à une stratégie d'impartition faible. Enfin, lorsque la taille du marché dépasse un certain seuil critique, les deux entreprises adoptent une stratégie d'impartition élevée.

L'accroissement de la volatilité du marché produit des effets similaires. Il entraînera, selon le cas, l'adoption de structures flexibles par les deux entreprises simultanément (marché de grande taille), par le leader d'abord et par le suiveur ensuite (marché de taille moyenne), et, enfin, par le suiveur d'abord et par le leader ensuite (marché de petite taille). Dans le dernier cas, si la volatilité continue d'augmenter, le leader et le suiveur voudront éventuellement changer tous les deux leur stratégie (bouclage), le premier optant alors pour une stratégie d'impartition élevée et le second revenant à une stratégie d'impartition faible. Enfin, lorsque la volatilité du marché dépasse un certain seuil critique, les deux entreprises peuvent adopter une stratégie d'impartition élevée.

Cependant, dans une industrie où les choix peuvent se faire simultanément, il arrive que le passage à une situation de forte impartition s'opère trop rapidement : dans ce cas, les deux entreprises sont amenées, lorsque la taille (ou la volatilité) du marché augmente, à adopter des stratégies d'impartition forte et à agir ainsi contre leur intérêt commun. On dit alors qu'elles sont prises au piège d'une d'impartition élevée : ensemble, elles font moins de profit qu'elles n'en feraient en adoptant une stratégie d'impartition faible, mais aucune d'entre elles n'a intérêt à adopter unilatéralement une telle stratégie !

Les « processus de passage » d'une forme d'organisation à l'autre méritent quelques commentaires. Considérons à titre d'illustration le cas d'un marché de taille intermédiaire et de volatilité relativement faible. À l'équilibre industriel, les deux firmes optent pour un mode d'organisation peu flexible, mais une augmentation de la volatilité modifie la réaction du suiveur au choix de flexibilité du leader. Le suiveur préfère alors répondre par une structure organisationnelle plus flexible afin de bénéficier d'une plus grande part de marché si la demande s'avère élevée. Cependant, cette réaction a pour effet d'inciter le leader à choisir une structure d'organisation plus flexible et donc un niveau d'impartition élevé, ce qui force finalement le suiveur à maintenir sa structure peu flexible. Seule une augmentation plus importante de la volatilité pousserait à la fois le suiveur et le leader à adopter un profil d'impartition élevée et une structure organisationnelle flexible. Les autres cas possibles peuvent s'analyser de manière similaire.

Considérons maintenant trois changements généralement associés à l'émergence d'une flexibilité par impartition élevée : une réduction du coût différentiel H, une réduction de la taille minimale efficace X et une réduction de la valeur absolue β de la pente de la demande des clients. Les deux derniers changements peuvent être vus comme des augmentations de la pression concurrentielle : la réduction de β entraîne une augmentation de l'élasticité-prix de la demande à tous les niveaux de production, alors que la réduction de X correspond à un abaissement des obstacles à l'entrée et, donc, à une aggravation de la concurrence exercée par la frange concurrentielle sur les duopoleurs dominants.

L'intensification de la concurrence, qu'elle soit due à un accroissement de l'élasticité-prix de la demande des clients ou à la réduction de la taille minimale efficace de l'entreprise à la suite de l'introduction d'une innovation technologique, produit des effets qui dépendent des caractéristiques de l'industrie. Le modèle prédit que le leader, en réaction à une augmentation de la pression concurrentielle, changera d'abord de stratégie en faveur de l'impartition, ce qui lui permettra d'augmenter sa part de marché; un nouvel accroissement de la pression concurrentielle sera nécessaire pour que la deuxième entreprise (le suiveur) juge à son tour profitable d'adopter une stratégie d'impartition élevée. L'accroissement de la concurrence pourra aussi amener les deux entreprises à tomber dans le piège d'une impartition élevée.

Ajoutons qu'une réduction du différentiel de coût H aura des conséquences similaires : dans certaines configurations industrielles, elle conduira le suiveur à passer d'une stratégie d'impartition élevée à une stratégie d'impartition faible et le leader à procéder dans le sens inverse.

2.4.5   CONCLUSION

Nous avons utilisé un modèle de duopole simple à deux étapes pour caractériser l'avantage (et le désavantage) stratégique des choix de flexibilité par impartition. Pour clarifier les enjeux d'un problème qui au premier examen apparaît très complexe, nous avons proposé une approche en termes de fonction de coûts. L'intérêt de cette approche est, comme le soulignent très justement Carlton et Perloff (1994), que « a cost curve summarizes an enormous amount of information. » Il s'avère que le plus ou moins grand recours à l'impartition dépend de la structure des fonctions de coûts. En associant à une représentation stylisée de la demande les types de fonctions de coût correspondant à des systèmes plus ou moins flexibles, on obtient un modèle à six paramètres qui permet de décrire les différentes configurations possibles de l'industrie. À chacune de ces configurations industrielles est associée une certaine configuration des structures technique et organisationnelle des entreprises.

Les facteurs qui déterminent la structure de la fonction de coût d'une entreprise à flexibilité faible et, *mutatis mutandis*, d'une entreprise à flexibilité élevée peuvent être de nature très différente. Il peut d'abord s'agir de facteurs technologiques : des équipements spécifiques qu'on ne peut utiliser que sur une plage très étroite de rythmes de production et de combinaison de facteurs et qui limitent donc l'adaptation aux changements des prix des facteurs et des produits; ou, encore, des équipements difficilement réutilisables dans d'autres activités (investissements peu réversibles), qui restreignent les possibilités d'expansion et exigent, pour être correctement évalués, qu'on prenne en compte des options réelles d'achat et de vente d'actifs (Boyer, Lasserre et Moreaux 1997). Il peut s'agir de facteurs humains : un personnel de formation très spécialisée voit généralement sa productivité baisser considérablement lorsqu'il est affecté à d'autres tâches. Ces facteurs peuvent être d'ordre psychologique : des protocoles opératoires très standardisés, renforcés en permanence et laissant peu d'initiative à l'exécutant, préparent mal à l'acceptation et à la maîtrise du changement. Il peut s'agir de facteurs organisationnels : des processus de prise de décision à plusieurs niveaux, très ritualisés, entraînent souvent le développement de contraintes budgétaires rigides (Gabel et Sinclair-Desgagné 1996). Les asymétries d'information sont d'autres sources de rigidités. Elles sont génératrices de rentes pour les parties informées qui tendront donc à s'opposer aux transformations de l'organisation et aux réorientations des objectifs qui remettraient en cause les avantages qu'elles tirent de l'organisation présente (Boyer et Robert 1997). Dans une perspective dynamique, tous ces facteurs concourent à empêcher la firme de s'adapter de manière optimale, de rechercher de nouvelles sources et de nouveaux types d'information.

Notre modèle étant axé sur les caractéristiques de la fonction de coût, les résultats peuvent s'interpréter en termes de flexibilité organisationnelle (impartition), technologique, humaine, mentale ou informationnelle. Quelle que soit l'interprétation qu'on choisisse, un niveau élevé de flexibilité se traduit toujours, pour un niveau de production qui s'éloigne de la taille minimale efficace, par des variations de coûts moyens lissées et peu importantes, tandis qu'un niveau faible de flexibilité se traduit, au contraire, par des augmentations rapides des coûts moyens. Une faible flexibilité (impartition faible, équipements à usage spécifique, routines organisationnelles) s'avère avantageuse lorsque le niveau de production ou le programme d'activités est peu variable; une flexibilité élevée (impartition élevée, technologies flexibles, décisions décentralisées), lorsque le niveau ou le programme de production est relativement volatil. Le choix d'un niveau de flexibilité plutôt qu'un autre suppose ainsi de faire la part des avantages respectifs de chaque option en termes de coûts totaux.

L'une des conclusions majeures de l'étude est que les industries dont les entreprises sont inflexibles (impartition faible) ne sont pas pour autant en retard. On interprète souvent le passage à une structure organisationnelle flexible comme un progrès. C'est à notre avis un contresens. Des entreprises ayant accès aux mêmes ressources économiques, techniques et managériales peuvent rationnellement choisir, les unes des formes flexibles (impartition forte), les autres des formes plus traditionnelles (forte intégration verticale). Dans certains cas, le fait que toutes les entreprises d'une industrie choisissent la structure flexible que prônent certains gourous à la mode est le symptôme d'un état pathologique. Certaines industries sont, de fait, souvent affectées du syndrome des moutons de Panurge : dès qu'une entreprise adopte une structure flexible, ses rivales ont toutes tendance à lui emboîter le pas, commettant ainsi collectivement une erreur. C'est un cas classique du dilemme du prisonnier. On peut toujours conseiller à une entreprise de suivre le mouvement général, encore faut-il avoir identifié au préalable les paramètres fondamentaux de l'industrie et s'être assuré qu'ils s'appliquent bel et bien à la situation de l'entreprise que l'on conseille.

BIBLIOGRAPHIE

Barreyre, Jean-Yves (1968), *L'Impartition : politique pour une entreprise compétitive*, Paris, Hachette.

Boyer, Marcel (1991), « Leadership, Flexibility and Growth », Presidential address, Canadian Economic Association, *Canadian Journal of Economics*, vol. 24, n° 4, p. 751-773.

Boyer, Marcel (1992), « The Economics of Technological Flexibility : Financial Evaluation and Growth Potential », p. 1123-1132, dans Tarek M. Khalil et Bulent A. Bayraktar, *Management of Technology : The Key to Global Competitiveness*, Norcross, Industrial Engineering and Management Press.

Boyer, Marcel, Pierre Lasserre et Michel Moreaux (1998), « Emerging Environmental Problems, Irreversible Investments and Myopia in a Two Country Setup », *Revue d'économie industrielle*, n° 83, p. 47-61.

Boyer, Marcel et Michel Moreaux (1987), « Being a Leader or a Follower : Reflections on the Distribution of Roles in a Duopoly », *International Journal of Industrial Organization*, vol. 5, n° 2, p. 175-192.

Boyer, Marcel et Michel Moreaux (1989), « Uncertainty, Capacity and Flexibility : The Monopoly Case », *Annales d'économie et de statistique*, n° 15/16, p. 291-313.

Boyer, Marcel et Michel Moreaux (1997), « Capacity Commitment versus Flexibility », *Journal of Economics and Management Strategy*, vol. 6, n° 2, p. 347-376.

Boyer, Marcel et Michel Moreaux (1998), « Flexibilité et stratégies d'impartition : Efficience et considérations stratégiques », Montréal, CIRANO.

Boyer, Marcel et Jacques Robert (1997), « Organizational Inertia and Dynamic Incentives », Montréal, CIRANO.

Business International (1991), *Building Flexible Companies*, Report n° P601.

Carlton, Dennis W. et Jeffrey M. Perloff (1994), *Modern Industrial Organisation*, New York, Harper Collins, 2ᵉ édition.

Freixas, Xavier et Jean-Jacques Laffont (1984), «On the Irreversibility Effect», chap. 7, dans Marcel Boyer et Richard E. Kihlstrom (éd.), *Bayesian Models in Economic Theory*, Amsterdam, North-Holland/Elsevier Science Publishing.

Gabel, Landis et Bernard Sinclair-Desgagné (1996), «The Firm, Its Routines and the Environment», dans *The International Yearbook of Environmental and Resource Economics: A Survey of Current Issues*.

Gerwin, Donald (1982), «The Do's and Don'ts of Computerized Manufacturing», *Harvard Business Review*, vol. 60, n° 2, p. 107-116.

Harrigan, Katryn R. (1985), *Strategic Flexibility*, Lexington, Mass., Lexington Books.

Henry, Claude (1974), «Investment Decisions under Uncertainty: The Irreversibility Effect», *American Economic Review*, vol. 64, n° 4, p. 1006-1012.

Henry, Claude (1993), «Flexibilité et dissuasion dans un contexte de concurrence imparfaite», *Revue économique*, vol. 44, n° 5, p. 913-924.

Jones, Robert A. et Joseph M. Ostroy (1984), «Flexibility and Uncertainty», *Review of Economic Studies*, vol. 51, n° 1, p. 13-32.

Lederer, Philip J. et Vinod R. Singhal (1988), «Financial Justification of New Technologies», mimeo, University of Rochester.

Lefebvre, Louis A., Elizabeth Lefebvre et Pierre Mohnen (1997), «From the Virtual Enterprise to the Virtual Economy: Innovation Strategies for the 21st Century», Montréal, CIRANO.

Marshak, Thomas et Richard Nelson (1962), «Flexibility, Uncertainty and Economic Theory», *Metroeconomica*, vol. 14, p. 42-58.

Maidique, Modesto A. et Robert A. Hayes (1984), «The Art of High Technology Management», *Sloan Management Review*, vol. 25, n° 2, p. 17-31.

Mensah, Yaw M. et Paul J. Miranti Jr.(1989), «Capital Expenditure Analysis and Automated Manufacturing Systems: A Review and Synthesis», *Journal of Accounting Literature*, vol. 8, p. 181-207.

Milgrom, Paul et John Roberts (1990), «The Economics of Modern Manufacturing», *American Economic Review*, vol. 80, n° 3, p. 511-528.

Morone, Joseph G. (1993), *Winning in High-Tech Markets*, Boston, Harvard Business School Press.

Röller, Lars H. et Mihkel M. Tombak (1990), «Strategic Choice of Flexible Production Technologies and Welfare Implications», *The Journal of Industrial Economics*, vol. 38, n° 4, p. 417-431.

Röller, Lars H. et Mihkel M. Tombak (1993), «Competition and Investment in Flexible Technologies», *Management Science*, vol. 39, n° 1, p. 107-114.

Sadanand, Venkatraman et Asha Sadanand (1996), «Firm Scale and the Endogenous Timing of Entry: A Choice Between Flexibility and Commitment», *Journal of Economic Theory*, vol. 70, n° 2, p. 516-530.

Spencer, Barbara J. et James A. Brander (1992), «Precommitment and Flexibility: Applications to Oligopoly Theory», *European Economic Review*, vol. 36, n° 8, p. 1601-1626.

Stigler, George (1939), « Production and Distribution in the Short Run », *Journal of Political Economy*, vol. 47, n° 3, p. 305-327.

Vives, Xavier (1989), « Technological Competition, Uncertainty, and Oligopoly », *Journal of Economic Theory*, vol. 48, n° 2, p. 386-415.

Chapitre 2.5

L'IRRÉVERSIBILITÉ DES DÉCISIONS D'IMPARTITION

Pierre Lasserre[1]

2.5.1 INTRODUCTION

Les décisions d'impartition sont dans une large mesure irréversibles, pour des raisons institutionnelles, parce qu'elles exigent des investissements en équipements et en savoir-faire différents et parce qu'elles s'accompagnent d'engagements contractuels à moyen et long terme. Une décision d'impartition constitue un engagement largement irréversible. Bien souvent, cet engagement a plutôt les apparences d'un désengagement : des actifs sont vendus en même temps que l'on abandonne certains champs d'activité dans l'espoir d'obtenir les services correspondants à un moindre coût. Mais il s'agit également très souvent d'un investissement : il faut investir dans une nouvelle organisation, remplacer des compétences d'exécution par des compétences en matière de gestion de contrats, de contrôle de qualité, de communication avec des groupes de travail autonomes, etc. Les compétences abandonnées sont irrémédiablement perdues en ce sens qu'on ne pourra les rétablir qu'à un coût élevé et l'acquisition de nouvelles compétences exige du temps et des efforts financiers et humains qui seraient gaspillés si l'opération devait se solder par un échec. Pourtant, ces engagements sont pris sur la base de bénéfices futurs incertains. Qu'on la voie comme un investissement ou comme un désinvestissement, la décision d'impartition doit faire l'arbitrage entre des mouvements (financiers ou incorporels) relativement certains et intervenant en début de processus et des flux futurs d'autant plus imprécis qu'ils sont lointains.

1. Département des sciences économiques, Université du Québec à Montréal et CIRANO.

La théorie des options réelles[2] indique que les décisions irréversibles ne doivent pas obéir aux mêmes critères que les décisions réversibles. Dans un contexte d'incertitude, aller de l'avant avec ce genre d'investissement, c'est renoncer à utiliser de l'information qui sera éventuellement disponible et qui pourrait justifier l'abandon du projet ou de sa mise en œuvre. C'est aussi pour une entreprise s'exposer à des coûts que l'on sait, sous certaines conditions, évaluer.

En matière d'impartition comme dans toute décision comportant une réallocation de ressources, il est indispensable, avant de se lancer dans un projet, d'effectuer une analyse avantages-coûts. Or la littérature récente sur les options réelles montre que l'analyse avantages-coûts d'une décision irréversible doit recourir à des critères, et emprunter une méthodologie, qui s'écartent notablement de la pratique courante en la matière. Dans certains cas de figure, la décision, parce qu'elle est irréversible, doit, pour être acceptée, satisfaire à des critères plus élevés qu'un investissement réversible. Mais il peut arriver, au contraire, qu'elle ait à répondre à des critères moins sélectifs, soit parce qu'elle est la seule manière d'obtenir l'information pertinente, soit parce que l'acquisition des compétences qu'elle permet est le seul moyen d'apprendre à gérer l'impartition et, partant, d'en savoir plus sur les résultats de la cession d'une activité de production à des fournisseurs externes.

C'est que ce genre de projet, tout irréversible qu'il soit, ne manque pas de flexibilité. Chaque élément de flexibilité constitue une option qui, convenablement exploitée, contribue à la valeur du projet. Comme on va le voir, l'existence de ces options ne rend pas forcément plus probable l'adoption du projet. Dans ce qui suit, nous allons commencer par présenter le problème dans un contexte extrêmement simplifié mais ayant l'avantage d'être précis. L'exemple numérique auquel nous allons recourir nous permettra de présenter les méthodes d'évaluation (évaluation de projet, évaluation d'option) et de mettre en évidence les éléments et les mécanismes que doit identifier le décideur lorsqu'il envisage une opération d'impartition. Les principes généraux étant identifiés, nous discuterons les principales options envisageables et analyserons la façon dont elles peuvent influencer la décision d'impartition.

2.5.2   LA DÉCISION IRRÉVERSIBLE EN CONTEXTE INCERTAIN

La décision d'impartir un service ou un produit, comme toute réorganisation majeure, suppose l'engagement de certaines dépenses qui, en principe, seront compensées par les revenus de l'impartition. Dépenses et revenus peuvent ici être soit futurs et incertains, soit immédiats et certains (ou relativement certains). Dans le premier cas, les revenus prennent la forme d'économies de frais d'exploitation, d'améliorations de la qualité des produits ou des services, etc. et les dépenses,

---

2. Pour des exposés complets sur les options réelles, voir Dixit et Pindyck (1994) et Trigeorgis (1996). Pour un traitement plus orienté sur la finance d'entreprise, voir l'excellent ouvrage de Dumas et Allaz (1995).

celle des sommes que la firme impartitrice devra verser à l'avenir pour obtenir le service qu'elle impartit. Dans le second cas, les revenus proviennent du produit de la vente de certains actifs (vente d'un immeuble, vente de la machinerie) ou de l'élimination de certaines dépenses associées à la prestation du service imparti (salaires, fournitures, etc.), tandis que les dépenses, elles, sont associées notamment aux investissements dans la nouvelle organisation et aux compensations à verser en cas de résiliation de contrat.

Que l'impartition prenne la forme d'une cession initiale d'actifs, dont le produit relativement certain doit compenser des dépenses futures beaucoup plus aléatoires pour obtenir le service imparti, ou qu'elle prenne, au contraire, la forme d'un investissement initial relativement certain en retour d'économies futures et aléatoires dans les dépenses, on a affaire à une décision d'investissement. La méthode la plus couramment recommandée pour sélectionner les projets d'investissement est de procéder à une analyse avantages-coûts et de recourir au critère de la valeur actuelle nette (VAN). Les flux de bénéfices et les flux de coûts sont identifiés, datés et évalués en unités monétaires, y compris lorsqu'ils sont incorporels (réputation, par exemple) ou lorsqu'ils ne font l'objet d'aucun mouvement de trésorerie (comme dans le cas d'un service offert gratuitement au public). S'agissant le plus souvent d'éléments futurs, donc incertains, c'est en fait l'espérance mathématique du flux que l'on évalue. Chaque flux est actualisé au coût d'opportunité et la somme de l'ensemble des flux constitue la VAN. Si F_t est l'espérance mathématique de la différence entre bénéfices et coûts en t, T la durée du projet et r_t le taux d'actualisation retenu entre les dates $(t + 1)$ et t,

$$VAN = \sum_{t=0}^{T} \frac{F_t}{[1+r_1][1+r_2]\ldots[1+r_t]}$$

Le critère de la VAN est d'investir si $VAN \geq 0$ et de s'abstenir autrement.

Cette méthode est souvent critiquée par les praticiens qui lui reprochent de ne pas tenir compte de la flexibilité inhérente à certains projets : de nombreux projets font intervenir des décisions séquentielles de la part des dirigeants, décisions qui constituent autant d'éléments de flexibilité dont la valeur n'est pas prise en compte dans le calcul de la VAN.

Sans négliger la flexibilité que procure la gestion d'un projet déjà mis en œuvre, ce que nous voulons souligner ici, c'est l'importance de l'irréversibilité d'une décision d'impartition. L'opposition entre flexibilité et irréversibilité, du reste, n'est qu'apparente, car l'irréversibilité accroît la valeur d'une option qui, sans elle, importerait assez peu : le report de l'adoption d'un projet.

Cette flexibilité à sens unique (on peut retarder, mais non pas revenir en arrière) peut constituer un élément important de la prise de décision, que nous allons illustrer par un exemple simplifié. Cet exemple nous permettra par ailleurs d'introduire et d'illustrer les deux méthodologies qui s'offrent au décideur pour traiter ce genre de situations : la programmation dynamique et la méthode des options.

2.5.2.1 Un exemple chiffré

Supposons qu'une organisation envisage d'investir à la date t dans une réorganisation qui produira une séquence de bénéfices ou coûts annuels $(R\,(t),\,R\,(t+1),\dots)$. S'ils sont positifs, ces bénéfices peuvent refléter des économies de coûts associées à la fourniture de certains biens ou services jusqu'alors produits au sein de l'organisation ou, encore, ils peuvent traduire une amélioration de la qualité de ces biens ou services à la suite de la réorganisation. Dans le cas d'une impartition faisant intervenir une cession immédiate d'actifs, la séquence $(R\,(t),\,R\,(t+1),\dots)$ correspondra plutôt aux coûts futurs d'acquisition du service auprès de fournisseurs indépendants. Les formes que peuvent prendre les bénéfices d'une impartition et les circonstances dans lesquelles ils peuvent se concrétiser sont décrites dans divers chapitres de ce livre et nous n'y revenons pas ici. Mais ce qu'il faut souligner, c'est que, avant la réorganisation, la valeur que prendra R dans l'avenir est incertaine; en fait, on n'est même pas certain de savoir la mesurer correctement après la réorganisation. Avant la réorganisation, l'estimation de la valeur de R est relativement précise pour l'année qui suit la réorganisation, mais au-delà, elle perd progressivement de sa précision. Cette estimation est basée en particulier sur la connaissance de la situation courante de l'organisation, sur les expériences similaires effectuées par d'autres organisations ainsi que sur les recherches existantes sur le sujet. D'autres éléments d'information et d'autres recherches viendront par la suite la modifier, mais de façon générale, elle sera d'autant moins précise que la période sur laquelle elle porte sera éloignée. Une manière de modéliser ce genre de situation est de traiter R comme une variable aléatoire particulière : sa valeur courante est observable, mais son évolution obéit à un processus stochastique[3].

Toujours en caricaturant un peu afin de simplifier au maximum notre illustration numérique, nous allons supposer que certains revenus ou certains coûts ne s'assortissent d'aucune incertitude; il est possible de les ramener tous à la période où se décide la réorganisation. On appellera I le montant correspondant. Il peut s'agir du produit connu de ce que donneraient la vente des actifs et les économies correspondant à la résiliation de certains contrats de salaires; dans ce cas, I est positif. Il peut s'agir de dépenses d'investissement dans une nouvelle structure d'organisation; dans ce cas, I est négatif. Les phénomènes qui vont être illustrés ne dépendent pas en général du fait que la réorganisation constitue un désinvestissement $(I > 0;\,R_t < 0)$, comme beaucoup d'opérations d'impartition, ou un investissement $(I < 0;\,R_t > 0)$, comme certaines impartitions et comme beaucoup d'autres types de réorganisations. Ce qui compte, c'est que I est certain alors que la séquence des R_t, mis à part l'élément correspondant à la date courante, est incertaine.

---

3. La littérature sur les options réelles dont la présente analyse est une application est adaptée directement de la finance. En finance, si R était positif, le projet serait analogue à une option d'achat et R serait le prix d'une action, observé aujourd'hui mais incertain dans l'avenir; si R était négatif, le projet serait analogue à une option de vente dont l'exercice soustrairait de la position du vendeur un flux stochastique positif.

Pour que le lecteur puisse se référer plus facilement à la littérature sur les options réelles, qui est présentée le plus souvent dans une perspective d'investissement, I sera une dépense dans l'exemple qui suit. Nous adoptons la version la plus simplifiée possible du processus décrit ci-dessus : à la date courante, $R_0 = 200$ \$; par la suite, R peut monter à $R_1 = 300$ \$ avec probabilité $\frac{1}{2}$ pour rester ensuite indéfiniment à ce niveau ou tomber à 100 \$ et s'y maintenir indéfiniment. L'espérance mathématique du flux de bénéfices futurs est donc de 200 \$ par an. On peut entreprendre la réorganisation dès la date courante ou attendre; mais que la réorganisation intervienne en $t = 0$ ou plus tard, I égale toujours – 1 600 \$[4].

Pour reprendre le vocabulaire de la littérature sur les options réelles, la réorganisation représente une option pour l'organisation. Celle-ci peut à tout moment exercer cette option en payant un montant $I = – 1\ 600$ \$; si elle exerce l'option en date $t = 0$, elle obtient un flux de bénéfices aléatoires R avec $R_0 = 200$ \$ et, en ce qui concerne les années ultérieures, soit $R_t = 300$ \$ pour toujours ($t = 1,2,...$), soit $R_t = 100$ \$ pour toujours. L'organisation doit-elle exercer l'option ? Si oui, doit-elle le faire en $t = 0$ ou attendre d'en savoir plus (de tout savoir dans notre exemple) sur le bénéfice ?

Malgré l'extrême simplification que nous avons fait subir à tous les éléments du problème de décision, cet exemple rudimentaire nous permet de montrer que le recours à une analyse avantages-coûts traditionnelle conduit le décideur à commettre une erreur. Plus important, cet exemple et les variantes et commentaires qui le suivent nous permettront d'identifier les causes de l'erreur et de dégager, à défaut de formules précises, des principes généraux de correction[5].

La VAN du projet si l'investissement s'opère tout de suite est

$$VAN_1 = -1600 + \sum_{t=0}^{\infty} \frac{200}{1,1^t} = -1600 + 2200 = 600\ \$$$

Une analyse avantages-coûts traditionnelle permet donc de conclure qu'il est approprié de procéder à la réorganisation tout de suite, sans faire usage de l'information qui sera révélée à la période suivante. Mais envisageons une stratégie qui, au contraire, ferait usage de cette information. Elle consiste à attendre de connaître les bénéfices futurs $R_1 = R_2 = ...$ et à ne réaliser la réorganisation que si R_1 s'établit à

---

4. Le taux d'actualisation retenu pour toutes les périodes est de 10 %.
5. Bien que l'on souligne dans ce qui suit l'importance de l'acquisition d'information qui s'opère durant l'attente, la possibilité d'attendre suffit à elle seule à invalider dans certains cas la méthode de la VAN. Par exemple, si l'on remplace R_0 par 100 et que l'on suppose que $R = 300$ avec certitude pour toutes les périodes subséquentes, on trouve également qu'il n'est pas optimum de procéder à la réorganisation en zéro, bien que la VAN correspondante soit positive.

300 $. En suivant cette stratégie, avec probabilité $\frac{1}{2}$, l'organisation investit et obtient $-1600 + \sum_{t=0}^{\infty} \frac{300}{1,1}$; avec probabilité $\frac{1}{2}$, l'organisation n'investit pas et obtient zéro. L'espérance mathématique de ce plan en dollars de la période zéro est

$$VAN_2 = \frac{1}{2}\left(\frac{1}{1,1}\right)\left[-1600 + \sum_{t=0}^{\infty} \frac{300}{1,1}\right] = \frac{850}{1,1} = 773\,\$$$

Bien entendu, cette deuxième option est préférable, ce qui illustre que l'application simpliste du critère de la VAN positive, qui est également la plus courante, n'est pas appropriée.

On remarque dans cet exemple que la décision d'investir immédiatement serait bonne si elle était la seule **option**, c'est-à-dire si la possibilité d'un investissement ultérieur ne se présentait pas. Elle serait également bonne si elle était **réversible**, c'est-à-dire s'il était possible de revendre le capital en cas d'une chute du prix. Enfin, comme le font remarquer Dixit et Pindyck, le paradoxe qui vient d'être illustré ne traduit pas un problème d'incomplétude de marché. Même en présence d'un marché à terme, qui permettrait au décideur de se couvrir contre une baisse éventuelle de son bénéfice, la décision optimale resterait la même.

2.5.2.2 Évaluation de l'option

La situation où se trouve l'organisation que je viens de décrire est analogue à celle d'un investisseur qui détient une option d'achat sur un titre. S'il exerce l'option, le décideur obtient contre un prix I connu d'avance une nouvelle organisation qui lui fournira les mêmes services que l'ancienne, à un coût moindre mais incertain et appelé à fluctuer dans le temps. Que vaut cette option ? Tout dépend de l'opportunité de son exercice. Mal utilisée, elle vaudra moins que si elle est exercée de façon optimale. Puisque le décideur peut l'exercer immédiatement mais ne choisit pas nécessairement de le faire, l'option vaut au moins ce que vaut le projet si la réorganisation a lieu immédiatement.

Dans l'exemple donné plus haut, la valeur de l'option pour une réorganisation immédiate s'élevait à 600 $, mais il a été déterminé qu'elle valait en fait 773 $. Ce chiffre peut s'obtenir également par les méthodes d'évaluation des options financières introduites par Merton (1973) et Black et Scholes (1973). L'option est une variable stochastique qui s'évalue en construisant un portefeuille, fictif au besoin, présentant les mêmes caractéristiques de risque et de rendement que l'option et dont on connaît la valeur parce qu'il est constitué d'actifs qui s'échangent sur un marché parfait. La valeur de l'option est alors nécessairement la même que celle du **portefeuille de réplication** ainsi construit.

Reprenons l'exemple chiffré ci-dessus et appelons Π_0 la valeur courante de l'option et Π_1 sa valeur à la période suivante. Comme une décision doit nécessairement intervenir en période 1 si elle n'est pas intervenue en période zéro, on connaît les deux valeurs possibles de Π_1: zéro si le bénéfice tombe à 100 \$; $-1600 + \sum_{t=0}^{\infty} \frac{300}{1,1^t} = -1600 + 300 + \frac{300}{0,1} = 1700$ s'il monte à 300 \$. On voit bien que la valeur de l'option dépend du bénéfice R. Dans le jargon des options, ce bénéfice constitue l'**actif sous-jacent**. Pour appliquer la théorie, il faut donc trouver un actif x qui soit échangé sur un marché et dont le comportement stochastique soit le même que celui de l'actif sous-jacent R. Par exemple, si l'évolution de R reflète l'attitude des syndicats et la croissance économique générale, on peut identifier des actions d'entreprises cotées en bourse dont le comportement dépend des mêmes facteurs et, en combinant un certain nombre de ces actions, obtenir un portefeuille dont le comportement stochastique serait celui de R. Ce premier portefeuille x n'est pas le portefeuille de réplication; c'est simplement un outil permettant de remplacer l'actif non échangeable R par un actif que l'on peut acheter et vendre à un prix observable sur un marché et que l'on peut inclure dans un portefeuille de titres négociables. Il y a potentiellement un grand nombre d'actifs ayant le même comportement stochastique que R. Supposons que celui qui est retenu a aussi la même valeur: $x = R$. Puisqu'il s'agit d'un actif que les investisseurs acceptent de détenir à l'intérieur d'un portefeuille diversifié, quelle que soit leur aversion pour le risque, il faut qu'il leur procure un rendement équivalent au taux sans risque[6]. Ce rendement se compose du gain en capital qui peut résulter d'un changement de prix et du dividende versé. Dans notre exemple, l'espérance de gain en capital est nulle, puisque l'augmentation et la diminution éventuelles de R sont identiques et que leurs probabilités respectives sont les mêmes. Le dividende est donc de rR_0 où r est le taux sans risque.

Le portefeuille de réplication, quant à lui, doit avoir le même comportement que l'option d'investissement. On le construit en combinant un certain nombre d'unités du portefeuille x, disons n unités, avec un certain montant, disons Φ_0, investi dans l'actif sans risque (la monnaie). Puisque $x = R$, un tel portefeuille vaut donc $nR_0 + \Phi_0$ en date zéro. On va voir ci-dessous qu'il est effectivement possible de reproduire l'option de cette manière. Il s'agit de trouver Φ_0 et n tels que $nR_0 + \Phi_0 = \Pi_0$.

On note qu'un portefeuille qui serait constitué de l'option et d'une dette de n unités de l'actif sous-jacent vaudrait $\Phi_0 = \Pi_0 - nR_0$ et serait par définition sans risque. Ainsi, considérons un portefeuille composé, en plus de l'option, d'une position courte (dette) sur n unités de x; n sera choisi de façon que le portefeuille soit sans risque. Ce portefeuille vaut, en zéro, $\Phi_0 = \Pi_0 - n*200$. En période un, il vaudra $\Phi_1 = \Pi_1 - nR_1$, c'est-à-dire $0 - 100n$ si le bénéfice tombe à 100 et $1\,700 - 300n$

---

6. Cette affirmation peut surprendre. En fait, c'est un résultat important de la théorie des options: les options sont évaluées *comme si* les investisseurs étaient indifférents au risque et comme si l'actif sous-jacent avait une espérance de rentabilité égale au taux d'intérêt sans risque.

autrement. Pour que le portefeuille soit sans risque, il faut que n soit choisi de telle sorte que le portefeuille ait la même valeur dans les deux états de nature possibles : $1\,700 - 300n = -100n$, c'est-à-dire que $n = 8,5$. Il s'ensuit que $\Phi_1 = -850$.

Le rendement de ce portefeuille est constitué de la plus ou moins-value $\Phi_1 - \Phi_0$ réduite du rendement sur les n unités de x qui, dans notre exemple, se réduit au dividende rR_0 sur chaque unité :

$$\Phi_1 - \Phi_0 - nrR_0 = -850 - [\Pi_0 - 1700] - 8,5 * 0,1 * 200$$

$$= 680 - \Pi_0.$$

Étant sans risque, ce rendement doit être égal au taux de rendement sans risque multiplié par la valeur initiale du portefeuille $\Pi_0 - nR_0$ 0 :

$$680 - \Pi_0 = 0,1[\Pi_0 - 1700].$$

Il s'ensuit que

$$1,1\Pi_0 = 680 + 170$$

$$\Pi_0 = 773.$$

C'est bien la valeur trouvée précédemment dans le cas où l'investisseur attendait que le prix soit connu pour investir.

2.5.2.3   Discussion

Nous venons d'établir, par deux méthodes différentes, que la valeur du projet de réorganisation était de 773 $. Dans les deux cas, cette valeur tient compte de la flexibilité du décideur, c'est-à-dire de la possibilité pour lui d'amorcer ou non la réorganisation ou, encore, de l'amorcer à une date plutôt qu'à une autre. Si le projet devait être entrepris obligatoirement à la date zéro, sa valeur ne serait que de 600 $ et celle de la flexibilité, de 173 $. En d'autres termes, à la date zéro, le projet de réorganisation vaut 600 $ et le décideur peut se prévaloir d'une option de report du projet qui, elle, vaut 173 $ pour un total de 773 $.

L'exemple utilisé est particulièrement simple en ce sens que le seul élément d'incertitude porte sur la valeur du bénéfice à partir de la première année. En conséquence, bien que le décideur ait la possibilité de procéder à la réorganisation à toute date (0, 1, 2, etc.), les deux seules possibilités intéressantes sont la date 0 et la date 1. Nous avons donc évalué la VAN du projet à ces deux dates et choisi en conséquence. Il est important de remarquer que l'analyse faite pour la date zéro conduit à rejeter un engagement immédiat, mais ne conduit pas nécessairement à la décision de procéder à la réorganisation à la date 1. Le résultat de l'analyse est plutôt une **règle de décision** qui en l'occurrence dit : « Procéder à la réorganisation à la date 1 si R monte à 300 $; sinon ne rien faire. »

Cette méthode de recherche, qui vise à optimiser la décision, pose donc un problème de **programmation dynamique stochastique**. C'est la première méthodologie envisageable pour étudier ce genre de décisions. Elle consiste à rechercher une règle de choix de la (ou des) variable(s) de décision (ici la date d'engagement), qui maximise l'espérance mathématique de la VAN. Au contraire, l'application traditionnelle du critère de la VAN consiste à n'évaluer la VAN qu'à une seule date et à choisir d'aller de l'avant si elle est positive, même si cela ne correspond pas à un maximum.

La deuxième méthode que nous avons illustrée, la **méthode des options**, permet d'éviter le délicat problème de l'optimisation dynamique stochastique en procédant par comparaison. Une option d'achat s'analyse comme la combinaison d'un emprunt non aléatoire et d'un investissement dans l'actif sous-jacent. Si l'on peut trouver un titre x (ou un portefeuille de titres) qui est échangé sur un marché et qui a le même comportement stochastique que l'actif sous-jacent R, alors la valeur d'un portefeuille où l'on aurait remplacé R par x est observable. Sur un marché qui fonctionne correctement, l'option doit avoir la même valeur que ce portefeuille.

Comme la programmation dynamique stochastique, la théorie des options permet de corriger les erreurs résultant d'une application traditionnelle du critère de la VAN. Trigeorgis et Mason (1987) ont introduit le concept de valeur actuelle nette augmentée (VANA) à cette fin. La VANA d'un projet est égale à la VAN, calculée sans tenir compte d'aucune option et augmentée de diverses primes établies chacune en fonction d'un élément de flexibilité du projet. Cette correction ne requiert cependant pas que l'on doive appliquer un critère de la VANA positive comme critère de décision : il faut aller de l'avant lorsque la VANA atteint son maximum.

Même à l'aide d'un exemple aussi simplifié, on peut difficilement ignorer les problèmes d'application qui se posent. Aux difficultés habituelles de l'analyse avantages-coûts liées à l'identification et à l'évaluation des flux s'ajoutent celle d'en connaître le processus aléatoire et celles que soulève l'application pratique des techniques disponibles dans tous les cas le moindrement complexes. Par ailleurs, le report de la décision n'est pas la seule option qui s'offre au décideur et dont la prise en compte soit nécessaire. Quelles que soient les difficultés, l'analyse ébauchée ci-dessus fait apparaître des éléments qui ne disparaîtront pas si le décideur choisit simplement de les ignorer; en fait, lorsqu'il est possible de les quantifier, on constate que ces éléments affectent souvent considérablement les résultats d'une analyse avantages-coûts.

En conséquence, il est important pour le décideur d'apprendre à identifier les options qui s'ouvrent ou se ferment lorsqu'il prend une décision. Lorsque leur évaluation pose problème, il devient d'autant plus important de connaître les éléments qui déterminent leur existence et affectent leur taille. C'est à cette démarche que sont consacrées les sections qui suivent.

2.5.3   OPTIONS ET DÉCISION D'IMPARTITION

Nous avons vu que l'option de report de la mise en œuvre d'un projet a une valeur dont il faut tenir compte dans l'évaluation du projet en question. Il y a d'autres options qui peuvent s'ouvrir ou se fermer lorsque l'on s'engage dans un projet irréversible.

2.5.3.1   L'option d'abandon et l'option d'arrêt temporaire

Comme beaucoup de projets d'investissement, le projet d'impartition peut dans une certaine mesure s'organiser comme une succession d'étapes. La méthode habituelle consiste, dans ce genre de situation, à évaluer à chaque date la VAN des flux futurs; tant que cette dernière est positive, on continue la réalisation du projet en passant à l'étape suivante.

La décision d'abandonner un projet d'investissement est souvent irréversible. Par exemple, une administration qui a commencé à concentrer les greffes cœur-poumons dans un certain centre hospitalier et qui annonce un an après qu'elle renonce à l'opération peut difficilement revenir sur cette décision. Dans ce cas, l'irréversibilité tient à la fois à des contraintes technologiques (les équipements ont été aussitôt réalloués, revendus, modifiés; les commandes ont été annulées), des contraintes institutionnelles (les contrats avec le personnel n'ont pas été renouvelés; les tractations en cours ont été interrompues et des engagements incompatibles ont été pris) et des contraintes politiques (un nouveau revirement serait mal perçu).

Lorsque l'abandon est irréversible, la méthode traditionnelle de la VAN conduit une nouvelle fois à des erreurs dans la prise de décision. C'est qu'elle ignore que le maintien du projet n'élimine pas la possibilité de l'abandonner ultérieurement, tandis que l'abandon immédiat du même projet exclut la possibilité de le reprendre.

Alors que la décision envisagée précédemment de retarder ou non le début d'un projet s'assimilait au choix de la date d'exercice d'une **option d'achat**, la décision d'abandonner le projet est formellement identique à celle de choisir la date d'exercice d'une **option de vente** américaine sur une action portant dividende : à tout moment, on peut exercer l'option (abandonner le projet) et recevoir le prix d'exercice (la valeur de revente des actifs) en échange de l'action sous-jacente (les actifs corporels et incorporels du projet). Dans ce contexte, les flux de coûts et de bénéfices qui interviennent dans le calcul de la VAN évoqué plus haut s'assimilent aux dividendes d'une action.

Parce que les différences qu'un projet d'impartition présente avec un projet d'investissement plus classique rendent délicate son évaluation, l'examen des éléments qui confèrent une valeur à l'option d'abandon n'en est que plus utile. À première vue, cette option semble avoir peu de valeur. Après tout, quel profit une organisation qui l'exerce peut-elle tirer ? En fait, ce profit est observable et prend des formes variées. En l'absence de marché, le prix d'exercice de l'option provient non pas de la revente des actifs corporels et incorporels, mais du bénéfice que tire l'organisme qui les récupère pour en faire un autre usage. Une grande partie de ces actifs seront des compétences acquises à des fins de gestion de l'impartition[7]. Si ces compétences peuvent être réemployées à l'interne ou réaffectées à un projet similaire, leur récupération constitue un bénéfice non négligeable. Dans le cas contraire, l'option d'abandon ne tirera pas sa valeur de la réutilisation des actifs du projet, mais elle permettra à l'organisation d'éviter les pertes entraînées par une impartition à rendement faible ou négatif et elle rendra ainsi le projet moins risqué.

L'option d'arrêt temporaire peut faire l'objet des mêmes remarques. Dans un projet industriel, le fait de pouvoir fermer temporairement l'usine ou la mine peut constituer un atout important. Cependant, on voit mal comment un organisme envisageant une impartition pourrait se passer temporairement des biens ou services en jeu ou se soustraire à l'obligation de les mettre à la disposition du public. Dans beaucoup de cas, cette option n'existera pas ou sera pratiquement sans valeur.

2.5.3.2 L'option d'expansion

Un projet peut souvent être conçu d'une façon qui prévoie, en cas de succès uniquement, une expansion ultérieure. On peut penser, par exemple, à une expérience d'impartition des services informatiques limitée à l'une des filiales de la firme impartitrice et généralisée par la suite à toutes les filiales si l'expérience initiale s'est avérée concluante. Cette option d'expansion s'analyse comme le projet que nous avons détaillé à titre d'exemple. Toutefois, en présence d'une telle option, le projet initial doit être analysé différemment, car en réalité, il est alors plus flexible. Dans ce cas, la VANA de l'ensemble est bien entendu plus élevée.

Faut-il en conclure que le projet global doit être entrepris plus tôt? L'intuition suggère avec raison que la réorganisation devrait être entreprise plus tôt, même si elle rapporte des flux nets moins élevés qu'en l'absence d'une option d'expansion. Soulignons cependant qu'il existe une différence importante entre l'option de report (celle qui a fait l'objet de notre exemple initial) et l'option d'expansion. La première permet de retarder l'adoption d'un projet qui, comme dans l'exemple numérique présenté, aurait répondu au critère de la VAN classique et aurait donc été accepté, tandis que la seconde peut conduire à entreprendre tout de suite un projet qui, autrement, n'aurait pas été accepté. Pourtant, toutes deux se traduisent par une augmentation de la VANA. L'opinion voulant que l'adoption d'un projet soit d'autant plus recommandable que la VANA est élevée est donc fausse, du moins lorsque le report de la décision est possible.

La différence observée entre option de report et option d'expansion est facile à expliquer. Le fait d'entreprendre un projet suppose l'exercice de l'option de report, c'est-à-dire la consommation d'une ressource de valeur (l'option): il est

---

7. C'est d'ailleurs bien plus relativement à ces compétences qu'il y a irréversibilité. Les actifs corporels sont quant à eux plus faciles à vendre ou à racheter.

donc normal d'être plus exigeant qu'en l'absence de la ressource. À l'inverse, l'option d'expansion, loin de figurer à la rubrique des ressources consommées par le projet, constitue un bénéfice du projet et fait pencher la balance en faveur de son adoption.

2.5.3.3 La flexibilité dans le temps

Nous avons mentionné que beaucoup de projets pouvaient se décomposer en plusieurs étapes qui, chacune, offrent au décideur la possibilité de renoncer au projet ou de le poursuivre. Une autre option un peu semblable consiste à choisir les dates des étapes du projet et à accélérer ou ralentir son rythme d'exécution. Ici, franchir une étape offre la possibilité de passer à la suivante. Bien que chaque étape constitue un investissement irréversible, le fait de pouvoir reporter la date de l'étape suivante accroît la flexibilité du processus et, comme dans le cas d'un projet unique, l'irréversibilité de la décision confère une valeur à l'option de report.

En conséquence, la décision de franchir une étape offre à celui qui la prend la possibilité de retarder l'étape suivante, ce qui ajoute à la valeur du projet. L'analyse qu'on peut faire de cette option n'est pas très différente de celle proposée plus haut pour l'option d'expansion : une telle option tend à réduire les exigences préalables au passage d'une étape donnée à la suivante.

2.5.3.4 La courbe d'apprentissage

L'apprentissage est un investissement irréversible mais dont on peut souvent contrôler le rythme. Il peut se faire plus ou moins rapidement, ou ne pas se faire du tout, et il constitue donc en soi une option dont la valeur est variable. En matière d'impartition, la composante *apprentissage et compétence* est très importante. Cependant, comme elle suppose un investissement très spécifique[8], elle ne vaut que si l'impartition est souhaitable.

On peut modéliser l'apprentissage comme permettant une réduction progressive des frais d'acquisition d'un service, c'est-à-dire une augmentation des bénéfices futurs de l'impartition. Ce processus ne s'enclenche qu'une fois l'impartition engagée et constitue l'un des bénéfices de la décision.

2.5.3.5 Les portefeuilles d'options

Il se peut qu'il y ait plusieurs secteurs d'impartition envisageables et que la compétence acquise dans l'un d'entre eux soit transférable aux autres. Par exemple, la capacité de rédiger et de gérer certains types de contrats dans un domaine d'impartition particulier a toutes chances de se traduire par une meilleure capacité de rédiger et de gérer les contrats s'appliquant à un autre champ d'impartition. La décision d'impartir dans un domaine particulier accroît ainsi la valeur des options d'impartition réservées à d'autres secteurs d'activité.

---

8. Voir le chapitre précédent pour la notion d'investissement spécifique.

Les divers projets d'impartition ne sont donc pas indépendants les uns des autres dans ce cas (comme dans bien d'autres auxquels on peut penser). L'organisation peut en effet optimiser son projet d'impartition global en le traitant comme un portefeuille d'options. La littérature sur les options financières et les options réelles a envisagé certaines de ces situations. Les interactions des diverses options en présence sont très complexes et leur évaluation, ainsi que la détermination des décisions optimales qui concrétisent la valeur de chaque option, relèvent du calcul numérique[9].

2.5.4   L'EXERCICE ET L'ÉVALUATION DES OPTIONS: LES FACTEURS IMPORTANTS

Si l'on revient à l'exemple numérique donné plus haut, on peut utilement faire l'inventaire des paramètres qui sont susceptibles d'influer sur la valeur de l'option. Outre la dépense initiale I et le taux d'actualisation (sans risque) r, il y a le bénéfice courant R_0, le taux de variation du bénéfice futur en cas de bonne réalisation ($u = (R_1 - R_0)/R_0 = 50\%$) ou de mauvaise réalisation ($d = (R_1 - R_0)/R_0 = 50\%$) et les probabilités respectives de chacun de ces événements $q = \frac{1}{2}$ et $1 - q = \frac{1}{2}$. Pour peu que la probabilité d'une bonne réalisation ou que le bénéfice courant soient élevés, la stratégie optimale et la valeur de l'option seront modifiées. Dans quelle mesure? C'est la question à laquelle nous nous proposons de répondre.

Il existe, pour le bénéfice courant de l'actif sous-jacent, un niveau critique au-dessus duquel il est optimal d'agir tout de suite et sous lequel il est préférable d'attendre d'avoir de l'information supplémentaire, comme dans le cas que nous avons illustré. On peut montrer que cette valeur critique de R_0 est

$$R_0^* = I\left(\frac{r}{1+r}\right)\left(\frac{r+1-q}{r+[1-q][1-d]}\right) \tag{1}$$

La valeur de l'option est, quant à elle,

$$\Pi_0 = 10[1+u]qR_0 - \frac{qI}{1+r} \tag{2}$$

On peut vérifier que ceci donne bien le montant de 773 $ trouvé plus haut pour le cas où $u = -d = 50\%$, $R_0 = 200$ $, $r = 10\%$ et $I = 1\,600$ $.

---

9.   Voir, par exemple, Trigeorgis (1996).

2.5.4.1 Le principe des bonnes nouvelles et des mauvaises nouvelles

On remarque que le bénéfice critique R_0^* est indépendant du bénéfice qui s'établit en cas de hausse $R_0[1+u]$, mais il dépend du bénéfice qui s'établit en cas de baisse $R_0[1-d]$. C'est que l'on cherche ici, en attendant de procéder à la réorganisation, à se protéger contre les mauvaises réalisations. Comme l'a souligné Bernanke (1983), c'est l'ampleur et la probabilité des « mauvaises nouvelles » possibles qui régissent alors l'incitation à investir.

En revanche, la valeur de l'option est indépendante de d et c'est seulement parce l'on va peut-être prendre une décision irréversible que l'option a de la valeur : ce qui se passe si l'on ne procède pas à l'impartition, c'est-à-dire en cas de baisse de l'actif sous-jacent, n'affecte pas la valeur de l'option. On voit que l'irréversibilité de l'investissement confère à l'information un rôle asymétrique. Les bonnes nouvelles déterminent la valeur de l'option; les mauvaises nouvelles conditionnent sa date d'exercice.

2.5.4.2 La volatilité de l'actif sous-jacent

L'espérance mathématique du bénéfice peut rester constante malgré des changements d'incertitude. Par exemple, si $u = d$ et $q = ½$, une augmentation de u et de d signifie une augmentation de la volatilité sans effet sur l'espérance. Quel est l'impact d'une telle augmentation de la volatilité sur la décision d'impartir et sur la valeur de l'option ?

En différenciant (2) et (1) par rapport à d après avoir remplacé u par d, on constate immédiatement qu'une augmentation de d confère à l'option une valeur plus élevée tandis que le bénéfice critique à partir duquel il est désirable de procéder à la réforme devient plus élevé. L'augmentation de l'incertitude confère une valeur plus élevée à l'option d'impartition parce que la valeur du projet est une fonction convexe. Mais elle a également pour effet de retarder la décision parce que cette dernière exige de renoncer à l'option de report, qui a maintenant plus de valeur : c'est comme si le coût de l'opération avait augmenté.

2.5.5 RÉCAPITULATION

Une organisation qui envisage l'impartition de certaines activités doit faire face à une ou plusieurs décisions irréversibles. Ces décisions sont irréversibles parce qu'elles comportent l'acquisition ou la réalisation d'actifs, corporels ou incorporels, qui sont largement spécifiques aux activités à impartir et au mode d'organisation envisagé. Elles le sont aussi pour des raisons institutionnelles, leur annulation ternissant la réputation des organisations et entraînant pour celles-ci des coûts souvent importants. Elles le sont, enfin, pour des raisons contractuelles parce toute réorganisation majeure suppose que soient pris des engagements à relativement long terme vis-à-vis des diverses parties.

L'irréversibilité confère une valeur aux zones de flexibilité qui subsistent. Les différentes possibilités qui s'offrent dans un contexte de flexibilité – retarder la décision, fractionner l'opération et la mener à bien par étapes distinctes, interrompre le processus, jouer sur la rapidité de déroulement du processus, séparer l'opération en plusieurs domaines, faire bénéficier certains domaines de l'expérience acquise en impartissant d'autres secteurs d'activités – constituent des options à la disposition du décideur.

Ces options peuvent s'évaluer comme des options réelles en leur appliquant les techniques de la théorie des options financières. On peut aussi les évaluer en formulant le problème de l'impartition comme un problème de programmation dynamique stochastique. Dans un cas comme dans l'autre, il s'agit d'un exercice exigeant, nécessitant beaucoup d'information. Par exemple, la valeur des options et la manière optimale de les exercer dépendent de certaines variables comme les bénéfices qu'apportera l'opération en termes d'économies de coûts. Même si les variables stochastiques qui constituent les actifs sous-jacents des options figurent en très petit nombre, leur évaluation exigera une bonne connaissance du processus stochastique qui régit l'actif sous-jacent et la possibilité d'observer sa réalisation à la date courante. Par ailleurs, les calculs peuvent devenir rapidement très complexes.

Ces difficultés ne doivent pas conduire l'analyste à ignorer les modifications importantes que la présence d'options requiert dans les techniques d'évaluation de projet. Elles rendent d'autant plus importantes l'identification des éléments qui confèrent une valeur aux options et les différentes manières envisageables de rationaliser l'exercice de ces dernières. Parmi ces éléments, nous avons noté le rôle asymétrique que joue l'information. Ainsi, lorsque le bénéfice de l'opération est incertain, c'est la perspective de bonnes réalisations qui accroît la valeur d'une option de report, mais c'est la perspective de mauvaises réalisations qui détermine le moment où il est opportun d'exercer la même option. Nous avons également noté le rôle de la volatilité de l'actif sous-jacent, qui prête une valeur à l'option tout en rendant moins probable son exercice.

BIBLIOGRAPHIE

Bernanke, B. (1983), « Irreversibility, Uncertainty, and Cyclical Investment », *Quarterly Journal of Economics*, vol. 98, n° 1, p. 85-106.

Black, F. et M. Scholes (1973), « The Pricing of Options and Corporate Liabilities », *Journal of Political Economy*, vol. 81, n° 3, p. 637-659.

Dumas B. et B. Allaz (1995), *Les titres financiers : équilibre du marché et méthodes d'évaluation ?*, Paris, Presses Universitaires de France.

Dixit, A. et R. S. Pindyck (1994), *Investment under Uncertainty*, Princeton, Princeton University Press.

Merton, R. C. (1973), « The Theory of Rational Option Pricing », *Bell Journal of Economics and Management Science*, vol. 4, n° 1, p. 141-183.

Trigeorgis, L. (1996), *Real Options – Managerial Flexibility and Strategy in Resource Allocation*, Cambridge, Massachusetts, The MIT Press.

Trigeorgis, L. et S. P. Mason (1987), « Valuing Managerial Flexibility », *The Midland Corporate Finance Journal.*

Chapitre 2.6

LE MARIAGE ORGANISATIONNEL

Bernard Sinclair-Desgagné[1]

2.6.1 INTRODUCTION

La formule de l'impartition peut paraître appropriée *a priori,* mais s'avérer par la suite désastreuse parce que le transfert d'activités chez le partenaire (en d'autres termes la transition vers un régime d'impartition) génère des frictions importantes, en particulier avec le personnel, ou bien parce que la relation continue avec le partenaire se détériore en cours de route ou, enfin, parce que l'une des organisations se découvre captive de l'autre lors du renouvellement du contrat d'impartition. Ce chapitre présente les principaux écueils auxquels deux organisations différentes font face lorsqu'elles sont liées par un contrat d'impartition. On fera quelques recommandations sur les manières de contourner ces écueils, en insistant sur la phase transitoire vers l'impartition, puisque c'est elle qui pose problème dans bien des cas. On esquissera aussi certains moyens pouvant permettre à tous les participants de la relation de demeurer des entreprises (publiques ou privées) de calibre international.

2.6.2 LE CHOIX DU PARTENAIRE

Le choix d'un partenaire d'impartition obéit d'abord à des critères liés aux capacités technologiques et financières des parties en présence. Le fournisseur doit être aux yeux de l'impartiteur capable de réaliser ce qu'on attend de lui, dans les délais prescrits et au coût convenu; il doit aussi pouvoir assumer les risques que lui impose souvent l'impartiteur au moyen du contrat qui les lie. L'impartiteur doit d'autre part disposer de ressources financières rendant crédibles ses promesses de rémunération.

Les critères technologiques et financiers sont toutefois rarement jugés suffisants. Les exigences renouvelées des consommateurs quant à la qualité, celles de la

---

1. Département de mathématiques et de génie industriel, École polytechnique de Montréal et CIRANO.

réglementation en ce qui concerne la sécurité et la protection de l'environnement, amènent de plus en plus les parties en présence à une transparence réciproque en matière de gestion et d'organisation. Dans le domaine de la sous-traitance, par exemple, on exige souvent des fournisseurs qu'ils satisfassent à l'une des normes ISO[2]; or ces normes (qui ne sont d'ailleurs par les seules du genre à être appliquées dans ce contexte) portent précisément non pas sur les caractéristiques du produit ou service à livrer, mais bien sur la *manière* dont l'entreprise visée procède et s'organise pour répondre aux exigences de ses clients.

Les démarches entourant l'impartition, quant à elles, doivent nécessairement accorder un poids accru aux critères se rapportant à l'organisation. Elles portent en effet sur le partage d'*activités* complexes – les services informatiques au sens large ou le développement de produits, par exemple – plutôt que sur la livraison de biens ou de services standardisés. Cela entraîne que la relation d'impartition comporte la plupart du temps un engagement relativement long de même que des investissements spécifiques et irrécupérables de la part de chacune des parties; en restreignant ses choix par l'ajout de critères additionnels, en l'occurrence organisationnels, chaque firme ferait donc montre d'une prudence légitime. Le partage d'activités soulève aussi des problèmes de coordination majeurs – comment les activités s'enchaîneront-elles sans autre autorité que celle d'un contrat au demeurant incomplet ? comment les compétences-clés évolueront-elles à la suite de ce partage ? – dont la résolution exige que l'on examine les organisations en présence.

On distingue donc au moins *quatre critères organisationnels* devant présider au choix d'un partenaire d'impartition : la réputation des parties, les systèmes de contrôle et de motivation en place, les cultures d'entreprise et les stratégies respectives des firmes.

2.6.2.1   La réputation des parties

La bonne réputation d'une firme constitue un atout, intangible certes, mais réel. Une entreprise possédant une réputation enviable souhaitera évidemment la maintenir, voire la bonifier. Une telle entreprise recherchera donc toujours l'association de partenaires possédant une réputation aussi bonne, voire meilleure que la sienne.

Une autre raison qui pousse les firmes à tenir compte de leur réputation respective est que la réputation permet de simplifier de façon parfois radicale la négociation, l'écriture et la mise en vigueur des contrats d'impartition. En effet, la

---

2.   Les normes ISO 9000 et ISO 14000, promulguées successivement en 1992 et en 1996 par la *International Organization for Standardization*, portent respectivement sur la gestion de la qualité et la gestion environnementale. Ces normes ne définissent pas ce qu'on entend par qualité ou par impact environnemental de certains produits. Elle prescrivent plutôt l'établissement et la documentation de certains systèmes de gestion que l'on conçoit comme une condition nécessaire à la production de la qualité ou à la protection de l'environnement.

complexité inhérente aux relations d'impartition fait qu'il est plus facile à deux firmes souhaitant préserver leur bonne réputation de coopérer; il suffit généralement qu'elles s'entendent sur les grandes lignes du contrat qui les liera.

Il arrive toutefois que certaines réputations soient surfaites et résistent mal à l'épreuve du temps. Une bonne réputation, c'est bien connu, se perd plus facilement qu'elle ne se gagne. On a observé que la pérennité d'une réputation reposait habituellement sur diverses facettes de la firme – traitement des employés, service à la clientèle, relations avec le public, image corporative, etc. – se rapportant autant sinon plus à son organisation qu'à ses produits. Certaines firmes japonaises l'ont bien compris, qui distinguent les actionnaires (*shareholders*) et les parties prenantes (*stakeholders*, c.-à-d. les clients, les employés, les actionnaires et le public en général), et mettent explicitement l'accent sur les relations avec et entre ces derniers. Le magazine *Fortune* publie par ailleurs chaque année une liste des corporations américaines les plus admirées[3]; or les firmes qui se maintiennent au fil des années sur cette liste, par exemple Coca-Cola et Intel, attribuent d'abord leur succès à la façon dont elles traitent leurs employés. Toute entreprise qui envisage une relation d'impartition et qui souhaite conserver sa réputation devrait donc tenir compte de l'organisation du partenaire éventuel et des modifications devant advenir à sa propre organisation. En ce sens, la réputation constitue bien un critère *organisationnel* de choix du partenaire d'impartition.

2.6.2.2 Les systèmes de contrôle et de motivation

Certaines firmes japonaises qui avaient acquis des entreprises américaines à la fin des années 1980 ont vite été aux prises avec les récriminations de leurs cadres au Japon. Ceux-ci souhaitaient en effet bénéficier des mêmes échelles de rémunération – beaucoup plus sensibles à la performance individuelle à court terme et ouvertes à des promotions accélérées (*fast track*) – que celles de leurs homologues américains. Ces firmes durent finalement céder aux demandes de leurs cadres, à grands frais sans doute, ce qui explique en partie pourquoi les prises de contrôle d'entreprises américaines par des firmes japonaises ont maintenant pratiquement cessé.

Cet exemple illustre le fait qu'*il n'est jamais facile de marier deux organisations dont les systèmes de rémunération et de contrôle sont radicalement différents*. La leçon semble aussi valable pour ce qui est de l'impartition. L'interface de deux partenaires d'impartition ne manquera pas de regrouper des employés possédant une formation, une expertise, des profils de carrière et des responsabilités similaires. Afin d'éviter la contestation ou les départs ou, encore, par simple souci d'équité, chaque firme se verra alors forcée d'évaluer et de rétribuer ces employés de la même manière. Mais un tel ajustement au sein de l'une des firmes pourra atténuer l'avan-

---

3. Le numéro paru le 3 mars 1997 plaçait en tête de liste, en ordre décroissant : Coca-Cola, Mirage Resorts, Merck, Microsoft, Johnson & Johnson, Intel, Pfizer, Proctor & Gamble et Berkshire Hathaway.

tage concurrentiel qu'elle détient et qui repose précisément sur sa différence en ce domaine. S'il représente un changement significatif par rapport aux règles généralement appliquées ailleurs dans l'organisation, cet ajustement risquera encore de déclencher de nombreuses frictions avec les autres employés et de provoquer finalement une restructuration coûteuse.

2.6.2.3   La culture d'entreprise

Pour une organisation, *la culture d'entreprise est le pendant du système de contrôle et de rémunération*. Elle consiste en un ensemble de règles informelles harmonisant les relations quotidiennes entre les diverses parties.

Encore une fois, et pour les mêmes raisons que celles évoquées plus haut, il est difficile de marier deux organisations aux cultures d'entreprise opposées. Une firme où l'initiative et la prise de risque individuelles sont encouragées aura souvent du mal à collaborer avec un partenaire qui valorise plutôt les décisions consensuelles et le partage des responsabilités. La première s'impatientera de la lenteur et du manque de transparence du second (« Personne ne semble être en charge ! »); en revanche, ce dernier lui reprochera son agressivité et son manque de cohérence (« Chacun a une opinion; on ne peut se fier à personne ! »). La recherche révèle par ailleurs qu'il est souvent plus laborieux de faire évoluer une culture d'entreprise, surtout lorsqu'elle est profondément ancrée dans l'histoire de la firme, que de changer les mécanismes de contrôle et de rémunération[4]. Deux firmes qui souhaiteraient s'engager dans une relation d'impartition devraient donc aussi s'assurer que leurs cultures d'entreprise respectives sont compatibles.

2.6.2.4   Les stratégies

Deux firmes qui envisagent de s'associer dans une relation d'impartition doivent non seulement posséder des stratégies compatibles, mais surtout *tenir compte* chacune de la stratégie de l'autre. Il pourrait par exemple s'avérer dangereux pour une firme d'impartir certaines activités importantes à une entreprise qui cherche à entrer sur son marché. Une telle firme risquerait de ne pas être bien servie et de se retrouver finalement coincée dans sa propre industrie.

Il demeure toutefois difficile à un agent externe de comprendre et de prévoir la stratégie d'une entreprise. La meilleure méthode pour ce faire reste l'examen de l'organisation de cette entreprise. En effet, la stratégie, d'une part, émane de l'organisation et s'en remet, d'autre part, à elle pour sa réalisation. Une firme dont les activités sont très intégrées signalera, par exemple, une stratégie de réponse la plus rapide possible aux besoins des clients. Dans une structure hiérarchique et centralisée, la stratégie sera souvent conçue en fonction de la personnalité des hauts

---

4.   Par exemple, dans une étude récente intitulée « Keeping the Faith: A Model of Cultural Transmission in Formal Organizations », J. R. Harrison et G. R. Carroll rapportent les résultats d'une simulation qui révèlent que la spécificité culturelle d'une organisation peut se maintenir très longtemps même s'il y a un roulement de personnel élevé.

dirigeants, comme ce fut le cas chez Ford au cours de la première moitié de ce siècle. Il est évident, par ailleurs, qu'une stratégie proclamée n'est crédible que si l'organisation semble lui en donner les moyens; c'est, par exemple, encore une fois la raison d'être des nouvelles normes ISO, qui étayent les visées stratégiques d'une firme en matière de qualité ou d'écologie par des moyens organisationnels.

Une fois qu'une relation d'impartition semble répondre aux critères technologiques et organisationnels, il reste encore à l'amorcer et à faire en sorte qu'elle fonctionne. Ce sujet sera brièvement traité dans les deux sections suivantes, qui portent respectivement sur la transition vers un régime d'impartition et sur la gestion de la relation d'impartition.

2.6.3   LA TRANSITION

L'impartition consiste en une relation dynamique et complexe entre deux entreprises où il est impossible de prévoir au départ toutes les éventualités. Comme dans toute relation bilatérale et relativement étroite, la plupart des écueils non prévus se manifestent dans les premiers kilomètres. Il importe alors de bien surmonter ces premiers obstacles, car ce sont souvent eux qui marqueront le pas, donneront le ton au reste de la relation et risqueront parfois de la faire déraper.

Parmi les problèmes associés à la transition vers un régime d'impartition, on peut distinguer ceux qui dépendent de l'environnement industriel et institutionnel des firmes en présence, ceux qui sont liés à la perception des parties prenantes, ceux qui se rapportent au jeu politique et aux luttes de pouvoir au sein des organisations et, enfin, ceux relatifs à l'ajustement des actions locales.

2.6.3.1   L'environnement industriel et institutionnel : gérer la turbulence

Parmi les caractéristiques de l'environnement industriel et institutionnel qui peuvent affecter la transition vers l'impartition, la principale reste actuellement *la turbulence*. Celle-ci est souvent due à l'innovation technologique accélérée, qui change le panorama de la stratégie et modifie du même coup les rapports entretenus entre les diverses activités. Il arrive, par exemple, que certaines activités imparties finissent par toucher directement aux compétences-clés d'une firme, comme c'est actuellement le cas avec l'apparition des technologies de transmission numérique pour les firmes de télécommunications ayant imparti leurs services informatiques. Une autre cause actuelle de turbulence est la versatilité des consommateurs, qui peut entraîner des ajustements importants du niveau de certaines activités. L'instabilité de certains paramètres macro-économiques comme les taux de change a des effets similaires. Les réactions, souvent imprévisibles, et les succès relatifs des concurrents peuvent aussi amener deux partenaires à se brouiller plutôt qu'à se serrer les coudes. Soulignons enfin la volatilité de l'électorat et les bouleversements politiques qui, par l'impact qu'ils ont sur la réglementation (environnementale, par exemple), affectent le partage des responsabilités et des risques initialement voulu par les parties.

La turbulence de l'environnement industriel et institutionnel force les firmes en présence à naviguer à vue et à improviser leur arrimage. Ces firmes souhaiteront alors disposer respectivement d'une organisation à la fois manœuvrable et stable afin de réagir aux secousses adroitement mais sans précipitation. De telles qualités se retrouvent souvent dans une organisation décentralisée à forte culture d'entreprise. Ce ne sont pas ces qualités comme telles qui risquent d'envenimer une récente relation d'impartition, mais plutôt le fait qu'elles soient utilisées de manière unilatérale, sans préavis ni coordination. Chacune des firmes en présence appréciera, bien sûr, que son partenaire sache se débrouiller face aux intempéries, pourvu que les actions de celui-ci ne paraissent pas opportunistes ou suscitées par la panique, mais qu'elles restent clairement alignées sur l'intérêt commun.

L'intérêt pour les partenaires de bien gérer la turbulence dès le début de la relation d'impartition réside dans l'établissement entre eux d'une relation basée sur *la confiance*. Avec l'autorité et les mécanismes formels de contrôle, la confiance reste l'un des instruments privilégiés de coordination des agents économiques. Elle est souvent le seul recours possible quand, comme dans le cas de l'impartition, la relation entre les agents est bilatérale, complexe et soumise à de nombreux aléas externes. La confiance élimine alors les négociations longues et coûteuses et constitue du même coup un facteur d'agilité des organisations.

2.6.3.2   La perception des parties prenantes : entretenir la confiance

Les objectifs visés lors de l'amorce d'une relation d'impartition risquent de ne jamais se concrétiser à cause du manque d'engagement au départ des différentes parties prenantes des firmes en présence. Les syndicats voient souvent l'impartition et la sous-traitance comme une menace à l'emploi et aux acquis de leurs membres et ils créent par conséquent de nombreuses entraves juridiques et managériales. Les actionnaires, en voyant la réduction de leurs dividendes coïncider avec l'annonce de la conclusion d'un accord d'impartition, peuvent suspecter une manœuvre du management de leur firme en vue de préparer sa prise de contrôle à moindres frais et ils peuvent conséquemment fomenter le renversement de la haute direction favorable à l'impartition. Les consommateurs, finalement, peuvent juger que le rapprochement avec une entreprise de moindre réputation entraînera une baisse générale de la qualité (voire du statut) des produits, comme ce fut le cas par exemple lors de l'alliance ratée entre Volvo et Renault. On comprendra sans peine qu'il convient d'éviter le plus possible de telles frictions.

Le principal moyen pour ce faire réside dans l'établissement d'une relation de *confiance*, cette fois entre les diverses composantes (au sens large) de chaque firme. Cela nécessite d'abord la transparence à l'égard de toutes les parties prenantes, à toutes les étapes du processus menant à l'impartition; notons que c'est ce qui était perçu par les actionnaires de Volvo comme un manque de transparence de la part du management de la compagnie qui a finalement fait avorter le projet d'alliance avec Renault. La confiance est aussi le résultat d'une communication réussie. Certaines firmes semblent passées maîtres dans l'art de mal présenter telle ou telle décision à leurs employés ou au public! Les arguments comptables, fatalistes ou techniques convainquent rarement. Il vaut mieux se mettre à la place de l'interlocuteur, rechercher quels aspects ou conséquences de l'impartition peuvent présenter un intérêt pour lui et les lui faire noter. Enfin, le prix de la confiance comprend aussi l'entretien d'attentes réalistes, voire optimistes, de la part de chacune des parties. Ces attentes seront basées sur l'histoire de la firme et sur sa structure organisationnelle. Ce sont les parties prenantes les plus anciennes qui connaissent et transmettent généralement l'histoire d'une firme; tout effort de communication devra donc leur accorder une attention particulière. Quant à la structure organisationnelle (systèmes de contrôle, règles de rémunération et de promotion, division des tâches, formation, recrutement, etc.), elle fonde encore une fois la crédibilité des déclarations des hauts dirigeants au sujet de l'impartition; il faudra donc veiller à ce qu'elle transmette toujours les signaux appropriés.

2.6.3.3   Le jeu politique: redéfinir les rentes

La décision d'impartir certaines activités plutôt que d'autres, de même que le choix d'un fournisseur particulier, donne souvent lieu à des débats très polarisés au sein de l'entreprise. Ces débats constituent un jeu véritablement politique dont les séquelles se feront sentir parfois vivement lors de la période de transition vers un régime d'impartition. Certains acteurs réfractaires à un tel régime essaieront parfois de le saboter; mais la plupart des opposants resteront prudemment en retrait, attendant de voir leurs réticences confirmées par les événements.

Une firme saine et compétitive ne peut certainement pas souhaiter que des ressources soient mal ou sous-utilisées dans la phase transitoire de l'impartition. Afin d'éviter cet écueil, il faudra généralement prévoir au sein de l'organisation des *mécanismes pour la résolution des conflits*. Au point de départ, ces mécanismes devraient tenter de dépersonnaliser les positions afin d'éviter précisément les vendettas personnelles. Il faudra aussi proposer des voies de sortie honorables aux parties qui se sentent lésées.

Sur ce dernier point, il convient de souligner que l'hostilité de certains individus ou groupes à l'égard de l'impartition est souvent due à la présence de «rentes» que ces derniers n'entendent pas perdre. Ces craintes s'avèrent d'ailleurs justifiées dans bien des cas, car l'impartition est souvent motivée explicitement par le désir de réduire la rente (la part du gâteau) qu'une entreprise intégrée doit céder à certains. Pour aplanir les différends, on devrait alors parler non pas d'élimination pure et simple de cette rente, mais plutôt de son cofinancement, voire son augmentation. Par exemple, un groupe d'employés exerçant l'une des activités susceptibles d'être imparties pourrait se voir promettre l'attribution du contrat d'impartition de cette activité pour une durée déterminée, qui pourrait être relativement courte, à condition qu'il se constitue en compagnie autonome. Ce premier contrat d'impartition reproduirait la plupart des conditions déjà présentes dans les contrats de travail actuels tout en permettant, bien sûr, à la nouvelle compagnie de trouver d'autres clients. Ce groupe d'employés devrait alors y voir une possibilité d'augmenter la rente qui lui échoit actuellement; et le paiement de cette rente serait désormais partagé entre l'employeur actuel et le marché.

2.6.3.4   La cohérence des actions locales : introduire de nouvelles routines

La complexité et l'incertitude qui entourent l'impartition exigent que les actions entreprises localement dans les organisations en présence soient, au moins temporairement, négligées. On associe généralement ces actions aux décisions dites *opérationnelles* ou *tactiques*, c'est-à-dire aux décisions qui sont typiquement réversibles et qui se rapportent au déroulement journalier des activités (par opposition aux décisions dites *stratégiques* qui sont, elles, irréversibles et qui concernent la santé à long terme de la firme). De telles actions, par leur nombre et leur fréquence, ont bien sûr des conséquences économiques non négligeables qui motivent d'ailleurs la plupart des travaux en recherche opérationnelle et en gestion des opérations. Plusieurs compagnies dépensent annuellement des millions de dollars en vue de rationaliser leurs opérations, réalisant ainsi souvent des économies de plusieurs dizaines de millions.

Il est évident que les actions locales au sein des firmes engagées dans une relation d'impartition, particulièrement les actions se déroulant à leur interface, doivent être alignées correctement les unes sur les autres. Or ces actions, parce qu'elles sont encore une fois fréquentes et nombreuses, sont en partie régies par des habitudes et des routines souvent profondément ancrées dans les savoir-faire du personnel et le fonctionnement des organisations. Le succès de l'impartition requiert que l'on désapprennent certaines de ces routines pour introduire d'autres routines plus appropriées. Ce processus peut être long et ardu. Il faut d'abord bien identifier les routines devenues obsolètes, ce qui n'est jamais facile, puisque celles-ci sont souvent tacites, inconscientes et non formalisées. De nouvelles routines doivent ensuite être introduites, parfois de façon explicite, à l'aide de manuels d'instruction, la plupart du temps de manière expérimentale, en procédant par essais et erreurs. Les partenaires devraient collaborer tout au long de ce processus, en particulier au stade de la formation du personnel. Les routines introduites doivent enfin être conçues comme *évolutives*, c'est-à-dire aptes à s'adapter graduellement à mesure que s'articulent les visées stratégiques des partenaires[5].

2.6.4   LA GESTION DE LA RELATION

On attribue au philosophe Émile Chartier, dit Alain, la réflexion suivante : «Dès que la vie matérielle est bien assurée, tout le bonheur reste à faire.»

---

5. La notion de « routine évolutive » est analogue à celle de « produit évolutif » qui émerge actuellement dans le domaine de la haute technologie, par exemple chez Thomson CSF – une entreprise du secteur de l'avionique. Le développement de nouveaux produits à fort contenu technologique est maintenant devenu si coûteux qu'une entreprise donnée ne peut, pour des raisons financières, comprimer davantage leur durée de vie. Ces produits devront donc pouvoir rattraper ceux introduits plus tard par une entreprise concurrente.

Cette phrase s'applique particulièrement bien au mariage organisationnel et à la relation d'impartition, car il arrive qu'une telle relation, quoique mise sur les rails avec beaucoup de précautions, se termine mal pour au moins l'un des partenaires. Les causes d'échec sont multiples et variées : départ d'acteurs qui jouaient un rôle crucial, aléas du marché et de la technologie, déceptions répétées de l'un des partenaires, comportement de l'impartiteur perçu comme autoritaire et dominateur, etc. S'il faut bien admettre que certains impondérables peuvent venir perturber une relation de partenariat, il convient toutefois de reconnaître que la contribution du hasard peut toujours être réduite. On propose ici deux moyens complémentaires pour ce faire : (1) il s'agit en premier lieu de mettre en place des *systèmes* de gestion appropriés, (2) il faut aussi veiller constamment à favoriser la croissance de *chacune* des firmes. Ce dernier moyen présuppose, bien sûr, la réciprocité dans l'échange d'informations, de manière à alimenter les compétences-clés de chacun.

2.6.4.1   Des systèmes de gestion cohérents et incitatifs

Le climat qui s'instaure au démarrage de l'impartition dépend largement de la bonne volonté et du leadership des individus en place à ce moment. On ne peut toutefois compter sur l'éternelle présence, voire la volonté, de ces mêmes individus pour maintenir le climat au beau fixe. Si l'on veut soustraire le plus possible la relation d'impartition aux aléas des mouvements de personnel, il faut s'en remettre à des structures. Celles-ci doivent être légères et flexibles et ne pas constituer un carcan empêchant le développement des organisations. Elles doivent aussi transmettre à toutes les parties concernées des signaux cohérents en évitant, par exemple, d'appuyer trop visiblement certaines tâches alors que d'autres tout aussi importantes restent mal rétribuées. Cette section présente brièvement certains des principaux éléments structurants de la relation d'impartition. Ces éléments se rapportent au système de gestion.

La discussion qui suit porte principalement sur l'interface de l'impartiteur et de son fournisseur, puisque c'est le bon fonctionnement de cette interface qui semble de prime abord essentiel au succès de la relation d'impartition. On part du principe *qu'il existe une différence importante entre le système de gestion qui s'avère approprié à l'intérieur d'une entreprise et celui devant prévaloir pour cette interface. Dans ce dernier cas, en effet, la rétribution, le contrôle et les incitations doivent être modelés en fonction des intérêts de **deux** organisations distinctes et non pas d'une seule*[6]. Comme on le verra, cela n'est pas sans conséquence pour l'organisation de l'impartition.

---

6.   La recherche commence à peine à tirer les conséquences générales de cet énoncé sur la motivation et la coordination des acteurs en présence. Le chapitre 2.2 sur l'information privée traite ce sujet en détail. Dans le domaine de l'administration publique, par exemple, la présence de multiples partenaires apparaît aussi comme inévitable. La division des pouvoirs qui caractérise les démocraties a pour conséquence de soumettre tout organisme public aux intérêts variés de groupes disparates. Pour une analyse des conséquences de cet état de chose sur les systèmes de gestion publique, le lecteur peut consulter le récent ouvrage d'A. Dixit, *The Making of Economic Policy: A Transaction-Cost Politics Perspective*.

La rémunération et les sanctions. On aura beau faire les plus beaux discours sur la nécessité de coopérer, sur la valeur du travail en équipe et sur l'ampleur des synergies possibles, les intentions stratégiques initiales ne pourront pénétrer les organisations en présence si les acteurs concernés ne voient pas leur rémunération et leurs perspectives de carrière changer conformément à ce qui est annoncé. Par exemple, comme il a été souligné plus haut, la mise en commun de ressources humaines par les organisations exige que les membres d'une même équipe qui ne proviennent pas de la même entreprise soient rétribués de manière comparable. De plus, le fait que les efforts et l'attention d'un employé de l'interface doivent maintenant être alloués en fonction de l'intérêt de chacune des organisations peut contraindre l'un des partenaires à réduire les incitations au travail pour certaines tâches qui lui rapportent davantage, de manière à ne pas se mettre à dos l'autre entreprise en ayant l'air de décourager certaines tâches plus importantes pour cette dernière.

L'évaluation de la performance. La relation d'impartition étant par définition fort complexe, on ne peut généralement apprécier la performance des principaux acteurs sur la base d'une simple échelle numérique. La performance doit plutôt être évaluée par rapport à plusieurs critères sur lesquels les organisations en présence devraient d'abord se mettre d'accord. Certains de ces critères, comme le temps entre les commandes et les livraisons, seront quantitatifs, mais d'autres, comme le degré d'initiative dans la réduction d'un risque inhabituel ou le degré de coopération pour la résolution des problèmes communs, resteront subjectifs et flous. Il faut, bien sûr, ordonner chaque critère en fonction de son importance pour les organisations en présence et non pas en fonction de son degré de précision. Sinon, les acteurs risqueraient de se concentrer sur les aspects les plus visibles de leur performance au détriment d'autres aspects tout aussi vitaux mais moins évidents, comme ceux se rapportant au long terme.

Il existe diverses manières d'incorporer des volets relativement flous à l'évaluation de la performance. Un premier moyen consiste à faire usage de l'étalonnage (en angl. *benchmarking*), c'est-à-dire d'estimer seulement la performance relative plutôt que la performance absolue. Si l'on cherche à évaluer, par exemple, une équipe du point de vue de sa créativité, on peut comparer ses découvertes ou les problèmes difficiles qu'elle a résolus avec les réalisations d'une équipe similaire. Les firmes japonaises utilisent beaucoup cette technique dans la gestion de la R&D; et il n'est pas rare d'y voir deux ou trois équipes en lice pour le même projet. Dans l'impartition, deux firmes dont les activités similaires sont dispersées géographiquement pourraient comparer les niveaux de qualité relatifs atteints par des équipes dans différentes régions. On observera toutefois que, pour que l'étalonnage ait du sens, il faut que les équipes et les tâches qu'elles accomplissent se ressemblent afin que les performances soient comparables. Cela limite bien sûr l'usage de cette technique, car elle exige toujours un certain excédent de ressources – dans l'industrie ou au sein des firmes – dont le coût (ex. : l'existence d'un réservoir d'experts ou de travailleurs spécialisés) dépasse souvent les bénéfices (économies en termes de mesure de la performance et d'incitations). C'est pourquoi une méthode alternative et de plus en plus répandue d'évaluation de la performance reste l'*audit*. Les nouvelles politiques de gestion de la qualité ou de l'environnement font actuellement grand usage de cette méthode[7]. La pratique de l'audit est cependant soumise à deux contraintes. Il faut d'abord spécifier clairement les critères de choix de l'auditeur, qui porteront non seulement sur la compétence de celui-ci mais aussi sur son indépendance vis-à-vis des parties en présence. Il faut ensuite prescrire les règles de l'audit afin de pouvoir éventuellement comparer les informations obtenues à des moments différents. La plupart du temps, satisfaire à ces contraintes n'est pas une mince affaire et l'audit demeure, lui aussi, un instrument coûteux.

L'organisation des marchés internes. La plupart des grandes organisations possèdent de véritables marchés internes où l'allocation et l'utilisation des ressources physiques, financières et humaines sont régies par des « prix » de nature comptable et par le jeu de l'offre et de la demande. La détermination du prix d'un bien ou d'un service échangé entre les partenaires d'impartition est facilitée lorsque ce prix est fixé par le contrat ou qu'un prix de marché (externe) existe pour des transactions similaires. Dans le cas contraire, il faut recourir à des règles d'approximation souvent complexes et parfois trompeuses. Les parties à un contrat d'impartition font donc face à un dilemme : si l'obtention de l'exclusivité ou de la priorité des soins du fournisseur apparaît souhaitable pour des raisons liées à la qualité du service ou à la réputation, le maintien de l'exclusivité risque par contre d'entraver la mise en place d'une tarification appropriée pour certains services nouveaux et pointus. Il n'existe malheureusement pas de règle générale pour la résolution de ce dilemme.

La distribution de l'autorité et de la responsabilité. La gestion de l'impartition soulève la question du partage de l'autorité et de la responsabilité entre l'interface de l'impartition et la haute direction des firmes en présence. Il convient de responsabiliser le plus possible les acteurs de l'interface afin de leur permettre de travailler en fonction des objectifs communs aux *deux* organisations. Cette décentralisation au profit de l'interface sera cependant limitée par la réglementation existante en matière de responsabilités civile et criminelle, car la haute direction souhaitera, si elle est visée par la loi ou par la jurisprudence, garder à l'œil les activités à risque.

Le recrutement, les assignations et la formation. Enfin, les décisions relatives à la composition et aux compétences du personnel de l'interface devraient être prises *en commun* par les organisations en présence. Il conviendrait de prévoir des mécanismes explicites facilitant la collaboration des firmes à ce niveau. La mise

---

7.   Voir l'ouvrage de B. Todorov sur les normes pour la gestion de la qualité, *ISO 9000*, et le livre de C. Boutin *et al.*, *ISO 14000, Systèmes de management environnemental*, sur les normes pour la gestion environnementale.

en place d'une telle collaboration soulève aussi le problème de l'imputation des frais liés à certaines activités partagées comme la formation. Il existe actuellement plusieurs règles formelles de répartition des coûts communs[8]. Toutes ces règles reviennent à doter l'interface de l'impartition d'un budget qui lui est propre. L'application de ces règles exigera donc que les organisations en présence revoient, parfois substantiellement, leurs procédures budgétaires respectives.

2.6.4.2   Viser le développement réciproque

La précédente sous-section portait sur les principaux volets d'un système de gestion adapté au cas de l'impartition. Un tel système ne constitue toutefois que l'ossature de la relation d'impartition. Le déroulement quotidien, le dynamisme et la vie de cette relation reposent encore, comme c'est le cas dans toute organisation, sur une *finalité*. C'est l'intention imprimée initialement à la relation d'impartition qui donnera le ton à celle-ci, influera sur les perceptions des individus et sera finalement déterminante pour le moral des troupes et la satisfaction des parties.

Un preneur d'ordres a tout à gagner de voir son client augmenter son chiffre d'affaires et ses parts de marché. De même, la compétitivité d'une entreprise donnée dépend incontestablement de la qualité de ses fournisseurs; et cela est particulièrement vrai sur les marchés internationaux. Les firmes engagées dans une relation d'impartition devraient donc avoir pour objectif commun leur développement réciproque. Pour être conséquent, cela exige, entre autres, que *l'information partagée* et *l'attitude du personnel de l'interface* puissent féconder l'apprentissage et la croissance de l'une et l'autre organisation. Une attitude de ce genre peut être entretenue par un recrutement serré, une formation rigoureuse et des incitations claires. Elle doit aussi, bien sûr, se concrétiser dans des réalisations visibles. Les échanges d'information et l'attitude des employés sont par ailleurs nécessaires au maintien de la confiance, qui est, comme on l'a vu, l'un des instruments essentiels à la coordination et à la motivation des parties engagées dans la relation d'impartition.

2.6.5   RENOUVELLEMENT ET RUPTURE DU CONTRAT

À l'échéance du contrat d'impartition, chacune des organisations en présence peut évaluer le bien-fondé du maintien de leur relation. Si cette relation fut bien amorcée et si sa gestion a été bien menée, il y aura *toujours un préjugé en faveur du renouvellement du contrat*. Chaque organisation devrait tenter de bien saisir la nature de ce préjugé. Est-il dû à la présence d'investissements spécifiques à la relation dont la contribution à la valeur ajoutée est majeure ? Ou encore est-il attribuable au parti pris de certains individus et à l'importance des sommes englouties ? Bien que cela arrive souvent dans la réalité, la présence de coûts irrécupérables ne devrait pas influencer la décision de maintenir ou non la relation d'impartition. Celle-ci

---

8. Le lecteur peut consulter le récent rapport du CIRANO sur le « partage des coûts communs », rédigé par M. Boyer, M. Moreaux et M. Truchon.

doit être encore une fois basée sur une vision stratégique de la firme, sur une lecture lucide de l'état des lieux et de l'environnement économique à venir et sur la comparaison des coûts et bénéfices des alternatives organisationnelles disponibles. Il faut savoir envisager froidement la suite des choses, avec ou sans le partenaire actuel.

Le divorce doit toujours rester une option crédible pour les partenaires d'une relation d'impartition. D'abord, il permet de discipliner les firmes en présence par la menace constante de perdre un client important ou un fournisseur compétent. Ensuite, il pourrait constituer le meilleur choix, voire le seul viable, si le contexte industriel venait à changer.

Il importe toutefois de bien doser le coût d'un tel divorce afin de ne pas dissuader les acteurs de bonifier la relation d'impartition en y investissant des ressources importantes. Il convient aussi que les organisations en présence aient au préalable bien compris leurs objectifs réciproques afin que, le cas échéant, leur séparation se déroule sans heurts et sans animosité. Enfin, le principal danger à éviter lors d'un divorce organisationnel est l'affaiblissement de ce qui fonde la compétitivité de la firme. En d'autres termes, les compétences-clés ne doivent pas souffrir les contrecoups d'une rupture de la relation d'impartition. S'il est un dernier précepte à retenir lors de la décision relative au renouvellement d'un contrat d'impartition, c'est que, quelle que soit l'option finalement privilégiée, l'exercice des activités qui alimentent les compétences-clés doit toujours rester possible.

2.6.6   CONCLUSION

Ce chapitre a relevé plusieurs écueils se rapportant au mariage organisationnel. Le mariage est ici utilisé comme une métaphore pour désigner la relation étroite unissant l'impartiteur et l'imparti. Les écueils se rapportent au choix du partenaire, à la phase transitoire de l'impartition, à la gestion courante de l'impartition et au renouvellement ou à la rupture de la relation lorsque celle-ci arrive à son échéance légale.

Le chapitre contient aussi des suggestions sur les manœuvres permettant de contourner efficacement les écueils éventuels. Plusieurs de ces suggestions se rapportent aux systèmes de gestion de l'entreprise. Il semble clair, en effet, que sans la mise en route de systèmes conséquents, les stratégies respectives de l'impartiteur et du fournisseur resteront lettre morte. La relation d'impartition aura enfin plus de chances de succès si elle se fonde sur des principes analogues à ceux suggérés par la conception moderne du mariage, selon lesquels les « conjoints » devraient avoir une relation égalitaire (plutôt qu'autoritaire) basée en bonne partie sur la *confiance mutuelle*, et où la contribution respective de chacun vient compléter, voire rehausser, celle de l'autre.

BIBLIOGRAPHIE

Boyer, Marcel, Michel Moreaux et Michel Truchon (1998), « Le partage des coûts communs », rapport de recherche, Montréal, CIRANO.

Boutin, Chantale et *al.* (1996), *ISO 14000, Systèmes de management environnemental*, Éd. de l'École polytechnique de Montréal.

Dixit, Avinash (1996), *The Making of Economic Policy: A Transaction-Cost Politics Perspective*, Cambridge, Mass., MIT Press.

Harrison, J. R. et G. R. Carroll (1991), « Keeping the Faith: A Model of Cultural Transmission in Formal Organizations », *Administrative Science Quarterly*, vol. 36, n° 4, p. 552-582.

Todorov, Branimir (1994), *ISO 9000, un passeport mondial pour le management de la qualité*, Montréal, Gaëtan Morin.

PARTIE 3

QUE SAVONS-NOUS DES EXPÉRIENCES D'IMPARTITION?

Chapitre 3.1

REVUE CRITIQUE D'ANALYSES EMPIRIQUES DE L'IMPARTITION

Patrick González[1]

3.1.1 INTRODUCTION

L'impartition peut être interprétée comme un ajustement de la structure d'une firme (ou d'une organisation en général) à un changement tel, dans son environnement, qu'il devienne plus économique de faire effectuer certaines étapes de sa production par un tiers. À ce titre, l'impartition est synonyme de désintégration verticale. Le choix entre impartir une activité ou en conserver la gestion à l'interne met en cause des économies dont la nature est souvent mal définie de sorte qu'il est difficile d'établir les mérites absolus d'une forme d'organisation par rapport à une autre. Une approche empirique peut éventuellement permettre de conclure si l'impartition d'une activité particulière est ou non une avenue efficace.

Ce chapitre présente un bilan des connaissances empiriques sur l'intégration verticale et l'impartition. Il expose d'abord les difficultés méthodologiques inhérentes au domaine – l'intégration verticale et la propension à impartir étant des concepts difficilement mesurables – et répertorie ensuite les études qui testent les éléments de la théorie des coûts de transaction censés expliquer les propensions à l'intégration verticale et à l'impartition en particulier. La dernière partie du chapitre est consacrée aux nombreuses études sur l'impartition dans le secteur public, notamment dans le secteur municipal britannique où cette pratique a été l'objet d'une politique systématique ces dix dernières années.

---

1. Département d'économique, Université Laval et CIRANO.

3.1.2 INTÉGRATION VERTICALE ET IMPARTITION

Bien qu'on puisse considérer que les degrés d'impartition et d'intégration verticale mettent en cause des aspects distincts de la réalité managériale, cette séparation n'existe pas explicitement dans la littérature. Ainsi, les études sur l'intégration verticale des centrales électriques avec des mines de charbon et les études traitant de l'impartition de la collecte des ordures ménagères se rejoignent dans leur effort d'identifier les facteurs déterminant les formes organisationnelles les plus économiques.

De manière plus ou moins explicite, la majorité des études récentes se fondent sur la notion de coûts de transaction telle qu'elle a été développée dans la littérature économique. En second lieu, on retrouve l'école « technologique » classique qui met au premier plan la présence d'économies d'échelle ou de gamme. Certaines démarches de recherche sont plus proches de l'économie politique et, à la marge, on distingue également une approche sociologique où l'entreprise est conçue comme une entité en soi, initialement créée en réponse à des impératifs économiques mais évoluant par la suite selon un comportement qui lui est propre (Hannan et Freeman 1989).

L'état des connaissances empiriques sur l'intégration verticale est à l'image de l'édifice théorique qui a été construit pour appréhender le phénomène : incomplet, imparfait et parfois contradictoire. Ronald H. Coase demeure la pierre d'assise de cet édifice : « A firm will tend to expand until the costs of organizing an extra transaction within the firm become equal to the costs of carrying out the same transaction by means of an exchange on the open market. » Plus récemment, Klein, Crawford et Alchian, mais surtout Williamson, ont réaffirmé l'importance des coûts de transaction comme facteurs déterminants de la structure et de la taille des firmes : « Vertical integration economizes on transactions by harmonizing interests and permitting a wider variety of sensitive incentive and control processes to be activated[2]. »

Ces théories ne sont pas immédiatement opérationnelles : les coûts de transaction chez Coase, par exemple, sont difficilement identifiables. Il peut en résulter des propositions non falsifiables. À titre d'exemple, une branche actuelle de la littérature d'inspiration coasienne (Brynjolfsson *et al.* 1994 ; Shin 1996) attribue au développement fulgurant des technologies de l'information l'accroissement de la propension des firmes à impartir plusieurs de leurs activités : ces nouvelles technologies auraient permis une baisse relative des coûts de gestion des ressources par voie contractuelle, favorisant ainsi la désintégration verticale. Or, à partir de la

---

2. Grossman et Hart (1986) ont développé une théorie de l'intégration verticale mettant l'accent sur la notion de droits résiduels associés à la possession des moyens de production. Cf. également Stigler (1951) pour une interprétation classique de l'intégration verticale et Kay (1992) pour une critique de la théorie de Williamson. Voir également les chapitres 1.2 et 2.2.

même théorie, Coase prédisait qu'un tel développement se traduirait par un accroissement de l'intégration verticale en réduisant les coûts de gestion managériale[3]. Dans la mesure où ces coûts ne sont pas directement identifiables, cette théorie ne peut être testée. Dans ses travaux, Williamson a tâché d'identifier explicitement la nature de ces coûts de transaction afin d'obtenir une théorie falsifiable. Parmi les facteurs encourageant l'intégration verticale (décourageant l'impartition à un tiers), il a notamment identifié la présence d'éléments d'actifs spécifiques, le problème de négociation en petit groupe et la magnitude du risque non diversifiable des entreprises. Tous les trois ont été testés[4].

3.1.3   MESURER LE PHÉNOMÈNE

Établir les facteurs déterminant les structures organisationnelles est une chose, encore faut-il distinguer ces structures entre elles. Selon Stigler (1951) : « As soon as one tries to classify the variegated details of production, one finds how artificial and arbitrary 'vertical' relationships are. » Plus récemment, Caves et Bradburd (1988) déploraient que « while theorists have churned out dozens of models that provide sufficient conditions for vertical integration, empirical research on its determinants has stuck on the problem of finding data suitable to test the hypotheses generated by the theoretical models. »

Quelle unité statistique doit-on retenir pour représenter une « entreprise » ? Un conglomérat, par exemple, peut regrouper plusieurs firmes opérant selon divers degrés d'indépendance; une grande firme peut chapeauter plusieurs divisions possédant une autonomie décisionnelle sur la gestion courante des ressources de l'entreprise qui lui sont attribuées; une firme peut posséder plusieurs usines dispersées ou choisir de regrouper ses activités en un même lieu; ces mêmes usines peuvent regrouper chacune toutes les étapes de la production ou être spécialisées dans la production de certains intrants particuliers. Le portrait que l'on cherche à brosser d'un aspect de la réalité économique peut différer grandement selon que les données sont recueillies au sein de l'entreprise, de ses filiales, de ses divisions ou de ses usines.

Il n'existe pas de données statistiques fiables concernant la taille et la nature des « firmes » et ce problème fait l'objet d'un courant de recherche distinct en statistique appliquée (Struijs 1996). Pour ce qui est de l'impartition, les instituts publics responsables de la collecte de statistiques ne compilent pas de données visant explicitement à mesurer le phénomène (la France faisant exception). Par

---

3.   « Changes like the telephone and the telegraph, which tend to reduce the cost of organizing spatially, will tend to increase the size of the firm. All changes which improve managerial technique will tend to increase the size of the firm. » Du même coup, Coase reconnaissait que le contraire pouvait également se produire si le changement réduisait davantage le coût du recours au mécanisme de prix que celui d'une gestion des ressources à l'interne.

4.   Cf. la section sur les facteurs déterminant l'intégration verticale.

exemple, le Bureau de la statistique du Québec ne publie qu'une mesure du « travail à forfait », soit *le travail exécuté sur des matériaux appartenant à une autre firme selon les spécifications de cette firme* (Martin 1992). Ce n'est là qu'un type relativement mineur d'impartition à partir duquel on ne peut inférer un portrait fiable du phénomène[5].

Tout effort de comparaison des firmes entre elles passe par l'établissement d'une mesure ou d'un indice reflétant au mieux la réalité complexe de l'entreprise. De fait, la « bonne » mesure dépend généralement du phénomène que l'on souhaite étudier. Par exemple, dans un article à propos de l'effet des pratiques d'impartition des grandes entreprises canadiennes sur l'emploi dans le secteur des services au Canada, Postner (1990) recommande la division plutôt que l'entreprise comme une unité statistique de base. Identifier un « bon » indice du degré « moyen » d'intégration verticale des firmes s'est toutefois avéré une entreprise très problématique.

3.1.4 L'ÉVOLUTION DU RVAVP

L'indice le plus couramment employé est le ratio de la valeur ajoutée par les firmes sur la valeur de leur production (RVAVP), lequel devrait être une mesure décroissante de la propension des firmes à impartir. Plus le processus de production est séparé en unités de production intermédiaires distinctes, constituant de nouvelles firmes, moindre est la contribution de chacune de ces firmes au total de la valeur ajoutée de sorte que le RVAVP moyen des firmes devrait être plus faible.

Carlsson (1989) a calculé l'évolution du RVAVP dans les industries de transformation des métaux[6]. Entre 1972 et 1982, la taille des usines a diminué dans 79 des 106 industries américaines composant ce groupe. Conjointement, la taille des entreprises diminuait dans 78 industries de 13,4 % en moyenne, l'emploi croissait de 11,3 % et la production de 11 %. La réduction de la taille des usines n'est donc pas attribuable à une contraction de la production ou de l'emploi. De plus, le nombre de compagnie croissait de 28,6 %, ce qui suggère une fragmentation de l'industrie. De fait, dans 88 des 106 industries à l'étude, le RVAVP a baissé entre 1972 et 1982, passant de 0,593 à 0,547[7].

---

5. À titre d'exemple, dans leur étude sur les activités informatiques au Canada, Aubert, Patry et Rivard (1994) regroupent sous le vocable « impartition » les trois situations suivantes :
   1. activité exercée à l'interne par les employés des fournisseurs;
   2. activité exercée sur le matériel de l'entreprise dans les locaux des fournisseurs;
   3. activité totalement impartie à un fournisseur externe.
   Seule la deuxième catégorie entre dans la rubrique du « travail à forfait ».
6. *Metalworking Industries.*
7. Mettant l'accent sur la sous-traitance internationale, Feenstra et Hanson (1996) ont établi deux mesures, soit la proportion des importations dans la consommation totale (importations plus *shipments*) et la proportion des intrants intermédiaires importés dans les achats des entreprises excluant les ressources énergétiques. Selon la mesure retenue, le degré d'impartition internationale aux États-Unis serait passé de 5,02 % en 1972 (5,34 % avec la seconde mesure) à 10,65 % en 1990 (11,61 %).

De prime abord, l'évolution du RVAVP s'explique aussi bien par des facteurs technologiques classiques que des facteurs organisationnels. Ainsi, l'emploi des machines-outils à contrôle numérique n'a cessé de croître, passant de 15,6 % au Japon en 1978 (26 % en Suède, 19 % au Royaume-Uni) à 54,3 % en 1984 (respectivement 59,4 % et 62,4 %). On observe une corrélation négative significative entre l'emploi des systèmes d'information par les entreprises américaines et le RVAVP (Brynjolfsson *et al.* 1994; Shin 1996). Au chapitre des facteurs organisationnels, l'étude de Levy (1985) confirme le problème de négociation en petit groupe, représenté par le ratio de concentration de degré 4, comme l'un des principaux facteurs expliquant le RVAVP[8].

L'emploi du RVAVP pour représenter le degré d'intégration verticale est cependant fort critiqué. Cet indice est biaisé en faveur des firmes évoluant dans les industries primaires, puisque la valeur ajoutée est similaire à la valeur de la production sans que cela ait à voir avec le degré d'intégration de ces firmes (Adelman 1955). Le RVAVP est, de plus, sensible davantage à l'intégration en amont qu'en aval. Par ailleurs, lorsque les données nécessaires au calcul du RVAVP sont compilées pour les usines de l'industrie et non les entreprises (Tucker et Wilder 1977), le RVAVP n'est sensible qu'au degré d'intégration des premières et ne mesure pas nécessairement la réelle propension des firmes à l'intégration verticale (Eckard 1979)[9].

3.1.5   LES FACTEURS DÉTERMINANT L'INTÉGRATION VERTICALE

Caves et Bradburd (1988) ont développé un indice par industrie moins biaisé que le RVAVP et reflétant davantage les liens entre les différentes unités intermédiaires de production que suppose l'intégration verticale[10]. Soit N_k le nombre de firmes dans l'industrie k, l'indice d'intégration verticale pour l'industrie j est calculé ainsi :

$$VI_i = \sum_j b_{ij} \, (NV_{ij}/N_{ij})$$

où b_{ij} est la part de la production de l'industrie i achetée par des firmes de l'industrie j, NV_{ij} est le nombre de firmes actives à la fois dans les industries i et j et $N_{ij} = \min\{N_i, N_j\}$ est le nombre de firmes dans l'industrie relativement plus concentrée. Cet indice mesure la propension des firmes d'une industrie i à être actives en aval de leur production et reflète le phénomène d'intégration verticale dans la mesure où les firmes font effectivement transiter entre leurs filiales leur production d'aval en amont. Une présence en aval de toutes les firmes d'une indus-

---

8.   Le ratio de concentration de degré 4 d'une industrie est la part de marché des quatre plus importantes entreprises composant cette industrie (Curry et George 1983).

9.   Cf. Caves et Bradburd (1988) pour une discussion de ces problèmes.

10.   Cf. MacDonald (1985) pour un effort similaire.

trie donne une valeur de 1 à l'indice même si le marché en aval inclut beaucoup de clients absents de l'industrie. Si, en revanche, aucune firme de l'industrie n'est active dans aucune des industries clientes, l'indice prend la valeur zéro.

Les régressions de cet indice sur les ratios de concentration de degré 4 observés du côté de l'offre et de la demande, potentiellement à la source d'un problème de négociation en petit groupe, confirment les résultats de Levy (1985) qui tiennent la concentration pour déterminante dans la propension des firmes à l'intégration.

Outre la présence d'un problème de négociation en petit groupe, la théorie des coûts de transaction prédit que la structure organisationnelle devrait être positivement liée à la spécificité du capital[11]. Cette relation a été testée avec succès pour plusieurs industries. L'intégration est plus fréquente dans les industries à forte intensité capitalistique (Caves et Bradburd 1988; Marlowe 1985) et dans les industries automobile et aérospatiale en particulier, davantage encore lorsque les biens à produire sont très complexes et spécialisés (Masten 1984; Monteverde et Teece 1982). Le lien entre intégration et capital spécifique a aussi été testé dans l'industrie chimique (Lieberman 1991), la gestion des entrepôts (Maltz 1994) et la gestion des ressources humaines (Anderson et Schmittlein 1984). L'intégration est une tendance naturelle au point que, si les firmes achètent volontiers à l'externe les intrants non spécialisés dont elles ont besoin, elles ne le font généralement que lorsqu'il y a d'importantes économies d'échelle à réaliser (Lyons 1995; Abraham et Taylor 1996).

La concentration et la spécificité du capital étant fortement colinéaires, il est difficile de départager les incidences respectives de ces deux variables (Caves et Bradburd 1988), mais leur effet commun demeure manifeste. Les résultats sont moins clairs quant à l'effet du risque non diversifiable supporté par les entreprises. En théorie, plus l'entreprise fait face à des risques contre lesquels elle ne peut se prémunir, plus elle devrait avoir tendance à s'intégrer verticalement en amont – afin, par exemple, de protéger ses sources d'approvisionnement en intrants – et en aval – afin d'assurer des débouchés pour sa production ou tout simplement pour optimiser ses opérations dans un environnement incertain[12]. Usant d'un indice de la volatilité de la demande comme régresseur, Caves et Bradburd n'observent pas de lien entre le risque et l'intégration verticale en aval. Lieberman (1991), pour sa part, a testé avec succès l'hypothèse selon laquelle les firmes ont tendance à s'intégrer en amont pour sécuriser leurs sources. Afin d'évaluer le risque de hold-up auquel font face les firmes pour leurs intrants, il a retenu comme régresseur la variabilité de la demande d'intrants des *concurrents* de ces firmes. Comme pour le cas de la concentration, il peut être difficile de départager les effets du risque et du capital spécifique. Ainsi, dans leurs études sur l'industrie du camionnage, Mixon et

---

11. Voir le chapitre 2.2.
12. Voir les chapitres 2.2 et 2.3.

Upadhyaya (1993 et 1995) observent que les firmes faisant face à une demande volatile de transport sont plus susceptibles de louer que d'acheter les camions dont elles ont besoin.

Dans toutes ces études, le « risque » est modélisé assez grossièrement et il n'est pas clairement établi que les indices employés isolent effectivement le risque *non diversifiable*. Helfat et Teece (1987) ont cherché à contourner précisément cette difficulté en usant de données financières. Leur étude compare les *bêtas* d'entreprises[13] ayant fusionné verticalement avant et après la fusion. Si une entreprise parvient à réduire son risque systématique en recourant à la fusion, elle devient alors plus attrayante pour les investisseurs, son accès aux capitaux en est facilité et la fusion se révèle un choix économiquement rentable. En contrôlant pour les effets d'industrie susceptibles d'affecter également les *bêtas* dans le temps, Helfat et Teece ont pu tester que la fusion entraînait une réduction significative des *bêtas*.

Une explication possible à la source de l'avantage économique dont jouiraient les firmes intégrées à l'égard du risque systématique tient dans la capacité accrue de celles-ci à assurer leurs employés contre les variations du marché. Abraham et Taylor (1996) ont ainsi montré que la sous-traitance de capacité est peu répandue, la propension à impartir étant négativement corrélée avec la volatilité de la demande. Il semble donc que, pour gérer les problèmes de capacité, les employeurs réaménagent le calendrier de travail (report des tâches) plutôt que de recourir à l'impartition et offrent un profil de rémunération stable à leurs employés[14]. Selon cette étude, ce sont surtout les firmes payant des salaires élevés qui sont enclines à impartir leurs services non spécialisés[15]. Bien que la question demeure controversée, l'intégration semble comporter des avantages pour le contrôle des coûts de main-d'œuvre (Carmichael et Morris 1995).

3.1.6   CONTRATS ET INCITATIONS

Les études évoquées jusqu'ici modélisent assez grossièrement la gamme des formes organisationnelles possibles. Une approche empirique fondée sur un

---

13.   Le *bêta* d'un titre associé à une entreprise est une mesure croissante de la volatilité relative de ce titre par rapport à celle du marché. Un faible *bêta* témoigne d'un titre sûr pour la détention duquel une prime peut être escomptée.

14.   Cette étude se distingue par le portrait très détaillé qu'elle brosse des pratiques d'impartition des entreprises. Les auteurs ont utilisé les résultats d'une enquête spéciale du *Bureau of Labor Statistics* menée auprès de 2 700 firmes parmi treize industries manufacturières américaines. Cette base de données inclut les propensions à impartir les services informatiques et les services de conciergerie, d'entretien des machines, d'ingénierie et de comptabilité, et ce, pour trois années (1979, 1983 et 1986/1987). Pour ces services, la proportion des firmes qui impartissent au moins une partie de leurs activités a crû, entre 1979 et 1986, de 6 % (entretien des machines) à 21 % (services informatiques).

15.   Ceci suggère que, pour ce type de main-d'œuvre, les firmes impartissent parce qu'il leur est difficile de discriminer suffisamment les salaires à l'interne entre les travailleurs spécialisés et non spécialisés.

modèle polaire (intégré *vs* non intégré) néglige les formes mitoyennes d'intégration comme l'impartition (Anderson et Schmittlein 1984; Caves et Bradburd 1988). En particulier, les données agrégées ou financières sont généralement muettes quant aux relations contractuelles à long terme entre les firmes qui peuvent se substituer à une intégration proprement dite.

Joskow (1985) a étudié la relation entre la forme organisationnelle liant les mines de charbon aux centrales thermiques qu'elles alimentent et la localisation de ces dernières. Plutôt que de ne s'en remettre qu'à des indices composites, Joskow a trouvé accès aux contrats liant les propriétaires de mines avec ceux des centrales thermiques. Il ressort clairement de son étude que l'intégration d'une mine avec une centrale est plus probable lorsque ces firmes sont contiguës et donc liées de manière spécifique. L'étude de Joskow met surtout en lumière que cette intégration prend le plus souvent la forme de contrats à long terme fort complexes, gouvernant dans les plus fins détails la relation bilatérale et comportant de nombreuses clauses incitatives.

Anderson et Schmittlein (1984), pour leur part, ont trouvé chez les représentants de 145 compagnies américaines de composants électroniques un terrain propice pour tester les prédictions de la théorie des coûts de transaction en général et de la théorie des contrats en particulier. Les services de représentation peuvent être impartis à l'externe et rémunérés de manière incitative par commission ou, encore, être conservés à l'interne contre le paiement d'un salaire. En théorie, le choix de l'une ou l'autre des formes de rémunération devrait dépendre du degré de spécificité dans la relation et de la capacité de l'employeur à effectuer une supervision adéquate. Corroborant les études antérieures sur les relations de travail, Anderson et Schmittlein ont confirmé l'effet négatif de la présence d'éléments d'actifs spécifiques sur l'impartition (paiement à commission). L'apport novateur de cette étude est d'avoir pu établir que l'incidence de la supervision est non seulement significative mais prépondérante.

3.1.7 L'IMPARTITION DANS LE SECTEUR PUBLIC

Le secteur public affiche une structure très intégrée pour procurer les biens et services dont il assure la fourniture et la prestation. Toutefois, les pouvoirs publics recourent de plus en plus à l'impartition au secteur privé à cette fin. En 1995-1996, par exemple, le gouvernement du Québec augmentait de 27 % la valeur des 24 000 contrats accordés en sous-traitance pour un total de plus d'un demi-milliard de dollars[16]. L'impartition est souvent associée à la notion de privatisation, mais ces concepts sont bien distincts : si, dans les deux cas, il s'agit d'impartir au secteur privé (avec ou sans but lucratif) la *production* de biens et services, dans une privatisation, la décision de « fournir[17] » un bien ou un service devient générale-

---

16. *La Presse*, 6 avril 1997.
17. En anglais, *provision*; la traduction « initiative » a aussi été proposée (Didier 1990).

ment privée alors qu'elle demeure publique dans le cas d'une impartition simple. Une entreprise privatisée dispose d'une latitude considérable quant à la tarification et doit généralement assumer la perception des sommes[18]. Dans une impartition, les spécifications de la production et de la tarification demeurent généralement du ressort public.

L'analyse des facteurs déterminant la forme organisationnelle de production dans le secteur public se distingue de celle menée dans le secteur privé par le fait que les entreprises publiques sont généralement à l'abri des forces d'épuration du marché (faillite ou prise de contrôle) et que la gestion des ressources peut y être affectée par des considérations redistributives. Dans cette section est recensée la recherche empirique dans le monde municipal (Local Governments).

3.1.8   L'AVANTAGE DE COÛTS DU SECTEUR PRIVÉ

Depuis plus d'un quart de siècle, un très grand nombre d'études comparatives des coûts de production des services municipaux par les secteurs public et privé ont été réalisées. Dans une revue qui demeure pertinente aujourd'hui, Borcherding *et al.* (1990) ont recensé une cinquantaine d'études comparant les coûts des secteurs public et privé. Bien qu'elles ne s'accordent pas sur la magnitude des économies potentielles, la très grande majorité d'entre elles conclut que le secteur privé coûte moins cher. Présenté à valeur d'exemple, le tableau 3.1.1 recense une partie des études consacrées aux économies réalisées grâce à l'impartition de la collecte des ordures au secteur privé au moyen de contrats[19]. Lorsque le public est mis en compétition avec le privé, le simple fait de procéder à un appel d'offres, même si le contrat est ultimement accordé à l'interne, suffit souvent pour générer d'importantes économies (Domberger, Meadowcroft et Thompson 1986; Szymanski 1996; Szymanski et Wilkins 1993). Par contre, la procédure d'appel d'offres ne semble pas jouer un rôle significatif lorsque l'impartition au privée est acquise (Edwards et Stevens 1979).

---

18.   Le concept de « concession » (*franchising*) est employé pour une privatisation temporaire (Benton et Menzel 1992).

19.   L'impartition au secteur privé peut également se faire au moyen de concessions (*franchises*). Cet arrangement est généralement beaucoup plus coûteux tant par rapport à l'impartition contractuelle que par rapport à la gestion publique. Edwards et Stevens (1978), par exemple, ont estimé que la concession de la collecte des ordures engendrait des coûts de 75 % supérieurs à l'impartition contractuelle.

TABLEAU 3.1.1

Avantage de coûts du secteur privé (impartition contractuelle)
dans la collecte des ordures ménagères

Étude	Échantillon	Économie
Hirsch (1965)	24 municipalités de St. Louis	0 %
McMahan et Garvache (1970)[a]	New York	33 %
Collins et Downes (1977)	53 petites villes américaines	0 %
Petrovic et Jaffee (1977)[b]	83 villes du centre des États-Unis	15 %
Savas (1977)	Minneapolis	0 %
Savas (1977)	États-Unis	14 %
Pommerehne et Frey (1977)	112 plus grandes villes suisses (1970)	+
Bureau of Municipal Research (1981)	North York, Ontario	- 18 %
Audit Commission (1984)	Royaume-Uni	5 %
Stevens et al.	10 municipalités de la région de Los Angeles	28-42 %
McDavid (1985)	126 villes canadiennes	50,9 %[c]
Domberger, Meadowcroft et Thompson (1986)	305 localités anglaises et galloises	22 %
Walsh et Davis (1993)	CCT	11,3 %
Szymanski et Wilkins	CCT	20 %
Douglas (1994)[d]	Dunedin City Council (N.-Z.)	45-60 %
Williamson (1994)[d]	Christchurch City Council (N.-Z.)	31 %

[a] Rapporté par Hirsch (1991).
[b] Rapporté par Didier (1990).
[c] Ce chiffre a été révisé à 41 % par l'auteur dans McDavid, Ohsfeldt et Van Cott (1987). Cette étude n'inclut pas de municipalités québécoises.
[d] Rapporté dans Domberger et Hall (1996).

La plupart des études comparatives estiment une fonction de coût incluant des paramètres organisationnels. Lorsque ces paramètres sont significatifs, on conclut que le type d'organisation affecte les coûts. L'enjeu, avec cette approche, consiste, d'une part, à bien identifier les variables C, outre la forme organisationnelle C, susceptibles d'expliquer les différences de coût observées. Une variable omise, corrélée avec la structure organisationnelle, peut biaiser les résultats. Par exemple, si la qualité du service est non observée (et non incluse dans la régression), si une faible spécification de qualité détermine un faible coût et si la prestation privée est généralement associée à une faible qualité, la régression peut indiquer un effet bénéfique de la structure organisationnelle sur les coûts alors que cet effet devrait être attribué à une faible spécification de qualité. D'autre part, cette approche est susceptible de comporter un problème d'échantillonnage : la structure organisationnelle est généralement le fruit d'une décision endogène; cela peut entraîner un biais de sélection en faveur du secteur privé, car les firmes privées sont échantillonnées parmi l'ensemble des firmes qui se sont démarquées lors d'une compétition locale (Hirsch 1965). Par exemple, seuls 6,2 % et 2,5 % des observations échantillonnées dans les études de Domberger et ses collègues sur la collecte des ordures (Cubbin, Domberger et Meadowcroft 1987; Domberger, Meadowcroft et Thompson 1986; Domberger, Meadowcroft et Thompson 1988) et l'entretien ménager des hôpitaux (Domberger, Meadowcroft et Thompson 1987) concernent des contrats d'impartition au secteur privé[20].

La plupart des études n'évaluent pas les pertes dues à l'évasion fiscale et à l'emploi d'une main-d'œuvre au noir par les contractants. Comme le secteur public ne paie pas d'impôts et dispose d'un accès privilégié aux capitaux, le secteur privé, lorsque mis en compétition avec lui, doit surmonter un handicap important. Mais même si le secteur public affichait de plus faibles coûts, le secteur privé pourrait toujours représenter une option plus économique. Cet avantage économique – qui n'est généralement pas considéré dans les études – n'est pas récupéré par les municipalités au-delà de l'imposition foncière, ce qui décourage inefficacement l'impartition (Holcombe 1990). Cet effet est marqué aux États-Unis parce que les intérêts sur les obligations municipales ne sont pas imposables; ce n'est pas le cas au Canada, mais il est clair que les gouvernements jouissent de taux d'intérêts privilégiés à cause de leur capacité de taxation. Au Royaume-Uni, dans le cas du CCT (cf. chap. 3.1.12), les gestionnaires publics sont tenus d'inclure un coût d'opportunité prescrit du capital dans l'évaluation de leurs coûts.

3.1.9   SOURCE DES ÉCONOMIES DE COÛT

Quelle est la source précise des économies de coût promises par l'impartition au secteur privé? Dans son étude sur la collecte des ordures ménagères au Canada, McDavid (1985) a observé qu'à cause de l'utilisation d'une technologie à plus forte intensité capitalistique (de plus gros camions), la productivité des travailleurs du secteur privé était deux fois plus importante que celle de leurs pairs du secteur public. Les gains de productivité observés dans l'impartition du *Government Cleaning Service* en Australie étaient dus à l'emploi de plus gros aspirateurs (Jensen et Liebenberg 1995).

Il existe des cas documentés où la productivité des travailleurs sous le régime public est totalement déficiente en regard de celle affichée par les travailleurs du secteur privé (McDavid 1988). Savas (1980) rapporte le cas de la ville de

---

20. Domberger, Meadowcroft et Thompson (1987) prennent toutefois soin d'établir que les hôpitaux ayant opté pour l'impartition n'avaient pas au préalable une structure de coût plus favorable que les autres.

Minneapolis où l'introduction de la compétition avec le privé a rapporté des gains de productivité importants dans la collecte des ordures par les employés municipaux. Cubbin, Domberger et Meadowcroft (1987) ont calculé l'efficience technique (Barrow et Wagstaff 1989) moyenne des entrepreneurs privés en termes d'écart par rapport à l'isoquant enveloppant leur échantillon d'observations d'allocations d'intrants; cette efficience étant 17 % plus élevée que celle du public, ils attribuent la part du lion des économies de coûts à un gain d'efficience dans la production.

En revanche, plusieurs études notent que le secteur privé parvient à diminuer ses coûts non seulement en réduisant le nombre d'employés au profit d'une technologie à plus forte intensité capitalistique, mais aussi en offrant des salaires moins élevés et des avantages sociaux beaucoup moins intéressants (Stein 1990; Milne et McGee 1992).

Dans une étude comparative influente sur les services municipaux, Stevens *et al.* (1984) ont identifié les sources de l'avantage de coûts du secteur privé :

In comparison to municipalities contractors tend to :

1. require more work from their employees, offering equivalent salaries but less liberal vacation and leave;

2. use the least qualified personnel able to perform each task;

3. use part time (not receiving full fringe benefits) labor whenever appropriate;

4. require that managers be responsible for equipment availability as well as labor availability;

5. allow first line supervisors hiring and firing authority; and

6. use a less labor intensive means of providing each service.

Une enquête de Dilger, Moffett et Struyk (1997) auprès de 66 villes américaines a révélé que, dans deux cas sur trois, les autorités estimaient que les avantages sociaux (incluant l'assurance-maladie) offerts à leurs employés étaient plus généreux que ceux offerts par leur sous-traitant. Seules deux villes sur 66 rapportaient que leur sous-traitant offrait des avantages sociaux légèrement supérieurs à ceux de la municipalité.

Les gestionnaires de 17 localités britanniques, habitués à gérer tant des contrats d'impartition qu'une force de travail à l'interne, classent dans l'ordre suivant, en termes d'importance, les facteurs contribuant à ces économies : gains de productivité; changement dans la composition de la main-d'œuvre (mises à pied, embauche de travailleurs à temps partiel, etc.); réduction des salaires; changement dans les méthodes de travail; détériorations des avantages non salariaux (ex. : diminution des temps de pause); spécifications des contrats (McMaster 1996).

Les économies de coûts sont-elles davantage le fruit d'une gestion plus rationnelle (changements dans les méthodes de travail, utilisation plus efficace des compétences, etc.) ou d'une diminution générale des conditions d'emploi (traitement salarial, avantages sociaux, cadence, etc.) ? À ce jour, la source des économies de coûts demeure une question controversée et fortement politisée.

3.1.10   QUALITÉ ET SATISFACTION

L'une des craintes les plus courantes à l'égard de l'impartition est qu'elle entraîne nécessairement une baisse de la qualité des services. Sur la base de mesures objectives, Stevens *et al.* (1984) n'observent pas de diminution de la qualité. Dans l'enquête de Dilger, Moffett et Struyk (1997), les gestionnaires de municipalités ayant procédé à l'impartition de certains services étaient généralement satisfaits de leur expérience. De manière générale, les citoyens sont également satisfaits des services qu'ils reçoivent lorsque ceux-ci sont produits par le privé (Marlowe 1985; Poister et Henry 1994).

Plus formellement, il convient de distinguer les notions de qualité *ex ante*, spécifiée dans le contrat, et *ex post*, réalisée par le contractant (Szymanski 1996). Si les contrats d'impartition fonctionnent bien, le prix devrait refléter les attentes de qualité de l'impartiteur, spécifiées dans le contrat, et la qualité effectivement réalisée devrait être essentiellement une fonction de ce prix. Simon Domberger et ses collègues (1995) ont modélisé adroitement cet effet dans leurs études sur la performance des contrats d'entretien. Ces études concluent que le système contractuel est tout à fait adéquat pour obtenir un niveau de qualité désiré. Sous la pression fiscale, une municipalité peut choisir de diminuer l'ampleur des services qu'elle souhaite offrir en même temps qu'elle procède à une impartition et cela peut se traduire par une baisse de qualité, mais la faute n'en est pas directement imputable à l'impartition. Le même arbitrage *ex ante* entre qualité et frais d'exploitation est observé par McMaster (1995). Son étude établit en outre que la qualité est généralement une fonction croissante de la durée du contrat (laquelle permet au contractant d'amortir sur une plus longue période ses dépenses d'investissement) et de l'intensité du monitorage.

3.1.11   LES INDICATEURS PRÉVISIONNELS DE L'IMPARTITION

Malgré les économies qu'elle permet, l'impartition n'est pas devenue au fil des ans une pratique systématique[21]. Une forte proportion des municipalités conservent toujours à l'interne, par exemple, leur service de collecte des déchets ou d'entretien des parcs. À l'évidence, d'autres considérations entrent en ligne de compte dans la décision d'impartir. Sont survolées ici les études identifiant les facteurs les plus susceptibles d'expliquer la propension à impartir.

Parmi ces facteurs domine la présence d'économies d'échelle, révélée par la forte propension des petites municipalités (moins de 10 000 habitants) à impartir (Florestano et Gordon 1980). La présence de contractants potentiels est aussi importante. Plusieurs auteurs (Ferris et Graddy 1986; Kodrzycki 1994; Morgan et

---

21. Hirsch (1991) mentionne le cas du comté de Los Angeles qui, malgré la présence pendant près d'une décennie de gestionnaires déterminés à impartir les services publics, n'est parvenu à mettre en sous-traitance qu'un maigre 1,5 % de son budget annuel, pour ne réaliser que des économies de 0,5 %.

Hirlinger 1987) ont testé une courbe en U qui permet d'expliquer la propension à impartir comme une fonction de la taille des municipalités : les petites pour bénéficier d'économies d'échelle et les grandes parce qu'elles ont généralement accès à un marché compétitif où évoluent de potentiels contractants privés. L'importance de la présence d'un marché de contractants potentiels est corroborée par le fait que les petites municipalités situées à proximité des grands centres sont relativement plus enclines à impartir (Kodrzycki 1994).

Ferris et Graddy (1991) ont testé un modèle du choix d'un sous-contractant par l'impartiteur (public, privé ou sans but lucratif) comme émanant d'un arbitrage optimal entre coûts de production C pour lesquels le secteur privé aurait l'avantage C et les coûts de transaction C prétendument plus élevés pour des services moins facilement mesurables, à l'avantage du public et des organismes sans but lucratif.

L'impartition peut être freinée par la présence syndicale[22] ou la force de la fonction publique. L'enquête de Chandler et Feuille (1991) sur la collecte des ordures révèle que l'impartition, lorsqu'elle est envisagée par une entreprise dont les employés sont syndiqués, est finalement deux fois moins souvent retenue comme solution, mais que les municipalités ayant connu des relations houleuses avec leurs syndicats sont plus susceptibles de considérer l'impartition[23]. De fait, la décision d'impartir est souvent déterminée par des facteurs non financiers (degré de syndicalisation, fréquence des grèves, etc.[24]).

En Amérique du Nord, l'impartition demeure une option de gestion pour les municipalités. Elle est employée naturellement afin de réaliser des économies d'échelle, mais aussi, dans certains cas, afin de profiter d'une option externe lorsque la production interne est immanquablement déficiente[25].

---

22. Estimer l'effet de la présence d'un syndicat sur la propension à impartir est difficile. D'une part, si le syndicat est puissant, la municipalité devrait chercher à diminuer ses coûts de main-d'œuvre grâce à l'impartition. D'autre part, un syndicat puissant est plus susceptible de bloquer effectivement une tentative d'impartition. Il s'ensuit que cette relation peut fort bien ne pas être reflétée par les données.

23. Lorsque c'est permis par la convention collective. Au Québec, l'appartenance aux secteurs des mines et de l'administration publique, l'affiliation à la CSN, les conventions couvrant des unités de grande taille, les conventions contenant des clauses d'atelier fermé, les conventions centralisées (provinciales et interprovinciales), la catégorie d'emploi *ouvriers* et, enfin, les conventions des secteurs public et parapublic sont autant de facteurs encourageant l'introduction de clauses anti-sous-traitance (Brody et Poirier 1985). Voir le chapitre 4.1.

24. Cf. McGuire, Ohsfeldt et Van Cott (1987).

25. En clair, pour briser un syndicat récalcitrant. Cf. l'expérience des villes de West Vancouver et de Richmond en Colombie-Britannique (McDavid 1988).

3.1.12   L'EXPÉRIENCE ANGLO-SAXONNE

Au cours des années 1980, le gouvernement conservateur du Royaume-Uni a mis en avant d'importantes réformes visant à revitaliser le secteur privé, notamment en lui impartissant la production de biens et de services traditionnellement assumée par le secteur public. Outre la série de spectaculaires privatisations (British Telecom, British Gas, etc.), le gouvernement a instauré un système d'appels d'offres obligatoires dans les gouvernements locaux, le *Compulsory Competitive Tendering*[26] (CCT).

Le CCT est l'une des expériences d'impartition les plus originales jamais entreprise. Dès 1980, le gouvernement anglais a cherché à inciter les autorités locales[27], dont il finance largement les budgets[28], à rationaliser leurs dépenses, notamment en ayant davantage recours au secteur privé, mais ses efforts sont restés vains. Déçu, il choisissait finalement de contraindre ces autorités à assainir leurs finances en votant le *Local Government Act 1988* qui établissait légalement le CCT.

Le CCT stipule que les administrations locales doivent *obligatoirement* procéder à un appel d'offres pour la production de certains services[29] dès lors qu'elles souhaitent offrir ces services elles-mêmes. Les employés municipaux, regroupés par service en *Direct Service Organisations* (DSO), peuvent alors participer à cet appel d'offres et leur soumission est considérée au même titre que celles des sou-

---

26.   Des initiatives similaires ont été menées en Australie (Domberger et Hall 1996; Mascarenhas 1993) et en Nouvelle-Zélande (Scott, Bushnell et Sallee 1990; Wistrich 1992).

27.   La structure des autorités locales au Royaume-Uni est fort différente de celle que l'on retrouve au Québec. L'autorité locale principale est le *county council*. Il s'agit d'une structure à un palier (dans les six grandes régions métropolitaines), deux paliers (subdivisée en *districts*) ou trois paliers (*districts* et *parish*). Les *counties* sont plus gros (ils assurent les services à des populations de l'ordre de 100 000 personnes et plus, regroupant une ville et les communautés rurales avoisinantes) et assument des responsabilités beaucoup plus importantes que les municipalités québécoises. Outre les services habituels (collecte des ordures, service de police, pompiers, etc.), les *counties* gèrent le secteur de l'éducation qui compte pour la moitié environ de leurs dépenses (Ascher 1987) et administrent d'importants parcs de logements (Lavery 1995). À titre d'exemple, l'Angleterre seule compte 35 *counties* dotés d'un budget moyen de 360 millions de livres (815 millions $ CAN) par année, les plus gros disposant de budgets de plus d'un milliard de livres (2,26 milliards $ CAN) (Department of the Environment 1997).

28.   Approximativement 79 % du budget des autorités locales provient de transferts du gouvernement central en Grande-Bretagne (Duncan et Smith 1995).

29.   La première phase du CCT visait sept services dont la collecte des ordures, l'entretien des immeubles, les services de restauration des écoles, l'entretien des parcs et des rues et l'entretien des véhicules. Depuis, se sont ajoutés les services de sports et loisirs et le stationnement. Dans sa phase actuelle, le département de l'Environnement cherche à intégrer les services des cols blancs au CCT : services financiers, services juridiques, services informatiques, etc. (Ascher 1987; Bulmer 1995; Department of the Environment 1997; Lavery 1995; Painter 1991; Shaw, Fenwick et Foreman 1994). Une politique similaire d'impartition a été menée dans le National Health Service.

missionnaires privés. Afin d'assurer la compétitivité du processus, l'offre de la DSO doit satisfaire à un objectif de 6 % (déterminé par le Secrétariat d'État) quant au rendement sur le capital public employé. Enfin, le CCT exige que, sauf en cas de circonstances extraordinaires, le contrat soit accordé au plus bas soumissionnaire en l'absence de toute autre considération.

L'expérience du CCT est intéressante parce qu'elle constitue un véritable laboratoire économique longitudinal. Contrairement à l'expérience nord-américaine où l'impartition locale procède d'une simple initiative des autorités municipales, le CCT consiste à mettre systématiquement les divisions de services publics, les DSO, en compétition avec le secteur privé. Le caractère obligatoire et généralisé du programme fait en sorte que les comparaisons entre coûts publics et coûts privés y sont moins biaisées par des problèmes de sélection.

Le CCT est présenté par ses partisans comme une tentative d'obtenir les bénéfices de la compétition dans la production de services publics en forçant la création de marchés pour briser les « barrières à l'entrée » (Boyne 1992), prétendument mises en place par les DSO. Il est perçu à gauche comme une tentative à la fois de briser la résistance syndicale et de contraindre les dépenses des administrations locales contrôlées par les travaillistes (Painter 1991).

Le premier constat qu'il convient de faire est que l'instauration du CCT ne s'est pas traduite par une vaste impartition des services publics. La très grande majorité des contrats ont en effet été remportés par les DSO[30]. Ce succès des DSO n'est pas homogène et est notamment corrélé à des facteurs politiques, soit le fort degré de syndicalisation, les régions urbaines et la couleur politique – travailliste ou conservatrice – des administrations locales (Bulmer 1995; Painter 1991). Enfin, le degré de compétition est demeuré plutôt faible pour la plupart des contrats[31].

Au chapitre des coûts, le CCT a généré des économies globales de 6,5 % dans sa première phase pour l'ensemble du Royaume-Uni, ce qui est considérable. Les coûts ont globalement baissé de 9 % lors de la seconde phase (Mayhead and Company Limited). Les économies ont été particulièrement importantes pour l'entretien des immeubles (20,6 %), la collecte des ordures (12,4 %) et l'entretien des parcs (10,2 %). Seuls les coûts d'entretien des véhicules et des services de restauration ont crû sous le régime du CCT (respectivement de 1,5 % et 1,8 %).

---

30. Seuls 21,46 % des contrats ont été accordés au secteur privé dans la première phase du CCT (Painter 1991). Cette proportion chute à 13 % pour le nord de l'Angleterre, entre 1988 et 1992 (Shaw, Fenwick et Foreman 1994). En 1995, le secteur public récoltait encore la part du lion avec 58,8 % des contrats et 76,5 % de la valeur totale des contrats (Bulmer 1995).

31. En moyenne, chaque contrat attire trois soumissionnaires (en incluant la DSO) (Mayhead and Company Limited 1997).

De manière générale, le CCT s'est traduit par des pertes d'emplois et des baisses des salaires et des conditions de travail, notamment chez les femmes qui sont majoritairement représentées dans ce type d'activités (Painter 1991). Certains auteurs[32] y attribuent l'essentiel des économies de coûts réalisées sous le régime du CCT.

Perçu tant chez les entreprises que chez les *councils* comme une entreprise extrêmement bureaucratique (Mayhead 1997), le CCT est menacé par les dispositions du *Transfer of Undertakings (Protection of Employment) Regulations 1981* (TUPE) découlant d'un accord au sein de la Communauté européenne signé par la Grande-Bretagne en 1977. Cette réglementation stipule que lors d'un transfert de responsabilités, le nouvel employeur (par exemple, le sous-traitant privé) doit respecter le contrat des employés existant aux mêmes conditions salariales. Ignorée durant les premières années du CCT (elle n'avait pas été conçue à cette fin), ce qui laissait le champ libre aux contractants de réduire la force de travail de même que les conditions d'emploi, elle a depuis été invoquée en cour avec succès par les syndicats (Bulmer 1995; Department of the Environment 1997; Lavery 1995).

Avec le retour des travaillistes au pouvoir, la politique du CCT est probablement destinée à être modifiée. En particulier, les travaillistes souhaiteraient substituer le concept discriminant (mal défini jusqu'à présent) de *best value* à la stricte minimisation des frais d'exploitation comme principe directeur d'évaluation des offres par les autorités locales. Par ailleurs, la plus récente évaluation du CCT (Mayhead and Company Limited 1997) révélait qu'à peine 11 % des autorité locales étaient favorables à l'aspect coercitif du régime et qu'un tiers d'entre elles abandonneraient la procédure d'appel d'offres si on leur en laissait le choix.

3.1.13   EFFICACITÉ DE L'IMPARTITION DANS LE SECTEUR PUBLIC

L'impartition des services publics est-elle une politique efficace? S'il est établi que l'impartition d'un service est une option moins *coûteuse* sur le strict plan comptable, l'état actuel des recherches empiriques ne permet pas de conclure qu'il s'agit d'une option assurément plus *efficace*[33] (Hirsch 1995).

L'impartition a des effets externes qui sont généralement pertinents à la prise de décision dans la sphère publique : elle fait des gagnants et des perdants. Les économies de coûts générées par l'impartition se font en partie par une réduction des coûts de main-d'œuvre et les perdants sont le plus souvent des travailleurs

---

32.   Cf. K. Escott et D. Whitfield (1995), *The Gender Impact of Compulsory Competitive Tendering in Local Government*, Manchester, Equal Opportunities Commission. Rapporté dans Szymanski (1996).

33.   Certains auteurs (Edwards et Stevens 1978) associent immédiatement coûts et efficience. Cette relation n'est valable que sous des hypothèses économiques très particulières. Quiggin (1994) remarque qu'on semble souvent concevoir l'effort des employés comme un bien gratuit.

(habituellement des femmes) qui perdent leur emploi ou qui voient leurs conditions de travail affectées. Les contribuables, en général, constituent les premiers gagnants lorsque les économies générées par l'impartition se traduisent par un relâchement fiscal[34].

Un jugement sur « l'efficacité » de l'impartition doit donc faire l'arbitrage entre ces effets redistributifs. Théoriquement, ceux-ci pourraient toujours être compensés, mais ils sont, par nature, difficiles, voire impossibles, à évaluer. Par ailleurs, l'impartition entraîne des coûts de transition dont l'importance est tout aussi difficile à prévoir[35].

Si le modèle coercitif anglais a ses attraits, la variété décentralisée que l'on retrouve dans l'expérience nord-américaine témoigne de fait que la structure organisationnelle la plus appropriée pour une municipalité (ou les pouvoirs publics en général) est fortement déterminée par des facteurs spécifiques : ce qui est bon pour les unes ne l'est pas forcément pour les autres. En définitive, l'impartition vient enrichir l'éventail des formes organisationnelles sans nécessairement se substituer aux anciens modèles.

BIBLIOGRAPHIE

Abraham, Katharine G. et Susan K. Taylor (juillet 1996), « Firms' Use of Outside Contractors: Theory and Evidence », *Journal of Labor Economics*, vol. 14, n° 3, p. 394-424.

Adelman, A. (1955), « Concept and Statistical Measurement of Vertical Integration », dans *Business Concentration and Price Policy*, p. 281-330, National Bureau of Economic Research, Princeton, Princeton University Press.

Anderson, Eric et David C. (automne 1984), « Schmittlein. Integration of the Sales Force: An Empirical Examination », *The Rand Journal of Economics*, vol. 15, n° 3, p. 385-395.

Ascher, Kate (1987), *The Politics of Privatisation*, New York, St. Martin's Press.

Aubert, Benoit, Suzanne Rivard et Michel Patry (septembre 1994), « L'impartition des activités informatiques au Canada : Portrait de 640 grandes entreprises », *Cahier GReSI 94-07*, Groupe de recherche en système d'information – Montréal, École des Hautes Études Commerciales.

---

34. À ce propos, Robert M. Stein (1990) a testé avec succès l'hypothèse que les économies de coûts sont en fait redistribuées au sein des divisions de services.

35. Les coûts de transition et les effets redistributifs qu'ils comportent sont souvent beaucoup plus importants que les coûts de transaction « purs ». Par exemple, en juillet 1993, le gouvernement de la Nouvelle-Galles du Sud choisit d'impartir son service d'entretien des immeubles. À la suite d'un processus d'appel d'offres, un ensemble de contrats d'une valeur de 403 millions $ AU (451 millions $ CAN) furent accordés, générant ainsi des économies de 136 millions $ AU (152 millions $ CAN) sur trois ans pour le gouvernement. Même si les coûts de transaction étaient peu élevés (1,6 million $ AU), ces économies ont été sévèrement grevées (de manière non récurrente, toutefois) lorsque la Commission des Relations Industrielles statua que le gouvernement devait remettre 25 millions $ AU (28 millions $ CAN) en primes de séparation aux employés.

Audit Commission, «Securing Further Improvements in Refuse Collection: A Review by the Audit Commission», Londres, HMSO.

Barrow, Michael Adam Wagstaff (1989), «Efficiency Measurement in the Public Sector: An Appraisal», *Fiscal Studies*, vol. 10, n° 1, p. 72-97.

Benton, Benton et Donald C. Menzel (mars 1992), «Contracting and Franchising County Services in Florida», *Urban Affairs Quarterly*, vol. 27, n° 3, p. 436-456.

Borcherding, Thomas E., Werner W. Pommerehne et Friedrich Schneider (1982, 1990), «Comparing the Efficiency of Private and Public Production: The Evidence from Five Countries», dans Samuel H. Baker et Catherine S. Elliot, dir., *Readings in Public Sector Economics*, supplément 2, p. 397-413, D.C. Health, Lexington, Mass.

Boyne, George A. (automne 1992), «Local Government Structure and Performance: Lessons from America?», *Public Administration*, vol. 70, n° 3, p. 333-357.

Brody, Bernard et Andre Poirier (juillet 1984), «La sous-traitance dans les conventions collectives québécoises», Tiré à part 60, École de relations industrielles, Université de Montréal, 1985, dans *Le marché du travail*, vol. 5, n° 7, p. 66-78.

Brynjolfsson, Erik, Thomas W. Malone, Vijay Gurbaxani et Ajit Kambil (décembre 1994), «Does Information Technology Lead to Smaller Firms?», *Management Science*, vol. 40, n° 12, p. 1628-1644.

Bulmer, Fiona (août 1995), *Compulsory Competitive Tendering. The Continuing Challenge*, Londres, Conservative Political Centre.

Bureau of Municipal Research, *Providing Municipal Services (1981). Methods, Costs and Trade-Offs*, Technical Report, Toronto, Bureau of Municipal Research.

Carlsson, Bo (1989), «The Evolution of Manufacturing Technology and Its Impact on Industrial Structure: An International Study», *Small Business Economics*, vol. 1, p. 21-37.

Carmichael, Fiona et Claire Morris (1995), «The Impact of Vertical Integration on the Wage Bargain: New Evidence», *International Review of Applied Economics*, vol. 9, n° 1, p. 42-58.

Caves, Richard E. et Ralph M. Bradburd (1988), «The Empirical Determinants of Vertical Integration», *Journal of Economic Behavior and Organization*, vol. 9, n° 3, p. 265-279.

Chandler, Timothy et Peter Feuille (janvier/février 1991), «Municipal Unions and Privatization», *Public Administration Review*, vol. 51, n° 1, p. 15-22.

Clingermayer, James C. et Richard C. Feiock (mai/juin 1997), «Leadership Turnover, Transaction Costs, and External City Service Delivery», *Public Administration Review*, vol. 57, n° 3, p. 231-239.

Coase, Ronald H. (novembre 1937), «The Nature of the Firm», dans *The Firm, the Market, and the Law*, chap. 2, p. 33–55, Chicago, The University of Chicago Press, 1988, réimpression de *Economica*, n.s.

Collins, N. et B. T. Downes (1977), « The Effect of Size on the Provision of Public Services: The Case of Solid Waste Collection in Smaller Cities », *Urban Affairs Quarterly*, vol. 12, n° 3, p. 333-347.

Cubbin, John, Simon Domberger et Shirley Meadowcroft (1987), « Competitive Tendering and Refuse Collection: Identifying the Sources of Efficiency Gains », *Fiscal Studies*, vol. 8, n° 3, p. 49-58.

Curry, B. et K. D. George (mars 1983), « Industrial Concentration: A Survey », *Journal of Industrial Economics*, vol. 31, n° 3, p. 203-255.

Department of the Environment (U.K), Local government information site, http:// www.local.doe.gov.uk/, 1997, site Internet.

Didier, Michel (1990), « Évaluation des performances de divers modes de gestion des services publics locaux – études de cas », dans *Performances des services publics locaux – analyse comparée des modes de gestion*, chap. 4, p. 95-146. France, Litec.

Dilger, Robert Jay, Randolph R. Moffett et Linda Struyk (janvier/février 1997), « Privatization of Municipal Services in America's Largest Cities », *Public Administration Review*, vol. 57, n° 1, p. 21-26.

Domberger, Simon et C. Hall (printemps 1996), « Contracting for Public Services: A Review of Antipodean Experience », *Public Administration*, vol. 74, n° 1, p. 129-147.

Domberger, Simon, C. Hall et Eric Ah Lik Li (novembre 1995), « The Determinants of Price and Quality in Competitively Tendered Contracts », *Economic Journal*, vol. 105, n° 4, p. 1454-1470.

Domberger, Simon et Eric Ah Lik Li (2ᵉ trimestre 1995), « An Ordered-Probit Analysis of Price and Performance in Competitively Tendered Contracts », *The Australian Economic Review*, n° 110, p. 14-22.

Domberger, Simon, Shirley Meadowcroft et David Thompson (1986), « Competitive Tendering and Efficiency: The Case of Refuse Collection », *Fiscal Studies*, vol. 7, n° 4, p. 69-87.

Domberger, Simon, Shirley Meadowcroft et David Thompson (1987), « The Impact of Competitive Tendering on the Costs of Hospital Domestic Services », *Fiscal Studies*, vol. 8, n° 4, p. 39-54.

Domberger, Simon, Shirley Meadowcroft et David Thompson (1988), « Competition and Efficiency in Refuse Collection: A Reply », *Fiscal Studies*, vol. 9, n° 1, p. 86-90.

Duncan, Alan et Peter Smith (1995), « Modelling Local Government Budgetary Choices under Expenditure Limitation », *Fiscal Studies*, vol. 16, n° 4, p. 95-110.

Eckard, E. Woodrow Jr. (1979), « A Note on the Empirical Measurement of Vertigal Integration », *Journal of Industrial Economics*, vol. 28, n° 1, p. 105-107.

Edwards, Franklin R. et Barbara J. Stevens (décembre 1978), « The Provision of Municipal Sanitation Services by Private Firms: An Empirical Analysis of the Efficiency of Alternative Market Structures and Regulatory Arrangements », *The Journal of Industrial Economics*, vol. 27, n° 2, p. 133-147.

Feenstra, Robert C. et Gordon H. Hanson (mai 1996), « Globalization, Outsourcing, and Wage Inequality », *American Economic Review*, vol. 86, n° 2, p. 240-245.

Ferris, James et Elizabeth Graddy (juillet/août 1986), « Contracting Out: For What ? With Whom ? », *Public Administration Review*, vol. 46, n° 4, p. 332-344.

Ferris, James et Elizabeth Graddy (juillet 1991), « Production Costs, Transaction Costs, and Local Government Contractor Choice », *Economic Inquiry*, vol. 29, n° 3, p. 541-554.

Florestano, Patricia S. et Stephen B. Gordon (janvier/février 1980), « Public vs. Private: Small Government Contracting with the Private Sector », *The Quality of Rural Administration*, vol. 40, p. 29-34.

Ganley, Joe et John Grahl (1988), « Competion and Efficiency in Refuse Collection: A Critical Comment », *Fiscal Studies*, vol. 9, n° 1, p. 80-85.

Grossman, Stanford J. et Oliver D. Hart (1986), « The Costs and Benefits of Ownership: A Theory of Vertical and Lateral Integration », *Journal of Political Economy*, vol. 94, n° 4, p. 691-719.

Hannan, Michael T. et John Freeman (1989), *Organizational Ecology*, Londres, Harvard University Press.

Helfat, Constance et David J. Teece (printemps 1987), « Vertical Integration and Risk Reduction », *Journal of Law, Economics, and Organization*, vol. 3, n° 1, p. 47-67.

Hirsch, Werner Z. (1965), « Cost Functions of Urban Government Services: Refuse Collection », *Review of Economics and Statistics*, vol. 47, n° 1, p. 87-92.

Hirsch, Werner Z. (1991), *Privatizing Goverment Services*, Monograph & Research Series 54, Los Angeles, Institute of Industrial Relations, University of California.

Hirsch, Werner Z. (1995), « Contracting Out by Urban Governments: A Review », *Urban Affairs Quarterly*, vol. 30, n° 3, p. 458-472.

Holcombe, Randall G. (janvier 1990), « The Tax Cost of Privatization », *Southern Economic Journal*, vol. 56, n° 3, p. 732-742.

Jensen, Paul et Barbara Liebenberg (1995), « Reforming Business in New South Wales », dans Simon Domberger et Christine Hall, dir., *The Contracting Casebook: Competitive Tendering in Action*, chap. 2, p. 13-31, Canberra, Australian Government Publishing Service.

Joskow, Paul L. (automne 1985), « Vertical Integration and Long-Term Contracts: The Case of Coal-Burning Electric Generating Plants », *Journal of Law, Economics, and Organization*, vol. 1, n° 1, p. 33-80.

Joskow, Paul L. (printemps 1988), « Asset Specificity and the Structure of Vertical Relationships: Empirical Evidence », *Journal of Law, Economics, and Organization*, vol. 4, n° 1, p. 95-117.

Kay, M. (mai 1992), « Markets, False Hierarchies and the Evolution of the Modern Corporation », *Journal of Economic Behavior and Organization*, vol. 17, n° 3, p. 315-333.

Klein, R., A. Crawford et A. A. Alchian (octobre 1978), « Vertical Integration, Appropriable Rents, and the Competitive Contracting Process », *Journal of Law and Economics*, vol. 21, n° 2, p. 297-326.

Kodrzycki, Yolanda K. (mai/juin 1994), « Privatization of Local Public Services: Lessons for New England », *New England Economic Review*, p. 31-46.

Lavery, Kevin (août 1995), « The English Contracting Revolution », *Public Management*, vol. 77, p. 20-24.

Levy, David T. (août 1985), « The Transactions Cost Approach to Vertical Integration: An Empirical Examination », *Review of Economics and Statistics*, vol. 67, n° 3, p. 438-445.

Lieberman, Marvin B. (septembre 1991), « Determinants of Vertical Integration: An Empirical Test », *Journal of Industrial Economics*, vol. 39, n° 5, p. 451-466.

Lyons, Bruce R. (mai 1995), « Specific investment, Economies of Scale, and the Make-or-Buy Decision: A Test of Transaction Cost Theory », *Journal of Economic Behavior and Organization*, vol. 26, n° 3, p. 431-443.

Maltz, Arnold (septembre 1994), « Outsourcing the Warehousing Function: Economic and Strategic Considerations », *Logistics and Transportation Review*, vol. 30, n° 3, p. 245-265.

Marlowe, Julie (mars 1985), « Private Versus Public Provision of Refuse Removal Service, Measures of Citizen Satisfaction », *Urban Affairs Quarterly*, vol. 20, n° 3, p. 355-363.

Martin, Yves (1992), *La sous-traitance au Québec*, Centre d'études en administration internationale (CETAI), Montréal, École des Hautes Études Commerciales.

Mascarenhas, R.C. (juillet/août 1993), « Building an Enterprise Culture in the Public Sector: Reform of the Public Sector in Australia, Britain and New Zealand », *Public Administration Review*, vol. 53, n° 4, p. 319-328.

Masten, Scott E. (octobre 1984), « The Organization of Production: Evidence from the Aerospace Industry », *Journal of Law and Economics*, vol. 27, n° 2, p. 403-417.

Mayhead, Austin and Company Limited (1997), *CCT and Local Authority Blue-Collar Services*, Local Government Research Report, Londres, Department of the Environment.

McDavid, James (septembre/octobre 1985), « The Canadian Experience with Privatizing Residential Solid Waste Collection Services », *Public Administration Review*, vol. 45, n° 5, p. 602-608.

McDavid, James (1988), *Privatizing Local Government Services in Canada*, chap. 6, p. 101-120, Vancouver, The Fraser Institute.

McGuire, Robert A., Robert L. Ohsfeldt et T. Norman Van Cott (1987), « The Determinants of the Choice between Public and Private Production of a Publicly Funded Service », *Public Choice*, vol. 54, n° 3, p. 211-230.

McMaster, Robert (novembre 1995), « Competitive Tendering in UK Health and Local Authorities: What Happens to the Quality of Services ? », *Scottish Journal of Political Economy*, vol. 42, n° 4, p. 409-427.

McMaster, Robert (1996), « A Non-Parametric Approach to Identifying the Sources of Cost Savings Arising from Competitive Tendering », *Applied Economics Letters*, vol. 3, n° 7, p. 463-466.

Milne, Robin et Magnus McGee (1992), « Compulsory Competitive Tendering in the NHS: A New Look at Some Old Estimates », *Fiscal Studies*, vol. 13, n° 3, p. 96-111.

Mixon, Franklin G. Jr. et K. P. Upadhyaya (octobre 1993), « The Transactions Cost Theory of Vertical Integration: Leasing in the Motor Carrier Industry », *International Journal of Transport Economics*, vol. 20, n° 3, p. 295-304.

Mixon, Franklin G. Jr. et K. P. Upadhyaya (mars 1995), « An Empirical Analysis of Firm Size and Vertical Integration in the Motor Carrier Industry », *The Logistics and Transportation Review*, vol. 31, n° 1, p. 21-30.

Monteverde, Kirk et David J. Teece (printemps 1982), « Supplier Switching Costs and Vertical Integration in the Automobile Industry », *Bell Journal of Economics*, vol. 13, n° 1, p. 206-213.

Morgan, David R. et Michael W. Hirlinger (1987), « The Decision to Contract Out City Services: A Further Explanation », *Western Political Quaterly*, vol. 41, n° 2, p. 363-372.

Morgan, Donald R. et Michael W. Hirlinger (septembre 1991), « Intergovernmental Services Contracts, a Multivariate Explanation », *Urban Affairs Quarterly*, vol. 27, n° 1, p. 128-144.

Painter, Painter (été 1991), « Compulsory Competitive Tendering in Local Government: The First Round », *Public Administration*, vol. 69, n° 2, p. 191-210.

Poister, Theodore H. et Gary T. Henry (mars/avril 1994), « Citizen Ratings of Public and Private Service Quality: A Comparative Perspective », *Public Administration Review*, vol. 54, n° 2, p. 155-160.

Pommerehne, Werner W. et Bruno S. Frey (1977), « Public Versus Private Production Efficiency in Switzerland: A Theoretical and Empirical Comparison », dans Vincent Ostrom et Frances Pennell Bish, dir., *Comparing Urban Service Delivery System*, vol. 12 de *Urban Affairs Annual Reviews*, chap. 8, p. 221-241, Calif., Beverly Hills, Sage Publications.

Postner, Harry H. (juin 1990), « The Contracting-Out Problem in Service Sector Analysis: Choice of a Statistical Unit », *Review of Income and Wealth*, vol. 36, n° 2, p. 177-186.

Quiggin, John (3ᵉ trimestre 1994), « The Fiscal Gains from Contracting Out: Transfers or Efficiency Improvements », *The Australian Economic Review*, n° 107, p. 97-102.

Savas, E. S. (1977), *The Organization and Efficiency of Solid Waste Collection*, Lexington, Mass., Lexington Books.

Savas, E. S. (1980), « Comparative Costs of Public and Private Enterprise in a Municipal Service », dans W. J. Baumol, dir., *Public and Private Enterprise in a Mixed Economy*, chap. 14, p. 253-264, New York.

Scott, Graham, Peter Bushnell et Nikitin Sallee (avril 1990), « Reform of the Core Public Sector: New Zealand Experience », *Governance: An International Journal of Policy and Administration*, vol. 3, n° 2, p. 138-167.

Shaw, Keith, John Fenwick et Anne Foreman (été 1994), « Compulsory Competitive Tendering for Local Government Services: The Experiences of Local Authorities in the North of England 1988-1992 », *Public Administration*, vol. 72, n° 2, p. 201-217.

Shin, Namchul (juillet 1996), « The Impact of Information Technology on Vertical Integration: An Empirical Analysis », http://hsb.baylor.edu/ramsower/ais.ac.96/papers/SHIN2.HTM.

Stein, Robert M. (mai 1990), « The Budgetary Effects of Municipal Service Contracting: A Principal-Agent Explanation », *American Journal of Political Science*, vol. 34, n° 2, p. 471-502.

Stevens, Barbara J. *et al.* (juin 1984), « Delivering Municipal Services Efficiently: A Comparison of Municipal and Private Service Delivery », Technical Report, New York, Ecodata Inc.

Stigler, George J. (1951), « The Division of Labor Is Limited by the Extent of the Market », *Journal of Political Economy*, vol. 59, n° 3, p. 185-193.

Struijs, Peter (octobre 1996), « International Harmonization of Statistical Units », dans http://www.statcan.ca/english/InternRound/rndtab.htm, 10th International Roundtable of Business Survey Frames, Statistique Canada.

Stuckey, John A. (1983), *Vertical Integration and Joint Ventures in the Aluminum Industry*, Cambridge, Mass., Harvard University Press.

Szymanski, Stefan (1996), « The Impact of Compulsory Competitive Tendering on Refuse Collection Services », *Fiscal Studies*, vol. 17, n° 3, p. 1-19.

Szymanski, Stefan et Sean Wilkins (1993), « Cheap Rubbish ? Competitive Tendering and Contracting Out in Refuse Collection - 1981-1988 », *Fiscal Studies*, vol. 14, n° 3, p. 109-130.

Tucker, B. et R. P. Wilder (septembre 1977), « Trends in Vertical Integration in the U.S. Manufacturing Sector », *Journal of Industrial Economics*, vol. 26, n° 1, p. 81-94.

Walsh, K. et H. Davis (1993), *Competition and Service: The Impact of Local Government Act 1988*, Londres, HMSO.

Williamson, Oliver E. (1975), *Markets and Hierarchies: Analysis and Antitrust Implications*, New York, The Free Press.

Wistrich, Enid (printemps 1992), « Restructuring Government New Zealand Style », *Public Administration*, vol. 70, n° 1, p. 119-135.

Chapitre 3.2

DYNAMIQUE DE L'IMPARTITION

Benoit Aubert[1], Michel Patry[2] et Suzanne Rivard[3]

3.2.1 INTRODUCTION

Le présent chapitre rapporte deux cas récents d'impartition afin d'illustrer comment sont exécutés les contrats qui lient un donneur d'ordres et un ou plusieurs fournisseurs de services. Chaque cas permet d'aborder une question centrale du processus d'impartition et il sera analysé à la lumière des concepts qui ont été présentés dans les chapitres précédents.

Les deux exemples retenus correspondent respectivement à une impartition réussie et à une impartition qui s'est soldée par un échec. Dans le premier cas, l'organisation a su dresser des contrats incitatifs, qui ont motivé fortement les trois fournisseurs qu'elle s'était adjoints à collaborer avec elle et à lui fournir des services de qualité. La structure complexe mise en place a permis de rentabiliser l'impartition totale des services, tant pour le client que pour les fournisseurs. Le second cas offre lui aussi l'exemple d'une stratégie d'impartition totale. Toutefois, la relation entre le client et le fournisseur a abouti à une impasse, due à l'absence de procédures adéquates de contrôle et au manque de mécanismes incitatifs prévus par le contrat. Finalement, le client a dû récupérer les services informatiques qu'il avait impartis à l'origine.

Les deux cas qui font l'objet de notre analyse sont les suivants :

• **Impartition totale : incitatifs, protection contre l'opportunisme, alliances, rôle de la mesure.** Il s'agit d'une grande entreprise publique canadienne qui a choisi d'impartir l'ensemble de ses activités reliées aux technologies de

---

1. Technologies de l'information, École des Hautes Études Commerciales de Montréal et CIRANO.
2. Institut d'économie appliquée, École des Hautes Études Commerciales de Montréal et CIRANO.
3. Technologies de l'information, École des Hautes Études Commerciales de Montréal et CIRANO.

l'information (gestion de la fonction, développement de systèmes et exploitation). L'entreprise qui employait plus de 1000 personnes uniquement pour la prestation des services informatiques a cédé celle-ci à trois fournisseurs différents, dont certains des services étaient interdépendants. Ce régime de cotraitance profitait à l'entreprise de diverses manières : compétition entre les fournisseurs, surveillance de la qualité des services entre fournisseurs, etc. L'entreprise a aussi noué certaines alliances stratégiques avec ses fournisseurs dans le but de vendre, à d'autres entreprises publiques semblables dans le monde, certains des systèmes développés pour répondre à ses besoins.

• **Impartition et réintégration : risque et gestion du risque.** Dans ce cas-ci, c'est une compagnie d'assurances nord-américaine, dont les actifs s'élèvent à 450 millions de dollars, qui a décidé d'impartir la totalité de ses activités d'exploitation informatique et de développement de logiciels à un fournisseur provenant de l'extérieur de l'Amérique du Nord. Le sous-traitant était avant tout un fournisseur de progiciels dans le domaine des assurances et il n'avait pas vraiment d'expérience dans l'impartition des services d'exploitation. Le contrat lui offrait cependant l'occasion de faire une percée sur le marché nord-américain des services informatiques liés aux assurances. La compagnie a cédé au fournisseur tous ses employés et ses actifs reliés aux technologies de l'information. Mais très tôt, des problèmes majeurs ont surgi : non-respect des normes de qualité de service, logiciels ne correspondant pas aux besoins établis par le client, nombreux litiges. Après plusieurs mois, la compagnie d'assurances a dû se résoudre à résilier le contrat qui la liait à son fournisseur et à réintégrer à l'interne ses employés et ses actifs.

3.2.2   CAS 1 – NIAGARA

3.2.2.1   Description de l'entreprise

Niagara est une grande entreprise du secteur public canadien qui emploie plus de 50 000 personnes et dont le revenu annuel se chiffre en milliards de dollars. Pour l'exercice de la plupart de ses activités, elle recourt à des technologies de l'information (TI) et utilise deux ordinateurs centraux IBM 3090-600G, plus de 65 VAX dans un environnement DecNet/Internet, et environ 10 000 postes de travail qui vont des premiers 8086 aux plus récents microprocesseurs. Des passerelles ou plates-formes informatiques lient entre eux tous les types de technologie et rendent possible l'utilisation d'une grande variété de logiciels. Pour toutes ces raisons, Niagara doit être en mesure de s'adapter constamment en fonction des changements de l'environnement technologique. C'est ce qui l'a amenée, il y a maintenant six ans, à déléguer à trois fournisseurs différents – Alpha, Beta et Gamma – la gestion de ses opérations informatiques. Afin de comprendre les raisons qui ont motivé chez elle une pareille décision, il faut examiner la situation de l'entreprise au milieu et à la fin des années 1980.

Fondée en 1982 par le gouvernement fédéral, Niagara devait, selon les termes d'une condition particulière, démontrer sa rentabilité avant sa huitième année d'existence. Pour satisfaire à cette exigence, elle décide à l'époque de miser sur les TI et doit, dès ses premières années d'exploitation et dans un laps de temps relativement court, modifier radicalement sa manière de faire des affaires. En 1984-1985, le nombre d'employés spécialisés en TI, pour le développement de logiciels et l'entretien des systèmes, se situe entre 100 et 200, mais, dès 1989, la demande en développement de systèmes et d'applications informatiques excède un million d'heures-personnes, ce qui correspond à 650 emplois à temps plein. On entrevoit déjà trois autres sources d'accroissement de la demande en services informatiques. Premièrement, les besoins de l'entreprise en entretien de systèmes et en soutien technique augmentent à mesure que les nouveaux systèmes sont développés et mis en production. Deuxièmement, on constate qu'il faudra bientôt renouveler les systèmes conçus au début des années 1980. Enfin, troisièmement, la décentralisation des fonctions financières de Niagara entraîne des changements majeurs des systèmes informatiques : ceux-ci doivent passer d'un mode de traitement en lots à un traitement en temps réel et d'une architecture centralisée à une architecture décentralisée. Tous ces facteurs viennent gonfler la demande de services informatiques.

Les logiciels utilisés dans une administration comme Niagara sont considérés comme uniques, de même que – mais dans une moindre mesure – les équipements et les systèmes. Afin d'être efficiente, Niagara doit être en mesure de prédire le volume de la demande dans les différentes régions du pays : c'est grâce à cette évaluation qu'elle pourra allouer ses ressources. En fait, l'allocation efficace et efficiente des ressources constitue, pour l'entreprise, le seul moyen de respecter les engagements qu'elle a pris avec sa clientèle. La prédiction de la demande devient ainsi un élément-clé dans la satisfaction du client. C'est pourquoi les systèmes développés depuis 1984-1985 fonctionnent à partir de l'information plutôt qu'en réaction au produit comme tel.

À la fin des années 1980, les dirigeants de Niagara, notant l'accroissement constant de la demande de services en système informatique (SI), commencent à s'interroger sur le véritable domaine de spécialité de leur entreprise : gestion des TI ? ou prestation d'un service spécialisé ? Niagara estime alors à 1000 le nombre d'employés en TI qu'il lui faudrait embaucher pour répondre à ses propres besoins. Mais comme elle ne parvient guère, à court terme, à en engager plus de 800, elle est donc constamment obligée de s'en remettre à des partenaires externes, dont le nombre dépasse la centaine. Le nombre de consultants au sein de l'entreprise, lui, avoisine celui de ses salariés et des effectifs importants sont affectés à la seule gestion des relations avec les fournisseurs, le plus souvent au détriment du développement et de l'entretien des services informatiques eux-mêmes. Devant l'ampleur de la situation, et conscients qu'il leur serait impossible d'augmenter rapidement leurs effectifs, les dirigeants de l'entreprise concluent à la nécessité d'un changement opérationnel important : la manière de faire des affaires doit être radicalement modifiée. L'entreprise veut en outre mettre à profit les innovations technologiques qu'elle a développées tout au long des dernières années. Les gestionnaires estimaient que Niagara était unique dans son domaine de spécialité. Et même si la population en général ne voyait en elle qu'un simple fournisseur gouvernemental de services, l'entreprise n'en était pas moins considérée dans les milieux informés comme un leader dans l'application des TI à l'administration des activités. De là l'importance, pour elle, d'exploiter la compétence distinctive que lui conférait le caractère unique et innovateur des systèmes déjà développés.

3.2.2.2 L'impartition chez Niagara

En 1989, convaincue que des mesures doivent être prises, Niagara entreprend des démarches auprès de tous ses fournisseurs de technologies informatiques. Elle les informe, lors d'entretiens conduits par le service des approvisionnements et la division des TI, de sa volonté de changer ses façons de faire et leur dévoile les bases sur lesquelles elle compte à l'avenir s'associer à ses partenaires : partage des risques, poursuite de nouvelles possibilités d'affaires et, surtout, abandon du financement du développement d'applications et de systèmes. Ce que cherche en fait Niagara, ce sont des fournisseurs prêts à investir dans l'acquisition des connaissances et des compétences requises pour la prestation des services informatiques de son secteur d'activités. La société d'État ne veut plus avoir à supporter systématiquement les coûts associés à l'apprentissage de chacun de ses fournisseurs : elle désire plutôt conclure des contrats à long terme avec des fournisseurs compétents dans le secteur d'activités qui est le sien et de taille à assumer les risques considérables auxquels les expose une entente d'impartition. Sur plus de cent, une dizaine de fournisseurs seulement – des firmes de taille importante pour la plupart – se montrent intéressés à travailler dans les nouvelles conditions fixées par Niagara et, au terme de pourparlers destinés à étudier les différentes avenues possibles de collaboration, seuls trois d'entre eux – Alpha, Beta et Gamma – sont finalement choisis en vue d'un accord, qui sera conclu peu de temps après.

Conformément à l'entente qu'ils ont signée, Niagara confie à chacun des trois fournisseurs des portefeuilles d'applications suffisamment importants pour justifier l'acquisition de compétences particulières et des investissements notables en ressources humaines et technologiques. Pour la société d'État, la taille des contrats constitue encore la principale incitation à la performance : offrir à ses nouveaux partenaires des portefeuilles qui présentent pour eux un intérêt certain, c'est en somme s'assurer qu'ils travailleront aussi sinon plus efficacement et plus économiquement qu'elle-même ne le ferait. De fait, grâce à ces contrats à long terme, les fournisseurs profiteront d'une structure de coûts inférieure à celle de leur client commun et se montreront plus productifs que lui.

Niagara a décidé de transiger avec trois fournisseurs plutôt qu'un seul, pour une raison fort simple : la compétition. La pluralité de fournisseurs compétents dans le secteur des activités imparties lui fournit alors de nombreuses garanties qu'elle n'aurait sans doute pas pu obtenir en s'adjoignant un partenaire unique. Si, par exemple, la relation avec l'un d'entre eux vient à se détériorer, Niagara peut toujours compter sur la présence des deux autres. Et en cas de surplus de travail, il lui est toujours possible de répartir rapidement la tâche à accomplir selon les capacités de production respectives de ses partenaires. En recourant ainsi à la cotraitance, l'entreprise réduit le risque de se retrouver sans ressources ou captive d'un fournisseur.

Cette nouvelle façon de fonctionner permet par ailleurs à Niagara de transférer à ses fournisseurs une bonne partie des risques qu'elle assumait seule habituellement. Il n'en allait pas de même par le passé. Si un fournisseur ne pouvait offrir un service satisfaisant, Niagara devait soit supporter la mauvaise performance de son partenaire, soit confier le service à un nouveau fournisseur : dans un cas comme dans l'autre, elle perdait les bénéfices qu'elle aurait dû retirer de la relation. Dans le milieu des technologies de l'information, rares sont les clients qui poursuivent leurs fournisseurs pour mauvaise performance : en général, ils absorbent plutôt la perte et ils confient la tâche à un nouveau fournisseur. Les nouveaux contrats signés par Niagara responsabilisent les trois fournisseurs en exigeant des SI qu'ils ont la charge de développer ou de modifier des niveaux de performance élevés.

Ce partenariat s'avère également avantageux pour les fournisseurs : il leur permet d'atteindre des niveaux de spécialisation inégalés jusqu'alors. De plus, contrairement à ce qui se passe en situation d'impartition avec la plupart des clients, les fournisseurs n'ont pas à convaincre Niagara de la variété de leur expertise, puisque les contrats qui les lient à elle favorisent leur spécialisation en tenant compte des compétences et des habiletés particulières de chacun. Beta s'est vu confier la responsabilité de l'architecture générale des systèmes, Alpha, celle du *design* des bases de données et Gamma, celle des systèmes de suivi et d'exploitation des plates-formes informatiques. Un tel partage des tâches et des responsabilités permet aux fournisseurs de concentrer leurs ressources sur le développement de domaines particuliers et, bien qu'il ne les place pas en situation de concurrence directe, il maintient entre eux un climat d'émulation du seul fait qu'il leur offre l'occasion d'acquérir une solide connaissance du secteur d'activités.

Le mode d'évaluation des projets, adopté par Niagara, relève d'une stratégie semblable, puisqu'il met éventuellement à contribution les trois fournisseurs. Afin qu'il soit correctement évalué, tout projet soumis par un des fournisseurs est analysé suivant des grilles d'évaluation développées à l'interne. Si l'évaluation ne satisfait pas aux normes établies ou si, au contraire, elle s'avère beaucoup trop élevée pour le donneur d'ordres, l'appel à la compétition devient permis. Cette option constitue cependant un dernier recours, puisqu'elle s'avère coûteuse pour toutes les parties. La plupart du temps, la compétition entraîne des coûts supérieurs aux profits qu'elle génère ou peut générer. De toute manière, la seule éventualité d'une compétition entre fournisseurs est de nature, selon les gestionnaires de Niagara, à rajuster les prix demandés pour la prestation des services impartis. Une telle éventualité, bien que différente de celle qu'on retrouve sur le marché, demeure efficace.

Ce type de relation client-fournisseur est donc, on le voit, très complexe. Niagara n'aurait pu fonctionner de cette manière si elle avait eu à transiger avec un grand nombre de fournisseurs. D'un autre côté, elle n'a jamais vraiment envisagé de faire affaire avec moins de trois fournisseurs, fixant à quatre le nombre maximum au-delà duquel le partenariat perdait, selon elle, de l'intérêt pour toutes les parties en présence. Pour les fournisseurs, la rentabilité d'une relation d'impartition est toujours conditionnelle à un volume d'affaires élevé, et c'est précisément ce volume que la multiplication des partenaires risque souvent de réduire.

La cotraitance place les trois fournisseurs de Niagara dans une situation à laquelle ils ne sont pas habitués de faire face. Pour la plupart des projets, ils doivent coopérer au lieu de se faire concurrence. Comme Beta est responsable de l'architecture des systèmes et Alpha, des bases de données et du soutien technique, Gamma ne peut concevoir une nouvelle application sans travailler avec eux et sans obtenir leur approbation. De la même manière, Beta et Alpha, s'ils veulent développer de nouveaux logiciels, sont tenus de collaborer avec Gamma, qui est responsable des plates-formes informatiques. Les trois fournisseurs doivent donc mettre en veilleuse leur traditionnel instinct de compétition s'ils veulent remplir les conditions du contrat qu'ils ont signé, et ce, dans leur intérêt comme dans celui de leur client. L'interrelation des fournisseurs offre en outre un autre avantage : elle assure un certain contrôle par les pairs et permet à Niagara d'obtenir l'opinion d'un tiers sur tout travail exécuté par ses partenaires.

Le coût associé au recours à la compétition est difficile à mesurer. Le transfert d'un portefeuille d'applications d'un fournisseur à un autre comporte plusieurs coûts cachés. Parmi ceux-ci, il y a le coût associé à l'apprentissage d'un fournisseur à qui on a confié un nouveau portefeuille. Dans le cas de Niagara, cet apprentissage se rapporte à la fois aux connaissances techniques nécessaires au développement des applications et aux connaissances relatives au secteur d'activités. Il reste relativement simple et, par conséquent, entraîne des coûts assez faibles, puisque les trois fournisseurs à qui on a confié des portefeuilles d'applications connaissent déjà l'environnement commercial de leur client et qu'ils n'ont à se familiariser qu'avec le travail qu'on leur a demandé d'exécuter. Il en irait tout autrement si Niagara faisait intervenir un quatrième partenaire dans la relation d'impartition. Le nouvel associé aurait à assimiler la culture de l'entreprise et à acquérir des connaissances relatives au secteur d'activités, sans compter le temps – qui ne manquerait pas d'être long – qu'il lui faudrait consacrer à l'apprentissage technique nécessaire à l'exécution des travaux.

Ailleurs dans le monde, on commence à mesurer l'apport des nouvelles technologies au secteur de l'administration publique. Pour Niagara et ses partenaires, une telle prise de conscience représente des retombées considérables : à une certaine époque, les équipes qu'ils avaient mises sur pied déployaient leurs effectifs dans huit pays différents et y exportaient la technologie développée initialement pour Niagara. Chaque fois que l'entreprise procède à des transferts semblables, elle le fait en collaboration avec l'un ou l'autre de ses partenaires : Gamma, par exemple, a installé un système de suivi en Nouvelle-Zélande et aux États-Unis sur la base d'ententes conclues avec Zip, une filiale de Niagara spécialisée en TI. En fait, c'est grâce à l'entente de partenariat qu'ils ont conclue entre eux que Niagara et ses trois fournisseurs peuvent vendre les systèmes qu'ils conçoivent. Niagara n'aurait pu exporter seule ses innovations technologiques, car là n'est pas sa raison d'être : il lui fallait de toute nécessité s'adjoindre des fournisseurs importants, qui disposaient de ressources suffisantes et qui nouaient les relations indispensables pour se positionner sur le marché mondial. De leur côté, les fournisseurs n'auraient pu vendre leur expertise sans l'aide de leur client, car pour pénétrer un secteur donné d'activités, il est nécessaire d'y être introduit par l'un de ses membres. Parce que Niagara s'est taillé une réputation internationale dans le domaine des TI, ses fournisseurs ont pu user de son nom comme d'un outil de promotion auprès de nouveaux clients et profiter des nombreuses possibilités d'affaires que la société d'État leur offrait avec les administrations publiques étrangères.

3.2.2.3   La structure des contrats

Les contrats liant Niagara à ses fournisseurs contiennent de nombreuses clauses particulières. Chaque contrat comprend une entente « générale » spécifiant les dispositions communes à tous les accords et incluant toutes les normes à respecter dans l'exécution des travaux. Quant à la description détaillée des travaux comme telle, elle figure dans le cahier des charges, qui, pour chacune des applications imparties, spécifie l'application à développer ou à maintenir à jour, le nombre d'heures de travail, les périodes allouées au développement de l'application, etc. La figure 3.2.1 donne un aperçu de la structure des contrats d'impartition : la première ligne correspond à la structure commune à tous les contrats et les colonnes sous cette ligne détaillent les modalités de la prestation pour chacune des applications.

FIGURE 3.2.1

Structure des contrats (Niagara)

• Conditions et termes généraux • Standards, normes et garanties • Termes et définitions				→ identique pour tous les contrats	
Application 1 Fonctionnalités particulières	**Application 2** oo	**Application 3** oo	oo oo	oo oo	**Application n** Fonctionnalités particulières
Définition des travaux	oo	oo	oo	oo	Définition des travaux
Période	oo	oo	oo	oo	Période
Type de support	oo	oo	oo	oo	Type de support
modèles normalisés, comparaisons internes, mesures formelles					

Les applications décrites dans le cahier des charges sont nombreuses : pour l'ensemble des contrats, on en compte plus de 200, dont 43 attribuées aux finances. Outre celles-ci (incluant les ressources humaines et l'administration), il y a des portefeuilles d'applications pour le marketing (incluant les ventes et les activités de détail), le traitement de la production et, enfin, l'évaluation et le contrôle des opérations. Les portefeuilles sont en général regroupés selon les différentes zones de responsabilités des directeurs, mais l'allocation des applications aux différents portefeuilles s'avère parfois arbitraire. Par exemple, les applications d'un portefeuille donné sont habituellement reliées entre elles, mais il arrive qu'elles soient en interaction avec celles des portefeuilles voisins, si bien que certaines d'entre elles peuvent très bien être classées sous d'autres portefeuilles. Il y a dix ans, il aurait été possible d'identifier des applications autonomes, isolées des autres applications. Ce n'est plus le cas maintenant : chaque application interagit avec une vingtaine d'autres.

Plus que de mettre à jour les connaissances nécessaires à l'exécution des travaux, c'est de s'adapter à la culture de Niagara qui constitue pour les fournisseurs la partie du contrat la plus contraignante. Cette culture passe essentiellement par un soutien technique qui doit être assuré jour et nuit. Avant l'impartition, tous les gestionnaires de l'entreprise, même ceux du niveau corporatif, portaient sur eux en permanence un téléavertisseur. Les employés des fournisseurs se sont donc pliés à cette pratique afin de pouvoir répondre en tout temps aux appels des utilisateurs du système. Des procédures formelles d'escalade et la démarche à suivre sont déterminées à l'avance pour le cas où une des applications viendrait à manquer pendant un certain temps. L'une des personnes rencontrées lors de l'enquête racontait qu'elle avait eu à téléphoner à des vice-présidents des fournisseurs au beau milieu de la nuit, comme il était spécifié de le faire dans le contrat en cas de problème. Pour Niagara, le soutien technique est extrêmement important et repose sur un système très formalisé d'instructions : aucune erreur n'est permise. Et même si cet environnement de travail paraît très formel, il s'avère en réalité fort efficace.

S'adapter à cette nouvelle réalité n'est cependant pas chose facile pour les fournisseurs. Auparavant, les rares fois où ils avaient à assurer l'entretien de systèmes, ils le faisaient sur une base horaire et facturaient au client leurs heures supplémentaires. En signant une entente avec Niagara, Alpha, Beta et Gamma se sont engagés à garantir l'entretien des systèmes et des applications à un prix fixe, déterminé à l'avance. Ils ont donc tout intérêt à développer des systèmes efficaces et performants, puisque ce sont eux qui seront responsables de leur entretien pendant une période relativement longue. Une telle entente représente une manière tout à fait différente de faire des affaires dans le milieu de la consultation en TI et du développement de systèmes informatiques.

3.2.2.4 Mesure de la performance

Il y a chez Niagara une longue tradition de mesure de la performance, et ce, pour chacune des divisions de l'entreprise. Tout directeur est responsable de l'évaluation périodique des activités sous sa gouverne. On mesure régulièrement le volume des services offerts, on compare le volume prévu au volume réel, on calcule le temps de traitement d'un service ainsi que le coût de sa prestation. L'évaluation précise de chaque activité est devenue une composante essentielle de la gestion des activités : elle permet de développer une expertise de mesure qui s'applique non seulement aux opérations, mais aussi à l'ensemble de l'entreprise. Il existe des évaluations et des indicateurs internes pour chaque type d'activités relatives aux TI.

Dans tous les contrats d'impartition signés par Niagara, il y a des clauses de niveau de service. Ces clauses stipulent, pour chaque application et selon des estimations internes, les budgets, les salaires, les bénéfices et le soutien administratif requis. Lorsqu'un fournisseur accepte de développer ou de mettre à niveau une application, il le fait selon les indicateurs internes prévus par le contrat, et non selon les prix du marché. Le tarif du fournisseur doit être au moins aussi avantageux que le tarif de Niagara, estimé sur la base de ces indicateurs.

Pour chaque projet, Niagara utilise des indicateurs de performance tels le coût par bien livrable, le coût global du développement, le temps écoulé, le coût variable, etc. Ces mesures sont spécifiées dans le contrat avant le démarrage du projet, de manière à ce que le fournisseur connaisse les critères selon lesquels il sera évalué. Les directeurs mesurent régulièrement les activités des fournisseurs en élaborant des graphiques intégrant le nombre, le type et la catégorie des problèmes qui surviennent (en fonction du niveau de sécurité) ainsi que leur impact sur l'ensemble des activités. Niagara cherche constamment à améliorer la productivité de ses partenaires et ne cesse, s'agissant des activités imparties, de faire des prévisions.

Niagara dispose aussi d'outils qui lui permettent d'évaluer les applications développées ou utilisées pour la première fois. Dans ce cas, on évalue le rendement d'une nouvelle application selon les résultats obtenus et les problèmes qui surgissent. Par exemple, on peut exiger que soit fixé à dix le nombre maximal de problèmes à résoudre mensuellement pour un même système. Ces problèmes sont classés suivant trois catégories : rouge/vert/jaune. Toutes les mesures d'évaluation sont spécifiées dans le contrat de manière à renseigner le fournisseur sur les fonctions dont il est responsable. Niagara surveille aussi les applications que ses fournisseurs doivent intégrer dans les systèmes déjà en place. Si le temps de réponse s'allonge à la suite d'une modification du système, le fournisseur devra faire la preuve que ce n'est pas son application qui en est la cause.

Niagara dispose enfin de barèmes de mesure pour toutes les applications informatiques, qu'elles soient sur l'ordinateur central, distribuées ou en mode d'utilisation individuelle (*stand-alone*). Certains des standards sont déterminés par les projets réalisés à l'interne alors que d'autres proviennent de projets mis en œuvre à l'externe. Ces diverses estimations incitent les fournisseurs à rester justes dans l'évaluation qu'ils font d'un projet.

Pour Niagara, les méthodes d'évaluation actuelles ne présentent en fait qu'un seul véritable inconvénient : elles ne sont pas applicables aux technologies entièrement nouvelles. Aucun des standards usuels ne pouvant mesurer des applications inédites, les dirigeants de l'entreprise doivent, le cas échéant, s'en remettre à la compétition tant et aussi longtemps qu'une nouvelle base d'évaluation ne sera pas solidement établie, après la réalisation de nombreux projets utilisant la technologie nouvelle.

3.2.2.5 Gestion des ressources humaines

Les contrats liant Niagara à ses trois fournisseurs ne prévoyaient aucun transfert d'employés. Lors de séances d'information, le personnel de l'entreprise, qui était fortement syndiqué, a été mis au fait de la volonté de Niagara d'impartir ses activités en TI et de la suppression de postes qu'entraînerait le transfert des technologies. Niagara ne voulait pas agir en tant qu'agent de placement ou chasseur de têtes : si un poste l'intéressait, l'employé devait traiter directement avec le fournisseur et les négociations se faisaient alors entre les deux parties. Au fur et à mesure que le transfert des technologies s'effectuait, les employés étaient déclarés surnuméraires et avaient droit aux indemnités de départ offertes par leur ancien employeur. Ils restaient tout à fait libres d'accepter les offres qui leur étaient faites. Certains employés ont tout simplement décidé de travailler pour un des trois fournisseurs ou, encore, pour le gouvernement fédéral. Quelques-uns ont complètement changé de domaine.

L'impartition des diverses applications ne s'est pas faite d'un seul coup. Les transferts des portefeuilles devaient s'effectuer avant les différentes échéances fixées afin d'assurer une transition relativement douce. Les employés étaient avisés à l'avance que leur poste serait déclaré surnuméraire en raison des transferts des TI. Ils connaissaient la date à laquelle le processus devait être terminé et ils savaient qu'ils pouvaient profiter de l'indemnité de départ à la condition de travailler pour l'entreprise jusqu'à la date prévue de leur départ. Un départ anticipé était considéré comme une démission et, dans ce cas, aucune compensation n'était versée à l'employé. Les systèmes étaient transférés à des dates différentes afin que les fournisseurs puissent ajuster leur production en fonction de l'augmentation du niveau d'activité, et chaque application était transférée selon les capacités du fournisseur à l'intégrer et à la doter du soutien technique nécessaire.

Il n'y a eu aucun échange d'employés entre Niagara et ses trois fournisseurs. Au début du processus d'impartition, certains employés des fournisseurs ont bien travaillé chez Niagara, mais cet échange temporaire, qui s'est avéré d'ailleurs utile, avait pour but de faciliter autant que possible la transition.

3.2.3   CAS 2 – ASSUROR[4]

3.2.3.1   Description de l'entreprise

L'industrie américaine de l'assurance se divise en trois secteurs : l'assurance-vie, la réassurance et l'assurance générale. La première est une assurance qui, contre une prime, assure un individu en cas de décès ou lui verse une indemnité en cas d'invalidité. La deuxième permet aux compagnies d'assurances de garantir leurs propres portefeuilles d'assurance en partageant les risques associés à ces derniers avec les compagnies de réassurance. Quant à l'assurance générale, dont l'assurance-auto offre un bon exemple, elle protège un individu ou une entité légale contre tout risque autre que la mort. Aux États-Unis, l'assurance générale est très standardisée : elle fait partie d'un environnement réglementé et les opérations informatiques effectuées sont similaires d'une entreprise à l'autre. Les systèmes informatiques sont évidemment très complexes et peuvent traiter un grand nombre de transactions ou regrouper pour chaque police une multitude de données souvent réparties sur plusieurs années. Ils n'en restent pas moins relativement semblables (pour une classe de produit donnée) et ne représentent aucun atout stratégique pour les compagnies.

Assuror est une compagnie américaine travaillant dans les domaines de l'assurance générale et de la réassurance et dont les actifs s'élèvent aujourd'hui à 450 millions de dollars. Vers la fin des années 1980, la fiducie dont Assuror fait alors partie est vendue. L'acquéreur ne souhaite pas garder la compagnie et tente de s'en départir. Ne pouvant la vendre au prix qu'il demande, il décide de la conserver, mais en modifiant la composition de son équipe de direction. C'est alors qu'il procède à l'évaluation des technologies de l'information et des applications informatiques de la compagnie. Les systèmes d'information sont essentiels au fonctionnement d'une compagnie d'assurances comme Assuror, même s'ils n'en constituent pas l'activité principale[5]. La plupart des décisions des compagnies d'assurances, bien qu'elles ne tiennent pas toujours compte des SI, ont un impact sur eux, comme dans le cas de l'acquisition d'un portefeuille d'assurance[6].

---

4. À la demande du participant, son identité demeure confidentielle.

5. L'acquisition de SI conçus pour l'assurance générale est coûteuse. Les compagnies d'assurances tentent d'y consacrer au maximum 2 % des primes qu'elles perçoivent, mais la plupart ne peuvent descendre sous la barre des 2,5 % et certaines y allouent même jusqu'à 3 % de leurs primes. En dollars absolus, ces pourcentages représentent des sommes considérables.

6. Récemment, par exemple, Assuror acquérait d'une autre compagnie un portefeuille qui comprenait un programme d'assurance particulier, couvrant la presque totalité de son marché cible et, donc, présentant pour elle un intérêt certain. Elle n'avait toutefois pas l'expertise requise pour gérer ce nouveau portefeuille : les informations à saisir étaient différentes et leur traitement reposait sur des paramètres que le système informatique de la compagnie était incapable d'intégrer. Les SI durent être adaptés en conséquence et il fallut plusieurs mois à leurs opérateurs avant d'être en mesure d'effectuer les opérations introduites par le portefeuille nouvellement acquis. L'ampleur de la tâche n'avait pas été considérée lors de la transaction : elle ne le fut qu'après.

L'évaluation à laquelle son récent acquéreur soumet Assuror démontre que les TI ne sont pas utilisées de manière efficiente. Plusieurs opérations ne sont tout simplement pas informatisées, alors que d'autres sont traitées par des systèmes mal adaptés ou désuets. La compagnie cherche alors sur le marché une nouvelle application qui lui permettrait de transformer ses SI, mais en vain : aucune de celles qu'elle envisage de se procurer ne convient à ses besoins. Contrairement à la situation qui prévaut dans les domaines de l'assurance-vie et de la réassurance, il n'y a pas de progiciels disponibles pour l'assurance générale. Les systèmes informatiques sont le plus souvent développés par les compagnies d'assurances de façon *ad hoc* et intègrent les particularismes changeants de la législation américaine. Assuror constate toutefois que les produits de l'assurance générale sont, eux, relativement standards d'une firme à l'autre et songe donc sérieusement à acheter d'un fournisseur ou d'une autre compagnie d'assurances les applications nécessaires au traitement informatique de tels produits. Cette solution avait l'avantage de fournir rapidement des logiciels performants à Assuror sans qu'elle ait à débourser des sommes considérables dans le développement d'applications. Les applications restaient cependant difficiles à trouver. Décidée à s'adjoindre un fournisseur, la compagnie d'assurances s'en remet alors au marché pour trouver celui qui sera capable de répondre le mieux à ses besoins.

3.2.3.2 L'impartition des TI chez Assuror

Le choix d'Assuror se porte finalement sur Delta, qui lui offre un produit conforme à ses exigences. À l'époque, Delta est présent dans plusieurs pays, mais pas aux États-Unis : un contrat avec Assuror lui ouvrirait le marché nord-américain des TI. Pour Assuror, l'expérience de Delta dans le domaine des assurances l'emporte du reste sur sa méconnaissance du marché américain. Ce fournisseur de logiciels n'est pas à proprement parler un gestionnaire de site, mais il lui est arrivé dans le passé de gérer des centres de données pour le compte de certains de ses clients. Il propose donc à Assuror de prendre en charge son centre de traitement des données, une offre que la compagnie d'assurances accepte d'emblée. Pour les deux partenaires, il s'agissait d'une solution « gagnant-gagnant », puisqu'elle permettait à l'un de pénétrer enfin le marché nord-américain en même temps qu'elle offrait à l'autre la chance d'accéder à des technologies de pointe sans investissement direct de sa part.

3.2.3.3 Structure du contrat et mesure de la performance

La section du contrat concernant le développement de logiciels est divisée en deux parties. La première stipule que Delta s'engage à développer un système global offrant 80 % des fonctionnalités du système déjà implanté au siège social d'Assuror[7]. Assuror possède plusieurs filiales aux quatre coins des États-Unis et, chaque État ayant ses particularités en matière de législation, les applications utili-

---

7. Ce système traitait la souscription, les réclamations et la facturation, alors que les réclamations étaient traitées manuellement dans les bureaux régionaux.

sées sont très différentes d'une filiale à l'autre. Pour être opérationnel dans tous les États, le nouveau système doit donc être uniforme et offrir, en passant d'un mode en lots à un mode en temps réel, une performance qui soit supérieure à celle du SI du siège social. Le dernier 20 % du système, qui représente la seconde partie du contrat, est quant à lui développé sur mesure par le fournisseur. Il est relativement facile d'évaluer le travail à faire, puisque le système est déjà implanté au siège social : Assuror et son fournisseur n'ont qu'à comparer les nouvelles fonctionnalités avec celles de l'ancien système. La comparaison permet en outre à la compagnie d'assurances d'évaluer les fonctionnalités du nouveau système. La première partie de l'entente négociée avec la compagnie d'assurances (le premier 80 % des fonctionnalités) est déterminée à un prix fixe. Puisque la seconde partie relève davantage du développement du système, la compagnie d'assurances aura à payer des sommes supplémentaires au fur et à mesure que les nouvelles fonctions seront implantées. Pour Assuror, la somme déboursée pour acquérir le système de base est en partie amortie par le produit de la cession de son centre de traitement à Delta. Enfin, le contrat ne prévoit aucune pénalité.

3.2.3.4 Gestion des ressources humaines

L'exécution du contrat entraîne le transfert chez Delta des employés d'Assuror affectés à l'exploitation des applications ainsi que le transfert des exploitations elles-mêmes. Dans les bureaux d'Assuror, seuls restent les membres du personnel de liaison et un gestionnaire. Toutes les activités de développement de logiciels et d'exploitation informatique sont imparties et l'ensemble de l'équipement informatique est acquis par Delta. Assuror reste propriétaire de l'édifice qui abrite les services informatiques, mais Delta loue l'édifice en entier pour une période de cinq ans.

Entre-temps, Delta s'est vu offrir la possibilité d'utiliser le système d'une autre compagnie américaine comme base du nouveau logiciel. Estimant que la base technique de son propre système est supérieure, l'entreprise décide de la fusionner avec les fonctionnalités américaines, mais la fusion aboutit à un processus mal adapté et à la mise en place d'un système qui ne satisfait aucune des deux parties. Delta comprend au fil du processus d'adaptation que la manière de faire des affaires aux États-Unis est fort différente de ce qui se fait ailleurs dans le monde. Ses tentatives pour implanter sur le marché américain des assurances des procédés conçus et développés à l'étranger se soldent par des échecs ou des succès mitigés : la compagnie, par exemple, n'a jamais pu mettre au point un système de facturation compatible avec le fonctionnement d'Assuror.

En fait, le travail semble avoir été sous-estimé, à la fois par le preneur et le donneur d'ordres. Chez Delta, on ne s'attendait pas à devoir engager autant de ressources dans la production du système commandé par Assuror. L'implantation du système, qui ne présentait pas de difficultés particulières à première vue, devait en principe se faire rapidement, mais le fournisseur, qui comptait respecter ses engagements tout en investissant un minimum d'argent et de ressources, a négligé d'étudier les particularités du marché américain des assurances. En outre, plusieurs personnes affectées à la prestation du contrat provenaient des filiales internationales de Delta et avaient une connaissance fort limitée de l'environnement nord-américain.

Du côté d'Assuror, l'impartition du centre de traitement des données ne rapporte pas les fruits promis. La compagnie, en ramenant à la portion congrue sa part d'investissement dans le centre, espérait bénéficier d'économies d'échelle, des économies qu'elle considérait comme un des principaux avantages de l'impartition. Mais comme elle était l'unique client de Delta et que le profit de ce dernier n'était réalisable qu'avec elle, elle n'a pas retiré les bénéfices escomptés. En définitive, elle aurait pu assumer elle-même la charge de son centre de traitement des données, puisque cette partie du contrat ne représentait pour elle aucun gain.

Plusieurs mois après l'entrée en vigueur du contrat, les opérations informatiques de la compagnie d'assurances commencent à connaître des ratés. Leur volume augmente et des problèmes relatifs à la capacité de traitement et à la fenêtre d'opérations apparaissent. Le temps manque la nuit pour effectuer les mises à jour quotidiennes et le traitement de certains lots doit être reporté aux samedi et dimanche pour que les systèmes restent disponibles le matin – ils le resteront d'ailleurs pendant toute la durée du contrat. Ces retards, qui sont dus à la fois aux défaillances des équipements et aux problèmes de logiciels, ne cessent de se multiplier et finissent par représenter un problème majeur pour Assuror, qui tente d'en discuter avec Delta. Les clauses du contrat qui établissaient le niveau de service stipulent que les systèmes doivent être fonctionnels 97 % du temps. Pour sa défense, Delta fait valoir qu'en reportant aux fins de semaine les opérations qui n'ont pu être effectuées la nuit, il libère les systèmes pour 7 h le matin et respecte donc ses obligations. Delta ne voulait pas investir davantage dans le centre de traitement.

Assuror ne souhaitait pas aller devant les tribunaux pour obtenir de Delta les services auxquels elle croyait avoir droit. Le représentant de la compagnie estimait qu'il aurait fallu un très gros contrat pour justifier les frais d'avocat nécessaires et le recours à une expertise légale qui aurait démontré ce qu'est un « bon service ». De simples mesures prétendument standardisées, comme le temps de réponse, risquaient de faire l'objet de coûteux débats. Si le contrat stipulait un temps maximum pour obtenir une réponse, il indiquait aussi où ce temps devait être mesuré : soit au centre de traitement, soit chez le client. Même si les parties étaient d'accord sur ce point, il aurait fallu des experts pour estimer si le mauvais temps de réponse était dû à des problèmes avec le CPU, à la vitesse des lignes de transmission (télécommunications) ou, encore, au contrôleur des télécommunications. Enfin, il aurait fallu que le juge connaisse le domaine des technologies et de l'impartition et que les experts puissent lui démontrer l'origine réelle du problème. Dans le cas d'Assuror, les problèmes de mise à jour étaient dus aux défaillances des équipements et à des défauts dans l'architecture du SI que Delta avait reconfiguré. Le système demandait des itérations supplémentaires et requérait davantage de temps CPU que nécessaire. Chez Assuror, on était conscient que, de façon générale, des litiges de cette sorte ne se règlent pas par l'entremise de la cour : les entreprises ont plutôt tendance à réintégrer à l'interne les systèmes impartis ou à chercher un nouveau fournisseur.

Chez Delta, on fait également face à une situation difficile. Les fonctionnalités du nouveau système ne sont pas prêtes à être utilisées ni même à être installées et, même si le contrat ne prévoit aucune pénalité pour les retards de livraison, il autorise la compagnie d'assurances, en cas de non-respect de la partie du contrat portant sur les fonctionnalités (le premier 80 %), à interrompre ses paiements, ce que fit Assuror. Delta se heurte alors à des problèmes de liquidité : il lui devient impossible d'engager les ressources nécessaires au développement d'applications stipulé par le contrat et de livrer les fonctionnalités demandées. Des disputes s'élèvent entre les deux parties concernant la nature du système de base et des fonctionnalités, le contenu des livraisons à prix fixe et les divers paiements additionnels. Comme Assuror a besoin des SI, elle effectue bien un certain nombre de versements, qui sont des avances sur les fonctionnalités à livrer, afin de permettre à son fournisseur de continuer à travailler normalement. Mais après un certain temps, il devient évident que Delta ne pourra livrer le système demandé selon les modalités décrites dans le contrat.

À l'époque du contentieux, Delta et Assuror sont partenaires depuis trois ans et, en vertu du contrat, doivent le rester encore deux ans. Delta se refusant toujours à augmenter la capacité des systèmes (ou du CPU) et à régler les problèmes de fenêtre d'opérations, Assuror rappelle à son fournisseur qu'elle est propriétaire de l'immeuble qu'il occupe et que le bail est, malheureusement pour lui, d'une durée supérieure à celle du contrat. Lors d'une rencontre, l'adjoint au vice-président aux opérations d'Assuror expose au président de Delta la situation en ces termes : « Le service que vous offrez n'est pas satisfaisant et vous devez résoudre ce problème. Vous me dites que vous ne tenterez pas de le régler tant que vous n'aurez pas de clients supplémentaires. Toutefois, comme vous avez de graves problèmes, vous n'aurez pas de nouveaux clients. Nous ne voulons pas payer pour que vous régliez ces problèmes. De ce fait, nous allons continuer et avoir plusieurs disputes pendant les deux prochaines années. Par contre, soyez assurés qu'à la fin de cette période de deux ans, nous allons transférer nos affaires chez un autre fournisseur. » Les gestionnaires de Delta se rendent compte qu'ils auront bientôt à assumer les frais de location pendant une certaine période, alors même qu'ils perdront leur client. Inquiets, ils procèdent à une évaluation rapide des possibilités d'ententes avec de nouveaux clients, pour aussitôt constater que leur compagnie est beaucoup plus engagée dans le développement d'applications informatiques que dans la gestion des centres de traitement de données : une seule de ses divisions, située du reste sur un autre continent, se spécialise dans ce genre d'activité. Delta conclut qu'il serait plus avantageux pour elle de négocier un nouveau contrat avec son client. Les négociations reprennent donc, au terme desquelles il est décidé qu'Assuror récupérera son centre de traitement des données, de même que le matériel et le personnel reliés aux activités informatiques. Au cours des mois suivants, la compagnie d'assurances augmente la puissance du CPU, met à jour certaines applications et, sans même débourser de sommes importantes, règle les problèmes reliés au centre de traitement des données. Quant aux problèmes de fenêtres d'opérations et de temps de réponse, ils sont rapidement devenus chose du passé.

3.2.4   ANALYSE DES CAS

Les deux scénarios d'impartition que nous venons de décrire présentent des conclusions très différentes l'une de l'autre. Dans le cas de Niagara, l'impartition s'est révélée être une stratégie gagnante, alors que dans celui de la compagnie d'assurances, les difficultés contractuelles ont fait échouer le partenariat. Pourtant, plusieurs de ces difficultés auraient pu être évitées.

La présente analyse s'appuie sur la théorie économique des contrats dont plusieurs éléments ont été présentés aux chapitres des parties 1 et 2, en particulier au chapitre 2.2 qui aborde le problème de la motivation des agents en présence d'investissements spécifiques. Notre but est de montrer que la prise en compte des facteurs mis en évidence par la théorie des contrats permet d'augmenter les chances de réussite des ententes.

3.2.4.1   Opportunisme et contrats

L'hypothèse fondamentale de la théorie des contrats veut que toutes les ententes écrites protègent les parties contractantes contre le risque d'opportunisme. Par comportement opportuniste, on entend la recherche de l'intérêt personnel par la dissimulation, la ruse ou la tricherie. L'opportunisme serait impossible dans un monde d'information complète ou, encore, en présence d'individus qui s'engageraient moralement de manière crédible et transparente. Dans le premier cas, chacune des parties engagées dans la transaction pourrait vérifier facilement et sans coût si l'autre s'acquitte correctement de ses obligations ou si ses excuses sont valables en cas de non-respect du contrat : le contrat le plus simple – par exemple, un contrat qui stipulerait le paiement des services si, et seulement si, l'objectif de performance est atteint – suffirait à motiver le fournisseur. Dans le second cas, un fournisseur n'aurait qu'à donner sa parole qu'il exécutera les fonctions qui lui sont confiées contre une rémunération fixe.

Présumer, pour les fins de l'analyse, que ces deux conditions : 1) symétrie d'information; et 2) capacité d'engagement parfaite, ne sont pas présentes ne signifie pas que tous les individus, employés, gestionnaires et fournisseurs sont constamment et activement engagés dans la poursuite de leur intérêt personnel par tous les moyens – moraux ou non, légaux ou non. Et fort heureusement, sinon nombreuses seraient les institutions humaines qui se disloqueraient. La plupart des personnes se comportent le plus souvent de façon responsable et respectent les normes sociales et les traditions. Pourtant, cela n'empêche nullement toute manifestation de comportement opportuniste.

La décision d'un cadre, d'un employé ou d'un fournisseur d'adopter, dans une circonstance donnée, un comportement opportuniste dépendra de trois ensembles de facteurs : 1) les caractéristiques de l'individu; 2) le contexte dans lequel la transaction a lieu ; et 3) la structure des incitations mises en place. Par exemple, une personne intègre et possédant une solide réputation sera moins encline à adopter un tel comportement, tout particulièrement en contexte de transparence. Le risque d'opportunisme sera encore réduit si des pénalités élevées sont prévues.

Les situations d'impartition comprennent de nombreuses possibilités de comportements opportunistes. Les économistes regroupent ces manifestations en deux grandes catégories : le *risque moral* et la *sélection adverse*. Le risque moral naît de l'impossibilité dans laquelle se trouve une des parties (« le principal ») d'observer le comportement de l'autre partie (« l'agent »). Dans une relation d'impartition, le donneur d'ordres n'observe pas directement le niveau d'effort du fournisseur ou l'importance des investissements consentis par ce dernier. Cette asymétrie d'information permet au fournisseur d'imputer une contre-performance à des facteurs hors de son contrôle. La caractéristique distinctive du risque moral est qu'il renvoie à une manipulation du comportement ou de l'information après que les parties sont parvenues à une entente. Par exemple, le fournisseur peut exagérer l'effort qu'il a fourni dans l'exercice de l'activité impartie.

La sélection adverse rend difficile, pour le donneur d'ordres, l'observation des caractéristiques des agents avec qui il transige. La véritable capacité de livrer dans les délais certaines applications, la fiabilité, la santé financière sont autant de caractéristiques qui ne sont qu'imparfaitement observées par le donneur d'ordres. D'où la difficulté de choisir un fournisseur particulier.

Si client et fournisseur pouvaient, pour un coût non prohibitif, rédiger un contrat complet qui spécifierait les contributions et rémunérations de chacune des parties dans tous les états du monde possibles pour la durée entière du contrat et s'ils pouvaient vérifier l'exécution d'un tel contrat, ils arriveraient à parfaitement coordonner leurs comportements. L'incertitude entourant toute transaction et la complexité de l'environnement (deux variables de contexte) rendent la rédaction de tels contrats utopique. Tous les contrats sont par conséquent incomplets, certaines circonstances ne pouvant tout simplement pas être prévues.

De là l'importance des outils institutionnels que se donnent les parties pour favoriser la coopération entre elles. Aussi la question centrale de l'économie des organisations peut-elle être formulée comme suit : quels arrangements institutionnels et quelle structure contractuelle permettent aux agents économiques de minimiser les coûts attachés à la motivation et à la coordination ? Ces coûts sont généralement appelés coûts de transaction ou d'agence. Ils correspondent à la somme de la perte résiduelle qui découle d'une motivation ou d'une coordination imparfaites et des coûts associés à la négociation, à la rédaction des contrats, au maintien des institutions et à la vérification des transactions[8].

Comment les parties, dans les deux cas que nous avons présentés, parviennent-elles à se motiver mutuellement, à coordonner leur décision, bref, à coopérer ? À quels mécanismes doit-on les succès et les échecs de ces efforts de coopération ? C'est à ces deux questions que nous nous efforçons maintenant de répondre.

3.2.4.2 Les problèmes de motivation

L'analyse des deux exemples décrits plus haut présente un contraste frappant quant à la capacité du donneur d'ordres à obtenir de son fournisseur un niveau d'effort élevé et une réponse adéquate aux normes de qualité désirées.

Il est clair que Delta, le fournisseur d'Assuror, a minimisé à plusieurs reprises les efforts qu'il lui fallait consentir pour respecter son engagement. Rappelons que Delta, bien que s'étant engagé par contrat à fournir un certain niveau de service, a failli globalement à la tâche qui lui avait été confiée. Malgré les demandes répétées du donneur d'ordres et les menaces de poursuites, le fournisseur, plutôt que de chercher à résoudre le problème, a décidé de le contourner en évitant de traiter certaines demandes et en reportant au week-end le traitement de certaines autres. À ces manifestations d'opportunisme, il faut ajouter le sous-investissement chronique que fit Delta dans la compréhension du contexte nord-américain des assurances.

À l'opposé, Niagara a réussi à développer des relations plutôt harmonieuses avec ses trois principaux fournisseurs, tout en obtenant d'eux des niveaux de service et de productivité satisfaisants. La complexité de l'environnement contractuel de Niagara ne l'immunisait pourtant pas contre les mêmes manifestations d'opportunisme qui forcèrent Assuror à reprendre en mains les activités imparties. Deux mécanismes nous permettent d'expliquer les différences observées : le balisage et l'utilisation de la concurrence entre fournisseurs.

Le balisage

De manière générale, un donneur d'ordres a tout intérêt à expliciter les niveaux de performance désirés et à définir des mesures de performance vérifiables par une tierce partie. En définissant de manière explicite, mesurable et vérifiable des cibles de performance et des normes pour chacune des applications, Niagara lie la rémunération de ses fournisseurs à leur niveau de performance. De plus, en choisissant de faire affaire avec trois fournisseurs aux offres parfois concurrentes, elle obtient une précieuse information sur les coûts réels de développement – sauf si les fournisseurs font collusion, ce qui n'est pas impossible. À l'opposé, les niveaux de performance ne sont pas précisés par Assuror. S'ils l'avaient été, la compagnie

---

8. Le chapitre 2.2 présente certains éléments théoriques reliés à cette question.

aurait pu exiger les compensations prévues par le contrat en cas de non-respect des normes prescrites ou menacer le fournisseur de poursuites. Le caractère « flou » des spécifications (p. ex. : le temps de réponse doit-il être mesuré au centre de traitement ou chez l'utilisateur ?) rend ici toute forme de menace peu crédible.

La concurrence entre fournisseurs

Niagara utilise ingénieusement la concurrence entre fournisseurs. En confiant à chacun un portefeuille d'applications complémentaire aux deux autres, mais en partie échangeable, le donneur d'ordres limite le risque de devenir l'otage d'un seul fournisseur. Ce problème est moins aigu pour Assuror, car les applications utilisées dans les secteurs de l'assurance générale et de la réassurance sont assez homogènes : les entreprises ne manquent pas, qui peuvent concurrencer le fournisseur choisi.

Comme il a été mentionné plus haut, les fournisseurs de Niagara doivent coopérer entre eux s'ils veulent remplir toutes les conditions de leur contrat. Une telle coopération réduit à première vue la concurrence entre les fournisseurs, mais elle s'accompagne d'une surveillance mutuelle plus soutenue de leur part. Tout fournisseur dont le comportement nuit aux activités de ses partenaires sera aussitôt dénoncé par eux.

Enfin, des indicateurs permettent à Niagara d'évaluer ses fournisseurs. Dans les cas où ces indicateurs n'existent pas pour une activité donnée, la société d'État recourt à la compétition externe. Alpha, Beta et Gamma gardent néanmoins un avantage sur les autres fournisseurs, puisqu'ils connaissent déjà l'environnement spécifique à Niagara et les technologies utilisées par elle. Par ailleurs, la seule menace d'une concurrence est parfois suffisante pour contrer l'opportunisme des fournisseurs.

3.2.4.3   La convergence des objectifs

Il est clair que la relation commerciale entre Assuror et son fournisseur était fondamentalement conflictuelle, les intérêts des deux « partenaires » étant diamétralement opposés. Une telle situation est courante dans les relations interentreprises. Pourtant, Niagara et ses trois fournisseurs sont parvenus, grâce aux ententes qu'ils ont nouées, à réduire leurs antagonismes en accentuant la convergence de leurs intérêts respectifs. Les risques d'opportunisme sont évidemment moins importants quand les intérêts des agents convergent. Tout mécanisme qui réduit la divergence des intérêts, qu'il soit de nature contractuelle ou autre (leadership, culture d'entreprise, etc.), contribue directement à atténuer les risques de comportements opportunistes. Les trois principaux mécanismes institutionnels qui servent à harmoniser les relations entre donneur et preneur d'ordres sont : les ententes à long terme, la gestion du risque et l'alliance stratégique.

Les ententes à long terme

Contrairement à Assuror, qui est liée à son fournisseur par un contrat à durée déterminée sans perspectives assurées de renouvellement, Niagara s'efforce, en limitant leur nombre, d'établir une relation stable avec ses partenaires. Ce choix s'explique par l'importance des investissements spécifiques exigés de part et d'autre. En effet, les ententes entre Niagara et ses trois fournisseurs nécessitent de nombreux investissements spécifiques. D'une part, les fournisseurs doivent engager des capitaux dans l'acquisition de connaissances relatives au domaine d'activités de Niagara : c'est en fait une des conditions préalables au partenariat. D'autre part, Niagara court le risque de dépendre des fournisseurs, de qui elle exige des compétences précises et qui, par conséquent, deviennent difficilement remplaçables. De leur côté, les fournisseurs prennent également des risques, car l'investissement nécessaire à l'acquisition de ces connaissances s'avère considérable. C'est pour cette raison que les fournisseurs ont exigé de signer des contrats à long terme afin de récupérer l'investissement spécifique initial.

La réticence du fournisseur d'Assuror à s'adapter à l'environnement spécifiquement nord-américain s'explique de la même manière : n'ayant aucune assurance que cet investissement serait amorti à long terme, le fournisseur a tenté de le minimiser.

La gestion du risque

Dans un contrat de service traditionnel, le client est protégé par les normes de performance, pour autant que celles-ci soient spécifiées, explicites et vérifiables. Le fournisseur n'est pas responsable d'une baisse de performance qui ne serait pas liée au non-respect de ces normes. Remarquons qu'il ne suffit pas que les normes soient explicites : elles doivent être vérifiables, c'est-à-dire qu'il doit être possible pour une tierce partie – un arbitre, un tribunal – de vérifier si les normes sont respectées ou non.

Il n'est pas rare cependant qu'un fournisseur produise au-delà des normes spécifiées ou, encore, adapte sa prestation, même s'il n'est pas tenu de le faire, dans le but de protéger soit sa réputation, soit la relation commerciale à long terme qu'il a établie avec son client. Dans le cas de Niagara, le donneur d'ordres a conçu un mécanisme ingénieux pour partager le risque de contre-performance avec ses partenaires stratégiques : il confie à un même fournisseur des mandats complémentaires sur le plan technologique. Lorsqu'il y a un lien entre deux phases d'une activité impartie, le fournisseur sera davantage motivé à bien s'acquitter de la première phase, car une mauvaise performance lors de la première phase entraîne souvent des efforts supplémentaires lors de la seconde. Niagara, par exemple, dans les contrats avec ses trois fournisseurs, transfert la responsabilité de l'entretien des systèmes au fournisseur qui les développe. Cette clause oblige les fournisseurs à développer des systèmes fiables sous peine de devoir offrir une assistance accrue pour les systèmes défectueux ou non performants. Il est à noter que l'entretien des systèmes est rémunéré selon un prix fixe : dans ce cas, la marge de profit est souvent très mince et c'est pourquoi il n'est pas avantageux pour les fournisseurs de développer des systèmes difficiles à entretenir.

D'autre part, Niagara, en créant une interaction dynamique, stimule l'engagement des fournisseurs dans la relation et encourage le partage des risques. Pour les fournisseurs, la perspective de projets lucratifs constitue une incitation certaine : elle les pousse à investir, parfois même dans des projets moins rentables, afin de maximiser les effets positifs du partenariat. Le fournisseur sait que, s'il s'engage entièrement dans la relation, il fera un profit.

La situation d'Assuror, elle, est tout autre : les normes sont incomplètement spécifiées et non vérifiables. Le donneur d'ordres s'expose par conséquent à l'opportunisme de Delta.

L'alliance stratégique

L'alliance avec un fournisseur est un outil d'engagement stratégique et de convergence des intérêts. En leur offrant de les assister à pénétrer le marché des autres administrations publiques, Niagara, par exemple, responsabilise ses trois fournisseurs et réduit le risque associé aux investissements spécifiques qu'il leur demande de faire. Pour les fournisseurs, l'attrait de cette forme d'alliance est d'autant plus grand qu'il leur est difficile, voire impossible, de pénétrer les marchés étrangers sans qu'une administration publique ne leur en ouvre la porte. Évidemment, Niagara profite de l'expansion de ses partenaires à la fois financièrement et structurellement : d'une part, elle retire une partie des nouveaux bénéfices qui sont réalisés à l'étranger et, d'autre part, elle accroît la dépendance des fournisseurs à son endroit et exerce ainsi sur eux un plus grand contrôle. Les fournisseurs sont en outre davantage motivés, car une piètre performance représenterait pour eux un coût trop élevé.

Dans le cas d'Assuror, la structure du contrat prévient la formation d'alliance. Les gains du fournisseur proviennent directement et uniquement des paiements du client. Il n'y a pas de mécanismes qui permettent aux deux parties de partager un même gain ni aucune mesure qui encourage la mise en commun d'objectifs comme la revente du système à d'autres clients (assortie d'un partage des redevances).

3.2.4.4 Les problèmes de sélection des fournisseurs

Assuror a évidemment regretté le choix de son fournisseur. Ce dernier a vraisemblablement surestimé sa capacité de s'adapter au contexte nord-américain, en termes de temps requis comme en termes d'investissement. Ce qui a forcé Assuror à reprendre les activités sous sa gouverne.

La difficulté pour le donneur d'ordres d'identifier le type du preneur d'ordres est fréquente. Le preneur d'ordres peut avoir intérêt à dissimuler sa nature pour obtenir le contrat, tout comme un demandeur d'assurances peut trouver avantageux de dissimuler son véritable état de santé. Comment le donneur d'ordres peut-il obtenir davantage d'informations sur la nature des fournisseurs potentiels? Il dispose pour ce faire de deux principales sources: la réputation des fournisseurs et la concurrence qu'il établit entre eux.

La fonction des réputations

La recherche d'informations sur le fournisseur est une activité qui s'avère souvent coûteuse. C'est pourquoi de nombreux manufacturiers ont au cours des dernières années décidé de ne transiger qu'avec un nombre limité de fournisseurs: pour le donneur d'ordres, une impartition restreinte reste encore le moyen le plus sûr de connaître le ou les fournisseurs avec qui il fait affaire. La réputation des fournisseurs est une autre source d'informations importante. Elle est un indice de la capacité des fournisseurs et constitue une garantie implicite, puisque les fournisseurs, en s'engageant à assurer la prestation d'un service ou la fabrication d'un produit, mettent en jeu leur crédibilité. Une entreprise qui offre une contre-performance risque toujours de voir sa réputation ternie et sa capacité concurrentielle diminuée.

C'est cette fonction que remplissent les réputations des trois importants fournisseurs de Niagara. À l'opposé, Delta ne jouit pas d'une solide réputation, à tout le moins dans le domaine des assurances, ce qui l'empêche d'obtenir d'autres contrats d'entreprises d'assurances. Et comme elle se refuse à investir tant et aussi longtemps qu'elle n'aura qu'un seul contrat, il devient pour elle difficile de justifier les investissements spécifiques qui lui permettent de mousser sa réputation.

La concurrence entre fournisseurs

La concurrence entre fournisseurs, dans la mesure où elle est effective, est une source précieuse d'informations. En choisissant un mode approprié d'adjudication des contrats, le donneur d'ordres incite les fournisseurs à révéler une partie de l'information privée à leur disposition. Niagara offre un bon exemple d'une telle stratégie. Quand elle ne dispose pas d'indicateurs de performance fiables, le processus d'appel d'offres auquel elle soumet ses partenaires[9] lui fournit des renseignements sur les compétences de chacun d'entre eux et supplée ainsi à l'absence ou au manque d'indices des ressources nécessaires au développement d'une application. En mettant les trois fournisseurs en concurrence sur certains projets, la société d'État s'assure d'un minimum de compétitivité dans le processus d'adjudication des contrats. De plus, elle se réserve le droit d'ouvrir l'appel d'offres à d'autres concurrents si les offres de ses trois fournisseurs principaux ne la satisfont pas. Ce recours est évidemment balisé: des marges d'écarts de coûts sont prévues et font l'objet d'une entente entre les fournisseurs et le donneur d'ordres.

---

9. Rappelons que les portefeuilles d'activités des fournisseurs, bien que distincts, sont périodiquement revus en fonction de la performance relative de chacun.

Dans le cas d'Assuror, le recours à la cotraitance est limité par la petite taille des opérations confiées à Delta. Cette contrainte a pour conséquence de rendre le donneur d'ordres plus vulnérable et devrait en principe l'inciter à chercher d'autres formes d'engagement pour minimiser le risque de son opération. Au contraire, Assuror a choisi un fournisseur sans grande expérience, dont la réputation dans le domaine de l'assurance n'était pas solidement établie. Qu'avait alors à perdre Delta ?

3.2.4.5 La gestion des relations contractuelles

Appliquée aux deux contrats décrits dans ce chapitre, la théorie économique des contrats tend à démontrer que donneurs et preneurs d'ordres ont intérêt à rédiger des contrats qui minimisent les risques de comportements opportunistes. Les principaux instruments à la disposition des agents économiques sont : les activités de surveillance et de contrôle, les contrats incitatifs, les signaux et le tamisage et, enfin, les garanties et les engagements stratégiques.

Les activités de surveillance et de contrôle

Des contrats efficaces prévoient des activités de surveillance et de contrôle, tels le balisage ou le contrôle direct du comportement. Dans certains cas, le donneur d'ordres a accès à des documents ou à des états financiers qui lui permettent de mieux apprécier l'effort de son fournisseur, ce qui réduit la probabilité de risque moral. Les bons fournisseurs voient même dans cette pratique un avantage : en accordant à leur client de tels droits de regard, ils peuvent « signaler » leur type, et ainsi réduire les coûts de la sélection adverse.

Il est d'autant plus avantageux de mesurer et de contrôler la prestation de services que les coûts associés à la surveillance des comportements sont élevés. Mesurer la performance des fournisseurs, lorsque leurs environnements sont corrélés comme dans le cas de Niagara, fournit au donneur d'ordres de précieuses informations qui peuvent être utilisées à des fins de motivation et d'incitation à l'effort.

Dans certains cas, une entreprise trouvera utile de créer des environnements corrélés en impartissant une partie seulement de ses activités. En fractionnant ainsi la part qu'il délègue de sa production, le donneur d'ordres est en mesure de motiver à la fois ses propres employés et son fournisseur. Cette stratégie présente toutefois un double désavantage. D'une part, le coût unitaire des services augmente avec le fractionnement de l'offre si les économies d'échelle sont importantes. D'autre part, les cadres et employés du donneur d'ordres n'ont pas intérêt à révéler la productivité réelle du fournisseur externe et ils sont parfois tentés de manipuler l'information parvenant à la haute direction, ce qui rend problématique l'évaluation de la prestation du fournisseur, puisque c'est sur la base de cette information que l'on compare les performances à l'interne et à l'externe. Le service interne apparaîtra d'autant plus supérieur que le fournisseur sera sous-évalué.

Les contrats incitatifs

En liant la rémunération des fournisseurs à leur performance, absolue ou relative, le donneur d'ordres minimise l'importance des mesures de surveillance des comportements. Les rémunérations peuvent être liées à la performance période par période, mais également sur un horizon plus long, comme dans le cas de Niagara[10].

Les contrats incitatifs présentent deux principaux désavantages. Premièrement, les performances observées ne reflètent pas seulement les efforts des fournisseurs, mais également l'évolution de variables structurelles ou macroéconomiques qui ne sont pas sous le contrôle de ces derniers. Deuxièmement, de tels contrats exposent les fournisseurs à davantage de risques, ce qui devrait se refléter dans le prix moyen prévu. Cela peut être désirable ou non selon le degré d'aversion pour le risque des fournisseurs et leur capacité à gérer ces risques.

Les signaux et le tamisage

Afin d'éviter les problèmes de sélection adverse, le donneur d'ordres doit ou bien obtenir de l'information sur les caractéristiques des fournisseurs potentiels ou bien inciter ceux-ci à révéler eux-mêmes cette information. La première stratégie consiste, pour le donneur d'ordres, à se renseigner sur ses fournisseurs, alors que la seconde amène le donneur d'ordres à inférer le type du fournisseur à partir d'indices ou de signaux corrélés aux caractéristiques de celui-ci. Parmi ces signaux, mentionnons la réputation du fournisseur, les garanties qu'il offre en signant le contrat et la volonté qu'il manifeste d'accepter des contrats incitatifs à partage de risque ou d'inclure des pénalités en cas de contre-performance.

Les engagements stratégiques

Par toutes les mesures qu'il accepte de prendre lors d'une transaction, un fournisseur s'engage envers son client. Les pénalités en cas de contre-performance, l'échange d'employés ou d'éléments d'actifs, l'annonce publique de l'engagement d'un fournisseur qui jouit d'une solide réputation et la participation des fournisseurs dans une coentreprise sont des exemples d'engagements stratégiques.

Les engagements stratégiques posent deux problèmes. Le premier de ces problèmes, c'est qu'une stratégie d'engagement ne peut réduire l'opportunisme sans que le coût attaché au non-respect de ses obligations soit considérable pour le fournisseur, ce qui a pour conséquence de limiter la capacité d'engagement des petites firmes. C'est une des raisons qui expliquent que des entreprises très performantes, mais de petite taille, éprouvent souvent des difficultés à obtenir des contrats avec d'importants clients. Le second problème concerne les différentes possibilités qui s'offrent aux entreprises en cas de litiges. Dans certaines circonstances, les parties peuvent en effet renégocier plutôt que mettre fin à la relation ou livrer des services à perte, et cette option suffit parfois à rendre leur engagement moins crédible.

---

10. Les portefeuilles des fournisseurs étaient rajustés de temps à autre.

3.2.5 CONCLUSION

Même si des ententes complexes comme celle signée par Niagara et ses fournisseurs ne sont pas monnaie courante, il ne faut pas croire qu'elles sont inexistantes, ni impossibles à reproduire. Il est vrai que seules des ententes comportant des services informatiques d'une taille considérable sont suffisamment attrayantes pour motiver client et fournisseurs à adopter un aussi large éventail de mécanismes. Il faut également que le volume des activités imparties, après répartition entre les cotraitants, soit suffisant pour justifier l'acquisition de connaissances spécifiques et l'adaptation au secteur d'activités du client. Malgré ces contraintes, de telles ententes sont de plus en plus fréquentes. Le cas de British Petroleum en est un bon exemple[11]. La division d'exploration de BP a signé une entente d'impartition avec trois fournisseurs, les rendant chacun responsables, à des degrés divers, de la prestation des services informatiques. Tout comme dans le cas de Niagara, les fournisseurs doivent collaborer entre eux afin d'atteindre les objectifs fixés par leur client. L'ensemble des travaux est réparti entre eux et chacun est le répondant principal pour la tâche qui lui a été confiée. En dépit des problèmes qui sont survenus quant au partage d'informations, BP a pu diminuer ses coûts de manière importante et améliorer la qualité de son service. Comme ceux de Niagara, les fournisseurs de BP sont constamment en compétition et doivent démontrer que leurs coûts sont compétitifs afin de conserver leur contrat.

En faisant preuve d'imagination, les parties contractantes dans une relation d'impartition peuvent réduire les risques de comportements opportunistes. Selon les circonstances et l'environnement d'affaires et contractuel, donneurs et preneurs d'ordres trouveront avantageux de privilégier les mesures de contrôle ou de surveillance ou choisiront de coordonner leurs comportements grâce à des contrats incitatifs. Les signaux et les engagements stratégiques joueront dans certains cas un rôle important.

Ce que la présente étude révèle de manière éclatante, c'est que l'utilisation de ces instruments augmente les chances de succès d'une stratégie d'impartition.

---

11. J. Cross, « IT Outsourcing : British Petroleum's Competitive Approach », *Harvard Business Review*, Boston, mai-juin 1995.

Chapitre 3.3

L'IMPARTITION DES SERVICES INFORMATIQUES AU CANADA : UNE COMPARAISON 1993 – 1997

Benoit Aubert[1], Michel Patry[2] et Suzanne Rivard[3]

3.3.1   INTRODUCTION

Le phénomène de l'impartition touche plusieurs secteurs de l'organisation, allant des services juridiques à la gestion financière. De toutes les activités qu'ont imparties les entreprises au cours des dernières années, celles du secteur de l'informatique ont sans doute connu la plus grande effervescence. En 1993, on commençait à parler d'importants contrats, généralement de plusieurs centaines de millions de dollars. Cette année-là, General Dynamics marque fortement le marché en signant un contrat de trois milliards avec CSC. Depuis, les montants associés aux contrats ne semblent plus surprendre personne. Il aura probablement fallu que GM signe un contrat de trente-huit milliards (US) avec EDS pour que les observateurs soient à nouveau secoués. Rien n'indique de plus que cette tendance ralentira. Le Canada n'est pas en reste. En effet, d'importants contrats ont été signés par les entreprises canadiennes[4] et les mouvements de fusion et d'acquisition chez les fournisseurs de services informatiques[5] reflètent une importante activité dans le domaine.

---

1.   Technologies de l'information, École des Hautes Études Commerciales de Montréal et CIRANO.
2.   Institut d'économie appliquée, École des Hautes Études Commerciales de Montréal et CIRANO.
3.   Technologies de l'information, École des Hautes Études Commerciales de Montréal et CIRANO.
4.   Les contrats de la Banque Nationale, de la Société canadienne des postes et d'Air Canada en sont des exemples.
5.   Le projet d'acquisition d'une filiale de Téléglobe par CGI, l'acquisition de IST par CGI et Medisys, l'acquisition de DMR par Amdhal (puis de Amdhal par Futjisu) et l'acquisition de SHL Systemhouse par MCI en sont des exemples.

Ce chapitre, qui porte sur l'impartition des activités d'exploitation informatique – excluant donc les activités de développement d'applications –, rend compte de deux enquêtes menées à quatre ans d'intervalle – en 1993 et en 1997 – auprès de grandes entreprises canadiennes. Des 641 entreprises ayant participé à l'enquête menée en 1993 (Aubert, Patry et Rivard [1994]), 120 ont répondu à l'enquête de 1997. Cette étude longitudinale permet de comparer les données sur le type d'activités imparties, les motifs qui ont amené les firmes à impartir en tout ou en partie leurs activités informatiques, les mécanismes d'ajustement entre les parties ainsi que les avantages, les inconvénients et les impacts de l'impartition de ces activités tels qu'ils sont perçus par les agents économiques concernés.

3.3.2 LES ENTREPRISES PARTICIPANTES

Les entreprises participantes proviennent de toutes les régions du Canada, mais la majorité d'entre elles sont concentrées au Québec et en Ontario. Le sous-échantillon de 120 firmes ayant participé aux deux enquêtes a, comme on peut le constater (tableau 3.3.1), une distribution géographique similaire à celle de l'échantillon total de 641 entreprises, exception faite d'un pourcentage légèrement plus élevé de firmes du Québec et plus faible de firmes de la Colombie-Britannique.

TABLEAU 3.3.1

Provinces d'origine des entreprises participantes

Provinces	641 entreprises 1993 %	120 entreprises (1993 et 1997) %
Colombie-Britannique	7,9	4,2
Prairies	17,2	17,5
Ontario	42,0	40,2
Québec	28,9	34,2
Maritimes	2,7	3,3
États-Unis	1,4	–

Les entreprises opèrent dans une variété de secteurs industriels (figure 3.3.1). Les plus fortement représentés sont le secteur manufacturier et le secteur financier (incluant les assurances), suivis par la vente (gros et détail), le transport et les communications et les mines. Les secteurs les plus faiblement représentés sont ceux des services, des administrations publiques et de l'agriculture, des forêts et de la pêche. Un regard plus attentif sera porté sur les industries les plus fortement représentées.

FIGURE 3.3.1

Secteurs industriels

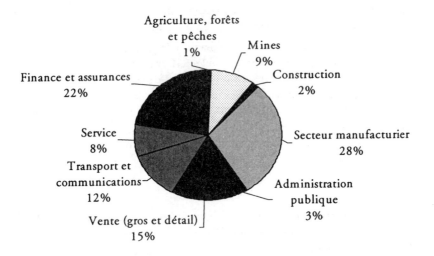

TABLEAU 3.3.2

Taille des entreprises participantes

	641 entreprises – 1993		120 entreprises (1993 et 1997)	
	Moyenne	Écart type	Moyenne	Écart type
Actifs	945 493 $	5 607 163	1 405 267 $	5 699 231
Chiffre d'affaires ('000)	348 169 $	877 080	942 600 $	851 601
Nombre d'employés	1 996	5 186	3 105	8 516

Les entreprises participantes sont de taille importante. Comme l'indique le tableau 3.3.2, le sous-échantillon de 120 entreprises ayant participé aux deux enquêtes comporte des entreprises de plus grande taille que l'échantillon global de 641 entreprises, aussi bien du point de vue des actifs et du chiffre d'affaires que du nombre d'employés.

3.3.3   LES ACTIVITÉS IMPARTIES

Les activités propres aux systèmes informatiques sont nombreuses et variées, allant de l'ordonnancement des travaux jusqu'à l'entretien des lignes de télécommunication, en passant par l'exploitation du système informatique. Pour cette étude, nous avons recensé 17 activités de ce type (voir tableau 3.3.3). Dans le but de déterminer l'ampleur de l'impartition dans les entreprises participantes, nous avons demandé aux répondants d'indiquer, pour chacune de ces activités, le mode de gestion correspondant : soit gestion à l'interne (activité exercée par des employés de la firme), soit impartition (activité exercée à l'interne par les employés d'un fournisseur, activité exercée à l'aide du matériel de la firme dans les locaux d'un fournisseur ou activité totalement impartie à un fournisseur).

Le premier constat que l'on faisait en 1993 était, comme l'indique le tableau 3.3.3, que peu d'entreprises parmi les 641 ayant participé à l'étude impartissaient totalement leurs activités informatiques. De plus, selon le type d'activité, on observait une grande variation dans le pourcentage des firmes ayant opté pour l'impartition. En effet, alors que certaines activités étaient exercées à l'interne par la quasi-totalité des entreprises participantes – l'ordonnancement des travaux, par exemple – d'autres activités étaient presque toujours imparties – par exemple, l'entretien du matériel.

Tableau 3.3.3

Modes de gestion des activités informatiques de 641 firmes canadiennes – 1993

Activités informatiques	Pourcentage effectué à l'interne	Pourcentage imparti
Ordonnancement des travaux	93	7
Contrôle des travaux	94	6
Services techniques de soutien aux opérations	83	17
Exploitation des logiciels d'application	92	8
Exploitation du système informatique	87	13
Exploitation de l'unité centrale	87	13
Exploitation des logiciels de télécommunication	83	17
Entretien du système d'exploitation	65	35
Exploitation des imprimantes	95	5
Gestion de l'espace disque	87	13
Entretien du matériel	16	84
Entretien des micro-ordinateurs	37	63
Entretien des réseaux	70	30
Entretien des imprimantes	21	79
Entretien des lignes de télécommunication	18	82
Saisie des données	97	3
Installation des micro-ordinateurs	83	17

Une analyse plus approfondie a permis de regrouper les activités informatiques selon qu'elles étaient effectuées à l'interne ou imparties. Les résultats de ce regroupement sont présentés au tableau 3.3.4. Le premier groupe comprend des activités qui sont directement reliées à la gestion de l'exploitation, alors que le deuxième groupe correspond à des activités reliées à l'exploitation elle-même. Enfin, le troisième groupe est formé d'activités ayant essentiellement trait à l'entretien. On remarquera que deux activités ont été retirées de la liste. En effet, les activités de saisie des données et d'installation de micro-ordinateurs n'appartenaient à aucun des trois groupes relativement homogènes décrits précédemment. Ces deux activités sont omises des analyses qui suivent. La figure 3.3.2 résume les données du tableau 3.3.3 selon les trois groupes d'activités.

TABLEAU 3.3.4

Regroupement des activités informatiques

Gestion des opérations	Ordonnancement des travaux
	Contrôle des travaux
	Services techniques de soutien aux opérations
Exploitation informatique	Exploitation des logiciels d'application
	Exploitation du système informatique
	Exploitation de l'unité centrale
	Exploitation des logiciels de télécommunication
	Entretien du système d'exploitation
	Exploitation des imprimantes
	Gestion de l'espace disque
	Entretien du matériel
	Entretien des micro-ordinateurs
Entretien	Entretien des réseaux
	Entretien des imprimantes
	Entretien des lignes de télécommunication

Cette vue d'ensemble montre que pour la plupart des 641 entreprises de l'échantillon de 1993, les activités informatiques étaient généralement exercées à l'interne. Les exceptions étaient les activités d'entretien qui, dans plus de 9 cas sur 10, étaient imparties.

FIGURE 3.3.2[6]

Modes de gestion des activités informatiques de 641 firmes canadiennes – 1993

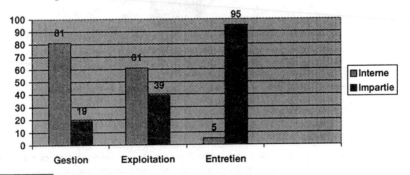

6.   Les pourcentages par groupe d'activités doivent être interprétés de la façon suivante. Pour qu'une entreprise soit classée comme exerçant un groupe d'activités à l'interne, toutes les activités du groupe devaient être exercées à l'interne par cette entreprise. Par exemple, les

Pourtant, même si la majorité des entreprises recourait peu ou pas du tout à l'impartition, il demeure que certaines impartissaient une portion importante de leurs opérations informatiques et même de la gestion de ces opérations. Ainsi, on pouvait dégager du comportement des 641 entreprises quatre profils d'impartition (figure 3.3.3). Le premier profil correspond aux 241 entreprises qui exerçaient la plupart de leurs activités informatiques à l'interne. Dans ce groupe, seules les activités d'entretien étaient confiées à des fournisseurs. Nous identifions ce profil comme celui des activités à l'interne. À son opposé se trouve le profil d'impartition globale. Il regroupe les entreprises qui impartissaient le cœur même de leurs activités informatiques, soit celles d'ordonnancement des travaux, de contrôle des travaux et d'exploitation de l'unité centrale (CPU). Très peu d'entreprises (n=23) appartenaient à ce groupe. Les troisième et quatrième profils se situent entre les deux extrêmes et présentent des situations intermédiaires. Le troisième profil correspond aux entreprises qui impartissaient l'exploitation de l'unité centrale (CPU) tout en gardant mainmise sur la gestion de ces opérations. Pour cette raison, nous l'identifions comme le profil d'impartition CPU (n=55). Enfin, le quatrième profil correspond aux entreprises qui n'avaient gardé à l'interne que l'exploitation de l'unité centrale et qui impartissaient d'autres activités d'exploitation à des fournisseurs. Trois cent vingt-deux entreprises (322), c'est-à-dire la moitié des firmes de l'échantillon, présentaient ce profil mixte.

FIGURE 3.3.3

Distribution des 641 entreprises selon les profils d'impartition – 1993

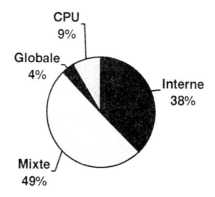

---

entreprises faisant partie de la catégorie de gestion des opérations à l'interne exerçaient les trois activités du groupe gestion des opérations à l'interne. Une entreprise dont une des activités d'un groupe était exercée à l'externe était donc placée dans la catégorie « impartie ».

Qu'en est-il de l'impartition quatre ans plus tard ? Les mêmes analyses ont été effectuées pour les 120 entreprises communes aux échantillons de 1993 et de 1997. Notons qu'en 1993, le profil d'impartition des 120 entreprises était représentatif de celui de l'ensemble de l'échantillon. Comme le suggère le tableau 3.3.5, il y a eu, au cours de cette période, une augmentation significative de l'impartition des activités informatiques et de gestion de l'exploitation, alors que peu de changements sont survenus pour le groupe d'activités d'entretien. Ce dernier résultat est peu surprenant, puisque déjà, en 1993, ces activités étaient imparties par la presque totalité des 120 entreprises. Par contre, les trois activités du groupe gestion de l'exploitation ont connu des augmentations significatives, de même que cinq des sept activités du groupe exploitation. Le tableau 3.3.6 et la figure 3.3.4 synthétisent ces résultats par groupe d'activités informatiques.

TABLEAU 3.3.5

Impartition des activités informatiques : comparaison 1993-1997

Activités informatiques	Pourcentage effectué à l'interne		Pourcentage imparti		N	
	1993	1997	1993	1997	1993	1997
Ordonnancement des travaux	93	86***	7	14	114	119
Contrôle des travaux	94	87**	6	13	118	118
Services techniques de soutien aux opérations	83	70**	17	30	108	115
Exploitation des logiciels d'application	90	84	10	16	119	119
Exploitation du système informatique	82	75	18	25	119	120
Exploitation de l'unité centrale	85	75**	15	25	118	118
Exploitation des logiciels de télécommunication	83	69**	17	31	108	110
Entretien du système d'exploitation	64	53**	36	47	117	118
Exploitation des imprimantes	96	86**	4	14	119	119
Gestion de l'espace disque	83	76**	17	24	117	120
Entretien du matériel	14	20	86	80	114	120
Entretien des micro-ordinateurs	43	31	57	69	114	118
Entretien des réseaux	75	51**	25	49	97	112
Entretien des imprimantes	24	20	76	80	116	120
Entretien des lignes de télécommunication	17	20	83	80	101	113

[a] Le *Wilcoxon signed rank* a été effectué afin d'identifier les différences statistiquement significatives entre les deux échantillons. Le double astérisque indique que la différence est significative à 0,05.

TABLEAU 3.3.6

Distribution des firmes selon les groupes d'activités informatiques : comparaison 1993-1997

Groupes d'activités	Pourcentage effectué à l'interne		Pourcentage imparti		N	
	1993	1997	1993	1997	1993	1997
Gestion des opérations	79	68	21	32	105	113
Exploitation informatique	59	42	41	58	101	105
Entretien	6	9	94	91	83	107

FIGURE 3.3.4

Distribution des firmes selon les groupes d'activités : comparaison 1993-1997

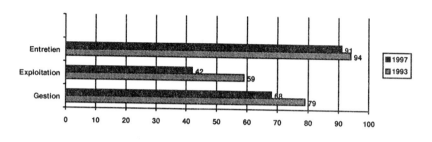

FIGURE 3.3.5

Distribution des firmes selon les profils d'impartition
échantillon de 120 entreprises

Comme cela avait été fait pour les 641 entreprises de l'échantillon original de 1993, les 120 entreprises ont été regroupées selon leur profil général d'impartition : (1) interne, (2) mixte, (3) CPU et (4) impartition globale. Tel que le suggère la figure 3.3.5, un changement de profil semble être intervenu entre 1993 et 1997. De 85 % qu'il était en 1993, le pourcentage des 120 entreprises qui avaient un profil soit interne, soit mixte, est passé à 76 % en 1997.

La différence de 9 % provient non pas d'un mouvement de 9 % des firmes vers une impartition plus importante, mais elle est plutôt la résultante de deux mouvements opposés. En effet, une analyse plus détaillée des changements survenus indique que 17 des 120 entreprises (14 %) sont passées d'un profil interne ou mixte à un profil d'impartition CPU ou d'impartition globale. Par ailleurs, six des entreprises qui, en 1993, présentaient l'un de ces deux profils (5 % des 120 entreprises) ont réintégré les services qui avaient été impartis. En 1993, pourtant, quatre de ces firmes avaient manifesté leur intention d'impartir de façon définitive leurs activités informatiques.

Lorsqu'on procède à l'analyse de ces mouvements, il faut bien comprendre l'importance des changements identifiés. Les profils interne et mixte supposent tous les deux que l'exploitation du système informatique, c'est-à-dire le cœur même des activités de l'entreprise, est effectuée à l'interne. À l'opposé, les profils d'impartition CPU et d'impartition totale supposent une délégation de l'exploitation informatique. Dès lors, le passage du profil interne à un profil mixte entraîne un changement probablement moins important, et plus facile à renverser, que le passage d'un profil mixte à un profil d'impartition CPU. Dans ce dernier cas, la firme aurait cédé l'exploitation même de l'ordinateur central à des fournisseurs. Ces décisions s'accompagnent généralement de cessions d'actifs importants.

3.3.4   L'ÉVOLUTION DES PROFILS D'IMPARTITION PAR SECTEUR

Cette section analyse plus en détail l'évolution des pratiques liées à l'impartition dans deux secteurs : le secteur manufacturier et le secteur financier. Ces secteurs sont les plus fortement représentés dans notre échantillon. De plus, ils présentent des contrastes intéressants quant à leur évolution récente. Nous avons porté un œil plus attentif aux mouvements comportant des passages d'un profil interne ou mixte à un profil d'impartition CPU ou totale (ou l'inverse).

3.3.4.1   Le secteur manufacturier

Quand on observe le secteur manufacturier, on perçoit une légère croissance de l'impartition. L'image est toutefois assez stable. Sur les 34 entreprises, 20 (soit 59 %) voient leur situation inchangée. Neuf entreprises sont passées d'un profil interne à un profil mixte (ou l'inverse). Ces changements sont généralement considérés comme relativement mineurs. Quatre entreprises sont passées d'un profil interne ou mixte à un profil d'impartition CPU ou totale, effectuant ainsi un changement d'importance. Enfin, une entreprise ayant un profil d'impartition CPU a réintégré ses activités d'exploitation du CPU à l'interne pour adopter un profil mixte.

FIGURE 3.3.6

Évolution de l'impartition dans le secteur manufacturier

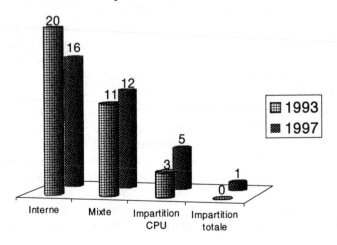

3.3.4.2 Le secteur financier

Le secteur financier regroupait 26 répondants, soit un peu moins du quart de l'échantillon. Quand on compare les différents profils (voir figure 3.3.7), on remarque que l'impartition, de manière globale, gagne du terrain.

FIGURE 3.3.7

Évolution de l'impartition dans le secteur financier

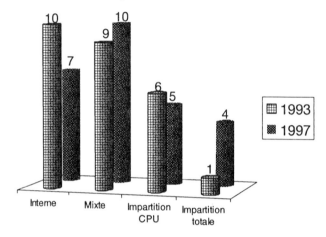

L'analyse détaillée révèle beaucoup plus de mouvement dans le secteur financier que dans le secteur manufacturier. Sur les 26 entreprises, 11 (soit 42 %) seulement ont conservé le même profil de gestion de 1993 à 1997. Six de ces entreprises ont procédé à des modifications que l'on qualifie généralement de mineures (du profil interne au profil mixte, ou l'inverse). Cinq entreprises sont passées d'un profil interne ou mixte à un profil d'impartition CPU ou totale. Par contre, trois entreprises qui avaient un profil d'impartition CPU ont réintégré l'exploitation de l'unité centrale pour adopter un profil interne ou mixte. Enfin, une entreprise ayant un profil d'impartition CPU a cédé des activités supplémentaires et présente maintenant un profil d'impartition totale. Ces nombreux changements reflètent sûrement l'effervescence que connaît le secteur financier, soumis depuis peu à la déréglementation et à la concurrence internationale.

En fait, un bref coup d'œil sur le secteur bancaire laisse prévoir de grands changements. Récemment, la CIBC et la Banque Scotia ont formé une entreprise pour gérer leurs activités de soutien administratif, principalement le traitement des chèques. En plus de gérer les systèmes d'information et de télécommunications des deux banques, cette entreprise est responsable de l'entretien du parc des ordinateurs et des guichets automatiques des deux institutions. Plus de 6 200 employés sont touchés par cette réorganisation. Les treize centres de traitements de la CIBC sont transférés dans cette nouvelle organisation. L'entreprise a immédiatement signé une entente d'impartition de 1,6 milliard $ avec Fiserv, une compagnie de Milwaukee qui est un important fournisseur de services financiers auprès de plus de 500 banques américaines. Fiserv sera responsable de la gestion de l'entreprise, même si cette dernière reste majoritairement la propriété des banques. L'entente est valable pour dix ans. Trois autres grandes banques (Banque de Montréal, Banque Royale et Banque Toronto-Dominion) procèdent également à des réorganisations et ont, elles aussi, créé une entreprise pour traiter leurs documents. Leur association permettra d'atteindre la masse critique indispensable à la réalisation d'économies d'échelle.

Les activités informatiques sont souvent au cœur de ces réorganisations et les fluctuations qu'on observe dans le secteur financier, plus importantes que celles du secteur manufacturier, ne sont pas artificielles. On n'a qu'à penser à l'acquisition de la London Life par la Great West en 1997. Cette transaction nécessitera l'intégration de systèmes d'information colossaux. De telles intégrations sont souvent une occasion propice à l'impartition. On voit de plus en plus de fournisseurs se spécialiser dans le secteur financier.

3.3.5   RAISONS D'IMPARTIR

Pourquoi une entreprise décide-t-elle d'impartir ses activités informatiques ? Envisage-t-elle une cession complète et définitive de ses activités ou, plutôt, le recours à un soutien externe pour faire face à des difficultés temporaires ? Les firmes impartitrices (profils mixte, CPU et global) ont été invitées à donner les raisons qui ont motivé chez elles la décision d'impartir. Comme l'indique clairement le tableau 3.3.7, qui présente les résultats de cette enquête, l'éventualité d'une cession complète des activités constitue, dans la grande majorité des cas, et de façon plus marquée encore en 1997, la principale raison invoquée par les entreprises qui choisissent d'impartir, et ce, quel que soit leur profil. Cette éventualité est de plus la seule raison qui a motivé la décision de toutes les entreprises qui présentaient (en 1993 comme en 1997) un profil d'impartition globale et de la plupart de celles qui présentaient un profil CPU. On note cependant qu'un certain nombre d'entreprises qui présentaient un profil d'impartition mixte ont opté pour l'impartition de leurs activités afin de faire face à des difficultés temporaires : le soutien provisoire figure d'ailleurs au deuxième rang des motifs d'impartition les plus souvent invoqués.

TABLEAU 3.3.7

Raisons d'impartir : comparaison 1993-1997

Raisons	Nombre d'entreprises	
	1993	1997
Cession complète (impartition permanente)	29	42
Soutien lors de la transition (durant la migration vers une autre plate-forme)	3	2
Réhabilitation et retour (soutien pour faire face à des difficultés temporaires)	10	16
Augmentation temporaire des capacités internes	5	3

L'enquête de 1997 a recueilli des données supplémentaires sur les raisons pour les entreprises d'impartir leurs activités informatiques. On demandait aux répondants de désigner, parmi une sélection préétablie de facteurs, ceux qui avaient influencé leur décision d'impartir. Les résultats, présentés au tableau 3.3.8, indiquent que l'accès à une expertise de pointe, la réduction des coûts de main-d'œuvre et la concentration sur les activités-clés de l'entreprise sont les principales raisons d'impartir les activités informatiques, et ce, quel que soit le profil des firmes. Par ailleurs, les entreprises semblent accorder assez peu d'importance à la mise en place d'incitatifs qui encourageraient la gestion à l'interne.

TABLEAU 3.3.8

Raisons d'impartir – 1997

Motif d'impartition	Pourcentage[a]
Réduction des coûts de personnel	60
Économie sur les investissements en technologie	40
Diminution du risque technologique	40
Augmentation de la flexibilité	44
Priorité accordée aux activités-clés	59
Accès à une expertise de pointe	81
Accès à une technologie de pointe	46
Amélioration de la qualité	40
Mise en place d'incitatifs pour le service interne	12

[a] Seules les entreprises qui avaient effectivement des activités informatiques sont incluses, c'est-à-dire les 70 entreprises ayant un profil mixte, CPU ou d'impartition globale. Il n'y a aucune différence significative selon le profil d'impartition.

3.3.6 MÉCANISMES D'AJUSTEMENT ENTRE LES PARTIES

Lorsque l'exercice des activités s'avère complexe, il est souvent nécessaire d'établir des mécanismes de gestion de contrat relativement sophistiqués. On prévoira, par exemple, la mise sur pied de différents comités afin de favoriser l'échange d'informations entre les parties et un meilleur ajustement des efforts de chacune. On peut également établir des mécanismes d'échange d'employés entre client et fournisseur ou différentes formes de partenariat. Ces mécanismes visent à aligner les efforts du client et du fournisseur et à favoriser le partage d'une vision commune des activités. Ils sont les manifestations les plus importantes d'un type de contrat se rapprochant de la notion de clan[7]. Le clan et ses modes dérivés permettent une

---

7. Les mécanismes de clan sont un moyen de coordination comportant une plus grande confiance de la part des parties, la poursuite de buts communs et une reconnaissance du fait que des iniquités ponctuelles surviendront, mais qu'à long terme, elles seront balancées.

gestion plus souple dans les cas complexes, notamment dans les situations où il est difficile de prévoir l'ensemble des activités à exercer ou dans celles où les mesures des activités sont ambiguës, imprécises ou totalement inexistantes. Les réunions avec les usagers et les affectations temporaires des employés du fournisseur chez le client sont deux mécanismes de clan applicables à des situations d'impartition des activités informatiques.

De tels mécanismes étaient relativement peu utilisés par les entreprises interrogées : le tableau 3.3.9 présente les pourcentages des entreprises qui les ont mis en place. Il faut noter que le sous-échantillon est ici limité aux seules firmes qui présentent un profil d'impartition globale ou d'impartition CPU, c'est-à-dire dix-huit firmes en 1993 et vingt-neuf en 1997. On remarquera que, malgré un échantillonnage restreint, les mécanismes d'ajustement mentionnés plus haut restent relativement peu utilisés. Deux raisons peuvent expliquer cette sous-utilisation. Soit que les activités imparties sont tangibles et facilement mesurables : dans ce cas, le besoin de recourir à des modes de gestion caractéristiques du clan est réduit au minimum, et les mesures définies dans les contrats suffisent. Soit que la mise en place des mécanismes est difficile à prévoir : elle se fait alors de façon ponctuelle, seulement en cas de besoin.

Il faut également noter que très peu de répondants ne recourent à aucun mécanisme d'ajustement. En 1993, dix des quatorze entreprises utilisent au moins un des mécanismes énumérés dans le tableau 3.3.9 et trois d'entre elles vont jusqu'à en utiliser trois simultanément. En 1997, l'usage de ces mécanismes est encore plus répandu. Vingt-quatre des vingt-huit répondants en utilisent au moins un et cinq d'entre eux en utilisent quatre ou plus, une hausse marquée par rapport à 1993. Ces résultats, quoique bien fragmentaires, semblent indiquer que les contrats tendent à se complexifier quant aux mécanismes de gestion qu'ils incluent.

TABLEAU 3.3.9

Mécanismes d'ajustement

Mécanismes d'ajustement	Présence du mécanisme 1993[a] %	Présence du mécanisme 1997[b] %
Comité d'orientation	50	25
Comité d'exploitation	36	57
Rencontres avec les utilisateurs	29	46
Échanges d'employés	7	10
Assignation permanente de personnel du fournisseur	0	25
Assignation temporaire de personnel du fournisseur	21	29

[a]   Quatorze des dix-huit firmes ont répondu à ces questions.
[b]   Vingt-huit des vingt-neuf firmes ont répondu à cette question.

Comme l'indique le tableau 3.3.10, l'enquête de 1997 s'est intéressée à d'autres aspects des relations entre entreprises et fournisseurs, tels les mécanismes d'incitation ou les clauses contractuelles particulières. On remarquera que les incitatifs comme la prime à la performance ou le partage des gains ne sont pas couramment employés. Les mécanismes privilégiés par les entreprises consistent davantage en des mesures de protection contre d'éventuels manquements des fournisseurs (option de renouvellement, clause de rupture de contrat). Il est particulièrement intéressant de noter que l'utilisation de ces divers mécanismes diffère de façon significative selon le profil d'impartition. À la différence des entreprises à profil d'impartition globale, qui les utilisent fréquemment, les entreprises à profil d'impartition mixte font un usage modéré des mécanismes de réductions de coût planifiées, des exigences en matière de performance et des pénalités et des clauses de rupture de contrat en cas de mauvaise performance.

On remarque dans le tableau 3.3.10 que les clauses relatives aux pénalités et aux mécanismes d'arbitrage semblent plus utilisées en 1997 qu'en 1993. Leur inclusion dans les contrats d'impartition est toutefois loin d'être généralisée.

TABLEAU 3.3.10

Clauses contractuelles – 1993-1997

	1993[a] %	1997[b] %
Option de renouvellement	–[c]	69
Niveaux détaillés de performance à atteindre	–	36
Clause de rupture de contrat en cas de mauvaise performance	34	34
Périodes de renégociation déterminées à l'avance	–	33
Réductions de coûts planifiées	–	30
Pénalités en cas de mauvaise performance	15	28
Mécanismes d'arbitrage des désaccords	9	24
Partage des gains avec le fournisseur	1	6
Prime pour souligner une performance exceptionnelle	–	6

[a] Soixante-cinq firmes ont répondu à cette question.
[b] Soixante-sept des soixante-dix firmes ayant imparti ont répondu à ces questions.
[c] Les entrées marquées d'un tiret (–) indiquent que la question n'avait pas été posée lors de cette enquête.

3.3.7   COMMENT L'IMPARTITION EST-ELLE PERÇUE PAR LES ENTREPRISES ?

L'enquête de 1997 a permis de recueillir des données sur les retombées de l'impartition telles que les perçoivent les entreprises. Ces données concernent aussi bien les effets positifs (tableau 3.3.11) que négatifs (tableau 3.3.12) de l'impartition sur le fonctionnement général des organisations.

TABLEAU 3.3.11

Impact positif de l'impartition – 1997[a]

Paramètres	Cote moyenne[*]
Satisfaction de la clientèle	4,8
Performance des services informatiques internes	5,0
Moral des employés	4,5
Performance générale de la firme	5,0

[a] Soixante-dix répondants.
[*] Les variables ont été recodées 1 très négatif, 7 très positif.

L'évaluation de l'impartition par les répondants se révèle dans l'ensemble positive. Les cotes moyennes d'évaluation des différents paramètres, calibrées sur une échelle de 1 à 7, varient de 4,5 à 5,0. Il est cependant intéressant de noter la relation négative (statistiquement significative) qui existe entre le degré d'impartition des entreprises et la cotation de deux des paramètres, à savoir la satisfaction de la clientèle et la performance des services informatiques internes. Les résultats indiquent en effet que plus le degré d'impartition est élevé – le profil interne correspondant au degré zéro d'impartition, le profil mixte à un degré faible, le profil CPU à un degré important et le profil global au degré maximal –, plus la cote de ces paramètres est basse. Les corrélations, bien que relativement faibles (respectivement -0,274 et -0,219), n'en demeurent pas moins significatives. Ce résultat confirme les craintes que certains expriment sur les risques d'une détérioration des services à la clientèle en situation d'impartition.

TABLEAU 3.3.12

Impact négatif de l'impartition – 1997

Paramètres	Pourcentage[a]
Escalade des coûts	49
Perte de savoir-faire stratégique	37
Impact négatif sur le moral des employés	37
Risque d'être prisonnier de la relation	32
Difficulté de mettre fin au contrat	32
Perte de contrôle des activités informatiques	25
Réduction de la qualité des services informatiques	25
Perte de sécurité	16
Problèmes dans les relations de travail	9
Habileté réduite pour définir la stratégie de la firme	9
Risque global de l'impartition	7
Diminution de l'identité corporative	3

[a] Soixante-dix répondants (trois profils d'impartition); aucune différence significative n'existe entre les profils d'impartition.

La principale critique que les répondants formulent au sujet de l'impartition porte sur l'escalade des coûts que la délégation des activités ou des services provoque parfois. Parmi les cinq griefs les plus souvent cités, trois sont relatifs à la gestion du contrat d'impartition et au contrat même signé par les parties : l'escalade de coûts, le risque d'être captif de la relation avec le fournisseur et la difficulté de résilier un contrat. En deuxième lieu figurent des critiques de nature plus opérationnelle (perte de contrôle des activités informatiques, réduction de la qualité des services et perte de sécurité). Enfin, les répondants estiment que les répercussions négatives de l'impartition des services informatiques sur des aspects plus globaux comme l'identité corporative et l'habileté de la firme à définir sa stratégie sont de peu d'importance. Il faut noter que les réponses des entreprises, eu égard à leur profil respectif d'impartition, ne présentent aucune différence significative.

Les entreprises qui se sont soumises à l'enquête semblent en général entretenir de bonnes relations avec leurs fournisseurs. Comme l'indique le tableau 3.3.13, les problèmes relatifs à la qualité des relations entre les parties ont trait à des aspects liés à la négociation, qu'il s'agisse du marchandage ou de la renégociation. Quant aux litiges et aux problèmes concernant les changements de fournisseurs, c'est un faible pourcentage des entreprises qui ont eu à y faire face.

TABLEAU 3.3.13

Difficultés contractuelles

Paramètres	Pourcentage[a]
Marchandage important	29
Renégociation	25
Litiges	7,4
Problème majeur lors d'un changement de fournisseur	4,4

[a] Soixante-huit des soixante-dix firmes ayant imparti des activités ont répondu à ces questions. Aucune différence significative n'existe entre les trois profils d'impartition.

3.3.8   CONCLUSION

À la lumière des résultats obtenus dans le cadre de notre double enquête, il apparaît clairement que le mouvement d'impartition des services informatiques amorcé au début des années 1990 se poursuit. Le pourcentage des entreprises ayant recours à un fournisseur externe pour ce type d'activités a augmenté de façon significative au cours des quatre années qui séparent les deux enquêtes. Il est cependant intéressant de noter que cette augmentation nette est la résultante des deux mouvements opposés. Certaines entreprises ont en effet réintégré des activités informatiques qu'elles avaient confiées à l'externe, même si à l'époque, elles avaient indiqué que cette impartition était définitive. Il serait, bien sûr, intéressant d'explorer plus avant ce phénomène. La première explication qui vient à l'esprit est que les firmes impartitrices, insatisfaites de la performance de leurs fournisseurs, ont renoncé à leur confier la prestation de leurs services et ont donc réintégré les activités initialement imparties. L'exemple de la compagnie d'assurances décrit au chapitre 3.2 en est une illustration.

La réduction des coûts et l'accès à une expertise technologique de pointe semblent être les principaux motifs invoqués pour justifier une décision d'impartition. Curieusement, l'escalade des coûts reliés à la délégation des activités informatiques est le sujet de mécontentement le plus souvent mentionné. Il semble malgré tout que les entreprises soient en général satisfaites de leur expérience, et tout particulièrement de la performance des fournisseurs et de la qualité des services.

BIBLIOGRAPHIE

Aubert, Benoit A., Michel Patry et Suzanne Rivard, « L'impartition des services informatiques au Canada : portrait de 640 grandes entreprises », *Cahier du GreSI* 94-07, septembre 1994.

NOTES MÉTHODOLOGIQUES

La méthodologie adoptée pour mener la double enquête était la suivante :

En 1993, une première enquête a été réalisée auprès de grandes entreprises canadiennes utilisant des systèmes informatiques suffisamment complexes pour posséder une division de services informatiques. La liste initiale, établie d'après la liste des entreprises recensées par les revues *Canadian Business* (1992) et *Financial Post* (1993), incluait plus de 2 000 compagnies, mais à la suite de certaines vérifications, les compagnies ayant fait faillite, ne possédant pas de service informatique ou, encore, opérant sous plusieurs noms ont été éliminées. La liste finale établissait à 1 780 le nombre d'entreprises sollicitées.

Les gestionnaires des services informatiques de chacune de ces firmes ont été identifiés et approchés pour participer à l'étude, d'abord par lettre, puis par téléphone. Au cours de cet exercice, 1 150 gestionnaires ont accepté de répondre au questionnaire, 370 ont refusé de participer et 260 n'ont jamais été joints. Nous avons demandé à chacun des gestionnaires qui avaient accepté de participer à l'étude si son entreprise impartissait ses activités d'exploitation informatique. Selon la réponse, une version différente du questionnaire d'enquête lui était expédiée.

Au total, 1 410 questionnaires ont été expédiés – 1 150 aux gestionnaires qui avaient accepté de participer à l'étude et 260 aux gestionnaires n'ayant pu être joints. De ces 1 410 questionnaires, 641 ont été retournés, ce qui correspond à un taux de réponse de 45 %. Ce taux est jugé tout à fait acceptable pour ce type d'enquêtes.

Au cours de l'hiver 1997, un nouveau questionnaire a été posté à 1 496 entreprises visées par l'enquête de 1993. De celles-ci, 200 ont retourné un questionnaire dûment rempli. Le taux de réponse obtenu est donc de 13,3 %. Le taux de réponse nettement plus élevé de l'enquête de 1993 s'explique sans doute par l'assiduité des enquêteurs : efforts soutenus pour communiquer avec les répondants potentiels, nombreux rappels effectués, etc. L'enquête de 1997 ne prévoyait qu'un rappel par écrit.

Chapitre 3.4

L'IMPARTITION DANS L'INDUSTRIE AÉROSPATIALE : RAPPORTS INTERFIRMES ET COMPÉTENCES DES SOUS-TRAITANTS

Mario Bourgault[1]

3.4.1 INTRODUCTION

Les rapports interfirmes ont grandement évolué au cours des deux dernières décennies. De nouvelles configurations telles que les alliances, les ententes de partenariat et les entreprises-réseau sont aujourd'hui plus répandues et l'alternative traditionnellement posée par l'approche transactionnelle (faire ou faire faire) doit être nuancée pour tenir compte de la diversité des échanges entre agents économiques. Certains rapports interfirmes, tout en demeurant fondés sur une logique marchande, s'apparentent davantage à une coopération entre les parties qu'à une rivalité telle qu'on l'entend traditionnellement.

Cette redéfinition des frontières de la firme et du type de coordination des échanges s'applique également à la sous-traitance industrielle. Les observations récentes montrent en effet que la relation de domination largement répandue jusque dans les années 1980 a fait place à des rapports plus complexes entre donneurs d'ordres et sous-traitants. La sous-traitance actuelle prend souvent la forme d'une relation d'échange sur le marché (transaction entre deux entités indépendantes), tout en présentant les caractéristiques d'une relation d'autorité entre le donneur d'ordres et le sous-traitant. Sur les marchés des biens industriels, la confiance apparaît donc comme un régulateur important de la relation[2].

---

1. École polytechnique de Montréal et CIRANO.
2. Beaudry (1992, 1995).

En pratique, les sous-traitants sont invités à prendre davantage de responsabilités dans les activités de conception et de fabrication. Ce faisant, ils doivent assumer une plus grande part du risque traditionnellement dévolu au donneur d'ordres. Ce phénomène engendre forcément des façons nouvelles d'orienter le développement des firmes en fonction des relations entretenues avec la clientèle. Aussi, la nécessité de dépasser la condition d'exécutant exige de multiples efforts qui sont autant d'ordre technologique qu'organisationnel. Par ailleurs, ces firmes sous-traitantes chercheront à associer l'acquisition de nouvelles compétences et de ressources à une plus grande fidélité des clients dans l'allocation des contrats.

Dans le présent chapitre, ce sont principalement les efforts des sous-traitants qui sont étudiés. Notre analyse s'inspire du courant actuel en management, qui tient les ressources et les compétences pour l'assise sur laquelle s'établit l'avantage concurrentiel des firmes[3]. De plus, l'analyse indique que la gamme de compétences de la firme sous-traitante est en partie modulée par le type de relation entretenue avec les clients (les donneurs d'ordres).

La sous-traitance, comme mode d'impartition, est donc ici étudiée suivant une perspective différente de celles présentées dans les chapitres précédents. L'objectif poursuivi est double. En premier lieu, il s'agit de mesurer l'effet de la relation interfirmes sur un ensemble de caractéristiques et de compétences que doivent développer les sous-traitants pour se conformer aux exigences de leur clientèle. D'autre part, l'étude cherche à identifier, parmi ces facteurs, ceux qui contribuent le plus à expliquer la performance des firmes. Une telle approche présente trois particularités :

- En étudiant la problématique selon la perspective des sous-traitants, cette analyse se distingue d'autres travaux où dominent généralement les préoccupations des firmes qui impartissent (motivations sous-jacentes au choix de faire ou de faire faire; facteurs de réussite des stratégies d'impartition et d'intégration, etc.).

- Le choix du champ d'observation (l'industrie aérospatiale) vise à diversifier le contexte industriel dans lequel sont entreprises les études sur la sous-traitance, la plupart d'entre elles ayant été, jusqu'à ce jour, principalement réalisées dans le secteur automobile.

- L'échantillon utilisé (près de 300 firmes sous-traitantes localisées au Canada et aux États-Unis) fournit un portrait précis de la réalité actuelle de la sous-traitance industrielle dans un secteur de haute technologie.

Rappelons enfin que cette analyse est fortement ancrée dans la réalité de l'industrie aérospatiale actuelle. Depuis le début des années 1990, ce secteur connaît une baisse importante de la demande traditionnelle (secteur militaire) tout en

---

3. Pour une revue des principes de l'approche dite des ressources (*The Resource-Based View of the Firm*), voir, entre autres, Montgomery (1995), Amit et Schoemaker (1993) et Barney (1991).

regroupant un nombre plus grand de pays producteurs, notamment ceux d'Asie. L'effet de ces deux phénomènes est significatif : chez les constructeurs principalement, les fusions se multiplient, plusieurs accords entre nouveaux partenaires se concluent et certaines entreprises d'expérience voient leur avenir compromis. Les sous-traitants sont souvent les premiers à subir les contrecoups de telles opérations de rationalisation, puisque la plupart des donneurs d'ordres réduisent également le nombre de leurs sous-traitants privilégiés.

Les résultats présentés dans ce chapitre montrent clairement que des rapports plus étroits entre les partenaires (caractérisés notamment par un plus grand engagement des donneurs d'ordres) ont un effet positif sur le profil des sous-traitants, pour peu que ces derniers présentent déjà une gamme de compétences qui va au-delà du profil traditionnel. Pour les sous-traitants, l'initiative sur les plans technologique et organisationnel apparaît donc comme un préalable à toute participation fructueuse des donneurs d'ordres et le niveau de performance est dans leur cas fortement associé aux compétences indispensables à l'innovation.

Le présent chapitre est organisé en cinq grandes sections. La deuxième propose une caractérisation de la sous-traitance industrielle et analyse la spécificité de l'industrie aérospatiale. Elle situe aussi la sous-traitance dans un contexte plus large de réorganisation des rapports interfirmes. La troisième section présente la problématique visée par la recherche et analyse les résultats obtenus. Les quatrième et cinquième sections proposent une synthèse et concluent l'étude en identifiant des avenues de développement pour l'industrie.

3.4.2   CARACTÉRISATION DES RAPPORTS DE SOUS-TRAITANCE ET SPÉCIFICITÉ DU SECTEUR AÉROSPATIAL

Les relations de sous-traitance dans les secteurs manufacturiers nord-américains ont subi d'importantes transformations, motivées par les succès de l'industrie japonaise qui ont mis en évidence une façon différente d'envisager les rapports entre donneurs d'ordres et fournisseurs. La présente section aborde cette question pour ensuite en identifier les impacts dans l'industrie aérospatiale.

3.4.2.1   Évolution de la sous-traitance

De nombreux travaux décrivent la transformation des relations de sous-traitance qui vont des rapports plus étroits et plus coopératifs entre les deux parties jusqu'aux structures incitatives permettant d'engager les sous-traitants dans l'amélioration et le développement de produits[4]. De façon plus précise, on identifie quelques changements importants survenus au cours de la dernière décennie[5] :

- tendance des grandes firmes à sous-traiter davantage ;

---

4. Voir à ce sujet Liker *et al.* (1996) et Dyer et Ouchi (1993).
5. McMillan (1995).

- réduction appréciable du nombre de sous-traitants avec qui traiter directement;
- établissement de relations à long terme;
- processus de sélection des sous-traitants faisant intervenir d'autres critères que le prix;
- augmentation des responsabilités de conception dévolues aux sous-traitants;
- contrôle serré et suivi des processus internes chez les sous-traitants (production, coûts, etc.);
- assistance fournie dans les domaines technique et du contrôle de la qualité;
- exigence de livraisons sur la base *just-in-time*.

De nombreuses analyses empiriques ont confirmé ces changements dans les secteurs industriels nord-américains, notamment dans celui de l'industrie automobile[6]. Elles montrent en effet que les firmes américaines ont grandement amélioré leur façon d'interagir, se rapprochant de manière significative du modèle japonais. Ainsi, les sous-traitants sont, dans l'ensemble, plus disposés à fournir de l'information à leurs clients (les assembleurs), à contracter des ententes à long terme et à instituer des programmes rigoureux de qualité. Dans le secteur aérospatial, le passage du mode traditionnel au mode *à la japonaise* fut, dans les faits, accéléré par la forte récession du début de la décennie. Plusieurs méthodes autrefois associées à des industries à haut volume (*just-in-time, total quality management*, etc.) sont aujourd'hui devenues une exigence pour atteindre les objectifs de coûts tout en maintenant des critères élevés de qualité[7].

En matière de sous-traitance industrielle, les rapports interfirmes se sont donc complexifiés. Une approche plus coopérative semble dominer, du moins dans les relations avec les sous-traitants les plus importants. Dans les secteurs de haute technologie en particulier, la réduction de l'incertitude liée à la complexité des activités de conception se trouve être une des plus importantes causes du développement. Théoriquement, on peut supposer que les grandes entreprises préfèrent voir leurs sous-traitants assumer la plus grande part du risque associé au développement de nouveaux produits et systèmes et garder ainsi intactes les frontières interfirmes. Or il semble que sous l'angle technologique, des rapports de type coopératif (« relâchement » des règles traditionnelles régissant les transactions) peuvent donner naissance à une forme nouvelle de relation en créant une synergie dont l'effet va au-delà de ce que peut procurer une transaction sur le marché.

Le potentiel des ressources et des compétences respectives des firmes ne se trouve pleinement révélé que dans la mesure où il existe diverses formes d'interaction. De façon similaire au modèle d'équipes de production (cohésion intrafirme),

---

6. Voir, par exemple, Helper et Sako (1995).
7. Williams (1994).

il y a la nécessité d'établir des relations durables, qui ne font pas uniquement l'objet de transactions ponctuelles. Dans un contexte de complexité grandissante, le lieu d'émergence des connaissances et de l'innovation se situerait donc dans la relation entre les firmes plutôt qu'au sein même des firmes : « Knowledge creation occurs in the context of a community, one that is fluid and evolving rather than tightly bound or static [...] sources of innovation do not reside exclusively inside firms: instead they are commonly found in the interstices between firms[8]. »

Du point de vue de la technologie, les raisons pour une firme d'entretenir avec ses clients des relations plus étroites que par le passé sont donc nombreuses et apparaissent d'abord liées, en pratique, aux premières étapes du processus d'innovation, soit les activités de base en R&D : réduction et partage des coûts de recherche, réduction et partage de risque, fertilisation croisée des domaines de spécialisation, suivi de l'évolution des technologies, complémentarité des ressources [9]. Ces éléments sont en effet à la base de plusieurs collaborations dans l'industrie aérospatiale. La plupart des projets d'envergure liés à l'exploration spatiale en sont des exemples. De même, dans le secteur de l'aéronautique civile, le projet du Concorde constitue un cas célèbre : la collaboration interfirmes a permis une percée technologique importante en dépit d'un rendement financier douteux.

Les motifs des agents économiques favorisant la collaboration peuvent par ailleurs toucher à des étapes plus avancées du processus d'innovation; il s'agit principalement des activités de transferts de technologie permettant la réduction du temps de développement, l'assimilation rapide (*leapfrogging*) d'une technologie ou de toute activité plus ou moins formalisée de partage de connaissances. Pour les activités les plus en aval du processus d'innovation, comme la commercialisation, les firmes s'intéresseront au partage des compétences dans le cadre de veilles commerciales et de suivi des possibilités de marchés, de coopération sur les nouveaux marchés (en particulier à l'étranger), d'élargissement des gammes de produits, etc. De nombreux exemples tirés de l'industrie aéronautique civile peuvent illustrer ces options. Ainsi, plus de 230 équipes, localisées dans plusieurs pays, ont travaillé à la conception et à la fabrication du plus récent avion de Boeing, le 777. Huit compagnies aériennes ont également participé très tôt au processus.

Outre les ententes existant entre les grandes firmes, on retrouve aujourd'hui une variété d'arrangements qui favorisent les rapports entre les grandes et les petites firmes. En général, on dira que les bénéfices que peuvent retirer les partenaires sont liés aux avantages matériels des unes (les grandes firmes) et aux caractéristiques comportementales des autres (les petites)[10]. Ces rapprochements entre grandes et petites firmes, concrétisés dans les rapports de sous-traitance, sont finalement l'expression d'une réalité commune : ils contribuent à créer une valeur difficilement accessible à l'un ou l'autre des partenaires individuellement. L'accès à des

8.   Powell, Koput et Smith-Doerr (1996).
9.   Hagedoorn (1993).
10.   Voir à ce sujet Rothwell (1989) et Rizzoni (1994).

technologies différentes, à des moyens financiers plus importants, à des marchés dépassant l'ancrage local sont des motivations évidentes pour les petites entreprises[11]; la grande firme peut également y gagner sur plusieurs plans, notamment sur ceux de la flexibilité et de l'élargissement de la gamme de produits.

En pratique, les donneurs d'ordres chercheront à établir un climat de coopération en s'engageant davantage dans la relation avec les sous-traitants. Plusieurs études soulignent, par exemple, l'effet positif de l'engagement des donneurs d'ordres dans la mise sur pied de programmes particuliers de formation d'employés et d'adoption de technologies. De même, les programmes de gestion de la qualité et d'amélioration continue se trouvent souvent parrainés par des clients pour qui des changements sont nécessaires. Il convient donc d'analyser cet aspect de la relation et d'en vérifier l'importance pour les sous-traitants. Dans le cadre de cette recherche, il s'agit en fait d'évaluer le bien-fondé d'une telle participation et de voir si ces rapports mènent à l'établissement d'un profil différent de sous-traitant.

3.4.2.2 Particularités du secteur aérospatial

L'industrie aérospatiale a toujours suscité un intérêt particulier de la part des gouvernements occidentaux. Outre l'image de prestige et de puissance qui lui est souvent rattachée, cette industrie joue un rôle de premier plan relativement aux emplois spécialisés et bien rémunérés. Ainsi, les données de l'Aerospace Industries of America indiquent qu'au cours des années fastes qu'a récemment connues l'industrie aérospatiale américaine (1985-1990), période où le niveau d'emploi atteignait 1,3 million d'individus, environ 20 % de la main-d'œuvre était constituée de scientifiques et d'ingénieurs. La situation canadienne ne différait alors que de peu avec un ratio d'environ 17,5 %.

Pour justifier les investissements publics importants qu'elle exige des autorités gouvernementales, l'industrie invoque également la question de la sécurité nationale. De fait, les gouvernements considèrent souvent périlleux de laisser à d'autres pays le soin de fixer les prix ou de leur permettre d'avoir accès aux systèmes servant à assurer la paix nationale. L'argument tend toutefois à perdre de sa force à mesure que les contraintes technologiques et économiques obligent les entreprises à s'allier avec des partenaires étrangers pour le développement et la fabrication de nouveaux produits. Compétition et collaboration constituent ainsi un paradoxe important de l'industrie aérospatiale actuelle[12].

Les différentes industries nationales font actuellement l'objet d'une importante réorganisation, qui se traduit en particulier par un accroissement de la concentration chez les principaux constructeurs. La conjonction des changements politiques et de la récession au début des années 1990 a eu pour effet de réduire de façon marquée la demande dans l'ensemble de l'industrie. Les réponses de l'industrie furent diverses : plusieurs firmes d'importance choisirent d'abandonner des

---

11. Léger (1995).
12. Hayward (1994).

secteurs, comme ce fut le cas pour Lockheed dans l'aéronautique civile. Dans le but de regrouper les capacités de production, fusions et acquisitions se sont succédé, autant dans le secteur civil que militaire. Tout en abandonnant le secteur de l'aéronautique civile, le géant Lockheed acquérait la division des chasseurs militaires de General Dynamics, tandis que le géant Martin Marietta, de son côté, faisait l'acquisition de la division spatiale de General Dynamics. Un peu plus tard, les deux géants annonçaient leur « méga-fusion » pour créer le groupe Lockheed Martin, devenant ainsi une des plus importantes entreprises de l'industrie. Au printemps 1996, Boeing acquérait la presque totalité des installations de Rockwell (principal donneur d'ordres pour la navette spatiale), s'assurant de la sorte une première place au classement américain et mondial des entreprises de l'industrie aérospatiale. Plus tard dans l'année, Boeing et McDonnell Douglas annonçaient un plan de fusion dont la réalisation allait bientôt créer un groupe d'une taille inégalée dans l'industrie. Ce groupe domine aujourd'hui les secteurs de l'aéronautique civile, de l'aéronautique militaire et de l'industrie spatiale et ses revenus dépassaient 45 milliards US $ en 1997.

Le phénomène de concentration des industries nationales s'observe ailleurs qu'aux États-Unis. En France, par exemple, la politique récente de la Défense, dictée par le gouvernement, prévoit la fusion graduelle des groupes Aérospatiale et Dassault au cours des prochaines années. De même, au Canada, Bombardier a récemment acquis la totalité des actifs de DeHavilland dont la propriété était partagée depuis 1992 avec le gouvernement de l'Ontario. Les deux seuls centres canadiens de conception d'aéronefs (Canadair et DeHavilland) sont ainsi aujourd'hui la propriété d'une seule firme.

Réduction des marchés traditionnels, augmentation du nombre de nouveaux producteurs et allocation de ressources considérables à la réalisation de nouveaux projets bouleversent donc la structure de l'industrie. Ces mouvements entre concentration industrielle et coopération internationale ont un impact direct sur la sous-traitance, comme l'indiquent les statistiques des dernières années. Au seul chapitre des firmes sollicitées par les donneurs d'ordres, on note, au cours de la récession qui a sévi ces dernières années, une réduction croissante de leur nombre[13]. Entre le début de 1992 et la fin de 1993, le nombre de sous-traitants de Douglas Aircraft est passé de 28 000 à 7 300. De son côté, Pratt & Whitney (United Technologies), qui nouait des ententes avec 2 000 sous-traitants en 1987, réduisait leur nombre à 550 en 1991 et visait l'objectif de 275 pour l'année 1996. Et entre 1991 et 1993, Northrop ramenait le nombre de ses sous-traitants à 3 300, ce qui correspondait à une réduction de 47 %[14].

---

13. L'impact de l'intégration verticale sur la sous-traitance, qui n'est pas abordé dans la présente étude, peut être important dans certains sous-secteurs de l'industrie. Pour une analyse de cette problématique, voir Masten (1984).

14. Voir Velocci (1994).

De telles données signifient que les sous-traitants doivent impérativement satisfaire aux exigences des donneurs d'ordres, en termes de prix, de qualité, de flexibilité et de délais de livraison. Pour ce faire, il leur faut revoir leur façon de fonctionner et adopter des principes d'organisation reconnus, en particulier ceux liés aux opérations (gestion en flux tendus, programmes de qualité, etc.). Au-delà de l'acquisition d'équipement et de la mise en place de méthodes, les firmes sous-traitantes doivent savoir innover à plusieurs points de vue. Leur performance globale s'appuiera sur un ensemble de compétences qui touchent à la fois des aspects organisationnels et des aspects technologiques. Ainsi, plusieurs études en gestion de la technologie laissent entendre que, même dans les secteurs de pointe, la réussite des entreprises, loin d'être uniquement fonction des efforts déployés dans certains domaines (par exemple la R&D), repose sur la diversité des efforts et des compétences complémentaires.

3.4.3 RECHERCHE EMPIRIQUE

3.4.3.1 Question de recherche et modalités de l'enquête

La question de la performance des sous-traitants est d'une grande pertinence autant pour les donneurs d'ordres que pour les sous-traitants eux-mêmes. C'est pourquoi il importe de mesurer et d'évaluer les compétences afin de pouvoir corriger – en tenant compte des nouveaux modes de relations interfirmes – la trajectoire des firmes qui présentent des carences. De façon plus précise, l'analyse empirique qui suit se propose de répondre à deux questions :

a) quel rôle joue la relation interfirmes dans la configuration des compétences du sous-traitant ?

b) quelles sont les compétences qui constituent les principaux facteurs explicatifs de la performance des sous-traitants ?

Notre étude s'appuie sur une série de treize variables servant à mesurer les compétences technologiques et organisationnelles de la firme (voir tableau 3.4.1). Le choix de ces variables, justifié au préalable par une revue de la littérature sur le sujet[15], vise à mieux rendre compte de la complexité de la firme et obéit à l'objectif, reconnu en management, selon lequel la connaissance de la firme passe nécessairement par la prise en compte de plusieurs attributs à la fois. L'étude porte aussi bien sur les dimensions tangibles et intangibles des compétences de la firme (ex. : nombre de technologies adoptées et réputation) que sur leur lieu d'ancrage (personnel et collectif) ou, encore, sur leur nature, technologique ou organisationnelle (ex. : veille technologique et habiletés de gestion). Des mesures d'intrant ont également été juxtaposées à des mesures d'extrant (ex. : intensité en R&D et taux d'internationalisation des ventes). Les relations interfirmes ont par ailleurs fait l'objet d'une

---

15. Pour une analyse détaillée, voir Bourgault (1996).

définition selon trois dimensions. L'annexe (p. 240) offre des précisions addition-nelles sur la nature des variables de même que sur celle des mesures utilisées.

Les résultats empiriques présentés ci-après sont tirés d'une étude à grande échelle menée dans le secteur aérospatial nord-américain (États-Unis et Canada). La collecte de données a été réalisée directement auprès des entreprises au moyen d'un questionnaire adressé au dirigeant de chaque firme. Les firmes ont été sélec-tionnées grâce à divers registres gouvernementaux des entreprises fournissant un bien intermédiaire manufacturé à une autre entreprise du secteur. La méthodologie choisie répond à deux préoccupations : d'une part, elle facilite la collecte de don-nées auprès des petites et moyennes entreprises (constituant une bonne partie des sous-traitants) qui, pour la plupart, sont de propriété privée et ne sont donc pas tenues de publier leurs résultats; d'autre part, elle fournit un grand nombre de données et facilite ainsi la généralisation des résultats obtenus par des méthodes statistiques reconnues. Vingt pour cent des entreprises ayant reçu le questionnaire l'ont rempli adéquatement, ce qui correspond à 297 réponses valides. Ce résultat est jugé satisfaisant et conforme à de nombreuses enquêtes industrielles du même genre[16].

TABLEAU 3.4.1

Variables à l'étude*

Variables de nature technologique
- investissement en R&D
- nombre de technologies adoptées (programmes de gestion et de production, programmes d'amélioration de la production)
- veille technologie
- savoir-faire exclusif lié aux produits

Variables de nature organisationnelle
- habiletés de gestion
- efforts de marketing
- degré d'internationalisation des ventes
- stabilité financière
- réputation
- stabilité de réseaux avec l'externe (fournisseurs et clients)

Caractéristiques de la relation interfirmes
- degré de dépendance du sous-traitant
- degré de participation et d'influence des clients
- degré d'exigence des clients

* On trouvera en annexe (p. 240) des précisions sur la nature de ces variables ainsi que sur la façon dont elles ont été mesurées.

---

16. La représentativité de l'échantillon a fait l'objet d'un test d'ajustement (*goodness of fit test*) à partir d'un regroupement des classes utilisées dans les répertoires industriels. Le nombre

3.4.4 RELATIONS INTERFIRMES ET COMPÉTENCES DES SOUS-TRAITANTS

La section 2 a mis en évidence le contexte dans lequel plusieurs sous-traitants travaillent actuellement. Les entreprises sous-traitantes, aux prises avec une réduction substantielle du nombre de contrats, sont obligées de s'engager davantage dans la relation d'impartition, ce qui peut parfois renforcer leur état de dépendance. En contrepartie, elles bénéficient de la relative fidélité des clients avec qui elles font affaire, notamment en ce qui regarde l'allocation des contrats.

L'impact de ce nouveau mode de relation a d'abord été vérifié en comparant le niveau de dépendance des sous-traitants. Pour ce faire, les firmes de l'échantillon ont été divisées en deux groupes, selon qu'elles étaient jugées dépendantes ou non dépendantes de leur clientèle. Un sous-traitant était considéré comme dépendant si plus de 25 % de ses ventes étaient réalisées avec un seul client[17].

Les résultats obtenus (non illustrés) confirment l'effet de la dépendance, mais seulement sur un nombre limité des variables présentées plus haut. L'effet se fait surtout sentir sur la propension des firmes qui traitent avec un client important à élargir leurs compétences et à explorer de nouveaux marchés, ce qui laisse supposer une dépendance de type traditionnel. Ainsi, les sous-traitants dits « dépendants » sont moins enclins à investir en R&D et à recourir à la veille technologique. Quant à l'adoption de nouvelles technologies de production, ils sont légèrement en retard sur leurs homologues non dépendants. Et ils font moins d'efforts de marketing, ce qui n'est pas pour surprendre étant donné leur état de dépendance. Les firmes qui sont plus dépendantes sont également moins présentes sur les marchés étrangers : pour elles, l'incitation à étendre leur clientèle au-delà de la frontière reste faible, car leurs installations sont souvent situées dans le même pays que celles de leurs clients[18]. Les résultats semblent donc indiquer que dans l'industrie aérospatiale, la relation de dépendance correspond encore au modèle traditionnel plutôt qu'à une forme d'exclusivité qu'offriraient certains sous-traitants aux compétences supérieures. Ce premier constat incite à analyser davantage l'impact d'autres aspects de la relation

---

de classes a été ramené à trois: les petites firmes (moins de 50 employés), les firmes de taille moyenne (entre 50 et 249 employés) et les grandes firmes (plus de 250 employés). Le test fournit des résultats satisfaisants quant à la représentativité de l'échantillon ($\chi^2 = 3,1160$ et $p = 0,2106$ pour le Canada et $\chi^2 = 0,2918$ et $p = 0,8643$ pour les États-Unis).

17. B. Beaudry (1995) estime qu'il s'agit là du seuil à partir duquel on peut parler de dépendance du sous-traitant envers un donneur d'ordres. À noter que les mêmes tests furent administrés en fixant le niveau de dépendance à 40 % au lieu de 25 % : aucune différence significative n'a été observée entre les deux batteries de tests.

18. Cette assertion est très probable compte tenu du profil technologique traditionnel décrit ici. Les résultats indiquent d'ailleurs une concentration évidente des revenus réalisés à l'intérieur du pays d'appartenance. Chez les sous-traitants canadiens « dépendants », le niveau médian des ventes nationales est de 90 %; ce niveau atteint 98 % chez les firmes américaines.

en introduisant, outre le niveau de dépendance, l'engagement et l'influence des clients[19].

Le niveau de dépendance des sous-traitants est lui-même subdivisé en deux groupes selon l'influence et l'engagement du donneur d'ordres. Les résultats présentés au tableau 3.4.2 montrent que pour les sous-traitants dits dépendants, déjà caractérisés par un profil plus traditionnel, l'engagement et l'influence des donneurs d'ordres n'ont aucun effet additionnel, tant sur le plan technologique qu'organisationnel[20]. En effet, les tests statistiques réalisés sur les deux sous-groupes ne révèlent aucune différence significative entre les valeurs obtenues pour les variables étudiées. En revanche, l'engagement des donneurs d'ordres a un effet beaucoup plus marqué sur le profil des firmes qui n'affichent pas de dépendance envers leur clientèle. Ainsi, les résultats du tableau 3.4.2 indiquent un profil supérieur pour le second sous-groupe, c'est-à-dire celui pour lequel l'influence et l'engagement des donneurs d'ordres sont plus élevés. La supériorité du profil est particulièrement évidente dans le cas des variables à caractère technologique.

Il apparaît donc à la lumière de cette première analyse statistique que l'influence et l'engagement du donneur d'ordres agissent sur le développement des compétences des sous-traitants et consolident le profil technologique de ceux qui présentent un certain degré d'autonomie. Ces entreprises sont enclines à adopter des technologies informatisées de gestion et de production et se distinguent, de plus, des entreprises du premier sous-groupe par leur savoir-faire. Ce phénomène s'exprime également dans les compétences organisationnelles, puisque les firmes du second sous-groupe se distinguent de celles du premier par leurs habiletés de gestion et leur stabilité financière. La capacité d'une firme à assurer sa stabilité sur le plan financier constitue une garantie supplémentaire pour le donneur d'ordres désireux d'investir dans une relation à long terme, caractérisée par un niveau important d'engagement.

---

19. À noter également qu'il n'existe pas de différences significative entre les tailles des deux groupes (dépendants et non dépendants), ce qui augmente ainsi la valeur des résultats

20. L'engagement des donneurs d'ordres peut certes avoir un effet à long terme, mais ce dernier ne peut être identifié dans une étude comme celle-ci où les variables sont mesurées à un point donné dans le temps.

3.4.5 PROFIL DES SOUS-TRAITANTS LES PLUS PERFORMANTS

TABLEAU 3.4.2

Différences entre les sous-groupes formés sur la base
du niveau de dépendance des sous-traitants, en plus du niveau d'influence
et d'engagement des donneurs d'ordres[a]

	Dépendance élevée		Dépendance faible	
	Influence et engagement faibles $n_{1.1}=45$	Influence et engagement élevées $n_{1.2}=50$	Influence et engagement faibles $n_{2.1}=105$	Influence et engagement élevées $n_{2.2}=96$
Nombre de technologies de gestion adoptées[b]	Aucune différence intergroupe significative		3,10	4,23
Nombre de technologies de production adoptées[b]	Aucune différence intergroupe significative		2,34	3,46
Programmes d'amélioration de la production[b]	Aucune différence intergroupe significative		1,07	1,60
Compétences techniques des employés[b]	Aucune différence intergroupe significative		5,20	5,64
Savoir-faire unique et spécifique à des produits[b]	Aucune différence intergroupe significative		4,96	5,51
Habiletés de gestion[b]	Aucune différence intergroupe significative		4,70	5,28
Stabilité financière[b]	Aucune différence intergroupe significative		4,66	5,05

[a] Les sous-groupes sont constitués à partir du calcul de la médiane; seuls les résultats affichant des différences significatives (au moins 0,05) apparaissent au tableau. Les tests statistiques utilisés ici sont de type Student.

[b] Les résultats apparaissant au tableau doivent être lus en fonction des échelles utilisées (voir annexe, p. 240). Ainsi, les trois premières variables représentent le nombre moyen de technologies adoptées par les firmes. Dans le cas des autres variables, ce sont des échelles perceptuelles de Likert (en sept points d'ancrage) qui ont été utilisées. Pour faciliter la lecture des résultats, seules les variables affichant des différences statistiques significatives dans l'un ou l'autre des sous-groupes apparaissent au tableau.

En seconde analyse, l'objectif de la démarche vise l'identification des facteurs permettant de mieux prédire la performance des sous-traitants. En termes méthodologiques, il s'agit d'identifier quelles variables parmi celles présentées jusqu'ici (caractéristiques de la firme et attributs de la relation) expliquent le mieux les variations de la performance de la firme. Pour ce faire, on a recours à la régression multiple qui met en relation une variable dite dépendante (la performance des firmes) et l'ensemble des variables indépendantes correspondant aux facteurs organisationnels et technologiques (tableau 3.4.1) de même qu'aux variables liées à la relation. Rappelons que la régression multiple est une des méthodes les plus fréquemment utilisées pour évaluer la relation présumée entre une variable dite dépendante (expliquée) d'une part et les variables dites indépendantes (explicatives) d'autre part. L'utilisation de cette méthode vise donc essentiellement à mesurer la relation entre des variables et non à confirmer un lien de cause à effet : le lien causal demeure en effet difficile à établir dans une étude des comportements managériaux[21].

---

21.   « A statistical relationship, however strong and however suggestive, can never establish causal connexion » (Kendall et Stuart, cités dans Dillon et Goldstein [1984]).

La méthode adoptée a également été soumise à la vérification des hypothèses qui sous-tendent ce type d'approche (principes de multinormalité et d'absence de multicolinéarité).

3.4.5.1   La variable dépendante : la performance du sous-traitant

Par souci d'ancrer solidement cette recherche dans la réalité des firmes, nous avons défini une mesure de la performance des sous-traitants selon les critères établis par les donneurs d'ordres, à savoir : qualité, délais de livraison, prix et flexibilité relatifs à la production. Ces quatre facteurs, regroupés dans une mesure unique de performance par moyenne algébrique, constituent en effet une base d'évaluation courante des sous-traitants dans l'industrie aérospatiale[22]. La moyenne a donc été calculée à partir des valeurs obtenues sur échelles de Likert en sept points. Les mesures de performance des 297 firmes variaient de 1,4 à 7,0 avec une moyenne de 5,45, des résultats qui indiquent clairement une répartition, perçue par les donneurs d'ordres, du niveau de performance de leurs sous-traitants[23].

3.4.5.2   Les variables indépendantes

Afin d'identifier les variables indépendantes explicatives du niveau de performance, une analyse a été réalisée pour toutes les firmes échantillonnées. L'ensemble des variables indépendantes comprend les variables utilisées pour mesurer les compétences de la firme (voir tableau 3.4.1) et les trois variables caractérisant la relation. Il convient en effet de les inclure dans le modèle étant donné les différences observées lors de l'analyse précédente. Cette analyse inclut également deux autres variables de contrôle (taille et localisation), conformément au modèle initial à l'origine de la présente analyse[24].

Selon les résultats figurant au tableau 3.4.3, le modèle explique 41,3 % de la variance de la performance des firmes, ce qui constitue un niveau fort satisfaisant. Au point de vue de l'organisation, les variables dont les résultats sont les plus significatifs sont les habiletés de gestion et la réputation, suivies, dans le groupe des

---

22. La façon d'établir la performance des sous-traitants reproduit donc celle privilégiée par les donneurs d'ordres. Ce fait a par ailleurs été validé empiriquement à partir d'entretiens avec des donneurs d'ordres de la région de Montréal. Les entretiens se sont déroulés en présence de dirigeants de grandes firmes engagées dans la construction d'avions et de systèmes de propulsion. Aussi, la validation de cette méthode s'est faite sur quinze sous-traitants pour lesquels la cote d'appréciation avait préalablement été obtenue de donneurs d'ordres (cinq sous-traitants de la Nouvelle-Angleterre, cinq du Québec et cinq de l'Ontario). En incorporant l'évaluation que les dirigeants des firmes sous-traitantes ont faite de leur propre performance, nous avons pu la comparer avec celle du donneur d'ordres. Aucune différence significative n'ayant pu être établie dans la comparaison des résultats, on peut en conclure que la méthode utilisée ici est valide.

23. À noter que plusieurs travaux ont montré la corrélation entre des mesures perceptuelles de performance (comme celles utilisées ici) et des mesures objectives traditionnelles tels les ratios financiers. Dans le cas de petites firmes, ces derniers sont rarement disponibles.

24. Voir Bourgault (1996).

compétences technologiques, des investissements en R&D et des compétences techniques des employés. Parmi les facteurs les plus significatifs de la performance se trouvent les habiletés de gestion des dirigeants. Il s'agit d'un résultat très intéressant, compte tenu de la nature hautement technologique de l'industrie. Il montre somme toute que même dans ce secteur, le rôle des dirigeants demeure capital. Il confirme également les résultats obtenus dans le cadre d'autres études réalisées dans le secteur de l'aérospatiale et de la défense[25]. Dans un contexte de mutation de l'industrie, ce rôle stratégique apparaît encore plus crucial, pour ce qui est de l'acquisition, de l'utilisation et du développement de ressources.

La réputation se révèle aussi fortement liée à la performance. La réputation étant perçue comme une mesure de la qualité du travail passé, un coefficient de régression très significatif (voir tableau 3.4.3) semble indiquer que les exigences élevées des donneurs d'ordres favorisent les firmes les plus expérimentées. Par ailleurs, compte tenu du niveau technologique élevé de l'industrie et de l'investissement en capital qui en découle, ce résultat signale un phénomène de renforcement positif, les firmes sous-traitantes pouvant consolider la relation avec leur clientèle à condition de reproduire les résultats qui leur ont valu leur réputation. Dans un contexte de réduction du nombre de sous-traitants, la réputation peut constituer une base de stabilité. Les investissements en R&D et les compétences techniques des employés se présentent aussi comme deux déterminants très significatifs de la performance des firmes, ce qui confirme en quelque sorte la nécessité de consentir des efforts technologiques au-delà des habiletés de gestion déjà identifiées. Même si ces habiletés demeurent prépondérantes, la firme doit pouvoir assurer une compétence technique et un certain effort d'innovation par des investissements en R&D.

Les coefficients négatifs pour le niveau d'exigence et le degré d'internationalisation des ventes sont, à première vue, inattendus et nécessitent une attention particulière. Le degré d'internationalisation des ventes, qui reflète la capacité des firmes à être compétitives sur les marchés internationaux, se trouve lié négativement à la performance. Ce résultat est pour le moins surprenant et indique qu'une performance accrue suppose d'abord qualification auprès des donneurs d'ordres nationaux.

Le niveau d'exigence des donneurs d'ordres est également lié de façon très significative à la performance du sous-traitant (valeur négative). Ce résultat étonne, mais il confirme que le marché exerce des pressions considérables et que même les meilleurs sous-traitants ont du mal à s'y adapter.

---

25. O'Guin (1995).

TABLEAU 3.4.3

Régression multiple exécutée sur l'échantillon complet[a]

	β[b]
Facteurs liés aux compétences	
▪ investissements en R&D	0,16 **
▪ veille technologique	0,10 *
▪ compétences techniques des employés	0,22 ***
▪ savoir-faire spécifique lié aux produits	0,08 *
▪ habiletés de gestion	0,29 ***
▪ internationalisation des ventes	-0,26 ***
▪ réputation	0,19 ***
Facteurs liés à la relation[c]	
▪ niveau d'exigence	-0,22 ***
R^2 41,3 %	***

a   Une analyse similaire a été réalisée sur les 30 firmes (10 % de l'échantillon) les plus performantes. En dépit des limites d'applicabilité de la méthode de régression pour un échantillon de cette taille, aucune différence significative n'a été observée par rapport aux résultats présentés ici.

b   Valeurs de β selon le modèle complet généré en mode *enter* : niveau de signification : * $p < 0.05$; ** $p < 0.01$; *** $p < 0.001$.

c   La variable de relation « niveau de dépendance » introduite dans la régression a été établie en fonction d'un seuil de 25 %; une vérification a été effectuée en rendant cette variable continue (niveau de dépendance de 0 % à 100 %), mais aucune différence significative n'a pu être observée par rapport aux résultats présentés ici. Cette variable n'a généré aucun β significatif dans l'un ou l'autre des cas.

3.4.6   SYNTHÈSE ET DISCUSSION

Dans le cadre d'une recherche empirique, l'étude des compétences de la firme pose un défi important au chercheur, notamment en ce qui regarde les caractéristiques intrinsèques qui leur sont associées comme l'intangibilité, la spécificité ou le caractère collectif. Pour vaincre les obstacles qui se sont présentés au cours de l'analyse, il nous a fallu utiliser des mesures qui tiennent comptent de la réalité de la sous-traitance, tout en variant les perspectives de manière à mettre en évidence les différences entre les firmes (variables de contrôle). C'est ainsi qu'il ressort de notre étude que les sous-traitants qui entretiennent une dépendance envers leurs clients ont tendance à être moins compétents sur le plan technologique que les « indépendants ». Leurs efforts de marketing sont également moindres et leur présence sur les marchés étrangers, plus discrète. Les résultats montrent aussi que l'engagement des donneurs d'ordres a un effet positif sur le degré d'informatisation et d'automatisation des firmes indépendantes.

Les résultats, qui confirment les conclusions d'une partie importante des travaux consacrés à la gestion de l'innovation, montrent également que les compétences organisationnelles – et, au premier plan, les habiletés de gestion – entrent pour beaucoup dans la performance de l'ensemble des firmes, ce qui atteste l'importance du rôle des dirigeants dans une industrie de haute technologie, tant pour le volet entrepreneurial (dont les bases théoriques remontent à Schumpeter) que pour les aspects stratégiques et le leadership. Les changements survenus dans l'industrie au cours des dernières années ont certes contribué à rendre ce rôle encore plus crucial; les sous-traitants doivent répondre à de plus grandes exigences, notamment sur les plans de la qualité et du service, en plus d'assumer des responsabilités plus lourdes sur le plan de la conception. Tout cela concourt à élever le risque des investissements requis, à complexifier les opérations et à rendre plus critique encore le contrôle des ressources en fonction de la demande. Les gestionnaires-dirigeants ont donc, de toute évidence, un rôle-clé à jouer, mais ils ne l'interprètent pas tous avec le même succès[26].

Il ressort aussi des résultats obtenus que la performance d'une firme dépend pour beaucoup de sa réputation : plus une firme est expérimentée, plus ses chances de succès sont grandes. L'industrie aérospatiale se démarque des autres industries par le fait qu'il existe entres les firmes une grande dépendance, due à la complexité des produits et aux exigences des clients en matière de qualité. Justifié pour des raisons financières, le partenariat interfirmes est d'autant plus nécessaire dans un climat de forte concurrence à l'échelle internationale. Les ententes de sous-traitance de type *systems buying/selling*, où la responsabilité de la firme couvre un ensemble de pièces intégrées dans un système plutôt qu'une pièce unique, sont de plus en plus répandues. En déléguant ainsi la tâche d'intégration de certaines composantes, les donneurs d'ordres réduisent le nombre de sous-traitants et tendent, par le fait même, à ne conserver des relations qu'avec les fournisseurs qui ont fait leurs preuves.

L'étude reflète par ailleurs certaines tendances observées au cours des années et confirme les conclusions des travaux récents portant sur les liens, pour une firme donnée, entre ressources incorporelles et avantage concurrentiel. L'industrie aérospatiale, marquée par la réduction de la base des sous-traitants, présente à l'heure actuelle d'importantes barrières à l'entrée (autant technologiques que structurelles). Dans ce contexte, la capacité de maintenir ses acquis sur le marché représente pour une firme sous-traitante plus qu'un simple atout : elle est essentielle à la préservation des relations avec les clients et, partant, à la survie même de l'entreprise.

Du point de vue de l'ensemble des firmes, les résultats de cette recherche indiquent également que la performance est associée à la présence de fortes compétences technologiques, et en particulier les compétences liées aux capacités de développement : investissements en R&D, veille technologique, exclusivité du savoir-faire. Dans la conjoncture actuelle, les donneurs d'ordres exigent des sous-traitants une plus grande participation au développement de nouveaux produits et c'est pourquoi ils s'associent aux firmes capables d'innover plutôt qu'à celles qui se contentent d'exécuter.

---

26. Harvey, Lefebvre et Lefebvre (1992).

Le nouveau régime de sous-traitance se définit pour l'essentiel par un engagement ferme des sous-traitants tout au long du cycle de production, depuis la conception des produits jusqu'au service après-vente. Les sous-traitants doivent être en mesure de se conformer aux nouvelles exigences des donneurs d'ordres et pour ce faire, il leur faut allier force de direction et compétences en matière de création et développement. Ils doivent également se positionner sur les marchés, notamment sur les marchés étrangers qui constituent, pour plusieurs d'entre eux, un espace économique difficile à occuper. Aussi la relation négative entre la performance et « l'internationalisation des ventes » ou le « niveau d'exigence » s'interprète-t-elle comme le signe d'un manque d'efforts commerciaux de la part des sous-traitants.

3.4.7   CONCLUSION

L'étude des compétences dans le cadre précis de l'industrie aérospatiale vise en définitive à identifier un certain nombre de facteurs associés à la performance des firmes sous-traitantes. Sur le plan pratique, elle devrait fournir aux dirigeants d'entreprise des balises pour mieux répondre aux exigences de plus en plus élevées de leurs clients, les donneurs d'ordres. Sur le plan scientifique, elle permet de vérifier empiriquement ce que bon nombre de travaux se bornent à décrire, à savoir : que les compétences technologiques et organisationnelles sont pour les firmes un facteur fortement lié à la performance. Celle-ci, qui est définie en fonction des critères des donneurs d'ordres, confère aux résultats une pertinence particulière en matière de calibrage.

Cette étude présente un intérêt supplémentaire pour la recherche consacrée à la sous-traitance. Les résultats obtenus montrent que même si l'ère est à la responsabilisation des sous-traitants, l'engagement des donneurs d'ordres n'entraîne pas forcément l'élargissement des compétences, sauf chez les sous-traitants peu dépendants.

Par ailleurs, il ressort qu'un comportement innovateur et proactif de la part des sous-traitants s'avère généralement nécessaire dans une industrie où les conditions d'opération évoluent rapidement. L'arrivée de plusieurs nouveaux pays producteurs (provenant entre autres d'Asie) présente en effet une menace réelle pour l'industrie nord-américaine. Cette forte concurrence, d'abord ressentie par les donneurs d'ordres, a des conséquences immédiates sur les sous-traitants qui ont à assumer des tâches de plus en plus complexes et un risque de plus en plus élevé. À la lumière des résultats de la présente recherche, nous traçons certaines lignes directrices qui permettront de mieux orienter le développement futur des relations entre donneurs d'ordres et sous-traitants.

3.4.7.1   Conséquences pour les sous-traitants

• Pour les sous-traitants, il importe de renforcer les compétences commerciales de manière à mieux s'adapter aux attentes des clients. Sur les marchés internationaux en particulier, la capacité de reconnaître et d'exploiter les possibilités d'échange constitue un élément vital. Lorsqu'elles sont combinées à des compétences technologiques diversifiées (création et production), ces compétences commerciales peuvent créer un puissant levier pour la firme.

• Les dirigeants ont un rôle crucial à jouer, compte tenu des nombreuses exigences de l'industrie. Les résultats confirment que le dynamisme managérial est directement lié à la performance des firmes, et ce, dans tous les cas.

• L'engagement des donneurs d'ordres peut constituer un catalyseur dans la mesure où un certain nombre d'efforts sont déjà déployés par le sous-traitant. En s'appuyant sur de fortes capacités de création et de développement, les sous-traitants ont même intérêt à faire affaire avec les plus exigeants qui, par leur influence, contribueront à accroître le niveau de compétences et de performance des sous-traitants.

3.4.7.2 Conséquences pour les donneurs d'ordres

• Les donneurs d'ordres sont les premiers à constater les bouleversements profonds de l'industrie, tant par les marchés à desservir que par le nombre de firmes concernées. Ils doivent par le fait même relever d'importants défis en termes d'efficience des opérations et de gestion de la complexité. Les décisions qu'ils prennent à cet égard ont donc un impact direct sur la base locale de sous-traitance. Dans la mesure où les donneurs d'ordres souhaitent établir une base de sous-traitants performants[27], des actions concrètes peuvent être entreprises pour élever le niveau.

• Le développement de compétences spécialisées chez les sous-traitants requiert du temps et un appui constant de la part du donneur d'ordres. L'engagement de ce dernier devrait être conditionnelle à une évaluation précise des compétences des sous-traitants et de leur volonté d'accroître leur rendement. Cette recherche montre en effet que l'influence du donneur d'ordres est beaucoup plus grande sur les firmes qui peuvent compter sur une gamme élargie des compétences, en particulier de compétences technologiques.

• En plus de fournir un appui sur le plan technologique, les donneurs d'ordres peuvent contribuer de façon importante à élever les compétences commerciales des sous-traitants. Par leur expérience des marchés internationaux, ils constituent une source appréciable d'information.

---

27. Cette question sort du cadre de l'étude, mais elle constitue un facteur-clé dans la construction d'une base solide de sous-traitants. Le manque d'engagement clair des donneurs d'ordres sur cette question a d'ailleurs coûté cher à plusieurs sous-traitants au cours de la dernière récession. En dépit des ententes conclues, on a souvent vu le donneur d'ordres annuler ses commandes et assurer lui-même la fabrication de ses produits afin de compenser une sous-utilisation de ses capacités de production.

De toute évidence, les firmes qui sont engagées à titre de sous-traitants par le secteur aérospatial ont d'importants défis à relever. Les facteurs qui peuvent contribuer à leur succès doivent attirer l'attention des divers intervenants, qu'ils soient du domaine public ou privé. C'est à l'identification de ces facteurs que le présent chapitre a voulu apporter une contribution.

BIBLIOGRAPHIE

Amit, R. et P. J. H. Schoemaker (1993), « Strategic Assets and Organizational Rent », *Strategic Management Journal*, vol. 14, n° 1, p. 33-46.

Barney, J. B. (1991), « Firm Resources and Sustained Competitive Advantage », *Journal of Management*, vol. 17, n° 1, p. 99-120.

Beaudry, B. (1995), *L'économie des relations interentreprises*, Paris, Éditions la Découverte.

Beaudry, B. (1992), « Contrat, autorité et confiance », *Revue économique*, vol. 43, n° 5, p. 871-894.

Bourgault, M. (1996), « Compétences des entreprises et sous-traitance nord-américaine : le cas de l'industrie aérospatiale », thèse de doctorat (Ph.D.), École polytechnique de Montréal.

Dillon, W. R. et M. Goldstein (1984), « A Statistical Relationship, However Strong and However Suggestive, Can Never Establish Causal Connexion », *Multivariate Analysis: Methods and Applications*, New York, John Wiley and Sons.

Dyer, J. H. et W. G. Ouchi (1993), « Japanese-Style Partnerships: Giving Companies a Competitive Edge », *Sloan Management Review*, vol. 35, n° 1, p. 51-63.

Hagedoorn, J. (1993), « Understanding the Rationale of Strategic Technology Partnering: Interorganizational Modes of Cooperation and Sectoral Differences », *Strategic Management Journal*, vol. 14, n° 5, p. 371-385.

Harvey, J., L. A. Lefebvre et É. Lefebvre (1992), « The Dynamics of Vertical Alliances in the Aerospace Industry: An Exploratory Study », document de travail n° 03-92, Université du Québec à Montréal, Centre de recherche en gestion.

Hayward, K. (1994), *The World Aerospace Industry: Collaboration and Competition*, Londres, Duckworth & RUSI.

Helper, S. R. et M. Sako, (1995), « Supplier Relations in Japan and the United States: Are They Converging ? », *Sloan Management Review*, vol. 36, n° 3, p. 77-84.

Léger, C. (1995), « Le partenariat entre grandes entreprises et PME : expérience ou stratégie ? », *Économie et Sociétés*, série Sciences de la gestion 21, p. 7-29.

Liker, J. K., R. R Kamath, S. N. Wasti et M. Nagamachi (1996), « Supplier Involvement in Automotive Component Design: Are There Really Large US Japan Differences ? », *Research Policy*, vol. 25, p. 59-89.

Masten, S. E. (1984), « The Organization of Production : Evidence from the Aerospace Industry », *Journal of Law and Economics*, vol. 27, n° 2, p. 403-417.

McMillan, J. (1995), « Reorganizing Vertical Supply Relationships », dans H. Siebert (dir.), *Trends in Business Organizations: Do Participation and Cooperation Increase Competitiveness*, Tübingen, J.C.B. Mohr (Paul Siebeck).

Montgomery, C. A. (dir.) (1995), *Resource-Based and Evolutionary Theories of the Firm: Towards a Synthesis*, Norwell, Mass., Kluwer Academic Publishers.

O'Guin, M. (1995), « Aerospace and Defense Contractors Learn How to Make Their Businesses Soar », *Quality Progress*, vol. 28, n° 6, juin, p. 35-42.

Powell, W. W., K. W Koput et L. Smith-Doerr (1996), « Interorganizational Collaboration and the Locus of Innovation », *Administrative Science Quaterly*, vol. 41, n° 1, p. 116-145.

Rizzoni, A. (1994), « Technology and Organisation in Small Firms: An Interpretative Framework », *Revue d'économie industrielle*, n° 67, 1ᵉʳ trimestre, p. 135-151.

Rothwell, R. (1989), « SMFs, Inter Firm Relationships and Technological Change », *Entrepreneurship and Regional Development*, vol. 1, p. 275-291.

Velocci, Jr., A. L. (1994), « U.S. Shakeout Tests Suppliers' Flexibility », *Aviation Week & Space Technology*, 14 février, p. 48-51.

Williams, M. (1994), *World Aerospace Technology '94*, Londres, Sterling Publications Limited.

ANNEXE

Variables utilisées dans le cadre de la recherche empirique
Mesures des compétences et des relations interfirmes

Le choix de chacune de ces variables est basé sur une revue de la littérature qu'on trouvera dans Bourgault (1996). Pour des raisons d'espace, la liste des auteurs ayant utilisé ces variables n'apparaît pas ici.

Performance (4 éléments)	Définitions et mesures opérationnelles
• Qualité du produit et du service	Perception de la qualité des produits comme constituant un atout pour l'entreprise[1]
• Délais de livraison	Perception des délais de livraison comme constituant un atout pour l'entreprise[1]
• Flexibilité	Perception de la flexibilité de la production comme constituant un atout pour l'entreprise[1]
• Coût	Perception du prix des produits comme constituant un atout pour l'entreprise[1]

1. Mesurée à partir d'échelles de Likert en 7 points d'ancrage où 1=tout à fait d'accord avec l'énoncé « ceci constitue un atout pour l'entreprise » et 7= tout à fait en désaccord avec l'énoncé.

Dimensions technologiques	Mesures opérationnelles
• Investissement en R&D	Ratio des sommes allouées en R&D sur les ventes annuelles
• Taux de pénétration des technologies	Nombre de technologies adoptées selon les trois catégories suivantes : – Technologies informatisées de gestion : applications comptables générales, prix de revient, gestion de l'inventaire, systèmes MRPI et MRPII, coût de fabrication sur commande (*job costing*), système d'échange de données (EDI) – Technologies informatisées pour la conception/fabrication : conception assistée par ordinateur (CAO), CAO/FAO intégrés, machines-outils CNC, machines-outils DNC, manutention automatisée, système de codification à bande zébrée (*bar codes*), inspection et contrôle informatisés de la qualité – Programmes d'amélioration de production : système *just-in-time*, contrôle statistique des procédés (cartes de contrôle), programme de responsabilisation des employés
• Veille technologique	– Connaissance des nouveaux développements technologiques : produits, matériaux et procédés[1] – Connaissance de la disponibilité commerciale des nouvelles technologies de l'information et de production[1] – Connaissance des avantages comparatifs découlant de l'utilisation de ces nouvelles technologies[1]
• Compétences techniques des employés	– Perception des habiletés techniques des employés comme constituant un atout pour la firme[2]
• Savoir-faire unique et exclusif par rapport aux produits	– Perception du savoir-faire unique et exclusif par rapport au produit comme constituant un atout pour la firme[2]

1. Mesurée à partir d'échelles de Likert en 7 points d'ancrage où 1= peu au courant et 7= très au courant.
2. Mesurée à partir d'échelles de Likert en 7 points d'ancrage où 1=tout à fait d'accord avec l'énoncé « cette compétence est un principal atout pour l'entreprise » et 7= tout à fait en désaccord avec cet énoncé.

Dimensions organisationnelles	Mesures opérationnelles
• Habiletés de gestion	Perception des habiletés de gestion comme constituant un atout principal pour la firme[1]
• Efforts de marketing	Perception des efforts en marketing comme constituant un atout principal pour la firme[1]
• Stabilité financière	Perception de la stabilité financière comme étant un atout principal pour la firme[1]
• Degré d'internationalisation des ventes	Pourcentage des ventes réalisées à l'extérieur du pays
• Réputation	Perception de la réputation comme constituant un atout principal pour la firme[1]
• Efforts de maintien des réseaux avec l'externe	Stabilité du réseau de fournisseurs[2] Stabilité du réseau de clients[2]

1. Mesurée à partir d'échelles de Likert en 7 points d'ancrage où 1=tout à fait d'accord avec l'énoncé « ceci constitue un principal atout pour l'entreprise » et 7= tout à fait en désaccord avec cet énoncé.
2. Mesurée à partir d'échelles de Likert en 7 points d'ancrage où 1=tout à fait d'accord avec l'énoncé « votre réseau est stable » et 7= tout à fait en désaccord avec cet énoncé.

Dimensions caractérisant la relation interfirmes	Mesures opérationnelles
• Niveau de dépendance du sous-traitant	Déterminé à partir du pourcentage du chiffre d'affaires réalisé avec un nombre restreint de clients
• Niveau d'influence du donneur d'ordres	− Degré d'influence sur les décisions d'adoption de nouvelles technologies[1] − Degré d'influence sur le choix des employés de production[1] − Degré d'influence sur la formation des employés de production[1] − Degré d'engagement financier dans la modernisation des activités de production[1]
• Niveau d'exigence du donneur d'ordres	− Degré de facilité de prédiction des exigences du donneur d'ordres[2] − Degré de variabilité des exigences du donneur d'ordres[3] − Ampleur des ajustements nécessaires par rapport aux exigences changeantes[4] − Durée de la période d'adaptation nécessaire pour répondre aux exigences changeantes[4]

1. Mesuré à partir d'échelles de Likert en 7 points d'ancrage où 1=tout à fait d'accord avec l'énoncé : « les clients ont peu d'influence/d'engagement » et 7=les clients ont beaucoup d'influence/d'engagement.
2. Mesuré à partir d'échelles de Likert en 7 points d'ancrage où 1=tout à fait en d'accord avec l'énoncé : « les exigences sont faciles à prévoir » et 7= tout à fait en désaccord avec cet énoncé.
3. Mesuré à partir d'échelles de Likert en 7 points d'ancrage où 1=tout à fait d'accord avec l'énoncé : « les exigences des gros clients diffèrent peu des exigences antérieures » et 7= « ces exigences diffèrent beaucoup ».
4. Mesuré à partir d'échelles de Likert en 7 points d'ancrage où 1=tout à fait d'accord avec l'énoncé : « les nouvelles exigences nécessitent des ajustements majeurs » et 7=tout à fait en désaccord avec cet énoncé.

Chapitre 3.5

L'ORGANISATION VIRTUELLE

Benoit Aubert[1], Michel Patry[2] et Suzanne Rivard[3]

Super Bakery

Super Bakery est une firme qui vend des produits de boulangerie et des beignes un peu partout aux États-Unis. Ses clients sont principalement des institutions. Super Bakery a sous-traité la fabrication, la distribution et la vente de ses produits. En fait, la firme ne s'occupe que de la planification, du marketing, du développement de nouveaux produits et des fonctions financières. Elle a établi de nombreuses mesures de contrôle afin de s'assurer que ses fournisseurs servent adéquatement ses clients. Comme elle facture directement à ces derniers les produits qu'elle leur vend, elle reste en contact permanent avec chacun d'eux et peut s'informer de la qualité du service qu'ils reçoivent (Davis et Darling 1996a).

3.5.1 DÉFINITION DE L'ORGANISATION VIRTUELLE

Super Bakery est sans conteste une entreprise innovatrice, qui diffère des entreprises traditionnelles par son mode d'organisation. Elle fait appel aux services d'une myriade de fournisseurs et de collaborateurs et noue avec eux comme avec ses clients des liens étroits. Elle se distingue également par la souplesse de sa structure interne, qui lui permet de s'ajuster rapidement et efficacement aux exigences de la concurrence. Par ces caractéristiques, Super Bakery se rattache à un ensemble d'entreprises qui ont récemment fait leur apparition dans certains secteurs industriels et qu'on appelle organisation-réseau, organisation modulaire ou, encore, organisation virtuelle.

1. Technologies de l'information, École des Hautes Études Commerciales de Montréal et CIRANO.
2. Institut d'économie appliquée, École des Hautes Études Commerciales de Montréal et CIRANO.
3. Technologies de l'information, École des Hautes Études Commerciales de Montréal et CIRANO.

Depuis près de dix ans, l'impartition a entraîné une remise en question des frontières et du rôle de la firme. Dans de nombreuses organisations, chaque activité est évaluée afin de déterminer si son exécution doit être conservée à l'intérieur de la firme ou si elle doit être confiée à un fournisseur. Ces changements apportent avec eux de nouvelles formes de délégation et un accroissement des ententes de partenariat entre les entreprises. L'organisation virtuelle peut être vue comme une forme extrême de ces nouvelles configurations d'organisations. Le présent chapitre en propose une définition.

La réalité virtuelle est une représentation informatique de la réalité. C'est une forme d'illusion, une projection tellement réaliste qu'un observateur la perçoit comme la réalité. Zimmermann (1996) indique que l'organisation virtuelle « *is an enterprise which is lacking some structural characteristics of real enterprises, but nevertheless functions like an enterprise in the imagination of the observer* ». Cette définition s'apparente de très près à l'analogie informatique. L'organisation virtuelle serait une forme qui ne serait pas une organisation traditionnelle, mais qui pour un observateur externe en présenterait toutes les caractéristiques. Pallarito (1996) parle de l'organisation virtuelle comme d'une équipe d'étoiles. C'est une constellation d'organisations qui opère comme une seule et même organisation.

Il n'existe pas de consensus sur l'essence même de l'organisation virtuelle. Les auteurs qui se sont intéressés au sujet insistent sur différents attributs de l'organisation virtuelle. Comme le suggère Gebauer (1996), la plupart de ces attributs sont généralement associés à la transaction de marché. En fait, l'organisation virtuelle peut être vue comme un mode d'organisation intermédiaire : une firme dont on remplace certains attributs par des outils de coordination généralement associés au marché ou, inversement, un marché auquel on intègre certains mécanismes de coordination généralement associés à la firme. Ainsi, l'organisation virtuelle se situe en quelque sorte à mi-chemin entre l'organisation traditionnelle et le marché.

Toutes les organisations citées en exemple dans ce texte possèdent certaines des caractéristiques d'une organisation virtuelle. Les relations économiques sur lesquelles elles reposent sont plus flexibles que celles servant à l'organisation hiérarchique traditionnelle. En même temps, elles sont plus serrées qu'une pure relation de marché. Cela dit, aucune n'a tous les attributs de l'organisation virtuelle.

Comme l'ont déjà suggéré Sieber (1996) et Travica, Kovacic et Rosenbaum (1997), l'organisation totalement virtuelle est une chose relativement rare et il est donc préférable, pour qui veut étudier la dématérialisation des structures organisationnelles, d'évaluer plutôt le degré de virtualité d'une organisation donnée. C'est cette approche que nous adoptons ici. Nous définissons ce qu'est (ou serait) l'organisation purement virtuelle, tout en gardant à l'esprit que la très grande majorité des organisations adoptant ces nouveaux modes de coordination le font à des degrés divers.

Afin d'identifier les principaux attributs de l'organisation virtuelle, nous présentons les traits caractéristiques mentionnés dans 25 articles récents sur le sujet. Le tableau 3.5.1 repère les 20 caractéristiques (numérotées de 1 à 20) proposées par les auteurs qui ont écrit sur le sujet. Les articles ont été recensés sur BPO, une base de données contenant la grande majorité des revues en sciences de l'administration. Les cinq dernières années ont été couvertes par cette recherche. Plusieurs autres articles ont été recensés dans les actes de conférences en systèmes d'information et sur le Web.

Comme l'examen du tableau 3.5.1 l'indique clairement, les attributs de l'organisation virtuelle les plus souvent mentionnés sont :

1. l'engagement de partenaires légalement indépendants;

2. la durée de vie limitée de l'organisation;

3. la priorité accordée aux compétences-clés de chacun des partenaires (entités minimales);

4. l'existence d'une mission commune aux organisations participantes;

5. l'utilisation intensive des technologies de l'information.

L'examen de ces caractéristiques révèle qu'aucune n'est proprement distinctive de l'organisation virtuelle. C'est la combinaison de certaines d'entre elles qui confère un caractère virtuel à une organisation. Ainsi, les grands donneurs d'ordres et les organisations-réseau travaillent étroitement avec de nombreux partenaires : c'est le propre de toute stratégie d'impartition. Les alliances stratégiques et les coentreprises ont une durée de vie limitée, sans pour autant constituer dans tous les cas des exemples d'organisations virtuelles. Il en va de même de la recherche d'objectifs communs. Le développement des compétences-clés est une tendance marquée de la stratégie de la majorité des organisations depuis dix ans et l'utilisation intensive des nouvelles technologies n'est pas non plus l'apanage des organisations virtuelles.

Pourtant, la combinaison et le développement unilatéral de ces caractéristiques, au-delà de la norme généralement reconnue, impriment une « personnalité » particulière à certaines organisations. Une définition *idéal type*, au sens que le sociologue Max Weber donne à ce terme, peut ainsi être obtenue. Cette définition suggère l'existence d'un continuum qui irait de l'organisation traditionnelle, unifiée et hiérarchisée, à l'organisation virtuelle, en passant par toute une série de formes d'organisations intermédiaires : coentreprise, organisation-réseau, modes hybrides de partenariat, etc. De telles configurations organisationnelles se démarquent par les mécanismes de coordination et de motivation qu'elles mettent en place, comme le système des prix et la hiérarchie. Chacune propose en fait, ainsi que l'a montré Hennart (1993), un agencement de mécanismes et de technologie qui lui permette de veiller à la coopération entre elle et ses partenaires, de coordonner les décisions des différents intervenants et de motiver les agents économiques engagés dans l'organisation. La spécificité de l'organisation virtuelle réside donc dans un agencement particulier de ces divers mécanismes.

Nous proposons dans ce texte de considérer l'organisation virtuelle par le mode d'organisation des échanges qu'elle institue. Tout effort de définition comporte nécessairement une part importante d'arbitraire. Aussi d'autres approches – qui privilégient l'utilisation de certaines technologies, par exemple – sont-elles également concevables. Nous faisons toutefois le pari que l'approche que nous privilégions mettra en lumière certaines dimensions importantes de même que certains dilemmes de gestion qui sont généralement négligés ou relégués au second plan.

Dans la section suivante, nous nous efforçons de différencier l'organisation-réseau, ou modulaire, de l'organisation traditionnelle. Puis, dans la deuxième section, nous comparons l'organisation-réseau à l'organisation virtuelle. Enfin, nous mettons en relief certains des dilemmes ou des défis qui découlent de notre analyse.

TABLEAU 3.5.1

Dimensions de l'organisation virtuelle

Dimensions :	1	2	3	4	5	6	7	8	9	10	11	12	13	14	15	16	17	18	19	20
Auteurs																				
Arnold et al.	✓		✓	✓	✓	✓		✓		✓										
Arnold	✓			✓	✓			✓												
Bottoms	✓	✓					✓			✓										
Byms	✓	✓	✓	✓	✓	✓	✓	✓	✓	✓	✓									
Coyle et Schnarr	✓	✓	✓	✓	✓	✓			✓											
Dess et al.	✓	✓	✓	✓			✓							✓		✓				
Gebauer	✓	✓	✓	✓	✓	✓	✓	✓			✓			✓						✓
Harris et al.	✓	✓	✓				✓													
Houston	✓					✓							✓							
Klein	✓	✓									✓									
Lyons		✓			✓		✓		✓						✓					
Malone et Davidow	✓			✓		✓			✓											
Pallarito	✓	✓	✓		✓			✓				✓	✓							
Salaman	✓	✓		✓								✓	✓							
Sieber1	✓	✓		✓							✓									
Sieber2	✓		✓			✓	✓	✓			✓		✓							
Tully	✓	✓	✓					✓		✓				✓						
University of Berne	✓	✓	✓	✓		✓						✓								
Upton et McAfee	✓		✓		✓	✓			✓						✓					
Vachon	✓	✓	✓	✓	✓				✓			✓	✓		✓				✓	
Vetois	✓	✓			✓	✓		✓										✓		
Vine	✓	✓		✓	✓															
Voss	✓		✓	✓	✓							✓		✓		✓				
Wexler	✓	✓		✓	✓				✓											
Zimmermann	✓	✓	✓	✓	✓	✓		✓	✓		✓			✓						

Légende :

1 Engagement de partenaires légalement et économiquement indépendants
2 Durée de vie limitée de l'organisation
3 Priorité accordée aux compétences de bases des partenaires
4 Intérêt mutuel (mission commune)
5 Utilisation intensive des techno. de l'information
6 Intégration verticale et horizontale des fonctions (réseau)
7 Impartition généralisée
8 Aucun nouveau niveau de gestion
9 Dispersion géographique
10 Synergie/ collaboration requise/ interdépendance
11 Orientation « client » et individualisation des produits
12 Cohésion (protocole de collaboration)
13 Structure changeante
14 Échange d'information instantané entre les entités
15 Entités minimales
16 Participation possible dans plusieurs OV
17 Concentration de la production pour réaliser des économies d'échelle
18 Perception variable de la structure
19 Entité légale optionnelle
20 Production décentralisée / dispersée

3.5.2   DE L'ORGANISATION TRADITIONNELLE À L'ORGANISATION-RÉSEAU

Nike

Nike est probablement une des entreprises dans le monde dont on parle le plus, d'une part à cause de la grande visibilité de ses produits et de sa publicité (on n'a qu'à penser au contrat signé avec Tiger Woods), d'autre part à cause de son mode d'organisation innovateur. Nike estime posséder deux compétences fondamentales : la recherche et développement et le marketing. La firme a localisé ses activités de recherche et développement en Oregon, mais des 40 millions de chaussures de sport Nike vendues chaque année, aucune n'est fabriquée par elle. Elle transige avec un groupe de sous-traitants asiatiques qui évaluent les produits et déterminent les méthodes de production. Ces partenaires font eux-mêmes affaire avec des sous-traitants qui sont responsables de la fabrication. Ces derniers n'ont aucune obligation d'exclusivité et transigent régulièrement avec d'autres compagnies (Harrison 1994; Quinn et Hilmer 1994).

Nike est un excellent exemple d'organisation-réseau ou modulaire : le géant américain de la chaussure sport est parvenu à développer un réseau stable de partenaires qui sont spécialisés dans les différentes étapes de la fabrication des chaussures. En fait, Nike a fait éclater l'organisation traditionnelle et lui a substitué un tissu serré de relations contractuelles à moyen et long terme.

Les contrats commerciaux de longue durée qui lient les fournisseurs et sous-traitants de Nike entre eux ont remplacé la hiérarchie comme mode de coordination et de motivation des agents. Chacun peut ainsi se spécialiser dans le champ d'expertise qui est le sien et apporter au réseau les bénéfices qui viennent avec les compétences-clés qu'il a développées. Le réseau correspond à une impartition importante des fonctions assumées par l'organisation traditionnelle. Une constellation de partenaires légalement et économiquement constitués vient remplacer une structure divisionnelle classique.

Parce que les sous-traitants, fournisseurs ou distributeurs du réseau doivent s'engager de manière irréversible auprès de la firme qui occupe une position centrale dans le réseau, ils exigent en général des garanties qui les protègent contre une possible exploitation de leur lien de dépendance. C'est le cas, par exemple, lorsque les partenaires du réseau doivent effectuer des investissements partiellement ou totalement spécifiques aux transactions avec le réseau en ressources humaines (formation, dégagement de personnel auprès du donneur d'ordres, etc.), matérielles (investissement dans des équipements spécifiques au réseau, localisation à proximité du donneur d'ordres afin d'assurer des livraisons juste-à-temps, etc.) ou organisationnelles (apprentissage de codes ou de normes propres au réseau).

Souvent, les partenaires cherchent à se protéger contre une trop grande dépendance en s'insérant dans plusieurs réseaux. D'autre part, le donneur d'ordres lui-même exige parfois que les membres du réseau réalisent une partie de leur chiffre d'affaires à l'extérieur du réseau afin de tester leur efficacité : un fournisseur qui ne peut trouver d'autres clients est vraisemblablement peu efficace ou trop dépendant du donneur d'ordres. Il arrive également que le donneur d'ordres s'assure de ne pas dépendre d'un seul partenaire pour un composant ou un sous-système : c'est la stratégie de la fourniture duale ou parallèle qui vise à maintenir une certaine concurrence entre les fournisseurs, bien qu'ils soient considérés comme des partenaires du client. La cotraitance, en outre, confère aux réseaux une structure relativement stable dans le temps et une certaine pérennité.

GRAPHIQUE 3.5.1
Une organisation traditionnelle vers une organisation réseau

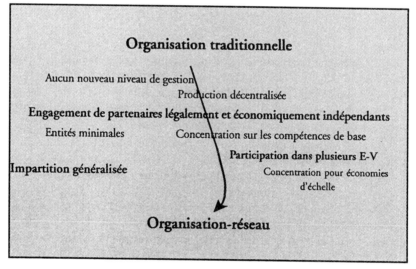

Ce genre d'impartition suppose que les partenaires du réseau bénéficient normalement d'une plus grande marge de manœuvre qu'un sous-traitant conventionnel et assument de plus grandes responsabilités, notamment en matière de recherche et développement. Par rapport à l'organisation traditionnelle, l'organisation-réseau ou modulaire délègue les responsabilités et accepte de sacrifier une partie du contrôle qu'elle exerce sur les activités de recherche.

L'entreprise General Dynamics offre un bel exemple de cette forme avancée de décentralisation.

General Dynamics

General Dynamics est une entreprise innovatrice à plus d'un titre. Depuis cinq ans, elle s'est délestée de plusieurs activités périphériques afin de développer ses compétences de base. Autre fait intéressant, elle a structuré sa production sur le modèle d'un réseau. Par exemple, les équipes de travail affectées au *design* et à la fabrication du tout dernier sous-marin nucléaire de la Défense américaine sont formées en fonction des compétences distinctives de chacune. Elles partagent sans arrêt de l'information, grâce à un logiciel sophistiqué de simulation, et peuvent ainsi faire une ingénierie simultanée *(concurrent engineering)*. Au lieu d'obéir à un processus d'élaboration séquentiel, les équipes d'ingénierie, de construction et de maintenance travaillent simultanément pour ajuster au fur et à mesure le travail de chacun. On arrive ainsi à réduire considérablement les coûts et les délais de production (Ashley 1995).

Pour un client de General Dynamics, l'organisation décentralisée des activités derrière la façade client ne paraît pas. Le client a l'impression de faire affaire avec une organisation traditionnelle. L'exemple donné est très révélateur du rôle critique assumé par les technologies de l'information. Celles-ci sont utilisées afin d'acheminer l'information le plus rapidement possible vers les partenaires. On parle souvent d'échange quasi instantané de l'information entre les membres de l'organisation modulaire comme de l'organisation virtuelle. Cette dernière dimension prendra évidemment toute sa signification dans le cas des organisations virtuelles, auxquelles nous passons dès maintenant.

3.5.3 DE L'ORGANISATION-RÉSEAU À L'ORGANISATION VIRTUELLE

FlexCell

FlexCell a démarré comme une alliance entre différentes compagnies pour faciliter la recherche et le développement. De petites firmes, n'ayant pas les moyens de poursuivre seules des activités de R&D, se sont associées et leur association a évolué jusqu'à représenter un réseau qui agit comme un fournisseur complètement intégré. Ce réseau ne produit toutefois absolument rien, mais il délègue l'ensemble du travail à ses membres qui, eux, développent leurs compétences distinctives. Il fonctionne sans avoir d'entité légale pour la majeure partie de son existence. Ce n'est que sur l'insistance d'un client qu'une corporation a été récemment créée. Les partenaires partagent risques et profits au-delà et indépendamment de l'entité juridique récemment créée (Landay 1996).

Quels sont les attributs qui distinguent l'organisation modulaire ou réseau de l'organisation virtuelle ? Suivant la logique du continuum que nous avons proposé, l'organisation virtuelle est en quelque sorte une extension de l'organisation-réseau, extension qui affranchit cette dernière de certains traits que possède l'organisation traditionnelle.

Les principaux attributs qui permettent de passer d'une organisation-réseau à une organisation virtuelle sont liés au caractère beaucoup moins stable de cette dernière. De nombreux auteurs parlent de la structure changeante de l'organisation virtuelle : les alliances se font et se défont au gré des besoins des clients et des apports requis des différents membres.

GRAPHIQUE 3.5.2

Une organisation-réseau vers une organisation virtuelle

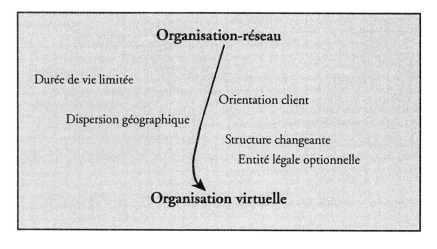

L'organisation virtuelle est également associée à la dispersion géographique. Elle tend à banaliser la distance, puisqu'il est fréquent que les installations des différents partenaires soient très éloignées les unes des autres. Pour le donneur d'ordres, il s'agit toujours de s'attacher les éléments les plus performants, où qu'ils soient, et de gérer l'organisation comme si elle était regroupée sous un même toit. La dispersion géographique des partenaires pose évidemment des défis à la nécessaire coordination des comportements et des décisions, défis que l'utilisation des nouvelles technologies de l'information permet de relever. Il semble en effet qu'une coordination électronique serrée soit une des caractéristiques de l'organisation virtuelle (Travica, Kovacic et Rosenbaum 1997).

Autre trait caractéristique : la configuration même de l'organisation virtuelle est changeante. Les configurations sont faites et défaites au gré des projets.

L'organisation proprement dite n'a pas de raison d'être après l'achèvement d'un projet donné. Toute la structure du réseau est pensée en fonction d'un client ou du besoin d'un client. C'est aller beaucoup plus loin que la traditionnelle individualisation d'un produit : c'est assembler une organisation pour un projet donné.

Il s'ensuit que la durée de vie du réseau est moins longue que celle des organisations modulaires, ce qui a pour conséquence de réduire la propension des partenaires du réseau à s'engager dans des investissements irréversibles. Le caractère évanescent du réseau est renforcé par le fait que l'on adopte une stratégie axée sur l'atteinte d'un objectif commun, objectif qui est à la base de la conclusion des alliances stratégiques qui donnent vie au réseau et à l'organisation virtuelle.

Enfin, les organisations virtuelles n'ont souvent pas d'existence juridique. Elles peuvent être simplement des associations informelles, dans la mesure où les partenaires se sont entendus pour travailler ensemble selon des règles établies *ex ante*. Les réseaux comme FlexCell semblent remplir ces conditions.

3.5.4   TYPOLOGIE DES FORMES ORGANISATIONNELLES

Cette section présente une synthèse des définitions que la littérature économique propose des différents types d'organisation (entreprise intégrée traditionnelle, organisation-réseau et organisation virtuelle). Les organisations, telles qu'on les décrit généralement, diffèrent en premier lieu par les mécanismes de coordination et de motivation qu'elles mettent en place. Alors que l'organisation traditionnelle repose généralement sur la hiérarchie pour coordonner les comportements, l'organisation-réseau fait une place plus grande aux contrats commerciaux. L'organisation virtuelle, de son côté, s'appuie dans sa forme la plus pure sur des alliances stratégiques. Celles-ci, c'est bien connu, ont un horizon plus court. Les alliances sont en effet un mode de coopération entre des entités légalement indépendantes qui poursuivent un but commun. Une fois ce but atteint, la plupart des alliances se défont, ce qui confère aux organisations virtuelles un caractère évanescent ou instable. C'est ce que les traits « durée de vie anticipée » et « stabilité des relations » représentent.

On attribue l'étroitesse de cet horizon en bonne partie à l'orientation « client » que les organisations virtuelles privilégient. De fait, ces organisations cherchent en général à répondre le plus efficacement et le plus rapidement possible à un besoin spécifique. Pour y parvenir, nombre d'entre elles, plutôt que de développer à l'interne des compétences-clés, conviennent de mettre leurs efforts en commun et s'unissent selon une alliance stratégique, caractérisée par la domination de l'orientation « client » sur les logiques technologiques. Chaque partenaire concentre ses énergies sur l'exécution des tâches qui ressortissent à ses compétences-clés et s'associe avec d'autres partenaires pour l'exercice des activités moins directement reliées à son domaine de spécialité. L'organisation virtuelle pousse ainsi très loin la logique de l'impartition.

Parce qu'elle utilise intensivement les technologies de l'information et parce que les investissements spécifiques à la transaction sont modérément élevés, l'organisation virtuelle peut s'appuyer sur un réseau évolutif d'entités « spatialement » dispersées : la situation géographique a peu d'importance.

Chaque organisation conserve évidemment son autonomie et peut, quand elle le désire, nouer des alliances avec d'autres partenaires. D'où le faible niveau de dépendance des organisations entre elles, contrairement à la situation représentative de l'organisation-réseau dont les partenaires s'engagent à plus long terme, souvent parce que d'importants investissements spécifiques à la transaction doivent être faits.

Tableau 3.5.2

Comparaison des types d'organisations

	Organisation traditionnelle	Organisation-réseau	Organisation virtuelle
Mode d'organisation	hiérarchie	contrats commerciaux	alliances stratégiques
Orientation	processus/ technologie	processus/ technologie	client/objectif commun
Niveau d'inter-dépendance des agents	élevé à l'intérieur/ faible à l'extérieur	variable à l'intérieur/ élevé à l'extérieur	variable à l'intérieur/ élevé à l'extérieur
Durée de vie anticipée	infinie	longue	courte
Importance de la coordination des décisions de localisation	élevée	élevée	faible
Niveau d'impartition	faible à modéré	élevé	très élevé
Structure juridique	unifiée	pluripolaire	complexe/ consortium
Mode de gestion dominant	planifier, organiser, diriger, contrôler	gestion de réseau	gestion de projet
Stabilité des relations entre partenaires/ fournisseurs	grande	moyenne à grande	faible à moyenne
Exemple type	GM; Alcan	Nike	Corning; Virtual Corp
Importance des inv. spécifiques	variable	élevée	faible à modérée

On voit que l'organisation virtuelle offre une série d'avantages qui ont pour contrepartie un certain nombre d'inconvénients. L'organisation virtuelle est tout d'abord très flexible : elle parvient à s'organiser directement en fonction des besoins de ses clients et des possibilités qui s'offrent à elle. Cette flexibilité lui évite également d'avoir à supporter des activités ou divisions en perte de vitesse ou moins rentables, lesquelles sont délestées dès qu'elles ne contribuent plus à la réussite de l'organisation. Par contre, elle expose l'organisation virtuelle aux divergences d'intérêts des différents partenaires et compromet ainsi sa survie à long terme. C'est notamment le cas lorsque les partenaires sont parties prenantes dans plusieurs organisations virtuelles à la fois : ils se retrouvent alors concurrents dans certaines configurations et partenaires dans d'autres.

L'organisation virtuelle doit pouvoir compter sur la confiance de ses partenaires. En effet, le développement de relations harmonieuses entre les partenaires est essentiel, sans quoi les ajustements mutuels qui sont rendus nécessaires par le degré élevé de décentralisation ne pourront être effectués. Pourtant, les organisations virtuelles éprouvent des difficultés à développer et à maintenir un climat de confiance. Le caractère évanescent des relations contractuelles et le manque ou l'absence de contacts entre les personnes responsables de l'exécution d'un projet mais appartenant à différentes organisations constituent deux obstacles de taille à l'établissement de relations de confiance (Handy 1995).

D'autre part, l'organisation virtuelle peut être vue comme moins risquée dans son ensemble. Les partenaires étant légalement indépendants et faiblement liés les uns aux autres, un partenaire moins performant peut toujours être remplacé par un autre et risquera donc moins de déstabiliser l'organisation mère. Cette relative indépendance a toutefois son revers : le partenaire qui éprouve temporairement des difficultés ne peut compter sur l'aide de ses pairs. Dans une organisation traditionnelle, une division déficitaire dispose d'une période de sursis si l'on estime que les problèmes auxquels elle fait face peuvent être résolus à plus ou moins long terme. Dans une organisation virtuelle, les partenaires ne sont pas tenus de se montrer aussi patients envers les éléments moins performants de leur alliance.

Enfin, la capacité d'innovation de l'organisation virtuelle est différente de celle de l'organisation traditionnelle. Les membres de l'organisation virtuelle sont indépendants et concentrent l'essentiel de leurs énergies sur l'exercice de leurs activités de base, qu'ils sont ainsi en mesure d'améliorer. On considère donc que leur capacité d'innovation autonome est élevée. Par contre, leur capacité d'innovation systémique, sur l'ensemble des composantes touchées par l'organisation virtuelle, est faible. En effet, aucun des partenaires n'a la vue d'ensemble ni les connaissances globales requises pour modifier radicalement le processus complet. Les innovations sont limitées aux composantes individuelles de ce processus.

3.5.5   LES ORGANISATIONS VIRTUELLES DANS LA RÉALITÉ

Une organisation ayant un caractère virtuel a été étudiée plus en détail : Nike. L'évolution de cette entreprise est longuement documentée dans la littérature d'affaires et il est donc possible d'étudier son évolution, ses changements de structure et de mode de fonctionnement et les raisons qui expliquent qu'elle ait adopté une structure différente de celle de ses concurrents. L'examen de cette organisation illustre le potentiel de même que les limites de l'organisation virtuelle.

3.5.5.1 Nike: organisation-réseau ou organisation virtuelle?

Dans le monde de l'entreprise, on considère Nike comme la *success story* des 25 dernières années. Le chiffre d'affaires de ce fabricant de chaussures de course est passé de 2 millions $ US en 1972 à 6,5 milliards $ US en 1996[4] et la valeur du seul nom « Nike » est aujourd'hui estimée à des centaines de millions de dollars. Un examen de l'évolution de la firme, que l'on cite souvent comme un exemple d'organisation à caractère virtuel ou d'organisation-réseau, indique que la structure flexible dont elle s'est dotée est probablement due autant à des réactions aux mouvements du marché qu'à des choix délibérés. Les paragraphes suivants présentent sommairement l'évolution des caractéristiques structurelles de Nike au cours des 35 dernières années. On pourra observer comment cette organisation est partie d'une simple relation de marché, où elle agissait comme distributeur, pour créer une organisation-réseau regroupant des partenaires des quatre coins de la planète.

Blue Ribbon Sports

Nike n'a pas toujours eu la forme que nous lui connaissons aujourd'hui. À l'origine, la firme était en effet un distributeur de chaussures japonaises. Lors d'un voyage d'un groupe d'étudiants américains au Japon en 1964, Phil Knight[5], alors étudiant au programme de M.B.A. de Stanford et adepte de la course à pied, se présenta à la firme Onitsuka comme un importateur de chaussures et signa par la suite avec elle un accord qui lui accordait les droits exclusifs de distribution de la marque Tiger pour l'ouest des États-Unis. Blue Ribbon Sports (BRS), l'ancêtre de Nike, venait de naître. À l'époque, BRS n'est guère plus qu'un grossiste : il revend à des détaillants la marchandise qu'il achète à Onitsuka. Entre lui et ses clients, il ne s'agit que d'une simple relation de marché.

> **BRS (Nike) années 1960   Caractéristiques**
> Engagement de partenaires légalement et économiquement indépendants
> Entités minimales (pour BRS)

---

4. Données financières (en millions de $ US)

	1972	1982	1983	1984	1985	1986	1987	1988	1989	1990	1991	1992	1993	1994	1995	1996
Ventes	2	694	867	920	946	1069	877	1203	1711	2235	3004	3405	3931	3790	4761	6500
Profits	0,06	49	57	41	10	59	35	102	165	243	287	329	365	299	400	553

5. Quelques années auparavant, le même Knight avait écrit un texte sur les stratégies à adopter pour combattre la suprématie d'Adidas sur le marché.

Les débuts de Nike

Au début des années 1970, BRS refuse de céder une majorité de ses parts à Onitsuka et, par le fait même, perd son droit d'exclusivité. À partir de ce moment, la firme décide de développer elle-même ses propres chaussures. Elle signe un accord avec Nissho-Iwai, la sixième entreprise japonaise d'échanges commerciaux en importance : selon les termes de cet accord, Nissho se charge de trouver des organisations capables de fabriquer les chaussures conçues par BRS, devenue entre-temps Nike[6]. De plus, l'entente prévoit que Nissho apportera un soutien financier et assurera des services d'import-export.

Nike connaît ses premiers succès au moment où le marché de la chaussure de course explose aux États-Unis. Sa structure est alors la suivante.

À l'époque, l'entreprise assume la conception des modèles et délègue la fabrication des chaussures à plusieurs sous-traitants avec lesquels elle cherche à entretenir de bonnes relations (plus complexes qu'une simple relation de marché). Le rôle de Nissho, qui sert d'intermédiaire, est de faciliter les transactions entre les sous-traitants et Nike : c'est pourquoi la firme japonaise achète aux premiers leur marchandise et la revend au second en lui faisant crédit à court terme[7]. Nike, par l'entremise de compagnies de représentation indépendantes, distribue ses produits à travers un réseau de 13 000 magasins. Les détaillants n'en demeurent pas moins en contact avec Nike, puisque c'est ce dernier qui assure le traitement des commandes, le crédit et la distribution physique. Il faut aussi noter la présence d'un système d'information entre les détaillants et Nike. Ce système, FUTURES, permet aux détaillants de commander 5 à 6 mois à l'avance en échange d'une remise (entre 5 et 7 %). L'importante part des ventes (65 %), obtenue grâce à ce système, permet d'estimer la demande restante.

En 1973, à la suite de la réévaluation du yen japonais, la compagnie doit chercher de nouveaux sous-traitants pour fabriquer les chaussures qu'elle conçoit. Les coûts de sous-traitance, qui ont augmenté, ne procurent plus l'avantage concurrentiel désiré. En 1982, la production est divisée entre la Corée du Sud (70 %), Taïwan (16 %), d'autres pays asiatiques (7 %) et les États-Unis (7 %). Plusieurs techniciens américains sont affectés dans les entreprises asiatiques pour mieux comprendre et mieux contrôler la qualité de la production.

Nike ne possède qu'un seul site de fabrication aux États-Unis, mais il est fort apprécié, car il lui sert de firme étalon quand vient le temps de négocier avec les entreprises asiatiques. L'exploitation de ce site est en outre l'occasion pour les diri-

---

6. C'est le début de l'utilisation du nom Nike, trouvé par le premier employé à temps plein de BRS, Jeff Johnson, lors d'un rêve. Le logo, le « Swoosh », fut créé par un étudiant en design pour 35 $.

7. Nissho représente une première source de financement. Elle demande les intérêts à Nike seulement 115 jours après le départ de la marchandise des quais asiatiques. La durée du transport est de 30 jours environ, ce qui laisse à Nike 95 jours pour vendre et se faire payer. Le reste du financement se fait à partir de prêts bancaires à court terme.

geants de connaître les détails et les particularités de la production et pour les techniciens de travailler dans un environnement concret, identique aux manufactures asiatiques. Enfin, le site est situé à proximité des installations où se font la recherche et le développement et il abrite l'essentiel de la production des souliers haut de gamme.

C'est à partir de l'association avec Nissho-Iwai que Nike adopte une structure de type réseau. Même si l'origine de cette distribution est surtout due à des fluctuations dans les taux de change et dans les salaires, les liens entre les partenaires sont beaucoup plus complexes que de simples liens de marché. Les activités des différentes firmes sont coordonnées de manière beaucoup plus serrée que sur un marché traditionnel.

Nike années 1970　　　　　**Caractéristiques**

Engagement de partenaires légalement et économiquement indépendants

Impartition généralisée

Priorité accordée aux compétences-clés des partenaires (*core*)

Production décentralisée / dispersée

Note : CAO/FAO – conception assistée par ordinateur et fabrication assistée par ordinateur.

Les années difficiles

Le début des années 1980 marque un tournant dans l'histoire de Nike. L'entreprise devient publique en décembre 1980 et Knight est remplacé par Woodell à la présidence. Dès lors, des centaines de nouveaux modèles sont créés chaque année par les designers de l'entreprise. Les plans sont envoyés par satellite, à l'aide d'un système CAO/FAO, à Taïwan où l'on fabrique et teste les prototypes. Une fois ceux-ci approuvés, les commandes sont acheminées vers les usines asiatiques. Le processus de production est rodé, mais cela n'empêche pas Reebok, qui avait vu venir la vague «aérobic», de connaître bientôt ses premiers succès aux dépens de Nike. En mai 1983, on compte chez Nike 21 millions de paires de chaussures en inventaire, car les dirigeants, qui veulent préserver les relations avec leurs nouveaux sous-traitants, se refusent à diminuer la production. En 1984, Knight reprend la présidence de la firme.

Pour contrôler les coûts, Knight licencie 400 employés (10 % de la main-d'œuvre totale) et regroupe les effectifs autour de 12 divisions représentant, plus ou moins, les produits majeurs. À la même époque, des équipes, qu'on appelle *speed groups* ou *swat teams*, sont formées afin de s'attaquer aux différents problèmes de manière ciblée. Knight réorganise le groupe *New Products* autour d'équipes de lancement (*launch teams*), chacune étant responsable de la réalisation d'un produit du début à la fin du processus (*design*, développement, marketing, production et vente). Bref, tout est mis en œuvre pour que Nike retrouve sa flexibilité d'antan. Parallèlement à ces changements organisationnels, l'entreprise s'associe à la jeune vedette de basket-ball Michael Jordan et articule l'ensemble de sa mise en marché sur un concept différent, le « *Air Jordan by Nike* ». L'année 1986 sera une année financière record : 59 millions de profits et une augmentation des ventes de 15 %. L'année suivante, la structure interne de l'organisation est de nouveau modifiée, mais Nike a d'ores et déjà atteint un plateau dans la « virtualisation ».

Les années 1990

Au début des années 1990, les marchés du travail sud-coréen et taïwanais connaissent de fortes hausses salariales. Nike exerce alors des pressions sur ses sous-traitants asiatiques pour qu'ils réimplantent leurs usines en Chine et en Indonésie[8]. Pour la firme, c'était une façon de maintenir de bonnes relations avec les dirigeants d'organisations asiatiques. Par ailleurs, du côté de la mise en marché, on cherche depuis quelques années chez Nike à être plus proche des clients et à mieux cerner leurs besoins.

Le tableau suivant dresse le bilan des dimensions virtuelles de l'organisation actuelle.

Nike années 1990	Caractéristiques

Nike années 1990   **Caractéristiques**

Engagement de partenaires légalement et économiquement indépendants

Impartition généralisée

Priorité accordée aux compétences-clés des partenaires (*core*)

Production décentralisée / dispersée

Intégration verticale et horizontale des fonctions (réseau) (Nike contrôle de plus en plus le réseau)

Orientation « client » et individualisation des produits (recherche marketing)

Durée de vie limitée des équipes (*swat teams* et *speed groups*)

Utilisation intensive des technologies de l'information

Dispersion géographique

3.5.5.2 Le Groupe Lacasse

Le Groupe Lacasse est un autre exemple d'organisation-réseau. Mise sur pied en 1956 à Saint-Pie-de-Bagot, cette entreprise, qui se spécialise dans la fabrication de meubles, amorçait au début des années 1980 la « désintégration » de sa structure interne en créant par morcellement de l'organisation principale un réseau

---

8. Les sous-traitants taïwannais ont choisi la Chine et les sous-traitants coréens, l'Indonésie.

de petites organisations spécialisées. Aujourd'hui, Lacasse concentre surtout ses énergies sur la conception, l'assemblage, le marketing et la vente des produits. Les composants utilisés dans la fabrication des meubles sont achetés à des fournisseurs, mais la compagnie continue d'assurer la production des séries de meubles en très grands lots. L'une des particularités du Groupe Lacasse est que ses fournisseurs sont presque tous localisés à proximité de l'entreprise, dans un parc industriel privé. Le réseau est géographiquement centralisé, bien que les unités de production, elles, soient décentralisées. Cette restructuration se sera avérée profitable, puisque, avec un chiffre d'affaires de près de 75 millions de dollars en 1998, le Groupe Lacasse est à l'heure actuelle le plus grand fabricant de meubles de bureau au Québec (*Les Affaires*, 1998).

Structure du réseau

Comme toutes les organisations, le Groupe Lacasse transige avec plusieurs partenaires, clients et fournisseurs de différentes natures. Chaque partenaire développe les compétences-clés qui lui sont utiles dans l'accomplissement de ses tâches (moulage, peinture, assemblage, perçage, etc.). Ces partenariats sont intéressants pour Lacasse parce qu'ils permettent une certaine flexibilité face aux fluctuations de volume pouvant survenir. Les fournisseurs utilisent principalement la matière première fournie par Lacasse, qui l'achète en grande quantité et la revend à profit (10 %) à ses partenaires. Cet arrangement est également avantageux pour les fournisseurs, puisqu'il leur fait bénéficier de rabais de volume qu'ils ne pourraient obtenir seuls. Les partenaires sont situés à l'intérieur d'un même parc industriel, ce qui facilite la coordination entre eux et minimise les frais de transport.

Selon M. Lacasse, pour protéger le réseau contre les coups durs et pour augmenter leurs économies d'échelle, les fournisseurs ont intérêt à ne pas être trop dépendants du Groupe. C'est pourquoi M. Lacasse les incite à diversifier leur clientèle et, autant que possible, à vendre moins de 50 % de leur production à son entreprise.

3.5.5.3 Limites de l'organisation virtuelle

Sur le plan du fonctionnement de l'organisation, le cas de Super Bakery illustre bien la dualité de la gestion de l'organisation virtuelle. On fait confiance à ses partenaires... mais on les surveille de près. On sous-traite plusieurs activités... mais on les coordonne fortement. On développe des modes de coopération avec les distributeurs de ses produits... mais on les compare sans arrêt entre eux.

Super Bakery – 2

La gestion d'une organisation aussi décentralisée que Super Bakery, la compagnie de produits de boulangerie que nous avons décrite plus haut, nécessite l'implantation de toute une gamme de mécanismes.

Super Bakery reconnaît le fait que sous-traiter un grand nombre de fonctions de l'organisation représente un défi. Plusieurs difficultés surgissent quand vient le temps de coordonner les activités. Il est plus difficile de coordonner des fonctions quand elles dépendent de gestionnaires appartenant à des entités différentes et géographiquement éloignés les uns des autres. Des malentendus peuvent survenir, qui entraîneront des baisses de performance.

Super Bakery a vite compris que son pouvoir de négociation variait grandement d'un fournisseur à l'autre. Lorsque la firme concluait des ententes avec les boulangeries locales, elle pouvait exiger la mise en place de mécanismes qui contrôlaient tant la qualité de la production que les horaires. Mais en présence des firmes de livraison, le pouvoir de Super Bakery devenait beaucoup plus limité. Pour ces firmes, en effet, Super Bakery représentait un volume d'affaires moins élevé que celui des boulangeries, et c'est pourquoi elles hésitaient à signer des contrats contraignants avec elle. Pour vaincre leur méfiance, Super Bakery a développé des relations privilégiées avec certaines firmes, qui ont permis, par exemple, le développement de boîtes plus solides, conçues pour minimiser les pertes et pour correspondre parfaitement au format des camions. De plus, Super Bakery échange maintenant l'information sur les commandes à mesure que celles-ci arrivent, ce qui permet aux firmes de livraison de s'ajuster beaucoup plus facilement. La coordination est ainsi beaucoup plus serrée. Les ententes avec les vendeurs sont également un mélange de mécanismes de contrôle direct et d'incitations de marché. Les vendeurs sont assistés par différents mécanismes pour accroître leurs ventes (échantillons gratuits, crédits pour livraisons imparfaites, rabais divers, etc). Toutefois, ces promotions et privilèges ne doivent pas servir à abaisser artificiellement les prix. Super Bakery utilise un système de suivi qui lui permet de savoir en tout temps quels sont les rabais, les crédits pour produits endommagés, les retards de livraison, les états de compte, le tout ventilé par région, livreur, vendeur ou client, selon les besoins de la firme.

En même temps, Super Bakery développe des partenariats avec ses clients, dont plusieurs sont des écoles. Super Bakery informe ces dernières sur les façons de respecter les normes gouvernementales en matière de produits d'alimentation. Elle développe également des partenariats avec les autres fournisseurs de ses clients (dans la mesure où ce ne sont pas des compétiteurs directs) afin d'améliorer le service au client (Davis et Darling 1995; 1996b).

Dans tous les cas observés, on constate des formes intermédiaires d'organisation virtuelle. Dans le cas du Groupe Lacasse, l'impartition sert à accroître la flexibilité de l'organisation : les petits fournisseurs, notamment, cantonnés dans leur domaine de spécialité, contribuent par leur expertise à assouplir la structure de la firme. Mais la décentralisation géographique des unités de production reste limitée : les composants des meubles sont faits à l'intérieur du même parc industriel. Une plus grande décentralisation imposerait de fonctionner avec des partenaires sur lesquels Lacasse aurait moins de contrôle. Tant que les partenaires sont sur le site de l'organisation, il est plus facile de coordonner leurs activités avec celles de Lacasse.

Dans le cas de Nike, il semble que la structure actuelle procure à l'entreprise des avantages certains sur ses concurrents : réduction des coûts, capacité de s'ajuster aux fluctuations de la demande, possibilité de changer rapidement les modèles sur le marché, accès à des sites de production plus rentables. Par contre, une part minimale de la production doit être maintenue à l'interne, sans quoi la firme ne sera pas en mesure à la fois d'innover, de connaître les caractéristiques du produit qu'elle vend et d'évaluer correctement les prix qui lui sont demandés par ses fournisseurs. Par ailleurs, le degré de virtualité de Nike reste limité par les investissements en publicité, qui sont le plus souvent irréversibles et qui, par conséquent, s'opposent à la nature même d'une structure organisationnelle dont les composantes sont pour la plupart temporaires et réversibles.

Chez Lacasse et Nike, tout comme chez Super Bakery, la coordination des composantes du réseau repose sur l'utilisation des technologies de l'information. Ces technologies permettent d'ajuster les activités des différents partenaires de manière serrée. On remarque dans ces exemples que celui des partenaires dont le pouvoir est le plus grand contrôle le système d'information et que la relation entre les partenaires est donc fortement asymétrique. Il se peut que le développement de technologies plus sophistiquées permette des configurations plus souples ou plus éclatées.

L'aspect contradictoire que présente l'organisation virtuelle s'apparente fort à la dualité que Hennart (1993) a diagnostiquée dans les modes d'organisation mixtes (modes intermédiaires entre la firme et le marché). L'organisation virtuelle n'est pas la panacée : elle ne résout pas tous les problèmes associés au choix des modes d'organisation, mais elle se présente plutôt comme une configuration particulière comportant son lot d'avantages et d'inconvénients. En fait, l'analyse des textes consacrés à la question tend à montrer que la « virtualisation » d'une organisation est d'autant plus avantageuse qu'elle est modérée : dès qu'elle est poussée au-delà d'un certain seuil, ses conséquences sont incertaines, et parfois désastreuses pour l'entreprise. Selon Odendahl, Hirschmann et Scheer (1997), l'organisation virtuelle comporte un certain nombre de risques, qui tiennent pour la plupart à la fragilité de ses bases contractuelles : comment, en effet, assurer la sauvegarde d'une organisation qui s'appuie en grande partie sur la seule confiance des partenaires ?

Les auteurs soulignent également l'importance des coûts de transaction que génère parfois un mode virtuel d'organisation.

En définitive, l'organisation virtuelle apparaît comme un mode d'organisation parmi d'autres. Elle est toutefois plus complexe et plus sophistiquée que les types d'organisations traditionnelles. C'est pourquoi les entreprises, sans l'adopter toujours entièrement, lui empruntent certaines de ses caractéristiques, et il est à prévoir que cette tendance ne fera que s'accentuer au cours des années qui viennent, grâce notamment aux possibilités offertes par les technologies de l'information. Il s'agira alors, pour chaque entreprise, de choisir stratégiquement entre les différentes configurations possibles celle qui lui sera la plus profitable et qui sera la mieux adaptée à ses besoins.

BIBLIOGRAPHIE

Arnold, Oksana, Wolfgang Faisst, Martina Härtling et Pascal Sieber (1995), « Is the Virtual Corporation an Organizational Structure for the Future ? » (« Virtuelle Unternehmen als Unternehmenstyp der Zukunft ? »), *Handbuch des modernen Datenverarbeitung*, n° 32, p. 8-23.

Ashley, Steven (1995), « Designing a Nuclear Attack Submarine », *Mechanical Engineering*, vol. 117, n° 4, avril, p. 66-69.

Bottoms, David (1994), « Back to the Future », *Industry Week*, vol. 243, n° 18, 3 octobre, p. 61-62.

Bourdeau, Réjean (1998), « Le Groupe Lacasse envisage d'aller en Bourse », *Les Affaires*, 18 avril, p. 52.

Byrns, John A. (1993), « The Virtual Corporation », *Business Week*, n° 3304, 8 février, p. 98-102.

Chesbrough, Henry W. et David J. Teece (1996), « When Is Virtual Virtuous ? Organizing for Innovation », *Harvard Business Review*, vol. 74, n° 1, janvier-février, p. 65-71.

Coyle, Jeannie et Nicky Schnarr (1995), « The Soft-side Challenges of the "Virtual Corporation" », *Human Resources Planning*, vol. 18, n° 1, p. 41-42.

Davis, Tim et Bruce Darling (1996a), « ABC in a Virtual Corporation », *Management Accounting*, vol. 74, n° 4, octobre, p. 18-26.

Davis, Tim et Bruce Darling (1996b), « Update on Super Bakery Inc. », *Organizational Dynamics*, vol. 25, n° 2, automne, p. 86-87.

Davis, Tim et Bruce Darling (1995), « How Virtual Corporations Manage the Performance of Contractors: The Super Bakery Case », *Organizational Dynamics*, vol. 24, n° 1, été, p. 70-77.

Dess, Gregory, G., Abdul M. A. Rasheed, Kevin J. McLaughlin et Richard L. Priem (1995), « The New Corporate Architecture », *Academy of Management Executive*, vol. 9, n° 3, p. 7-20.

Gagné, Jean-Paul (1994), « La stratégie des grappes industrielles a transformé en profondeur Lacasse inc., de Saint-Pie », *Les Affaires*, 9 juillet, p. 9.

Gauthier, Philippe (1994), « Guy Lacasse meuble son parc industriel », *Le magazine Québec Entreprise*, vol. 3, n° 4, septembre, p. 8-14.

Gebauer, Judith (1996), « Virtual Organizations from an Economic Perspective », *Proceedings of the 4th European Conference on Information Systems*, Lisbonne, Portugal, p. 91-103.

Handy, C. (1995) « Trust and the Virtual Organization », *Harvard Business Review*, vol. 73, n° 3, mai-juin, p. 2-8.

Harris, R. Clark, Richard C. Insinga, Joseph Morone et Michael J. Werle (1996), « The Virtual R&D Laboratory », *Research-Technology Management*, vol. 39, n° 2, mars-avril, p. 32-36.

Harrison, Bennet (1994), « The Dark Side of Flexible Production », *Technology Review*, vol. 97, n° 4, mai-juin, p. 38-45.

Hennart (1993), « The Swollen Middle », *Organization Science*, vol. 4, n° 4, novembre, p. 529-547.

Klein, Mark M., « The Virtue of Being a Virtual Corporation », *Best's Review*, vol. 95, n° 6, p. 88-94.

Landay, William (1996), *Rediscovering Strenght in Numbers, Extended Enterprises Spell Success, ER*, mai, http://www.reengineering.com/articles/may96/extenter.html, 4 pages.

Le Scouarnec, François-Pierre (1994), « Présence de réseaux en région », *Les Affaires* (Cahier spécial), samedi 14 mai, p. C-7.

Lightfoot, Robert W. et Christopher A. Bartlett (1994), « Nike in Transition (B): Phil Knight Returns », Éditions de la Harvard Business School, Boston, 31 mai, 23 p.

Lightfoot, Robert W. et Christopher A. Bartlett (1994), « Phil Knight Managing Nike's Transformation », Éditions de la Harvard Business School, Boston, 24 juin, 20 p.

Malone, Michael S. et William H. Davidow (1992), « Virtual Corporation », *Forbes*, numéro spécial (supplément), 7 décembre, p. 102-107.

Masten, Scott (1991), « A Legal Basis for the Firm », *The Nature of the Firm*, Williamson et Winter éditeurs, Oxford University Press, p. 196-212.

McQuade, Krista et David B. Yoffie (1993), « Nike (A) Condensed », Éditions de la Harvard Business School, Boston, 22 septembre, 26 p.

Miles, Raymond E. et Charles C. Snow (1992), « Causes of Failure in Network Organizations », *California Management Review*, vol. 34, n° 4, été, p. 53-72.

Nadeau, Benoit (1994), « Le miracle de Saint-Pie », *L'Actualité*, vol. 19, n° 19, 1er décembre, p. 38-41.

Odendahl, C., P. Hirschmann et A.-W. Scheer (1997), « Cooperation Exchanges as Media for the Initialization and Implementation of Virtual Enterprises », *Virtual-organization.net Newsletter*, vol. 1, n° 3, 1er juin, Institute of Information Systems, University of Berne.

Pallarito, Karen (1996), « Virtual Healthcare », *Modern Healthcare*, vol. 26, n° 12, 18 mars, p. 42-47.

Quinn, James et Frederick Hilmer (1994), « Strategic Outsourcing », *Sloan Management Review*, vol. 35, n° 4, été, p. 43-55.

Schultz, Beth,(1996), « A Real Virtual Network Corporation », *Network World Collabora-tion*, vol. 3, n° 13, janvier-février, p. 13-15.

Sieber, Pascal, « Dr Materna GMBH on Its Way to be a Virtual Corporation ? », *Proceedings of the 4th European Conference on Information Systems*, Lisbonne, Portugal, p. 1259-1273.

Sieber, Pascal (1997), « Virtual Organizations: Static and Dynamic Viewpoints », Virtual-organization.net Homepage, http://www.virtual-organization.net/, section newsletter, vol. 1, n° 2, 1er mars.

Snow, Charles C., Raymond E. Miles et Henry J. Coleman Jr. (1992), « Managing 21st Century Network Organizations », *Organizational Dynamics*, vol. 20, n° 3, hiver, p. 5-20.

Travica, Bob, Branislav Kovacic et Howard Rosenbaum (1997), « Design of Virtual Organization: Information and Communication Aspects », *Study Conspectus*, 18 janvier, http://ezinfo.ucs.indiana.edu/~btravica/vo.html, 3 pages.

Tully, Shawn (1993), « The Modular Corporation », *Fortune*, 8 février, p. 106.

Upton, David M. et Andrew McAfee (1996), « The Real Virtual Factory », *Harvard Business Review*, vol. 74, n° 4, juillet-août, p. 123-133.

Vachon Luc (1996), « À l'aube de la virtualité », *PME*, vol. 12, n° 3, avril, p. 41.

Vine, David (1997), « Bending Space and Time: The Virtual Organization », *Internet World*, mai 1995, http://www.research.umbc.edu/~warr/virtorg.html.

Voss, Hanswerner (1996), « Virtual Organizations: The future is Now », *Strategy & Lead-ership*, vol. 24, n° 4, juillet-août, p. 12-16.

Wexler, Joanie M. (1993), « Ties That Bind », *Computerworld*, vol. 27, n° 26, 28 juin, p. 97-98.

Zimmermann, Frank-O. (1997), « Structural and Managerial Aspects of Virtual Enterprises », *Virtuelle Unternehmen*, avril, http://www.seda.sowi.uni-bamberg.de/persons/zimmermann/paper/estiem/ estiem.htm.

IT Vision - Virtual Enterprises and Networked Solutions, http://www.teco.uni-karlsruhe.de/IT-VISION/virtualEnterprises.html, 9 avril 1997.

Virtual Corporations, http://www.wordsimages.com/virtcorp.htm 9 avril 1997.

Virtual Corporations Offer Real Advantages, Aresty Institute of Executive Education at the Wharton School of the University of Pensylvania (Robin Salaman, dir.), *Executive Issues vol. VI, n° 3, été 1995*, http://www.wharton.upenn.edu/execed/eepubs/ei_95sum/ei_sum95.html 5 avril 1997.

Chapitre 3.6

L'IMPARTITION DES SERVICES MUNICIPAUX AU CANADA : UN BILAN

Benoit Aubert[1], Michel Patry[2] et Suzanne Rivard[3]

3.6.1 INTRODUCTION

Depuis dix ans environ, la conjoncture oblige la majorité des acteurs économiques à procéder à de nombreuses rationalisations. Les entreprises privées, face à la mondialisation des marchés et au choc des nouvelles technologies, se sont engagées dans une redéfinition en profondeur de leur mission, qui s'est traduite par l'introduction de nouvelles façons de faire et dont la réingénérie, la qualité totale et l'impartition sont les manifestations les plus apparentes. Cet effort de réorganisation ne montre à l'heure actuelle aucun signe d'essoufflement et n'épargne évidemment pas le secteur public. Si elles accusent un certain retard sur les organisations privées, la plupart des administrations publiques des pays développés ont commencé à repenser leur mode de fonctionnement.

Les administrations municipales canadiennes sont de ce nombre. Plusieurs s'interrogent en effet sur leur mission fondamentale et cherchent à identifier leurs compétences distinctives. Selon nous, la mission centrale des administrations publiques est de concevoir et d'assurer la prestation des services à la population. Quant à la décision de confier la prestation de ces services à des entreprises du secteur privé, elle devrait dépendre des retombées économiques qu'elle aura sur la municipalité, des gains d'efficacité qu'elle générera et de l'importance, pour l'administration publique, de contrôler le processus décisionnel de l'impartition.

1. Technologies de l'information, École des Hautes Études Commerciales de Montréal et CIRANO.
2. Institut d'économie appliquée, École des Hautes Études Commerciales de Montréal et CIRANO.
3. Technologies de l'information, École des Hautes Études Commerciales de Montréal et CIRANO.

On dira ainsi des administrations publiques qu'elles sont responsables de procéder à l'arbitrage entre les objectifs d'efficacité (produire au moindre coût, améliorer la qualité des services) et les objectifs d'équité (évaluer les conséquences des décisions publiques sur le partage des coûts et des bénéfices communs), sous la contrainte des obligations qu'elles ont envers les citoyens.

Dans ce contexte, l'impartition des services se présente comme une option stratégique de plus en plus souvent envisagée par les municipalités[4]. Pourtant, malgré l'importance qu'elle a acquise dans le paysage économique contemporain, très peu d'études empiriques ont été consacrées, du moins au Canada, à l'impartition des services municipaux. La présente étude entend combler cette lacune. Elle se propose notamment de répondre à un certain nombre de questions touchant la délégation des services publics : quelles activités le secteur public doit-il produire lui-même ? quelles activités doit-il confier en impartition ? quelle place l'impartition occupe-t-elle aujourd'hui au pays ? quelles sont les tendances actuelles dans ce domaine ?

3.6.2   MÉTHODOLOGIE

Notre travail consiste à évaluer l'étendue de l'impartition dans les municipalités canadiennes, à sonder les intentions des décideurs quant à l'impartition des activités qui sont sous leur gouverne, à détailler quatre domaines particuliers d'activités et à rapporter la perception qu'ont les décideurs publics des principaux avantages et inconvénients de l'impartition.

L'étude se penche sur la gestion des domaines d'activité suivants :

- Les eaux
- Les routes
- Les résidus
- Les services informatiques
- Les immeubles
- Les activités de services administratifs des municipalités
- L'aménagement du territoire
- Les services de protection
- Les services sociaux et de loisir
- Divers autres services

Chacun de ces domaines d'activité peut évidemment être décomposé en de multiples activités. Ainsi, la gestion des eaux regroupe cinq activités : l'approvisionnement en eau potable, l'entretien et la réfection du réseau, le traitement des eaux usées, l'installation des égouts et, enfin, l'entretien et la réfection des égouts. Nous identifions ainsi 71 différentes activités.

---

4.   Pour les fins de notre analyse, nous définissons l'impartition comme la cession d'une partie ou de la totalité d'une activité à un contractant externe. L'impartition peut ainsi prendre plusieurs formes : sous-traitance, gérance, gérance intéressée, affermage et concession, etc.

Notre analyse s'appuie sur les résultats d'une vaste enquête menée auprès des gérants des 1 054 municipalités canadiennes comptant plus de 3 000 habitants. La liste complète des municipalités nous a été fournie par le *Municipal Information Centre Inc*. Pour chacune des 71 activités à l'étude, le répondant devait indiquer le niveau d'impartition et spécifier, dans le cas où l'activité était exercée à l'interne, s'il entrait dans les intentions de la municipalité de l'impartir. Il devait également fournir des renseignements plus précis à propos de huit activités relevant des quatre premiers domaines de la liste précédente.

L'annexe donne la liste des 71 activités que nous avons définies et retenues pour cette étude ainsi que le niveau moyen d'impartition pour chacune des activités et le pourcentage des répondants qui affirment avoir l'intention d'impartir, en tout ou en partie, chaque activité au cours des trois prochaines années.

Le questionnaire (dont on peut obtenir copie auprès des auteurs) était adressé au gérant de la municipalité. En tout, 345 municipalités ont participé à l'étude pour un taux de réponse de 32,7 %. Les tableaux 3.6.1 et 3.6.2 décrivent la répartition géographique des répondants ainsi que les caractéristiques des municipalités participantes. Notons que la plupart des grandes municipalités ont participé à l'enquête et que les 345 répondants englobent plus de 52 % de la population canadienne. Afin de présenter des résultats représentatifs, nous n'avons retenu pour la compilation que les questions auxquelles 250 répondants ou plus avaient fourni une réponse. Certaines activités exercées uniquement par quelques grandes municipalités ou par très peu de municipalités sont ainsi écartées de l'analyse des résultats.

TABLEAU 3.6.1

Répartition des municipalités

Provinces ou territoires	Répartition des municipalités participantes
	Répondants (%)
Ontario	34,3
Québec	30,1
Colombie-Britannique	10,7
Alberta	9,6
Nouvelle-Écosse	3,6
Manitoba	3,1
Nouveau-Brunswick	2,8
Terre-Neuve	2,8
Saskatchewan	2,1
Île-du-Prince-Édouard	0,4
Territoires du Nord-Ouest	0,4
Yukon	0,1
Canada	100,0

TABLEAU 3.6.2

Description des municipalités participantes

Caractéristique	Moyenne	Médiane
Population*	47 604 hab.	9 625 hab.
Valeur globale des actifs	296 638 444 $	66 844 179 $
Revenus totaux	44 883 854 $	9 500 000 $
Taux de syndicalisation des employés municipaux	54 %	70 %

* Population : minimum 500 hab.
maximum 1 016 000 hab.
3 municipalités de moins de 3 000 hab.
Les municipalités répondantes représentent 52 % de la population canadienne.

3.6.3   UN APERÇU GÉNÉRAL DE L'IMPARTITION DES SERVICES MUNICIPAUX CANADIENS

Quelles activités les villes canadiennes impartissent-elles ? Les activités le plus fréquemment imparties sont présentées au tableau 3.6.3 et celles qui le sont le moins au tableau 3.6.4 Le pourcentage indique la moyenne des réponses pour une activité. Ainsi, pour l'activité «Collecte des ordures», les répondants ont, en moyenne, indiqué qu'elle était à 70,6 % exercée à l'externe, cédée à une entreprise. On remarquera que trois autres activités sont à plus de 70 % exercées à l'externe : la construction d'immeubles, le recyclage des déchets et le contentieux.

À l'inverse, plus de 90 % du volume de cinq activités est assuré par des employés municipaux : les services de secrétariat, la gestion et la délivrance des permis et licences, la facturation et le recouvrement des comptes, la comptabilité et la perception des taxes. Il s'agit d'activités reliées aux processus internes des municipalités, à leur gestion.

TABLEAU 3.6.3

Les dix activités les plus imparties (en pourcentage effectué à l'externe)

Activités	Pourcentage	Nombre de répondants
Construction d'immeubles	89,0	296
Recyclage de déchets	79,2	269
Contentieux	77,9	321
Collecte des ordures	70,6	302
Ingénierie et architecture	69,0	290
Enfouissement des ordures	67,7	266
Développement d'applications informatiques	65,1	280
Éclairage des rues	60,5	307
Installation des égouts	59,3	292
Conciergerie	46,3	325

TABLEAU 3.6.4

Les dix activités les moins imparties (en pourcentage effectué à l'externe)

Activités	Pourcentage	Nombre de répondants
Services de secrétariat	3,49	346
Permis et licences	5,92	333
Facturation et recouvrement	6,27	347
Comptabilité	6,51	347
Collecte des taxes	7,55	323
Gestion des ressources humaines	10,90	339
Signalisation routière	11,07	330
Approvisionnement	11,30	327
Pompiers	13,17	330
Archives	14,28	315

Le profil d'impartition des municipalités canadiennes diffère-t-il de celui des villes américaines? Une étude récente de Dilger, Moffet et Struyk[5] nous permet de faire quelques comparaisons. Ces trois auteurs ont sondé les 66 plus grandes villes américaines et identifié les dix services municipaux les plus impartis. Nous compilons cette statistique pour les onze plus grandes villes canadiennes ayant participé à notre enquête. Il s'agit de municipalités qui ont une population supérieure à 400 000 personnes. Les résultats sont présentés aux tableaux 3.6.5 et 3.6.6.

Il ressort clairement que certaines activités sont communes aux deux profils : le remorquage des véhicules, la collecte des ordures, la surveillance des édifices et les services du contentieux sont confiés pour une grande part à des firmes spécialisées. La réparation des rues et la signalisation routière, fréquemment confiées à des fournisseurs aux États-Unis, sont essentiellement effectuées par des employés municipaux au Canada (73 % pour la réparation des rues et 89 % pour la signalisation). Les écarts, dans d'autres cas, s'expliquent par les différences observées entre les paliers gouvernementaux dans la délégation des responsabilités : par exemple, les centres d'aide et de traitement pour toxicomanes ne sont pas du ressort municipal au Canada.

5. Robert J. Dilger, Randolph R. Moffett et Linda Struyk, «Privatization of Municipal Services to America's Largest Cities», *Public Administration Review*, janv.-févr. 1997.

TABLEAU 3.6.5

Les dix activités les plus souvent imparties
par les 11 plus grandes villes canadiennes

Remorquage
Construction d'immeubles
Cafétérias municipales
Installation des égouts
Collecte des déchets dangereux
Collecte sélective
Garderie
Recyclage
Collecte des ordures
Traitement des déchets dangereux

TABLEAU 3.6.6

Les dix activités les plus souvent imparties
par les 66 plus grandes villes américaines

Remorquage de véhicules
Collecte des ordures
Surveillance des édifices
Réparation des rues
Services d'ambulance
Services d'impression
Signalisation routière
Centres d'aide et de traitement des toxicomanes
Centres d'emploi
Contentieux

Source : Dilger, Moffet et Struyk (1997).

D'autre part, l'examen des activités les plus souvent imparties par les grandes villes canadiennes montre que cinq des dix activités – la construction d'immeubles, la collecte des ordures, l'installation des égouts, le recyclage et le remorquage – figurent également au nombre de celles les plus fréquemment imparties par l'ensemble des municipalités canadiennes.

3.6.4 LES INTENTIONS D'IMPARTITION

Les résultats présentés jusqu'à maintenant donnent une idée de l'état actuel de l'impartition. Dans cette section, nous sondons et analysons les intentions des répondants en matière d'impartition. Dans l'ensemble, les répondants se montrent très modérés dans leur intention d'impartir les services municipaux : le pourcentage des répondants qui se disent prêts à impartir ne dépasse le seuil de 5 % que pour 21 des 71 activités faisant l'objet de l'enquête. Les deux tableaux suivants, établis en fonction des activités sur lesquelles se sont prononcés au moins 250 répondants, identifient les domaines qui, selon les intentions manifestées par les décideurs, sont les plus et les moins susceptibles d'être impartis au cours des trois prochaines années.

TABLEAU 3.6.7

Les dix activités pour lesquelles les intentions d'impartition sont les plus élevées (en pourcentage)

Activités	Pourcentage	Nombre de répondants
Arénas	10,4	269
Développement d'applications informatiques	9,6	281
Déneigement des rues	8,5	331
Conciergerie / gardiennage	7,6	327
Traitement des eaux usées	7,5	266
Collecte des ordures	7,3	301
Entretien et réfection des ponts	7,2	332
Gestion des activités SI	6,5	294
Approvisionnement en eau	5,9	271
Recyclage	5,5	273

TABLEAU 3.6.8

Les dix activités pour lesquelles les intentions d'impartition sont les plus faibles (en pourcentage)

Activités	Pourcentage	Nombre de répondants
Service des incendies	0,6	330
Approvisionnements	0,9	331
Permis et licences	1,5	334
Services de secrétariat	1,7	346
Comptabilité	1,7	346
Planification stratégique	2,2	323
Contentieux	2,2	323
Gestion des ressources humaines	2,4	339
Collecte de taxes	2,5	323
Archives	2,5	317

Les arénas, le développement des applications informatiques et le déneigement des rues viennent en tête de liste des services que les décideurs ont la ferme intention d'impartir. Les services d'incendie, la gestion des approvisionnements et celle des permis et licences sont par contre les activités les moins susceptibles d'être imparties au cours des trois prochaines années.

Il est intéressant de noter que trois des activités pour lesquelles les intentions sont les plus fortes figurent déjà parmi celles qui sont le plus souvent confiées à des fournisseurs externes : le développement des applications en systèmes d'information, la conciergerie et la collecte des ordures. L'impartition des activités de services administratifs est moins probable, comme l'indique la liste des activités pour lesquelles les intentions sont les plus faibles. On remarquera que cette dernière comprend également les services du contentieux, qui sont déjà massivement impartis.

Comme le suggère le tableau 3.6.9, quatre cas d'espèce se dégagent du recoupement des intentions et des niveaux d'impartition. La case supérieure gauche correspond à des domaines de marchés d'impartition en émergence : les intentions sont fortes et le niveau actuel de délégation est faible. Les prochaines années devraient voir des occasions de marché intéressantes se développer pour les firmes spécialisées dans le traitement des eaux et la construction des routes. À l'opposé, certains domaines semblent bloqués : la délégation est plus rare et les intentions sont très modestes. Parmi les activités qui sont déjà l'objet d'impartition de manière importante, certaines semblent avoir atteint leur pleine maturité alors que les intentions de les impartir sont faibles : c'est le cas du remorquage et de la collecte sélective des ordures. D'autres, comme les activités reliées au développement des applications informatiques, ne montrent pas de signe de plafonnement, malgré un niveau d'impartition élevé.

TABLEAU 3.6.9

Intention et niveau d'impartition : quatre situations

	Niveau d'impartition faible	Niveau d'impartition élevé
Intention forte	Traitement des eaux usées	Développement d'applications informatiques
	Entretien et réfection des routes	Collecte des ordures
Intention faible	Permis et licences	Remorquage
	Comptabilité	Collecte sélective

3.6.5 LES BÉNÉFICES DE L'IMPARTITION

Nous avons également demandé aux répondants d'identifier les activités dont l'impartition serait, à leur avis, la plus profitable pour leur municipalité, indépendamment de leurs intentions. Les dix activités pour lesquelles les bénéfices sont perçus comme les plus grands sont présentées au tableau 3.6.10. Sept de ces activités sont parmi les plus souvent imparties et deux autres – les arénas et le déneigement – sont au nombre de celles pour lesquelles les intentions sont les plus fortes.

TABLEAU 3.6.10

Les dix activités dont l'impartition serait le plus profitable (en pourcentage)

Activités	Pourcentage	Nombre de répondants
Collecte des ordures	21,3	301
Conciergerie	18,0	328
Ingénierie / architecture	18,0	295
Développement d'applications informatiques	17,2	279
Arénas	17,2	268
Entretien – immeubles	17,0	342
Construction – immeubles	16,2	297
Installation des égouts	15,8	292
Déneigement	15,4	331
Contentieux	15,2	323

Une tendance claire se dégage : pour 70 des 71 activités, le nombre de répondants qui estiment que l'impartition serait souhaitable excède le nombre de ceux qui expriment leur intention de les impartir. En soustrayant le pourcentage des répondants qui manifestent leur intention d'impartir une activité au cours des prochaines années du pourcentage de ceux qui estiment que l'impartition serait bénéfique pour leur municipalité, nous obtenons un score qui correspond à ce que nous appelons des «intentions contraintes». Il s'agit des prévisions de profitabilité de l'impartition qui ne sont pas reflétées dans les intentions. Les cinq activités pour lesquelles les intentions apparaissent le plus contraintes sont présentées au tableau 3.6.11. Trois de ces activités, qui sont pourtant déjà relativement imparties, sont reliées à la collecte des ordures.

TABLEAU 3.6.11

Cinq activités pour lesquelles les intentions sont contraintes (en pourcentage)

Activités	Pourcentage
Ingénierie et architecture	15
Collecte sélective	15
Collecte des ordures	14
Construction d'immeubles	13
Collecte des déchets dangereux	13

Une interprétation possible de ces résultats est que nombre de décideurs, bien qu'estimant l'impartition souhaitable ou profitable, font face à des contraintes institutionnelles ou politiques qui les empêchent de déléguer la gestion de certaines activités. Ou, encore, les décideurs sont peut-être conscients de l'opportunité de confier certaines activités à des fournisseurs externes mais craignent de le faire à cause des risques inhérents à l'impartition[6].

3.6.6 LE PROFIL DES CONTRATS D'IMPARTITION ET LES DIFFICULTÉS CONTRACTUELLES

Les répondants devaient fournir des renseignements précis sur le profil des contrats et les difficultés contractuelles pour un sous-ensemble de huit activités. Nous avons dû limiter le nombre d'activités pour lesquelles ces renseignements étaient demandés afin de ne pas allonger indûment le questionnaire.

Les tableaux 3.6.12 et 3.6.13 nous renseignent sur le profil des contrats d'impartition, sur les problèmes de gestion les plus souvent rencontrés ainsi que sur les mécanismes de gestion des contrats. Le premier tableau indique que la durée moyenne des contrats varie entre deux et huit ans. Elle est plus courte pour les contrats d'entretien des égouts, d'exploitation et de développement des SI, alors qu'elle s'allonge pour les contrats d'approvisionnement en eau.

Quant à la probabilité de renouvellement des ententes, deux faits statistiques ressortent avec netteté. Premièrement, la probabilité de renouvellement est assez élevée, oscillant entre 5 et 6 sur une échelle allant de 1 (très peu probable) à 7 (très probable), et, ce, peu importe l'expérience des municipalités ou le genre d'activités. En effet, et c'est là la deuxième observation, il y a peu de variance entre les activités, bien que la probabilité moyenne de renouvellement d'une entente avec le fournisseur semble légèrement plus élevée dans le cas de l'approvisionnement en eau et légèrement plus faible pour l'entretien des égouts.

TABLEAU 3.6.12

Profil des contrats d'impartition

	Probabilité de renouvellement	Durée moyenne du contrat (ans)
Collecte des ordures	5,5	3,9
Traitement des déchets dangereux	5,5	2,8
Approvisionnement en eau	5,8	7,8
Entretien et réfection des égouts	5,2	2,2
Déneigement	5,0	3,2
Entretien et réfection des routes	4,8	2,7
Exploitation des SI	5,5	2,3
Développement d'applications informatiques	5,4	2,3

---

6. Voir le chapitre 2.3.

Ces constats sont plus surprenants encore lorsque l'on examine les réponses obtenues aux questions concernant les difficultés contractuelles. Le tableau 3.6.13 révèle en effet que pour certaines activités imparties, comme la collecte des ordures et le déneigement, les problèmes sont nombreux et touchent une forte proportion des municipalités ayant imparti ces activités. Prenons l'exemple de la collecte des ordures, qui est une des activités le plus fortement imparties par les municipalités canadiennes : 24 % des répondants affirment avoir eu des différends avec leurs fournisseurs sur l'interprétation à donner au contrat, 20 % indiquent avoir subi une détérioration de la qualité du service et 15 % se plaignent du manque de fiabilité du service de leurs fournisseurs. Pourtant, la probabilité de renouvellement de ces contrats semble assez élevée. C'est dire que, malgré les obstacles rencontrés, l'option que représente l'impartition conserve son attrait. Il se peut évidemment que les municipalités aient appris à mieux gérer la relation avec leurs fournisseurs et espèrent, dans l'avenir, être en mesure de limiter l'ampleur des problèmes de gestion auxquels elles se sont heurtées.

TABLEAU 3.6.13

Problèmes de gestion des contrats d'impartition
(pourcentage des répondants)

	Fiabilité	Qualité du service	Différends liés à l'interprétation	Rupture de contrat	Recours aux tribunaux
Collecte des ordures	15	20	24	5	4
Traitement des déchets dangereux	1	2	2	1	0
Approvisionnement en eau	4	5	8	2	5
Entretien et réfection des égouts	3	6	6	0	1
Déneigement	12	21	12	4	2
Entretien et réfection des routes	9	10	10	2	3
Exploitation des SI	5	7	2	0	0
Développement d'applications informatiques	6	9	2	0	0

Dans certains cas – qui représentent en moyenne moins de 5 % des contrats –, les difficultés contractuelles culminent dans des ruptures de contrats et des poursuites judiciaires. Il est également intéressant de noter que les problèmes rencontrés dans le domaine des SI semblent dans l'ensemble moins graves que dans les autres domaines. Le cycle d'impartition étant plus avancé dans ce domaine, il se peut que nous observions ici le résultat du cumul de l'expérience des donneurs et des preneurs d'ordres.

Dans l'ensemble, les deux difficultés les plus fréquemment observées sont une détérioration de la qualité des services et des différends liés à l'interprétation des contrats, suivis au troisième rang par la diminution de la fiabilité du service.

L'existence de ces difficultés contractuelles devrait inciter les donneurs d'ordres à prévoir des mécanismes de gestion des ententes. L'utilité de ces mécanismes tient à l'incomplétude des contrats. Des incertitudes et des ajustements en cours de réalisation des contrats sont inévitables. La qualité d'une relation d'impartition dépend beaucoup de la capacité des parties à trouver des solutions qui conviennent à chacune. Les mécanismes de gestion des contrats sont autant de moyens qui augmentent la convergence des anticipations, réduisent les conflits et permettent de mieux gérer les tensions et les différends qui surviennent.

Le tableau suivant indique, pour chacune des huit activités, le pourcentage des contrats qui prévoient tel ou tel mécanisme de gestion. Les rencontres régulières avec la haute direction et les cadres intermédiaires du fournisseur sont le mécanisme de gestion le plus utilisé. Par contre, les mécanismes spécialisés d'arbitrage des désaccords et les échanges d'employés ne jouent pas, en général, un rôle important.

TABLEAU 3.6.14

Mécanismes de gestion

	Collecte des ordures	Traitement des déchets dangereux	Approvisionnement en eau	Entretien et réfection des égouts	Déneigement	Entretien et réfection des routes	Exploitation des SI	Développement d'applications informatiques
Rencontres avec la haute direction du fournisseur	49	22	28	12	21	14	29	31
Rencontres avec les cadres intermédiaires du fournisseur	41	25	23	24	41	27	29	28
Rencontres des employés municipaux avec le fournisseur	18	6	15	9	25	18	18	17
Échanges réguliers d'employés	30	8	10	9	17	9	10	13
Utilisation d'équipements de la municipalité par le fournisseur	3	4	3	3	2	1	6	7
Transferts d'employés	1	0	4	2	0	1	1	1
Mécanismes d'arbitrage des désaccords	27	10	13	7	8	7	3	4

3.6.7 AVANTAGES ET INCONVÉNIENTS DE L'IMPARTITION

La dernière partie du questionnaire contenait une liste des avantages et des inconvénients de l'impartition, souvent cités dans la littérature théorique ou professionnelle. Le répondant devait ordonner les cinq principaux avantages et les cinq principaux inconvénients de l'impartition (voir le tableau 3.6.15).

TABLEAU 3.6.15

Principaux avantages et inconvénients de l'impartition

Avantages	Inconvénients
1. Réalisation d'économies	1. Difficulté de sélection du fournisseur
2. Accès à une expertise de pointe	2. Perte de contrôle sur l'activité impartie
3. Atténuation des contraintes propres aux conventions collectives	3. Incidences négatives sur les relations de travail
4. Amélioration de la capacité d'adaptation au changement	4. Irréversibilité de la décision
5. Réduction de la masse salariale	5. Difficulté dans le suivi du contrat

La possibilité de réaliser des économies vient nettement en tête des avantages. Plusieurs répondants ont indiqué que l'impartition devait se traduire par une réduction du fardeau des contribuables. L'accès à une expertise de pointe constitue le deuxième avantage le plus fréquemment mentionné.

Ces résultats ne sont pas surprenants : étant donné le contexte de restrictions dans lequel évoluent les municipalités, les économies réalisées grâce à l'impartition ne peuvent être que recherchées. Ce mode de gestion s'avère intéressant, puisqu'il permet de faire plus avec moins. L'importance accordée à l'accès à une expertise particulière n'est pas non plus étonnante. Une municipalité a, sous sa responsabilité, un très grand nombre d'activités pour lesquelles il serait dispendieux de développer et de conserver des expertises de pointe. De ce fait, il semble plus avantageux, dans certains cas, de faire appel aux services des entreprises privées.

Les troisième et quatrième avantages sont liés entre eux : ils concernent la recherche de flexibilité par les administrations municipales. L'impartition est vue comme un moyen d'opérer des changements, de s'adapter ou, encore, d'assouplir les contraintes auxquelles les conventions collectives soumettent l'organisation. La réduction de la masse salariale, qui n'est mentionnée que par environ un quart des répondants, vient au cinquième rang. À l'opposé, la réalisation d'économies est mentionnée par plus de 80 % des répondants.

Parmi les avantages peu souvent mentionnés, on retrouve : l'amélioration de la qualité de certains services, la capacité de financement du secteur privé et le développement des compétences-clés et de la mission de la municipalité.

Au chapitre des désavantages, celui qui vient en tête du peloton est la difficulté de sélectionner un fournisseur : il est mentionné par plus de la moitié des répondants. La perte de contrôle de l'activité impartie est mentionnée presque aussi fréquemment. Puis viennent les incidences sur les relations de travail, l'irréversibilité de la décision et les difficultés liées au suivi du contrat.

L'anticipation de difficultés lors de la renégociation du contrat et la crainte d'une baisse de qualité sont rarement mentionnées, comme c'est d'ailleurs le cas de l'attitude du public.

3.6.8   CONCLUSION

L'étude réalisée auprès des municipalités canadiennes a pu montrer que l'impartition constitue un mode de gestion utilisé par les administrations locales dans l'exécution de plusieurs activités. Le recours à l'impartition varie beaucoup d'une activité à l'autre. Les groupes d'activités confiés à des fournisseurs au Canada sont quelque peu différents de ce que l'on peut observer aux États-Unis. Le profil d'impartition des municipalités canadiennes est cependant très semblable, quelle que soit la région étudiée.

Les principales motivations des administrations municipales qui impartissent leurs services sont la réalisation d'économies et l'accès à l'expertise. En cela, les répondants du secteur public obéissent à des motivations semblables à celles des décideurs du secteur privé. Les principaux problèmes perçus sont la difficulté de sélectionner un fournisseur et la crainte de perdre le contrôle de l'activité impartie.

Les municipalités qui ont une expérience d'impartition présentent un degré assez élevé de satisfaction. En effet, elles se montrent dans une très grande proportion enclines à renouveler leur contrat d'impartition avec le même fournisseur. Elles indiquent également que la principale difficulté contractuelle qu'elles ont éprouvée réside dans la détérioration de la qualité des services assurés par le fournisseur.

Quant aux tendances actuelles, elles semblent indiquer qu'au cours des trois prochaines années, l'impartition enregistrera des gains modestes auprès des administrations municipales. Il est cependant intéressant de noter que les intentions des municipalités en ce domaine sont systématiquement sous l'évaluation qu'elles font de la profitabilité de l'impartition. Cette observation nous laisse croire qu'il existe des freins institutionnels au recours à l'impartition. D'autre part, nous pensons que, au fur et à mesure que les administrations municipales apprendront de leur expérience de donneurs d'ordres, la volonté d'éviter les problèmes liés au choix du fournisseur et à la qualité du service les conduira à concevoir des mécanismes incitatifs plus performants, susceptibles d'accroître la confiance des décideurs municipaux dans l'impartition[7].

---

7.   Ces mécanismes sont décrits aux chapitres 2.1, 2.3 et 2.6.

ANNEXE

Niveau moyen d'impartition et intentions d'impartir
Enquête sur les municipalités canadiennes

	Niveau moyen d'impartition de l'activité	Pourcentage des répondants indiquant étudier sérieusement la possibilité d'impartir l'activité	Nombre de répondants
Approvisionnement en eau	18,0	24	273
Entretien et réfection du réseau	19,8	19	289
Traitement des eaux usées	27,5	26	266
Installation des égouts	59,3	22	292
Entretien et réfection des égouts	25,1	22	300
Entretien et réfection des routes	27,8	26	331
Signalisation routière	11,1	22	330
Éclairage des rues	60,5	18	307
Déneigement	27,4	28	329
Collecte des ordures	70,6	26	302
Collecte sélective	82,7	18	223
Collecte des déchets dangereux	82,3	18	221
Enfouissement des ordures	67,7	20	266
Recyclage	79,2	23	269
Traitement des déchets dangereux	91,7	14	198
Gestion et planification des activités reliées aux SI	35,5	25	294
Exploitation des SI	31,3	22	290
Développement d'applications informatiques	65,1	30	280
Construction d'immeubles	89,3	17	296
Gestion des immeubles	16,8	23	330
Entretien et réfection des immeubles	39,2	22	341
Conciergerie/gardiennage	46,3	27	325
Planification stratégique	16,7	15	322
Comptabilité	6,5	13	347
Gestion des ressources humaines	10,9	15	339
Approvisionnement	11,3	9	327
Communications	20,9	16	327
Services de secrétariat	3,5	13	346
Archives	14,3	16	315
Facturation et recouvrement	6,3	18	347
Collecte des taxes	7,6	16	323
Contentieux	77,9	15	321
Permis et licences	5,9	12	333
Vignettes de stationnement	17,5	11	157
Gestion du territoire	31,5	18	337
Entretien des parcs	17,4	21	316

Niveau moyen d'impartition et intentions d'impartir
Enquête sur les municipalités canadiennes

(SUITE)

	Niveau moyen d'impartition de l'activité	Pourcentage des répondants indiquant étudier sérieusement la possibilité d'impartir l'activité	Nombre de répondants
Gestion des parcs industriels	32,5	17	175
Ambulances	74,2	11	158
Sécurité publique	33,6	13	245
Pompiers	13,2	8	330
Urgence 911	41,3	16	234
Cour municipale	48,1	8	166
Hôpitaux	79,9	0	106
Écoles	77,2	0	112
Hébergement des aînés	69,8	23	148
HLM	60,8	9	120
Terrains de golf	81,9	18	123
Centres sportifs	25,6	27	239
Bases de plein air	30,4	25	190
Arénas	19,0	31	269
Centres de ski	75,0	18	91
Piscines	25,9	22	239
Centres communautaires	25,8	25	268
Terrains de camping	61,0	18	123
Aquariums	92,3	0	43
Zoo	88,3	0	44
Musées	55,7	19	134
Bibliothèques	26,0	13	279
Ateliers socioculturels	54,1	16	143
Développement économique	34,5	19	286
Aéroports	51,6	34	122
Ports	84,3	19	53
Transport en commun	61,9	18	142
Remorquage	96,6	0	118
Entretien du parc de véhicules municipaux	33,4	24	333
Stationnements	32,3	24	189
Cimetières	34,5	27	169
Ingénierie et architecture	69,0	17	290
Garderies	77,9	16	115
Cafétérias municipales	89,4	20	74
Centres des congrès	82,6	12	68

PARTIE 4

LE CADRE LÉGAL
DE L'IMPARTITION

Chapitre 4.1

IMPARTITION ET DROIT DU TRAVAIL[1]

Marie-Hélène Constantin[2] et Gilda Villaran[3]

4.1.1   INTRODUCTION

Le terme « impartition » n'est pas un terme juridique couramment utilisé. Le droit du travail désigne plutôt le phénomène qu'il recouvre par « sous-traitance », un terme générique qui englobe les différentes formes de « faire faire » qui s'offrent à une entreprise : concession des fonctions essentielles, cession des activités périphériques, contrats portant sur des biens ou des services déjà produits à l'interne ou, à l'inverse, sur des biens ou des services dont la production n'est pas ou n'est plus assurée par des salariés du donneur d'ouvrage[4]. Les tribunaux ont considéré que le concept de sous-traitance incluait également la transmission d'un droit de gérer ou d'exploiter un service.

La question de la sous-traitance n'est évidemment pas nouvelle, mais depuis quelques années, les entreprises ont de plus en plus souvent recours à la sous-traitance et sont aux prises avec les problèmes juridiques nombreux que celle-ci fait naître. Les juristes spécialisés en droit du travail sont fréquemment sollicités pour des consultations concernant, par exemple, les effets de la décision d'impartir à un

---

1. Les opinions émises dans ce chapitre appartiennent aux auteures et ne constituent pas un avis juridique de leur cabinet d'avocats.
2. B.Mus., B.C.L., LL.B. (McGill), avocate (droit du travail), Martineau Walker, Montréal.
3. B.C.L. (U. Catolica, Pérou), LL.M., J.S.D. (Yale), avocate (droit des affaires), Martineau Walker, Montréal.
4. Le droit du travail emploie l'expression « donneur d'ouvrage » plutôt que celle de « donneur d'ordres », courante dans le discours des économistes. Le donneur d'ouvrage se distingue du donneur d'ordres par l'absence de lien de subordination entre lui et son fournisseur. En clair, le donneur d'ordres a le droit de « donner des ordres » à son fournisseur quant à la façon dont le travail doit être effectué alors que le donneur d'ouvrage demande qu'un travail soit effectué sans avoir d'autorité sur la façon dont il est effectué.

tiers les services informatiques gérés et assurés par les travailleurs de l'entreprise ou, encore, les conséquences de la décision de fermer la division d'une entreprise chargée du transport des produits et de demander à des transporteurs indépendants de fournir le service de livraison.

Le *Code du travail*[5] du Québec attache des conséquences juridiques à l'aliénation et à la concession partielle ou totale d'une entreprise, ce qui a donné lieu à de considérables débats jurisprudentiels. Le droit s'est attaché à définir la notion d'« entreprise » (ou de « partie d'entreprise ») et, en ce qui concerne la sous-traitance, à savoir dans quelles circonstances, ou sous quelles conditions, la sous-traitance doit être considérée comme une aliénation ou une concession d'entreprise. En pratique, les tribunaux ont tenté de déterminer la qualité et le nombre d'éléments du donneur d'ouvrage qui doivent être transférés au sous-traitant pour qu'une continuité d'entreprise soit constatée.

Le *Code du travail* ne protège que le droit d'association et la convention collective. Ni le Code ni aucune autre loi ne limitent le droit de confier des contrats en sous-traitance en tant que tel. Cependant, une importante proportion de conventions collectives contiennent des stipulations restrictives, et dans certains cas prohibitives, de la sous-traitance, clauses dont l'interprétation a donné lieu à un nombre important de différends.

Sans prétendre faire une analyse juridique exhaustive du sujet, nous traiterons, dans le présent texte, de quelques-uns des problèmes les plus couramment soulevés par l'attribution de contrats en sous-traitance, soit la transmission de l'accréditation et l'interdiction ou restriction de la sous-traitance par la convention collective. Nous traiterons aussi brièvement de la transmission des obligations selon certaines lois concernant la protection du travailleur et de la transmission des contrats d'emploi d'après le *Code civil du Québec*[6].

Le droit du travail reconnaît deux types de contrat de travail, soit les contrats individuels et les contrats collectifs. Toutes les relations entre un employé et son employeur sont régies par un contrat individuel de travail, qu'il soit oral ou écrit. Au Québec, les relations individuelles du travail sont régies par plusieurs lois, dont le chapitre relatif au contrat du travail dans le *Code Civil du Québec*[7], la *Loi sur les normes du travail*[8], la *Loi sur la santé et sécurité au travail*[9] et la *Loi sur les accidents de travail et maladies professionnelles*[10]. Cet ensemble constitue le régime de droit commun. Certaines exclusions sont prévues dans ces lois, mais nous ne nous y attarderons pas.

---

5. L.R.Q., c. C-27 (ci-après cité « C.t. »).
6. L.Q. 1991, c. 64 (ci-après cité « C.c.Q. »).
7. *Id.*
8. L.R.Q., c. N-11.
9. L.R.Q., c. S-2.1.
10. L.R.Q., c. A-3.001.

Au régime du droit commun se superposent les conventions collectives de travail. Lorsque des travailleurs sont syndiqués, la majorité de leurs conditions de travail est régie par une convention collective de travail, négociée et conclue par l'employeur et le syndicat accrédité pour représenter les travailleurs. Dans ce cas, les règles contenues dans les lois régissant le contrat individuel de travail ne constituent que la toile de fond des conditions de travail, puisque la convention collective de travail prévaut sur le régime normatif minimal du droit commun, à l'exception des normes qui sont d'ordre public. Un certain débat jurisprudentiel a eu lieu concernant l'anéantissement du contrat individuel du travail lorsqu'une convention collective existe, et il nous semble cohérent d'adopter la position selon laquelle le contrat individuel de travail coexiste avec la convention collective[11].

Les rapports collectifs de travail sont régis soit par le *Code du travail* du Québec pour les entreprises soumises à la juridiction provinciale, soit par le *Code canadien du travail*[12] pour les entreprises soumises à la juridiction fédérale, selon les règles du partage des compétences établies par la Constitution canadienne. L'application de l'un ou de l'autre des deux codes du travail ne dépend pas du régime corporatif sous lequel l'entreprise peut s'être incorporée. La juridiction à laquelle l'entreprise est soumise est plutôt déterminée d'après le type d'activités exercées par cette entreprise.

Selon la Constitution, la compétence législative en matière de relations de travail appartient aux assemblées législatives provinciales. On dit que le *Code du travail* du Québec a une application « universelle » en ce sens que tous les travailleurs, qu'ils soient des secteurs public (provincial et municipal), parapublic ou privé, sont compris dans son champ d'application. Cependant, le Parlement fédéral dispose d'une compétence d'exception sur les relations de travail dans les entreprises à l'égard desquelles la Constitution l'a habilité, de façon générale, à légiférer. En premier lieu, le Parlement canadien dispose d'une compétence législative directe sur les conditions d'emploi des employés du gouvernement fédéral. Par ailleurs, les relations de travail dans une entreprise qui, *par la nature de son activité*, relève de l'autorité législative du Parlement du Canada ressortissent elles aussi à la compétence fédérale, puisqu'elles constituent un aspect essentiel de la gestion et de l'exploitation de ladite entreprise.

Les entreprises fédérales sont définies au *Code canadien du travail* comme des « installations, ouvrages, entreprises ou secteurs d'activité qui relèvent de la compétence du gouvernement fédéral[13] ». Le *Code canadien du travail* procède à l'énumération d'un certain nombre de types d'entreprises qui sont soumis à la juridiction fédérale, tels les aéroports, les installations de chemins de fer reliant une province à l'autre, les affaires réalisées dans le cadre de la navigation, les stations de

---

11.   M.-F. Bich, « Le contrat de travail : Code civil du Québec, Livre cinquième, titre deuxième, chapitre septième (Articles 2085-2097 C.c.Q.) », p. 743, aux pages 746-749.

12.   L.R.C. (1985), ch. L-2.

13.   C.c.t., art. 2.

radiodiffusion et les banques. Relèvent aussi du pouvoir résiduaire du Parlement fédéral l'aviation et la télédiffusion. Enfin, on doit tenir compte de l'incidence de la compétence fédérale en certaines matières (tels le droit criminel et la compétence exclusive à l'endroit des autochtones).

Les grands principes à la base du droit du travail défini dans chacune des deux juridictions sont sensiblement les mêmes, mais leurs applications, elles, diffèrent selon l'approche. Les deux codes contiennent des dispositions relatives à l'aliénation ou à la cession d'une partie d'une entreprise, soit l'article 45 du *Code du travail* pour la juridiction provinciale québécoise et les articles 44 à 47 du *Code canadien du travail* au fédéral.

4.1.2   LE CONTRAT COLLECTIF DE TRAVAIL

4.1.2.1   L'article 45 du *Code du travail*

Le *Code du travail* prévoit les mécanismes de protection de la volonté collective des travailleurs. Si une majorité des travailleurs d'un groupe déterminé décident d'exprimer leur volonté à travers un syndicat, le syndicat deviendra le représentant exclusif de tous les travailleurs compris dans cette unité de négociation[14] : il détiendra le monopole de représentation de ces salariés afin de négocier et de conclure avec l'employeur une convention collective qui déterminera les conditions de travail.

Le *Code du travail* du Québec, le *Code canadien du travail* ainsi que les législations du travail dans la plupart des pays et les conventions internationales reconnaissent et protègent le droit des travailleurs de s'affilier à un syndicat et de négocier collectivement. Si la majorité des travailleurs d'une unité de négociation ont choisi d'être représentés par un syndicat et que ce syndicat est accrédité, l'État s'efforcera de protéger la continuité de l'accréditation.

L'un des mécanismes de protection est précisément la survie de l'accréditation syndicale et de la convention collective en vigueur lorsqu'une entreprise, ou une partie d'entreprise, change de propriétaire. Le législateur a voulu éviter que l'aliénation ou la concession (totale ou partielle) de l'entreprise fasse perdre aux travailleurs la représentation collective en place et les accords conclus, fruits de la négociation collective.

Au Québec, le *Code du travail* inclut une disposition, l'article 45, qui a pour but de protéger l'institution syndicale en général et le syndicat accrédité en particulier, ce dernier aspect étant une manifestation du désir du législateur d'assurer la stabilité des syndicats en place.

---

14. L'unité de négociation n'est pas nécessairement l'entreprise. Il peut y avoir plusieurs unités de négociation dans une entreprise, selon le degré de cohésion de l'intérêt commun.

L'article 45 se lit comme suit :

45. [Accréditation non invalidée par aliénation de l'entreprise] L'aliénation ou la concession totale ou partielle d'une entreprise autrement que par vente en justice n'invalide aucune accréditation accordée en vertu du présent code, aucune convention collective, ni aucune procédure en vue de l'obtention d'une accréditation ou de la conclusion ou de l'exécution d'une convention collective.

[Nouvel employeur lié] Sans égard à la division, à la fusion ou au changement de structure juridique de l'entreprise, le nouvel employeur est lié par l'accréditation ou la convention collective comme s'il y était nommé et devient par le fait même partie à toute procédure s'y rapportant, aux lieux et place de l'employeur précédent.

Avant 1961, date à laquelle une modification à la *Loi des relations ouvrières*[15], qui serait remplacée en 1964 par le *Code du travail*, introduisait l'ancêtre de l'article 45, les tribunaux appliquaient la règle de droit civil selon laquelle l'accréditation et la convention collective ainsi que les contrats individuels de travail se trouvaient invalidés, à tous égards, à la suite de l'aliénation ou de la concession de l'entreprise de l'employeur auquel ils se rattachaient. La modification législative avait pour but de faire en sorte que l'accréditation suive l'entreprise dans ses déplacements d'un employeur vers un autre[16].

Il est intéressant de noter que, dès son adoption, l'article 10a de la *Loi des relations ouvrières* a suscité des inquiétudes quant aux conséquences qu'il aurait sur la sous-traitance. Me Louis-Philippe Pigeon, répondant à l'Association des manufacturiers canadiens au nom du premier ministre, disait :

Je ne vois pas comment le nouvel article 10a de la *Loi des relations ouvrières* pourrait avoir pour effet d'enlever à un employeur son droit de confier à un tiers l'exécution de travaux liés à son entreprise.

Tout d'abord, le texte ne vise que l'aliénation ou la concession totale ou partielle d'une entreprise. Par conséquent, son application se restreint au cadre de l'entreprise. Ensuite, il n'interdit d'aucune manière l'aliénation ou la concession. L'employeur conserve donc toujours sa liberté d'action. Toutefois, il apporte une restriction nécessaire pour prévenir les abus. [...]

Je conçois que dans certaines situations, les formes d'organisation syndicale peuvent être telles que l'employeur ne puisse pas aussi facilement qu'aujourd'hui donner à l'entreprise des travaux qu'il accomplissait lui-même, mais la situation n'est pas sans remède. La Commission des relations ouvrières peut toujours modifier le certificat de reconnaissance syndicale lorsqu'elle le juge à propos[17].

Cette dernière phrase doit être nuancée. Le commissaire du travail ne fait que constater la transmission de l'accréditation quand les éléments de l'article 45 sont présents et n'a pas l'autorité pour évaluer les effets positifs et négatifs d'une

---

15. S.Q. 1944, c. 30 (S.R.Q. de 1941 c. 162 a).
16. R. P. Gagnon, *Droit du travail* (1996-1997), p. 165.
17. R. Chartier, « L'évolution de la législation québécoise du travail (1961) ».

telle transmission. Pour le reste, la réponse de Me Pigeon est assez éloquente : si dans certains cas la règle en question impose des coûts aux entreprises, il s'agit du prix à payer pour éviter les abus et protéger l'accréditation syndicale.

L'article 45 est une disposition d'ordre public : les parties (employeurs et employés) ne peuvent pas y renoncer par entente. Il s'applique dans tous les cas de cession ou d'aliénation d'une entreprise, sauf lors d'une vente en justice. Il existe cependant une exception, en faveur du gouvernement. On ne peut opposer à celui-ci une accréditation lorsqu'il devient le nouvel employeur d'un groupe de salariés[18]. Cette exception est, bien entendu, à sens unique.

L'article 46 du *Code du travail* prévoit ensuite qu'il « appartient au commissaire du travail, sur requête de toute partie intéressée, de trancher toute question relative à l'application de l'article 45 », en rendant toute ordonnance qu'il juge nécessaire pour la transmission des droits et obligations des parties. L'article 46 a été modifié en 1990 et depuis, les décisions du commissaire du travail et du Tribunal du travail, tous deux chargés d'appliquer le *Code du travail*, sont moins susceptibles de faire l'objet d'une révision judiciaire. Une décision du Tribunal du travail sera désavouée par la Cour supérieure seulement si elle est « manifestement déraisonnable ».

Les articles 45 et 46 ont donné lieu à une des plus vives polémiques en droit du travail. Ils ne prohibent ni la sous-traitance ni aucune forme d'impartition, mais ils les rendent, dans certaines circonstances, plus onéreuses en leur rattachant certaines conséquences, qui sont la transmission de l'accréditation syndicale et de la convention collective. Comme nous le verrons dans les pages qui suivent, l'interprétation de cette règle a fait notamment en sorte que si une municipalité dont les travailleurs sont accrédités décide, pour une des raisons organisationnelles ou d'efficacité analysées dans les autres chapitres de ce livre, d'impartir certains de ses services à un entrepreneur privé, le commissaire du travail constatera la transmission de l'accréditation lorsque les éléments de la cession partielle d'entreprise seront présents. Cet entrepreneur privé, ayant obtenu un contrat de déneigement des rues par exemple, se trouvera alors lié par les conditions de travail prévues dans la convention collective signée entre la municipalité et le syndicat des employés.

La modification de l'article 45 constitue une des plus importantes revendications patronales actuelles. L'Union des municipalités du Québec, par exemple, considère que l'article 45 ne répond tout simplement pas aux besoins contemporains et que son assouplissement est impératif. Quelques dossiers dont le développement a fait l'objet d'une large couverture médiatique, comme ceux de Radio-Québec et de l'Hôtel Méridien, ont porté la question à l'attention publique et incité le ministre du Travail à se pencher sur une éventuelle adaptation des règles

---

18. *Loi sur la fonction publique*, L.R.Q., c. F-3.1.1; *Gouvernement du Québec, Ministère des terres et forêts c. Syndicat national des mesureurs, assistants-menuisiers, gardes forestiers et forestiers du Québec*, [1980] T.T. 269.

du *Code du travail* relatives à la transmission des entreprises. Un comité d'experts, nommé par le ministre, présentait en janvier 1997 un rapport, le *Rapport Mireault*[19], auquel nous ferons référence à plusieurs reprises.

Conditions d'application

L'article 45 s'applique dans le cas d'une impartition qui correspond à la notion d'aliénation ou de concession totale ou partielle de l'entreprise. La privatisation d'une entreprise peut constituer un cas d'aliénation, la sous-traitance un cas de concession partielle de l'entreprise. Il faut donc voir dans quelles circonstances l'article 45 est considéré par les tribunaux comme applicable.

– La notion d'entreprise. Pour que l'article 45 s'applique, il faut d'abord que l'objet du transfert soit une «entreprise» ou une partie d'entreprise. Le *Code civil du Québec* et le *Code du travail* ne prévoyant pas de définition de la notion d'entreprise, ladite définition a dû être établie par la jurisprudence. Selon les décisions récentes[20], l'entreprise recouvre l'ensemble des moyens dont dispose un employeur pour atteindre la fin qu'il recherche. Pour les fins de l'application de l'article 45 du *Code du travail*, la notion d'entreprise est conçue globalement, et non seulement par rapport aux tâches accomplies par les salariés. L'entreprise doit donc recevoir une interprétation concrète qui permette de la décrire avec spécificité. Nous reviendrons plus loin sur les critères précis adoptés par la jurisprudence afin de déterminer lesquels permettent d'identifier l'entreprise.

– L'aliénation ou concession. Pour que l'article 45 du *Code du travail* reçoive application, on doit être en présence d'un transfert de l'entreprise. D'après la jurisprudence, l'utilisation des termes «aliénation», «concession», «division», «fusion» et «changement de structure juridique» à l'article 45 du *Code du travail* indique que le législateur a voulu couvrir toutes les formes de transfert d'entreprise, sauf la vente en justice, afin d'assurer la protection de la convention collective et de l'accréditation[21].

Dans l'arrêt *Bibeault*[22], la Cour suprême examine diverses définitions de l'aliénation et arrive à la conclusion suivante :

> Le concept de l'aliénation repose donc sur la transmission volontaire du droit de propriété. Cette définition n'écarte pas la possibilité qu'un intermédiaire intervienne dans la relation juridique, mais elle confirme que la décision d'aliéner ne

---

19. *Groupe du Travail sur l'application des art 45 et 46 du Code du Travail*, (*Rapport Mireault*, du nom du président du groupe), ministère du Travail, janvier 1997 (ci-après cité *Rapport Mireault*).

20. *Union des employés de service, local 298* c. *Bibeault*, [1988] 2 R.C.S. 1048; *For-Net inc.* c. *Tribunal du travail*, [1992] R.J.Q. 445 (C.S.) (désistement d'appel); *Collège d'enseignement général et professionnel du Vieux-Montréal* c. *Ménard*, [1992] R.J.Q. 1603 (C.S.) (en appel) (ci-après citée *Cégep du Vieux-Montréal* c. *Ménard*).

21. *Caron, Bélanger, Ernst & Young inc.* c. *Syndicat canadien des travailleurs du papier, section locale 204*, [1993] T.T. 317.

22. *Union des employés de service, local 298* c. *Bibeault*, précité, note 18 (ci-après cité *Bibeault*).

relève que de la personne titulaire du droit de propriété, en l'occurrence le propriétaire de l'entreprise[23].

La volonté de se départir du droit de propriété ou du droit d'exploitation est donc essentielle. Quant à la concession, la Cour suprême retient la définition suivante :

> Acte juridique bilatéral ou unilatéral en vertu duquel une personne, le concédant, accorde à une autre, le concessionnaire, la jouissance d'un droit ou d'un avantage particulier[24].

– Totale ou partielle. L'aliénation d'une entreprise n'a pas à être totale pour que l'article 45 *Code du travail* s'applique. En fait, il suffit qu'il y ait continuité d'une partie de l'entreprise aliénée, c'est-à-dire qu'on doive pouvoir retrouver certains éléments essentiels de l'entreprise chez le nouvel employeur. Cependant, il n'est pas nécessaire que tous les éléments déterminants de l'entreprise soient transférés. La partie de l'entreprise qui est transmise n'a pas à être nécessairement l'exploitation principale de l'employeur original pour que l'article 45 du *Code du travail* s'applique.

– La transmission de l'accréditation. Lorsque les critères d'application de l'article 45 du *Code du travail* sont remplis, l'accréditation en vigueur chez l'employeur original est transmise de façon à lier le nouvel acquéreur de l'entreprise ou de la partie d'entreprise cédée. Le lien de droit transmis inclut non seulement l'accréditation mais également la convention collective en vigueur. Cette convention prévoit habituellement les salaires, les mécanismes de mise à pied, des restrictions au droit de gérance de l'employeur et le mécanisme de règlement de différends entre salariés et employeurs. Sont également transmis au nouvel employeur les droits et griefs qui découlent de la convention collective. L'article 45 s'applique également pour imposer les mêmes obligations au nouvel employeur qu'à l'employeur original dans les cas où des démarches visant l'obtention d'une accréditation ont été entreprises. Ce principe vise à éviter qu'un employeur ne cède son entreprise dans l'unique but d'éviter la syndicalisation de ses employés.

– L'opération automatique de la transmission. Le commissaire du travail, chargé de l'application de l'article 45 du *Code du travail*, ne fait que constater que l'accréditation a été transmise lorsque la situation répond aux critères prévus par la loi. Il peut également régler les problèmes qui en découlent, puisqu'il a le pouvoir de trancher toute question relative à l'application de l'article 45 du *Code du travail*[25], dont les problèmes suscités par la coexistence, chez le nouvel employeur auquel une « entreprise »

---

23. *Id.*, 1114 (j. Beetz).
24. *Id.*, 1114 (j. Beetz).
25. C.t. art. 46.

a été transmise, d'une autre accréditation et d'une autre convention collective pour la catégorie de travailleurs affectée. La décision du commissaire du travail revêt un caractère déclaratoire (et non constitutif) de droit.

La jurisprudence sur l'article 45

La question de savoir dans quelles circonstances la sous-traitance constitue une concession partielle de l'entreprise a été l'objet de vives polémiques. Comme il a été mentionné plus haut, l'impartition peut constituer une aliénation partielle d'entreprise ou une concession partielle d'entreprise : il s'agira alors d'un cas d'application de l'article 45 du *Code du travail*. Au contraire, si le contrat d'impartition ou de sous-traitance ne constitue pas une aliénation ou une concession d'entreprise, l'accréditation syndicale et la convention collective en vigueur chez l'employeur qui a recours à la mesure ne lieront pas le fournisseur ou le sous-traitant.

La jurisprudence a établi des critères afin de déterminer s'il s'agit d'une aliénation ou d'une concession partielle d'entreprise, notamment dans l'arrêt de la Cour suprême *Union des employés de service, local 298* c. *Bibeault*[26]. Dans cet arrêt, la Cour suprême a identifié de façon générale les paramètres d'application de l'article 45 du *Code du travail* en indiquant que l'on doit être en présence d'une aliénation ou d'une concession totale ou partielle, que cette aliénation ou concession doit porter sur une entreprise précise et réelle ou sur une partie de cette entreprise identifiable selon des critères particuliers et qu'il doit exister un lien de droit entre le vendeur (ou le concédant) et l'acquéreur (ou le concessionnaire) de l'entreprise. Il est donc clair que l'article 45 du *Code du travail* ne recevra pas application dans le cas de la succession d'un sous-traitant par un autre.

L'arrêt *Bibeault* devait trancher le débat entre deux «théories de l'entreprise», la théorie dite «fonctionnelle» et la théorie dite «organique». Selon la première, dès que les fonctions ou les tâches des travailleurs visés par une accréditation sont confiées à un tiers, les tribunaux sont prêts à reconnaître une transmission d'entreprise[27]. Cette approche était devenue majoritaire au Tribunal du travail et avait été retenue par la Cour d'appel dans l'affaire *Bibeault*. La Cour suprême a plutôt adopté l'autre approche dans l'arrêt qu'elle a rendu sur cette décision, c'est-à-dire la théorie dite «organique». Le juge Beetz a écarté toute notion d'entreprise qui pourrait être réduite à une liste de fonctions. Lors du transfert, affirme le juge Beetz, le deuxième employeur a dû acquérir suffisamment de moyens de fonctionnement du premier employeur pour caractériser la continuité d'entreprise, condition essentielle à l'application de l'article 45 du *Code du travail*. Le deuxième point important que devait trancher la Cour suprême dans l'arrêt *Bibeault* concernait le lien de droit entre les deux employeurs. La Cour suprême a affirmé qu'un tel lien

---

26. Précité, note 18.
27. Voir, entre autres, *Centrale de chauffage Enr.* c. *Syndicat des employés des institutions religieuses de Chicoutimi Inc.* [1970] T.T. 236.

était nécessaire et a écarté ainsi la possibilité d'application de l'article 45 dans le cas de deux sous-traitants successifs, n'ayant aucun lien entre eux.

Dans l'arrêt *Bibeault*, la Cour suprême énonce certains critères qui permettent d'identifier l'entreprise (ou partie d'entreprise) ayant été l'objet de l'aliénation ou de la concession. Ces critères doivent être tangibles et identifiables. La simple similitude de fonctions n'est pas suffisante pour conclure à la cession ou à l'aliénation partielle de l'entreprise. On doit pouvoir affirmer que l'entreprise ou une partie identifiable de celle-ci se retrouve chez le nouvel employeur en tant que *going concern* ou entreprise continue. Les éléments d'une entreprise identifiés par la jurisprudence et permettant de conclure à la cession ou à l'aliénation lorsqu'ils se retrouvent chez le nouvel employeur sont, de façon non limitative, les suivants : les équipements; la main-d'œuvre; l'inventaire; l'expertise; la clientèle; les permis; tout autre élément particulier ou caractéristique de l'entreprise.

Il n'est pas nécessaire de constater la transmission de tous ces éléments afin de conclure à une cession ou à une aliénation partielle d'entreprise. On doit cependant pouvoir retrouver chez le nouvel employeur ces éléments en nombre suffisant afin de pouvoir identifier l'entreprise cédée. Il n'est pas non plus nécessaire de trouver chez le nouvel employeur les mêmes salariés qui travaillaient pour l'ancien; il suffit de retrouver, dans un contexte de continuité d'entreprise, leurs fonctions ou leurs occupations.

On aurait pu penser que cette décision de la Cour suprême mettrait fin au débat, mais tel n'a pas été le cas. La portion de la décision traitant de la nécessité d'un lien de droit a été suivie d'une manière stricte par les tribunaux dans leurs décisions subséquentes. Cependant, plusieurs organisations de travailleurs ne s'y sont pas résignées et réclament, comme nous le mentionnerons plus loin, une modification à l'article 45 qui éliminerait la nécessité d'un lien de droit entre les employeurs successifs. L'autre portion de la décision de la Cour suprême dans l'arrêt *Bibeault*, celle où la Cour adopte l'approche organique, continue à être la source d'interprétations divergentes. Des vestiges de l'approche fonctionnelle sont encore très présents dans les décisions subséquentes des tribunaux. Une cause probable de ces divergences réside dans le fait que le juge Beetz a laissé une porte entrouverte lorsqu'il a affirmé qu'un transfert de fonctions à lui seul peut, exceptionnellement, être considéré comme un transfert d'entreprise, si l'objet du transfert constitue une composante essentielle de l'entreprise. Le juge Beetz s'exprime comme suit :

> La similitude des fonctions ne serait révélatrice en soi d'une succession d'entreprise que dans la mesure où l'entreprise en question ne posséderait pas d'autre caractéristique propre[28].

Cette « ouverture » a permis par la suite aux commissaires et au Tribunal du travail de rendre des jugements basés sur des approches divergentes, la diver-

---

28.   *Id.*, 1107 (j. Beetz).

gence se situant cette fois entre une interprétation dite « restrictive » et une interprétation dite « généreuse ».

L'interprétation « généreuse » a permis d'appliquer l'article 45 dans des cas où l'objet du transfert est, par exemple, l'entretien ménager de bâtiments ou la collecte des ordures ménagères. Le commissaire du travail a aussi conclu à une transmission partielle d'entreprise dans le cas d'un cégep qui avait confié l'entretien de la pelouse entourant son édifice à un entrepreneur[29] (fonction qui était assumée auparavant par le personnel du cégep). Finalement, la tendance selon laquelle un droit d'exploitation peut constituer une entreprise susceptible d'être transmise a été confirmée par la Cour d'appel en 1996 dans une décision importante, l'affaire de *Maison l'Intégrale*[30], dont nous examinerons les conséquences dans les pages qui suivent.

Un exemple d'interprétation que la Commission Mireault qualifie de « restrictive », mais que nous considérons comme fidèle à l'esprit de l'article 45 et de l'arrêt *Bibeault*, est celui de la décision du Tribunal du travail dans l'affaire *Syndicat des travailleurs de l'énergie et de la chimie, section locale 140 (F.T.Q.) et Atelier industriel St-Jean*[31]. Selon le Tribunal, le terme « sous-traitance » est ambigu dans la mesure où on l'emploie aussi bien relativement à un contrat de louage d'ouvrage qu'à une concession partielle d'entreprise[32]. Afin de déterminer s'il s'agit d'une cession partielle d'entreprise, le Tribunal s'est posé les questions suivantes :

1. L'objet de la transaction aurait-il pu faire l'objet d'une aliénation ou d'une concession ?

2. La chose aliénée ou aliénable constitue-t-elle une entreprise totale ou partielle ?

3. L'entreprise aliénée ou concédée se retrouve-t-elle chez l'acquéreur ?

Dans cette décision, le Tribunal examine également d'autres indices afin de déterminer s'il s'agit d'une cession partielle d'entreprise ou plutôt d'une « simple » sous-traitance échappant à l'application de l'article 45 :

— le fait que le recours à la sous-traitance soit la norme selon la pratique établie ou l'usage est un critère favorisant la sous-traitance « pure et simple », celle exclue de l'article ;

— la durée de la « sous-traitance » est un facteur important, car plus elle est longue, plus il y a de chances que l'on soit en présence d'une cession ou aliénation partielle d'entreprise ;

---

29. *Syndicat des employées et employés de soutien du Cégep de St-Jérôme c. Collège d'enseignement général et professionnel de St-Jérôme*, C.T. Montréal, n° CM951S174, 4 avril 1996, J. Monette, D.T.E. 96T-865.

30. *Maison l'Intégrale inc. c. Tribunal du travail*, [1996] R.J.Q. 859.

31. [1990] T.T. 117.

32. *Id.*, 126.

– le transfert de technologie et d'équipement, de brevets et de licences est un indice de la probabilité qu'il s'agisse d'une cession d'entreprise;

– le recours à l'appel d'offres est un signe de sous-traitance « pure et simple » et non de cession d'entreprise;

– la dépendance du sous-traitant à l'endroit du donneur d'ouvrage est un signe de cession partielle d'entreprise;

– l'existence d'une clientèle propre à l'entreprise ayant obtenu le contrat en sous-traitance pourrait être un indice qu'il n'y a pas cession d'entreprise.

La jurisprudence n'est pas toujours constante sur la question de l'aliénation partielle d'entreprise. Le nombre et la qualité des éléments caractéristiques du donneur d'ouvrage qui, dans ce cas, doivent se retrouver chez le sous-traitant varient souvent selon les décisions rendues. Selon un auteur[33], l'une des tendances jurisprudentielles est que si l'entreprise du sous-traitant est intégrée à celle du donneur d'ouvrage (ex. : un contrat d'entretien ménager ou d'exploitation d'une cafétéria), les tribunaux exigent la présence de moins d'éléments transmis, tandis que si les activités du sous-traitant s'exercent à l'extérieur de l'entreprise du donneur d'ouvrage (ex. : un contrat de déneigement), les tribunaux exigent de constater la transmission d'une plus grande quantité d'éléments caractéristiques de l'entreprise du donneur d'ouvrage.

Cependant, ce raisonnement n'est pas suivi de façon uniforme par la jurisprudence. Par exemple, dans une décision[34] mettant en cause une municipalité ayant octroyé en sous-traitance une partie du déneigement effectué par des employés municipaux, le Tribunal du travail a reconnu l'application de l'article 45 du *Code du travail*. Dans cette affaire, aucun transfert d'équipement, de matériel ou de main-d'œuvre n'avait pourtant eu lieu. Le sous-traitant exploitait déjà une entreprise spécialisée dans le déneigement et possédait donc, avant d'obtenir le contrat de la municipalité, l'équipement, l'expertise et la main-d'œuvre nécessaires. Le Tribunal du travail a cependant affirmé qu'il y avait eu concession partielle d'entreprise caractérisée par la cession d'un droit d'exploitation des activités de déneigement. En conséquence, l'entrepreneur est devenu lié, en ce qui concerne les travailleurs affectés au déneigement de la ville en question, au syndicat accrédité pour l'unité correspondante et à la convention collective déterminant les conditions de travail des employés de la ville.

Dans une autre affaire municipale[35], où des tiers ont obtenu un contrat pour la tonte et le nettoyage du gazon (la somme allouée aux entrepreneurs équivalant à 1,2 % du budget des travaux publics municipaux), le Tribunal du travail a

---

33. Alain Barré, *La sous-traitance et l'article 45 du Code du Travail après l'affaire C.S.R.O.*, (1991) 32 *Cahiers de Droit* 179.

34. *Luc Construction inc.* c. *Syndicat des employés de Brossard*, D.T.E. 92T-820 (T.T.).

35. *Gatineau (Ville de)* c. *Syndicat des cols bleus de Gatineau*, [1992] T.T. 599, requête en évocation rejetée.

constaté une concession partielle d'entreprise. Le Tribunal a affirmé que l'aspect quantitatif n'est pas essentiel et que la distinction, faite par le commissaire du travail dont la décision a été renversée par le Tribunal, entre les activités essentielles et les activités secondaires n'a pas sa place dans la détermination de l'existence ou non d'une transmission de droits et obligations.

Plusieurs décisions récentes ont été rendues dans des dossiers où des municipalités ou des commissions scolaires ont accordé des contrats de sous-traitance, décisions dans lesquelles les autorités de droit du travail ont constaté la transmission de l'accréditation et de la convention collective au sous-traitant. Mentionnons les décisions rendues par le commissaire et le Tribunal du travail dans *Multi-recyclage inc.* c. *Tribunal du travail*[36] (une affaire d'exploitation d'un site municipal d'enfouissement de matériaux) qui ont conclu que la ville a transmis au sous-traitant le droit d'exploitation d'une partie de son entreprise. Dans *Corporation municipale de Ville d'Anjou* c. *Burns*[37], le déneigement d'une partie des artères et des trottoirs municipaux était effectué par un sous-traitant. Le Tribunal du travail a estimé que parce que la ville avait la responsabilité légale de déneiger les trottoirs et les rues de son territoire, elle avait procédé à une concession partielle de son entreprise en cédant cette activité à un sous-traitant. Dans *Ville de Pointe-Claire* c. *Tribunal du travail*[38], un sous-traitant, chargé du déneigement et de l'épandage d'abrasifs sur une partie du territoire municipal sans qu'aucun transfert d'équipement ou de personnel n'ait été effectué, a vu la continuité d'entreprise constatée. Dans *Syndicat des employés(ées) professionnels(elles) et de bureau, local 57* c. *Commission scolaire Laurenval*[39], la Commission scolaire ayant sous-traité l'entretien ménager de ses immeubles sans qu'aucun transfert d'équipement ni de personnel n'ait eu lieu, le Tribunal a confirmé la constatation du commissaire quant à la continuité d'entreprise. Dans *Services sanitaires du St-Laurent inc.* c. *Syndicat canadien de la fonction publique, section locale 2589*[40], l'enlèvement des ordures ménagères avait été octroyé en sous-traitance à deux entreprises spécialisées sans aucun transfert d'équipement, de personnel, de biens ou d'immobilisation de la municipalité. Le Tribunal a affirmé que « la technologie ou l'équipement n'est pas une considération aussi importante dans une entreprise de services[41]. » Dans *Entreprise conjointe – Groupe Construction Pamico inc.* et *Rebuts solides canadiens inc.* c. *SCFP, section locale 301* et *Ville de Montréal*[42], le sous-traitant exploitait un centre de tri des déchets recyclables

---

36. C.S. Montréal, n° 500-05-008143-958, 12 avril 1996, j. Bishop, évocation refusée en appel.
37. C.S. Montréal, n° 500-05-007906-959, 9 mai 1996, j. Lévesque, évocation refusée en appel.
38. C.S. Montréal n° 500-05-009500-958, 30 avril 1996, j. Viau, évocation refusée en appel.
39. T.T. Montréal, n°s 500-28-000123-950 et 500-28-000124-958, 29 septembre 1995, j. Lévesque.
40. [1995] T.T. 395, évocation accueillie en appel.
41. *Id.*, 404.
42. T.T. Montréal, n° 500-28-000107-95, 25 juillet 1995, j. Langlois, évocation refusée (désistement d'appel).

sur les terrains et dans un entrepôt appartenant à la ville. Les employés de la ville n'avaient jamais exercé cette activité auparavant. Le Tribunal a confirmé la décision du commissaire selon laquelle les déchets sont des moyens mis à la disposition du sous-traitant pour exercer ses activités de recyclage et a donc constaté la transmission de l'accréditation.

Le raisonnement à la base de ces décisions a, par contre, subi la désapprobation de la Cour supérieure dans une autre série de décisions rendues pendant la même période[43]. La Cour supérieure a affirmé que ce raisonnement ne tenait pas compte de l'approche adoptée par la Cour suprême dans l'affaire *Bibeault* et s'en tenait plutôt à l'approche fonctionnelle rejetée par la Cour suprême dans cette affaire.

Dans l'affaire *For-Net*[44], For-Net avait conclu une entente relativement à l'entretien ménager de l'établissement de Johnson & Johnson. Johnson & Johnson employait 471 travailleurs, dont sept, compris dans l'unité de négociation, étaient affectés à l'entretien ménager avant la conclusion de l'entente. Quatre salariés de For-Net, qui fournissait tout le matériel et l'équipement nécessaires au travail, étaient chargés de l'entretien ménager. Le syndicat représentant les salariés de Johnson & Johnson a présenté une requête en vertu de l'article 45, alléguant que For-Net était liée par son accréditation. La Cour énonce que l'article 45 doit recevoir une interprétation « rigoureuse » et qu'il vise la concession d'une entreprise et non la concession de fonctions. Elle s'attarde sur les questions de la taille de la partie d'entreprise prétendument transférée, du nombre de travailleurs qui effectuent le travail en relation avec le nombre total des travailleurs et de l'activité principale de l'établissement concédant.

Selon la commission qui a rédigé le *Rapport Mireault*, la Cour d'appel a tranché ce débat dans l'arrêt *Maison l'Intégrale*[45] et la Cour suprême a entériné cette approche en refusant l'autorisation de pourvoi. Nous croyons qu'une telle opinion donne à cet arrêt plus de portée qu'il n'en a. L'arrêt est important, puisqu'il réaffirme que la norme de révision judiciaire est celle de la décision « manifestement déraisonnable ». Il est intéressant aussi d'y voir l'affirmation du principe que les concepts d'aliénation et de concession, bien que relevant du droit civil, ont une signification propre au domaine du droit du travail. Selon le *Rapport Mireault*, cette affaire devrait aussi avoir un impact considérable sur tous les dossiers en suspens devant les tribunaux supérieurs qui concernent la sous-traitance de services, essentiellement de services municipaux (collecte des ordures ménagères, recyclage, déneigement) ou d'entretien ménager, sans transfert d'équipement ou de technolo-

---

43. *Cégep du Vieux-Montréal* c. *Ménard*, précitée, note 18; *Commission scolaire Ancienne-Lorette* c. *Auclair*, D.T.E. 92T-1269 (C.S.); *For-Net inc.* c. *Tribunal du travail*, précitée, note 18.
44. *For-Net inc.* c. *Tribunal du travail*, précitée, note 18.
45. *Maison l'Intégrale* c. *Tribunal du travail*, précitée, note 20.

gie[46]. Nous sommes d'avis, cependant, qu'il n'est pas possible d'extraire des faits particuliers sur lesquels la Cour d'appel a fondé sa décision dans cette affaire, un principe d'application générale selon lequel la concession se limiterait au simple transfert d'un droit d'exploitation. Ce n'est pas ce que la Cour d'appel affirme. Une telle affirmation aurait été en contradiction avec l'arrêt *Bibeault*. Une distinction doit être faite entre l'ouverture autorisée par *Bibeault*, quant au fait que l'article 45 reçoit exceptionnellement application lorsque le droit d'exploitation constitue toute l'entreprise, et un tel principe général non nuancé. Il n'est pas possible non plus d'affirmer que l'arrêt en question a pour conséquence de valider l'approche dite «généreuse». Tout ce qu'il est possible d'affirmer, c'est que le débat jurisprudentiel continue.

Perspectives de modification

Différents secteurs de la société québécoise ont, à l'occasion des consultations menant au *Rapport Mireault*, fait connaître leurs points de vue sur la nécessité de modifier la section du *Code du travail* portant sur la transmission de l'accréditation. Ce n'est un secret pour personne que ces consultations ont résulté principalement des demandes formulées par les unions municipales : ces dernières jugeaient impératif l'assouplissement des règles dans un contexte de décentralisation administrative[47] et leurs demandes se sont ajoutées à la revendication traditionnelle du secteur privé quant à la modification de l'article 45 du *Code du travail*.

Ces différents points de vue peuvent être regroupés en trois catégories : 1) ceux qui avisent le gouvernement de réduire la portée de l'article 45; 2) ceux qui, au contraire, souhaitent l'élargissement de la portée de l'article 45; et 3) ceux qui demandent le maintien du *statu quo*.

Réduction de la portée de l'article 45

Les organisations patronales – Association des manufacturiers et exportateurs du Québec (AMEQ), Conseil du patronat du Québec (CPQ), Fédération canadienne de l'entreprise indépendante (FCEI), Union des municipalités du Québec (UMQ) et Union des municipalités régionales de comtés du Québec (UMRCQ) – préconisent l'assouplissement des règles en question. L'argumentation patronale est basée sur les vertus de la sous-traitance. La position du Conseil du patronat au sujet de la sous-traitance est la suivante :

> Ce que l'on oublie trop souvent dans les débats au sujet des articles 45 et 46 du *Code*, c'est qu'un système de sous-traitance est absolument nécessaire à une éco-

---

46. *Rapport Mireault, op. cit.*, note 17, p. 46.
47. Plusieurs organisations syndicales ont exprimé leur préoccupation concernant les effets d'une telle décentralisation, sujet qui déborde le thème étudié ici. Il suffit de signaler que leur inquiétude quant à l'émiettement syndical garde évidemment une relation étroite avec leur programme relativement au maintien, sinon à l'élargissement, du pouvoir syndical.

nomie dynamique. C'est par ce système d'élargissement de la base économique – qu'au moment de l'implantation d'une industrie majeure ou d'une innovation technologique, par exemple – s'irradie dans une multitude de petites et moyennes entreprises spécialisées [sic]. C'est par ce système encore qu'une structure économique conserve une souplesse suffisante pour s'adapter constamment aux situations toujours nouvelles créées par la concurrence internationale[48].

En conséquence, les organisations patronales réclament la modification de l'article 45 afin que la sous-traitance ne soit pas assimilée à une concession partielle d'entreprise[49]. La FCEI soutient l'opinion suivante :

> La sous-traitance est largement réalisée par des petites et des moyennes entreprises qui répondent à un besoin. Il n'existe aucun lien entre le sous-traitant et le donneur d'ouvrage qui puisse justifier le transfert ou le prolongement d'une convention collective du donneur d'ouvrage[50].

Le CPQ propose aussi l'introduction d'une prescription[51] de trente jours pour faire valoir la transmission des droits et d'une année en cas de fermeture d'entreprise. Évidemment, cette proposition n'est qu'un palliatif mineur : en obligeant les syndicats à agir vite, le CPQ espère que le délai prévu permettra à certains transferts d'échapper à l'application de l'article 45.

Les unions municipales, pour leur part, soutiennent que, étant donné leurs caractéristiques particulières (taux de syndicalisation élevé, pérennité des institutions municipales, avantages importants dans les conventions collectives, etc.), les cités et villes devraient simplement être exclues des dispositions en question. L'UMQ soutient que, pour le secteur municipal, la sous-traitance, qui est plus correctement assimilable à un contrat de fourniture de biens ou de services (contrat d'entreprise) qu'à une concession partielle d'entreprise, devrait simplement être exclue de l'article 45. En particulier, les municipalités demandent que les concessions partielles de l'entreprise gouvernementale à des instances municipales puissent se réaliser en dehors du cadre de l'article 45. À l'appui de sa demande, l'UMRCQ avance qu'il n'entre pas dans les objectifs du législateur d'assurer par l'article 45 la transmission des conventions collectives entre différents paliers gouvernementaux à l'occasion du changement de gestionnaires publics. Ses membres, dit-elle, sont, en règle générale, de petite taille et ne disposent pas des ressources financières et humaines nécessaires à la gestion des conventions collectives qu'ils hériteraient du gouvernement du Québec[52].

---

48. Conseil du patronat du Québec, « Mémoire au groupe de travail Mireault chargé d'étudier l'application des articles 45 et 46 du *Code du Travail* », cité dans le *Rapport Mireault, op. cit.*, note 17, p. 20.

49. Par ailleurs, les groupes d'employeurs cèdent à la nécessité de conserver, après l'exclusion de la sous-traitance, les dispositions en question. *Id.*, p. 19.

50. Fédération canadienne de l'entreprise indépendante, Mémoire présenté au groupe de travail chargé d'étudier l'application des articles 45 et 46 du *Code du travail. Id.*, p. 21.

51. La déchéance du droit d'exercer un recours.

52. *Rapport Mireault, op.cit.*, note 17, p. 22.

L'AMEQ adopte dans le débat une position intéressante : elle se dit disposée à accepter que l'application de l'article 45 s'étende à la sous-traitance des activités essentielles de l'entreprise ou de sa mission propre (le «cœur de l'entreprise»), mais non à celle des activités périphériques[53].

Les organisations d'employeurs ont tenu pour acquis que la transmission des obligations de l'entreprise aux sous-traitants nuit à l'impartition, mais ils n'ont jamais analysé en quoi et à quel degré un tel transfert peut être considéré comme nuisible. Ces organisations n'ont pas réussi à convaincre la commission d'experts des effets néfastes de l'article 45 (réimplantation d'entreprises, abandon d'activités industrielles ou commerciales, pertes d'emploi). Dans leur rapport, les experts constatent que des contrats de sous-traitance continuent d'être accordés de manière régulière en dépit de l'article 45[54]. On pourrait donc implicitement conclure que les effets de l'article ne sont pas aussi préjudiciables que les représentants des employeurs le prétendent. Ce raisonnement nous semble toutefois simpliste. Le fait que les entreprises continuent à recourir à la sous-traitance ne prouve pas que l'application de l'article 45 du *Code du travail* n'entraîne aucun coût pour les entreprises et pour la société en général.

En ce qui concerne les municipalités, les auteurs du *Rapport Mireault* n'ont pas non plus été convaincus que les particularités des municipalités justifient un traitement exceptionnel. Le rapport invite le lecteur à interpréter la délégation des services publics en général et la signature de contrats de gestion privée en particulier comme des mesures visant uniquement la réduction des coûts sans égards à la qualité des services. Les experts renvoient à un article selon lequel le coût de l'impartition serait un sophisme[55]. Nous ne partageons pas ce point de vue et nous vous renvoyons aux autres chapitres de ce livre à ce sujet.

Élargissement de la portée de l'article 45

Les syndicats proposent, au contraire, d'accroître la portée de l'article 45. La vente en justice ne faisant pas l'objet d'un traitement d'exception sous l'article 2097 du *Code civil du Québec* et dans la *Loi sur les normes de travail*, il faudrait selon eux éliminer l'exception prévue par l'article 45 pour ce type de vente, ce qui permettrait une uniformisation des règles légales. Il serait nécessaire aussi de prévoir l'application de l'article 45 quand le transfert d'entreprise s'effectue d'un employeur sous juridiction fédérale vers un employeur soumis à la juridiction provinciale (la protection du mouvement inverse ayant été proposée comme une modification au *Code canadien du travail*[56]). Les syndicats demandent aussi l'élargissement de l'application de l'article 45 dans les cas de sous-traitance.

---

53. *Id.*, p. 22.
54. *Id.*, p. 53.
55. W. Z. Hirsh, «The Economics of Contracting Out: The Labor Cost Fallacy».
56. Cf. *infra.*

Certains syndicats proposent une modification législative qui éliminerait les conséquences de l'arrêt *Bibeault* quant à la nécessité d'un lien juridique entre les deux employeurs pour constater une transmission d'obligations. Ils réclament donc le transfert des droits et des obligations dans tous les cas de sous-traitance, y compris dans le cas de transfert d'activités entre deux sous-traitants successifs. Ils demandent également la transmission de l'accréditation dans les cas de rétrocession, soit quand un donneur d'ouvrage reprend à son compte l'exploitation de l'entreprise antérieurement cédée en sous-traitance lorsque l'accréditation n'a été accordée qu'à l'égard du sous-traitant.

La Centrale des syndicats démocratiques (CSD) propose aussi d'introduire une présomption en faveur de la transmission de droits et d'obligations lorsqu'une entreprise exploitée par un employeur se retrouve en totalité ou en partie sous le contrôle d'une autre entreprise. Cette présomption serait introduite comme un ajout à l'article 45 et se lirait comme suit :

> Lorsqu'une entreprise exploitée par un employeur se retrouve en totalité ou en partie, sous le contrôle d'une autre entreprise, il y a présomption à l'effet qu'il y a transmission des droits et des obligations[57].

La présomption aurait pour effet d'obliger les employeurs à prouver que les conditions d'application de l'article 45 n'étaient pas réunies.

Maintien du statu quo

Ceux qui proposent de maintenir le *statu quo* (plusieurs autres organisations syndicales) invoquent l'inconvenance de modifier le *Code du travail* à la pièce. Le législateur, soutiennent-ils, devrait plutôt réaliser une réforme intégrale du *Code* pour tenir compte des modifications dans l'organisation du travail. Ils invoquent aussi l'argument de la stabilité juridique et soutiennent qu'un changement partiel au Code mettrait en péril le fragile équilibre auquel les acteurs sociaux sont arrivés.

Les recommandations que le groupe d'experts a adressées finalement au ministre du Travail sont les suivantes :

1. Retirer de l'article 45 du Code l'exception prévue pour la vente en justice.

2. Ajouter à l'article 45 une mention précisant que cette disposition s'applique à une entreprise qui passe de la compétence fédérale à la compétence provinciale.

3. Soustraire complètement tout transfert de fonctions à l'application de l'article 45.

4. Maintenir telles quelles les instances spécialisées du travail créées par le Code et laisser intacts les énoncés de pouvoirs actuellement inscrits à l'article 46.

---

57. *Rapport Mireault, op. cit.,* note 17.

5. Ne pas donner suite à la suggestion d'accorder au commissaire du travail un certain pouvoir discrétionnaire relativement à l'application de l'article 45, non plus que d'introduire un délai de prescription pour l'exercice du recours prévu à l'article 46.

6. Ajouter un nouvel article 46.1 afin que, sur requête, un commissaire du travail puisse émettre une déclaration d'employeur unique.

En ce qui concerne la sixième recommandation, elle aurait pour objet de compenser, jusqu'à un certain point, les conséquences du retrait de la concession de fonctions de l'application de l'article 45. Grâce à cette modification, on pourrait considérer que plusieurs employeurs en forment un seul aux fins du *Code du travail*. Cette modification, d'après le groupe d'experts, aurait l'avantage de fournir une solution aux problèmes que suscite maintenant la recherche du «véritable employeur». À l'heure actuelle, il est difficile, dans des situations complexes, qu'il s'agisse de structures corporatives ou de structures contractuelles, de déterminer qui dirige «principalement» la main-d'œuvre ou qui exerce l'autorité patronale. Si le donneur d'ouvrage conserve un contrôle suffisant sur la manière dont le travail est effectué, ou s'il garde, par l'entremise de ses cadres, un certain pouvoir disciplinaire, il sera considéré, nonobstant une cession de fonctions, comme employeur au même titre que l'employeur plus «direct». Cette détermination sera faite en cherchant la preuve d'une direction ou d'un contrôle commun.

Cette modification répondrait aux craintes, exprimées par les experts du groupe, quant à une éventuelle augmentation du nombre de contrats de sous-traitance. Dans le cas où la cession de fonctions serait soustraite à l'application de l'article 45 (sans ajout de l'article 46.1), il y aurait, selon eux, une «mise sur pied de toutes pièces, d'entreprises parallèles à l'entreprise principale syndiquée, sous les ordres plus ou moins directs du même propriétaire, et drainant une partie des activités de cette dernière». Et les entreprises seraient alors prêtes à prendre au moins une partie de leurs décisions relatives à la sous-traitance, non sur la base de considérations organisationnelles, mais avec l'objectif de se débarrasser d'une accréditation syndicale. L'ajout de l'article 46.1 empêcherait l'attribution de contrats en sous-traitance pour cette «mauvaise» raison.

Ce raisonnement est contraire à celui qui est implicite dans le point de vue exprimé par les représentants des employeurs. Selon les employeurs, étant donné le coût de la transmission de l'accréditation, l'article 45 a pour effet soit d'empêcher que des décisions soient prises pour de «bonnes» raisons, telle l'efficacité de l'entreprise, soit d'augmenter considérablement les coûts liés à la prise de telles décisions.

Même si elle ne va pas aussi loin que l'introduction du concept d'accréditation multipatronale, la proposition du groupe d'experts aurait des conséquences incalculables. La modification constituerait un changement majeur qui toucherait à un concept central en droit du travail, le concept d'employeur. Le remède ne serait-il pas alors pire que le mal?

Quant à la troisième recommandation, le groupe d'experts explique sa position en affirmant qu'on reviendrait ainsi à l'objectif initial de l'article 45 et que l'on corrigerait les glissements jurisprudentiels qui se sont produits dans la foulée de l'arrêt *Bibeault*. Étant donné ces «glissements jurisprudentiels», le comité ne voit pas d'autre solution que «de proposer qu'on referme complètement la porte sur la sous-traitance de fonctions». Le groupe d'experts s'exprime comme suit :

> [N]ous avons conscience que de retirer complètement tout transfert de fonctions de la portée de l'article 45 va au-delà de ce qu'a décidé la Cour suprême en 1988, en ce qu'on ne pourra plus constater une concession d'entreprise lorsque la principale ou l'unique caractéristique de ce qui a fait l'objet de concession n'est, par définition, et non en raison du choix de l'employeur-cédant, qu'une fonction ou un ensemble de fonctions[58].

> Ce n'est pas parce que la neige qu'on enlève se retrouve sur le territoire municipal ou que la poussière qu'on aspire est sur le plancher d'une usine qu'on pourra continuer de conclure au transfert, chez le sous-traitant, de la convention collective et de l'accréditation applicable chez le donneur d'ouvrage[59].

Reste à savoir si la modification proposée résoudrait les problèmes auxquels font face les entreprises dans l'application de l'article 45, puisque même s'il est vrai que la plupart des dossiers actuellement devant les tribunaux soulèvent la question de la sous-traitance de fonctions, certains problèmes posés par l'article 45 en matière de sous-traitance ne seront pas réglés par cette modification législative. Le *Rapport Mireault* donne l'exemple suivant : si le donneur d'ouvrage sous-traite une pièce mécanique, en en révélant les secrets de fabrication à son sous-traitant, la concession portera alors sur autre chose que des fonctions et les règles sur le droit de succession s'appliqueront.

4.1.2.2 Le *Code canadien du travail*

Le *Code canadien du travail*, régissant les questions d'accréditation et les contrats collectifs de travail des entreprises soumises à la juridiction fédérale, prévoit, aux articles 44 à 46, la situation d'une vente d'entreprise et de la transmission de l'accréditation. Ces articles se lisent comme suit :

> **44.** (1) Les définitions qui suivent s'appliquent au présent article et aux articles 45 à 47.1.

> «entreprise» Entreprise fédérale, y compris toute partie de celle-ci.

> «vente» S'entend notamment, relativement à une entreprise, de la location, du transfert et de toute autre forme de disposition de celle-ci.

> (2) Sous réserve des paragraphes 45(1) à (3), les dispositions suivantes s'appliquent dans les cas où l'employeur vend son entreprise :

> – l'agent négociateur dans l'entreprise reste le même;

---

58. *Rapport Mireault, op. cit.*, note 17, p. 162.
59. *Id.*, 168.

— le syndicat qui, avant la date de la vente, avait présenté une demande d'accréditation pour des employés travaillant dans l'entreprise peut, sous réserve des autres dispositions de la présente partie, être accrédité par le Conseil à titre d'agent négociateur de ceux-ci;

— toute convention collective applicable, à la date de la vente, aux employés travaillant pour l'entreprise lie l'acquéreur;

— l'acquéreur devient partie à toute procédure engagée dans le cadre de la présente partie et en cours à la date de la vente, et touchant les employés travaillant dans l'entreprise ou leur agent négociateur.

45. (1) Si, à l'issue de la vente, les employés du vendeur et de l'acquéreur de l'entreprise ne forment plus qu'une seule personne, le Conseil peut, sur demande de tout syndicat touché :

— décider si les employés en cause constituent une ou plusieurs unités habiles à négocier collectivement;

— déterminer quel syndicat sera l'agent négociateur des employés de chacune de ces unités;

— modifier, dans la mesure où il l'estime nécessaire, tout certificat délivré à un syndicat ou toute désignation d'une unité de négociation dans une convention collective.

(2) La convention collective régissant les employés d'une unité jugée, en application du paragraphe (1), habile à négocier collectivement et s'appliquant au syndicat qui, par décision du Conseil, est l'agent négociateur de cette unité de négociation, continue de lier ce syndicat.

(3) L'une des parties à la convention collective visée au paragraphe (2) peut, à l'expiration des soixante jours suivant la date de la décision prise à l'égard d'une demande faite aux termes du paragraphe (1), demander au Conseil de rendre une ordonnance l'autorisant à signifier à l'autre partie un avis de négociation collective.

(4) Dans l'examen de la demande visée au paragraphe (3), le Conseil tient compte de la mesure dans laquelle et de la partialité avec laquelle les dispositions de la convention collective et plus particulièrement celles qui traitent de l'ancienneté ont été ou pourraient être appliquées à tous les employés régis par celle-ci.

46. Il appartient au Conseil de trancher, pour l'application des articles 44 ou 45, toute question qui se pose quant à la survenance d'une vente d'entreprise et à l'identité de l'acquéreur.

Le conseil dont il est question dans ces dispositions législatives est le Conseil canadien des relations de travail, qui est l'organisme chargé de régler les questions d'accréditation dans les entreprises fédérales.

Ces articles prévoient, comme c'est le cas pour les entreprises soumises à la juridiction du gouvernement du Québec, la transmission de l'accréditation ou du processus d'accréditation pour lier le nouvel acquéreur dans certains cas de cession d'entreprise.

La notion de vente d'entreprise a reçu une interprétation large et libérale dans le cas de l'article 44 du *Code canadien du travail*. Le Conseil s'arrêtera plus à la réalité d'un transfert d'entreprise qu'à son apparence, c'est-à-dire que le Conseil ne se penchera pas seulement sur les formalités afin de déterminer si une vente d'entreprise a eu lieu. Il s'attachera plutôt à déterminer qui a acquis le contrôle de l'entreprise. La vente d'un bien ne constituera pas une vente d'entreprise au sens de l'article 44 du *Code canadien du travail*. Cependant, l'article 44 s'appliquera à toutes les transactions à la suite desquelles l'essence de ce qui constitue une entreprise passe d'une personne à une autre.

Il est intéressant de noter que le *Code canadien du travail* prévoit spécifiquement, à l'article 45, que le Conseil peut prendre des décisions quant aux cas où des employés de l'ancien employeur se trouvent mêlés à des employés qui étaient déjà au service du nouvel employeur. L'article s'applique aux situations où des membres de deux ou plusieurs syndicats ou des personnes couvertes par des conventions collectives distinctes exercent les mêmes fonctions[60].

Le Conseil a, de plus, déterminé que cet article s'appliquait de façon large afin de permettre au Conseil de résoudre les problèmes pratiques de syndicats qui seraient en compétition à la suite d'une vente[61]. Le Conseil peut aller à l'encontre de sa politique habituelle, qui tend à favoriser l'intégration de tous les employés d'un employeur à une seule unité de négociation, et décider que les employés en question formeront plus d'une unité. Les critères généraux sur lesquels se basera le Conseil sont, principalement, la facilité d'administration des rapports collectifs de travail – c'est-à-dire le fait qu'une unité doit être assez grande pour pouvoir permettre aux employés de négocier de façon efficace – et la communauté d'intérêts entre les employés.

Si deux syndicats sont en compétition pour représenter des employés à la suite d'une vente, le Conseil peut décider quel syndicat deviendra l'agent négociateur au nom des employés. Cependant, le *Code canadien du travail* ne prévoit pas de critères sur lesquels le Conseil devra baser sa décision. La décision revient donc au Conseil. Le syndicat choisi verra sa convention collective s'appliquer à tous les employés membres de l'unité de négociation réunissant maintenant les employés. En pratique, le Conseil basera sa décision sur le soutien accordé au syndicat. En d'autres mots, la décision est souvent basée sur un calcul numérique, à moins que d'autres facteurs, tels le lieu ou des pratiques déloyales, ne convainquent le Conseil de prendre une décision différente. Soixante jours après la décision du Conseil, l'employeur ou le syndicat peuvent donner à l'autre partie un avis de négociation collective. Cette disposition du *Code canadien du travail*, l'article 45 (3), existe afin de protéger les conditions d'emploi des travailleurs et de permettre aux parties de

---

60. *Syndicat international des marins canadiens* et *Eastern Canada Touring Ltd.*, (1977) 24 D.I. 152.
61. *AirWest Airlines Ltd.* [1981] 1 Can LRBR, 427, (1981) 42 D.I. 247.

profiter d'une période sans négociation pendant laquelle elles pourront évaluer les conditions d'emploi des travailleurs à la suite de la restructuration.

L'article 46 du *Code canadien du travail* donne au Conseil le pouvoir de trancher toute question se posant à la suite de la transaction. Cet article donne donc au Conseil le pouvoir de déterminer, par exemple, la date de prise d'effet de la transaction. Le Conseil peut également déterminer si une vente a eu lieu, et ce, peu importe si les documents prévoient que la transaction qu'ils établissent est une vente ou non.

Notons que le *Code canadien du travail* n'exige pas expressément la présence de plus d'un employeur pour que les articles 44 à 46 s'appliquent. Ces articles pourront donc trouver application lorsqu'un employeur transfère une partie de son entreprise dont les travailleurs sont accrédités à une autre partie de son entreprise dont les travailleurs ne le sont pas. Cependant, ils ne s'appliquent qu'entre un cédant et un acquéreur qui sont soumis à la juridiction fédérale.

Un groupe de travail a été mis sur pied en 1995 par le ministre du Travail afin de procéder à une révision de la partie I du *Code canadien du travail*. Ce groupe de travail devait identifier les améliorations possibles et recommander, lorsqu'il y avait lieu de le faire, des modifications législatives afin de réduire la fréquence des conflits.

Le groupe s'est entre autres penché sur la question de la commercialisation des activités du gouvernement. Le groupe de travail s'exprime ainsi :

> Les répercussions de la privatisation des activités gouvernementales sur le maintien des droits de négociation dépendent de la nature des activités transférées au secteur privé, de l'entente conclue et du statut des parties concernées par l'entente. Il existe trois possibilités à cet égard :
>
> Si les activités sont transférées à un employeur du secteur privé dont l'entreprise est de compétence provinciale, la privatisation donnera lieu à un transfert de compétence législative de la sphère fédérale à la sphère provinciale. La privatisation des services d'imprimerie, de gestion immobilière et d'entretien des installations utilisées par le gouvernement entreraient dans cette catégorie. Comme nous l'avons déjà mentionné, le *Code canadien du travail* ne peut pas s'appliquer à ce type de transfert.
>
> Si les activités ou les services privatisés relèvent de la compétence fédérale et sont transférés d'un ministère à une société d'État à laquelle s'applique la partie I du *Code*, les droits et obligations du successeur seront régis par l'article 47 du *Code*. Si les activités ou services sont transférés d'un ministère au secteur privé, la privatisation entraînera la rupture de la relation au chapitre de la négociation collective. Dans un tel cas, aucune disposition relative aux droits de succession ne s'applique actuellement.

Si les activités ou les services privatisés relèvent de la compétence fédérale et sont transférés d'une société d'État assujettie à la partie I du *Code* au secteur privé, le maintien des droits de négociation est régi par les articles 44 et 45[62].

Le groupe de travail recommande, entre autres, que l'article 44 soit modifié, d'une part, pour éliminer l'exigence voulant que le vendeur exploite une entreprise fédérale et, d'autre part, pour permettre la continuité de l'accréditation et de la convention collective régie par une loi provinciale, avec les modifications qui s'imposent, lorsqu'une entreprise passe de la compétence provinciale à la compétence fédérale, que ce soit ou non à la suite d'une vente ou d'un transfert.

Conformément à ces recommandations, un projet de loi[63] adopté, mais pas encore entré en vigueur, prévoit que la transmission d'accréditation pourrait s'appliquer dans le cas de cession interjuridictionnelle.

Le Conseil canadien du travail s'appliquera à déterminer s'il y a continuité de l'entreprise et si, en conséquence, les articles 44 à 46 du *Code canadien du travail* s'appliquent. À ce point de vue, le raisonnement suivi se rapproche de celui qui s'applique selon l'article 45 du *Code du travail* du Québec. Le Conseil exigera, en plus de la continuité de l'entreprise, qu'il y ait une certaine connexité entre l'ancien employeur et le nouvel exploitant de l'entreprise. C'est seulement à cette condition que le Conseil déterminera s'il y a eu succession des employeurs.

Sous le *Code canadien du travail*, l'attribution de sous-contrats n'est pas nécessairement synonyme de vente d'entreprise. En effet, le Conseil distingue clairement les cas où l'employeur attribue des sous-contrats pour des services qu'il n'accomplissait pas lui-même et celui où les sous-contrats attribués visent un travail auparavant effectué par cet employeur. Les articles 44 à 46 du *Code canadien du travail* ne s'appliquent que dans ce dernier cas. Lorsqu'un employeur attribue un sous-contrat de façon à ce que le travail accompli et les biens qui servaient à son accomplissement constituent une partie cohérente de son entreprise, partie qui peut être effectivement transférée, le sous-contrat constitue une vente d'entreprise selon les articles 44 à 46 du *Code canadien du travail*.

Le *Code canadien du travail* contient également une disposition, l'article 47, qui traite du cas où un service public est établi comme corporation. Dans ce cas, une convention collective qui s'appliquait au service public est transmise à la nouvelle corporation. Cet article a été établi afin de permettre le transfert d'activités gouvernementales à des corporations parapubliques dont les activités demeurent plus ou moins dans le domaine public : la convention collective est alors maintenue malgré le transfert du secteur privé au secteur parapublic. L'article permet la restructuration de la relation de négociation entre les parties.

---

62. Rapport du Groupe de travail présidé par Andrew C. L. Sims, non daté le 29 juin 1995.
63. *Loi modifiant le Code canadien du travail (partie I), la Loi sur les déclarations des personnes morales et des syndicats et d'autres lois en conséquence*, Projet de loi C-66 (adopté le 9 avril 1997), 2ᵉ session, 35ᵉ législature (Can.).

4.1.3 LE CONTRAT INDIVIDUEL DE TRAVAIL

4.1.3.1 La *Loi sur les normes du travail*[64]

La *Loi sur les normes du travail*, adoptée en 1979 pour remplacer l'ancienne *Loi sur le salaire minimum*[65], énonce les conditions salariales et les conditions minimales de travail applicables aux entreprises qui sont soumises à la juridiction provinciale du Québec. Elle contient trois dispositions relatives au sujet qui nous intéresse.

L'article 95, qui traite de la sous-traitance, se lit comme suit :

> [Sous-entrepreneur] Un employeur qui passe un contrat avec un sous-entrepreneur ou un sous-traitant, directement ou par un intermédiaire, est solidairement responsable avec ce sous-entrepreneur, ce sous-traitant et cet intermédiaire, des obligations pécuniaires fixées par la présente loi ou les règlements[66].

Étant donné qu'il s'agit d'une obligation solidaire, le donneur d'ouvrage est responsable de la totalité des obligations pécuniaires de l'employeur selon la loi en question. La solidarité suppose que le travailleur peut choisir de s'adresser au donneur d'ouvrage pour réclamer la totalité de ce qui lui est dû selon la *L.N.T.*, le donneur d'ouvrage étant alors responsable du paiement du tout et devant s'adresser ensuite au sous-traitant afin de se faire rembourser la part que ce dernier lui doit.

Cette disposition est une autre exception à la règle du droit civil selon laquelle les contrats n'ont effet qu'entre les parties. En conséquence, les tribunaux ont décidé de l'interpréter de façon restrictive :

> La cour est d'opinion que lorsqu'elle établit une solidarité automatique comme celle de l'article 95, la loi est sans doute une loi exorbitante du droit commun et ses dispositions doivent être interprétées d'une façon restrictive[67].

Cette disposition a donné l'occasion aux tribunaux de définir le concept de sous-entrepreneur et de sous-traitant. Dans *C.N.T. c. Hôtel Motel Mingan*[68], le tribunal devait décider si l'exploitant d'un restaurant situé dans un hôtel devait être considéré comme un sous-entrepreneur ou un sous-traitant. Le propriétaire de l'hôtel, qui n'exploitait aucun restaurant, louait à l'exploitant sa salle à manger principale. Étant donné que l'exploitation du restaurant était autonome par rapport à l'exploitation de l'hôtel, le tribunal est arrivé à la conclusion suivante :

> [L]e concept [de] sous-entrepreneur ou sous-traitant implique fondamentalement la prise en charge, en tout ou en partie, d'un marché, d'un travail ou d'une charge

---

64. Précitée, note 6 (ci-après, citée « L.N.T. »).

65. L.R.Q., c.S-1.

66. Texte tel qu'amendé par la *Loi modifiant la Loi sur les normes du travail et la Loi sur le ministère du Revenu*, L.Q. 1994, c. 46, art. 8.

67. *Raby* c. *Industries I.T.T. Québec Ltée*, D.T.E. 83T-1004 (C.P.); dans le même sens, *Commission des normes du travail* c. *Hôtel Motel Mingan inc.*, [1986] R.J.Q. 1,4.

68. *Commission des normes du travail* c. *Hôtel Motel Mingan inc.*, précitée, note 65.

quelconque primitivement conclu par un autre, ce qui n'est pas le cas en l'espèce : la défenderesse n'a point primitivement conclu un contrat avec un autre avant d'en céder une partie à [l'exploitant du restaurant]. C'est dans ce sens qu'il faut l'entendre, compte tenu que le législateur a pris la peine d'utiliser expressément et en toute lettre le concept [de] sous-traitant ou sous-entrepreneur, au lieu et place d'entrepreneur[69].

Une autre disposition pertinente de la *Loi sur les normes du travail* est l'article 97 :

[Aliénation d'entreprise] L'aliénation d'entreprise ou la concession totale ou partielle de l'entreprise, la modification de sa structure juridique, notamment, par fusion, division ou autrement n'affecte pas la continuité de l'application des normes du travail.

L'article 97 *L.N.T.* représente, pour les droits individuels de travail, l'équivalent en principe de ce qu'est l'article 45 du *Code du travail* quant aux droits collectifs des salariés. Il protège la continuité de l'application des normes du travail, celles relatives au salaire, à la durée du travail, aux jours fériés, chômés et payés, aux congés annuels payés, aux repos et aux congés divers, à l'avis de cessation d'emploi ou de mise à pied, au certificat de travail, etc.

Du point de vue pratique, l'effet principal de l'article 97 est de conférer aux salariés du vendeur, lorsque l'acheteur de l'entreprise les a effectivement gardés à son service, le droit de calculer la durée de leur service continu en combinant les périodes passées au service du vendeur ou concédant et à celui de l'acheteur ou concessionnaire. Cette disposition est donc importante pour tous les droits qui dépendent de l'ancienneté.

L'article 96 couvre aussi l'aliénation ou concession totale d'entreprise, cette fois-ci pour protéger les réclamations impayées. Il se lit comme suit :

[Aliénation d'entreprise] L'aliénation ou la concession totale ou partielle d'une entreprise autrement que par vente en justice n'invalide aucune réclamation civile qui découle de l'application de la présente loi ou d'un règlement et qui n'est pas payée au moment de cette aliénation ou concession. L'ancien employeur et le nouveau sont liés conjointement et solidairement à l'égard d'une telle réclamation.

La parenté et les distinctions entre l'article 45 du *Code du travail* et les articles 96 et 97 *L.N.T.* ont été soulignées à maintes reprises par différents auteurs, dont Dubé et Di Iorio :

L'utilisation de la jurisprudence de l'article 45 du *Code du travail* doit se faire en ayant à l'esprit les différences existant entre les deux textes. Entre autres, l'article 45 du *Code du travail* protège l'accréditation alors que l'article 96 de la *Loi sur les normes du travail* protège la réclamation impayée et l'article 97 la continuité de l'application des normes. L'utilité de cette jurisprudence se révèle à l'égard de la

---

69. *Id.*, p. 4.

définition de certains concepts tels l'entreprise, l'aliénation, la concession, la vente en justice et le changement de structure juridique[70].

Cette jurisprudence inclut notamment l'arrêt *Bibeault* de la Cour suprême, qui nous est déjà familier. Pour que s'applique l'article 97, il faut, comme c'est le cas pour l'article 45 *C.t.*, une aliénation ou une concession d'entreprise, totale ou partielle, et un lien de droit entre l'employeur précédent et le nouvel employeur.

La question du lien de droit est fondamentale dans les arrêts de la Cour d'appel concernant l'application des articles 96 et 97 *L.N.T.* Dans *Boucher c. Centre de placement spécialisé du Portage (C.P.S.P.*[71]*)*, il est affirmé que l'article 97 exige aussi la preuve d'un lien de droit entre deux entreprises pour qu'il puisse y avoir continuité au sens de cet article. Dans *Bergeron c. Métallurgie Frontenac ltée*[72], il y a eu cessation de l'ensemble des opérations, prise de possession par les bailleurs de fonds et fermeture de l'usine. Le contrat individuel du salarié s'est terminé par la faillite du propriétaire. Par la suite, une entreprise nouvellement créée a acheté au syndic les principaux éléments de l'actif de l'entreprise faillie (les bâtiments et l'équipement), ce qui a permis la relance des activités et l'embauche de plusieurs des anciens travailleurs de l'entreprise faillie. La Cour d'appel est arrivée à la conclusion qu'en l'absence du lien de droit, il ne peut y avoir concession ou aliénation d'entreprise au sens des articles 96 et 97.

Le cadre tripartite envisagé dans la *L.N.T.* comporte un employeur, son entreprise et les salariés. Ces éléments doivent subsister pour qu'il y ait application des articles 96 et 97[73].

Une différence importante entre l'article 45 *C.t.* d'un côté et les articles 96 et 97 *L.N.T.* de l'autre est celle relative à l'exigence d'un transfert de salariés. Étant donné que la *L.N.T.* ne protège que les droits individuels, les droits et les réclamations des salariés qui n'ont pas été retenus par le nouvel employeur ne peuvent survivre à l'aliénation ou à la concession. En ce qui concerne l'application de l'article 96, le juge Beetz s'est exprimé clairement dans l'arrêt *Bibeault* :

> En raison de la nature personnelle du droit qu'il confère, l'art. 96 pose comme condition de base le transfert de salariés auprès du nouvel employeur[74].

Le même raisonnement est applicable en ce qui concerne l'article 96. Comme le disent Dubé et Di Iorio :

> Il y aura aliénation ou concession de l'entreprise en vertu de la *Loi sur les normes du travail* uniquement dans la mesure où il y a transfert de salariés. Comment

---

70. Jean-Louis Dubé et Nicola Di Iorio, *Les normes du travail*, 2ᵉ éd., Sherbrooke, Éditions Revue du Droit, Université de Sherbrooke, 1992, p. 258.
71. J.E. 92-1695; D.T.E. 92T-552 (C.A.)
72. [1992] R.J.Q. 2656 (C.A.).
73. Jean-Louis Dubé et Nicola Di Iorio, *op. cit.*, note 68, p. 271.
74. *Union des employés de service, local 298* c. *Bibeault*, précitée, note 18, p. 1108 (j. Beetz).

pourrait-il en être autrement ? Si aucun salarié n'est transféré d'un employeur à un autre, ni l'article 96 ni l'article 97 ne peuvent trouver application[75].

Une autre différence, cette fois-ci entre les articles 96 et 97, est l'exception de la vente en justice. L'article 96 la prévoit mais l'article 97 ne la mentionne pas. L'article 97 a donc été interprété comme s'appliquant même dans des situations de vente en justice.

Enfin, il faut souligner que l'article 97 n'a pas été interprété comme obligeant l'acheteur ou concessionnaire de l'entreprise à garder à son service les salariés de l'employeur vendeur ou concédant. L'employeur peut mettre fin au contrat de travail en respectant les autres règles pertinentes de la *L.N.T.*, dont l'article 82 :

> 82. [Avis de fin du contrat] Un employeur doit donner un avis écrit à un salarié avant de mettre fin à son contrat de travail ou de le mettre à pied pour six mois ou plus.
>
> [Délai] Cet avis est d'une semaine si le salarié justifie de moins d'un an de service continu, de deux semaines s'il justifie d'un an à cinq ans de service continu, de quatre semaines s'il justifie de cinq à dix ans de service continu et de huit semaines s'il justifie de dix ans ou plus de service continu.

L'obligation de donner un préavis de fin d'emploi selon la *Loi sur les normes du travail* est donc également une obligation qui lie le nouvel employeur.

4.1.3.2   Le *Code civil du Québec*

Les articles 96 et 97 *L.N.T.* ont été qualifiés de « dispositions nébuleuses, qui [...] ne protègent que partiellement les salariés en cas d'aliénation d'entreprise[76] ». L'article 2097 du *Code civil du Québec* est venu combler la lacune existante. Cet article se lit comme suit :

> 2097. L'aliénation de l'entreprise ou la modification de sa structure juridique par fusion ou autrement, ne met pas fin au contrat de travail.
>
> Ce contrat lie l'ayant cause de l'employeur.

Selon le ministre de la Justice, l'article 45 protège la structure syndicale, mais non pas chacun des salariés, et les articles 96 et 97 de la *L.N.T.* ne protègent que certains droits des salariés. L'objet de l'article 2097 *C.c.Q.* est de compléter la protection des salariés dans un cas d'aliénation ou de cession d'entreprise. En adoptant l'article 2097, le législateur s'éloigne de nouveau du principe général qui veut que les contrats n'aient d'effet qu'entre les parties contractantes. L'article 2097

---

75.   Jean-Louis Dubé et Nicola Di Iorio, *op. cit.*, note 68, p. 261. Ils ajoutent, à la p. 262, que ces articles sont aussi applicables, d'une part, si des salariés ne sont pas transférés mais auraient dû l'être si l'ancien employeur n'avait pas enfreint les articles 122, 122.1 ou 124 de la *L.N.T.* et, d'autre part, si les salariés ne sont pas transférés à la suite d'un stratagème visant à éviter l'application des articles 96 et 97. La *L.N.T.* étant une loi d'ordre public, on ne saurait sanctionner le recours à de tels stratagèmes par l'employeur.

76.   M.-F. Bich, *op. cit.*, note 9, p. 772.

s'éloigne aussi de la jurisprudence et de la doctrine classiques énonçant que, en vertu du caractère *intuitu personae* qu'il présente, le contrat de travail ne peut survivre à l'aliénation d'entreprise. L'article 2097 étend donc l'effet d'un contrat individuel de travail au nouvel acquéreur d'une entreprise employant le travailleur, puisque le nouvel employeur est lié par ce contrat de travail. Notons cependant que cet article ne s'applique qu'au contrat de travail, et non au contrat de services : le nouvel acquéreur n'est pas lié par un contrat conclu avec un consultant indépendant ou un entrepreneur indépendant engagé par l'entreprise acquise.

Les auteurs nous renvoient à la jurisprudence développée sous l'article 45 *C.t.* et surtout à l'arrêt *Bibeault* afin d'interpréter les notions d'aliénation et de concession d'entreprise[77].

D'après eux, les conditions d'application de l'article 2097 doivent être les mêmes que celles développées par la Cour suprême dans l'arrêt *Bibeault* et appliquées aux fins de l'interprétation de l'article 97 de la *L.N.T.* par la Cour d'appel dans *Bergeron* c. *Métallurgie Frontenac ltée*[78]. Selon la professeure M.-F. Bich, « on peut donc prédire avec une relative certitude qu'une interprétation semblable prévaudra aux fins de l'article 2097[79]. » On pourrait ajouter qu'on peut prédire une jurisprudence comportant les mêmes vicissitudes que celle développée sous l'article 45 *C.t.*

L'article 2097 du *Code civil* s'applique également dans le cas d'une aliénation partielle de l'entreprise. L'impartition d'un secteur d'activité d'une entreprise pourrait constituer une aliénation partielle d'entreprise qui entraînerait l'application de l'article 2097 du *Code civil du Québec* et assurerait la survie du lien d'emploi. Cela signifierait que le nouvel acquéreur de cette partie de l'entreprise se trouverait partie au lien d'emploi avec les personnes employées dans ce secteur avant son aliénation.

L'article 2097 ne peut être interprété comme interdisant au vendeur (ou concédant) ou à l'acquéreur (ou concessionnaire) de mettre fin aux contrats individuels de travail des employés à l'occasion de l'aliénation ou de la concession. L'article 2097 signifie simplement que l'aliénation ou la concession ne sont pas cause *per se* d'une rupture du contrat de travail. Cependant, l'employeur (l'ancien avant le transfert ou le nouveau après le transfert) doit respecter toutes les autres règles déterminant le droit à un préavis raisonnable de fin d'emploi. En effet, l'article 2091 du *Code civil du Québec* prévoit que chacune des parties au contrat de travail à durée indéterminée peut mettre y fin, mais qu'elle doit donner à l'autre partie un délai de congé raisonnable et tenir compte, notamment, de la nature et de la durée de l'emploi ainsi que des circonstances particulières dans lesquelles il s'exerce.

---

77. Précitée, note 70.
78. M.-F. Bich, *op.cit.,* note 9, p. 773; Société québécoise d'information juridique, *C.c.Q. annoté interactif,* Lavery, de Billy, art. 2097.
79. *Id.,* 773.

4.1.3.3   Perspectives de modification

Le groupe d'experts qui a signé le *Rapport Mireault* s'est aussi penché brièvement sur la question de la protection des droits individuels des travailleurs dans le cas d'aliénation d'entreprise. Il a constaté le manque de protection de ces droits. Ni l'article 97 de la *Loi sur les normes du travail* ni l'article 2097 du *Code civil du Québec* ne protègent l'emploi des travailleurs d'une entreprise aliénée, l'employeur pouvant licencier son personnel à la condition de respecter les règles relatives au préavis de cessation d'emploi.

Les travailleurs syndiqués sont également vulnérables lorsque la convention collective ne contient pas de mécanismes de sécurité d'emploi. Le groupe d'experts admet que pour sauver une entreprise en difficulté, il faut rationaliser au chapitre de la main-d'œuvre, mais il est aussi d'avis que le manque de protection du contrat individuel de travail entraîne souvent des licenciements pour des motifs « inacceptables ou frivoles[80] ». Le groupe d'experts propose, en conséquence, d'ajouter aux pratiques interdites de l'article 122 de la *Loi sur les normes du travail* le fait pour un employeur de mettre un terme au contrat de travail pour le seul motif qu'il vend son entreprise en tout ou en partie à un nouveau propriétaire qui refuse d'embaucher le salarié.

La crainte exprimée par le comité ne correspond pas à notre perception des décisions corporatives. Il faut de plus signaler que, au Québec, le législateur a décidé de ne pas assurer la sécurité d'emploi autrement que par les règles du délai-congé et les recours à l'encontre d'un congédiement injustifié prévus à l'article 124 *L.N.T.* Toute mesure additionnelle de protection de l'emploi peut être négociée par les parties. Cette protection n'est pas inférieure à celle accordée aux travailleurs du reste de l'Amérique du Nord. Cela constitue, si nous reprenons les termes utilisés par le groupe d'experts, un « choix de société ». L'ajout d'une garantie de transmission du lien d'emploi dans les situations d'aliénation d'entreprise constituerait un changement majeur apporté à notre système de droit du travail. Cette proposition ferait en sorte d'accorder une sécurité d'emploi plus grande aux travailleurs à l'occasion d'une vente d'entreprise que dans d'autres circonstances. Cette protection n'a pas sa place, d'après nous, parmi les motifs illégitimes de congédiement prévus à l'article 122 *L.N.T.*, puisque la décision de rompre certains contrats individuels de travail à l'occasion d'une vente d'entreprise ne s'apparente pas, toutes proportions gardées, au congédiement d'une salariée enceinte, par exemple, tel que le suggère le groupe d'experts[81].

---

80.   *Rapport Mireault, op. cit.,* note 17, p. 189.
81.   *Id.,* p. 190-191.

4.1.4 RESTRICTIONS CONTRACTUELLES À L'IMPARTITION: CLAUSES DE LA CONVENTION COLLECTIVE

Les plus importantes restrictions au pouvoir de l'employeur de recourir à la sous-traitance ne sont pas contenues dans les lois du travail. Elles sont stipulées par les parties au contrat de travail dans des conventions collectives et sont acceptées volontairement dans la dynamique de la négociation collective.

En l'absence de clause conventionnelle restreignant la sous-traitance, l'employeur a le droit, découlant de son droit de gérance, d'organiser le travail de la manière qu'il juge appropriée. Cela inclut le droit d'avoir recours à la sous-traitance[82].

Sur la base des statistiques officielles, le groupe d'experts qui a rédigé le *Rapport Mireault* fait la constatation suivante:

> Depuis 1981, quel que soit le secteur d'activité, on constate une augmentation du nombre de conventions collectives comportant une disposition relative à la sous-traitance. Le sommet fut atteint au début des années '90 (1993, 61,02 % ensemble; 1992, 70,44 % municipal; 1993, 61,75 % privé). Même si la tendance semble vouloir s'inverser depuis lors, on n'est toujours pas revenu aux planchers du début des années '80 (1981, 44,57 % ensemble; 1982, 46,05 % municipal; 1983, 43,70 % privé) en ce qui concerne le plus petit nombre de conventions collectives signées dans l'année sans aucune préoccupation pour la sous-traitance[83].

On aurait pu penser que la plupart des clauses actuellement en vigueur ont été négociées pendant une époque d'expansion économique et que la tendance aurait dû se renverser depuis la crise économique du début des années 1980. Cependant, les statistiques nous disent que la proportion de clauses restreignant la sous-traitance a augmenté et, donc, que les syndicats ont été vigilants pendant cette période difficile et ont obtenu la garantie de sécurité d'emploi que constitue la restriction de la sous-traitance dans certains cas.

Ces chiffres ne démontrent pas, cependant, le fait que, selon des observateurs bien informés, les employeurs qui négocient une première convention collective tentent, autant que possible, d'éviter l'inclusion de clauses restreignant leur droit d'avoir recours à la sous-traitance et qu'ils sont disposés à faire des concessions ailleurs afin de conserver intact leur pouvoir de recourir à l'impartition. La clause de sous-traitance est considérée comme une *strike issue*, c'est-à-dire que les employeurs seront prêts à subir une grève avant de céder sur cette question. Les chiffres officiels ne révèlent pas ce fait en raison des premières conventions noyées parmi une majorité qui ont été renégociées.

Les libellés précis des clauses de sous-traitance varient évidemment d'une convention collective à une autre. Cependant, il est possible d'affirmer que la clause

---

82. *Syndicat des travailleuses et travailleurs de Blue Water Seafoods et Blue Water Seafoods (division de General Mills Canada Inc.)*, D.T.E. 96T-142 (T.A.).

83. *Rapport Mireault, op. cit.*, note 17, p. 76.

la plus couramment utilisée en relation avec la sous-traitance est celle qui autorise la sous-traitance à la condition qu'elle n'entraîne pas de mises à pied. De plus, les conventions collectives du secteur municipal contiennent souvent des clauses qui soumettent le droit de sous-traiter à la condition du versement du salaire selon le taux négocié avec le donneur d'ouvrage. Certaines clauses incluent aussi un devoir d'information du syndicat, stipulé, par exemple, dans ces termes :

> Lorsque l'employeur tente d'utiliser les services d'un sous-contractant, il en informe le syndicat par écrit. Cet avis au syndicat sera envoyé par l'employeur dans les meilleurs délais et avant l'attribution du contrat à forfait, à moins de circonstances hors de son contrôle. L'avis doit indiquer la nature du travail, les motifs y donnant lieu et la durée prévue.

Ce devoir d'information coexiste souvent avec une clause restreignant le recours à la sous-traitance.

L'interprétation des clauses restrictives de la sous-traitance

Des arbitres de griefs ont été souvent appelés à se prononcer sur l'interprétation de clauses restreignant le droit de recourir à la sous-traitance. Une clause interdisant le recours à la sous-traitance pourrait se lire comme suit :

> L'employeur n'aura pas recours à des personnes non couvertes par l'accréditation afin d'accomplir du travail normalement confié à des salariés couverts par l'accréditation.

En général, les arbitres ont considéré que les notions de sous-contrat, sous-traitance ou, encore, contrat à forfait ne correspondent pas à un concept rigide revêtant un caractère formel relié à un contrat précis. Il s'agit plutôt de notions relativement larges qui viennent limiter les prérogatives d'un employeur dès que celui-ci confie, en tout ou en partie, le travail exécuté par ses employés aux salariés d'une autre entreprise, et ce, quelle que soit la forme ou la teneur des arrangements contractuels lui permettant d'atteindre cet objectif[84].

Très souvent, les conventions collectives font référence aux contrats à forfait. Sans nous attarder à des questions terminologiques, il nous suffit de signaler que, pour notre étude, les contrats à forfait sont des contrats de sous-traitance qui présentent la caractéristique particulière d'avoir un prix fixé à l'avance.

En général, les arbitres de griefs, chargés de juger des conflits découlant de l'interprétation et de l'administration d'une convention collective, affirment que le droit de l'employeur de recourir à la sous-traitance est absolu tant qu'il n'a pas été restreint de façon claire et non équivoque par la convention collective.

Nous nous devons de souligner l'importance d'évaluer des facteurs, tels que le libellé exact de la clause contractuelle en cause, la pratique passée au sein de

---

84.   Voir à ce sujet *Syndicat des employés d'entretien de la Société de transport de la Rive-Sud de Montréal (CSN)* et *La Société de transport de la Rive-Sud de Montréal* (S.T.R.S.M.), [1991] T.A. 653, D.T.E. 91T-842.

l'entreprise et la pratique courante dans le genre d'entreprise concerné, car les règles d'interprétation des contrats prévues au *Code civil du Québec* spécifient qu'un contrat doit être interprété à la lumière de ces facteurs.

Les arbitres appelés à se prononcer sur l'application des clauses restreignant la sous-traitance doivent souvent se pencher sur quelques questions précises : qu'est-ce que la sous-traitance ? s'agit-il, en l'espèce, de sous-traitance ? les conditions dans lesquelles la sous-traitance est interdite par la convention collective sont-elles présentes ?

La jurisprudence des tribunaux d'arbitrage considère que l'élément distinctif de la sous-traitance est l'absence du lien de subordination entre le donneur d'ouvrage et le sous-traitant. Un arbitre en a donné la définition suivante :

> Le contrat d'entreprise se définit comme un contrat par lequel l'une des parties, l'entrepreneur, s'oblige à faire *un travail quelconque* pour le compte de l'autre, le maître ou propriétaire, moyennant un certain prix et sans qu'il existe entre elles un lien de subordination.
>
> [...]
>
> Le contrat d'entreprise est normalement un marché à forfait. Les expressions « marché à prix fait » et « marché à forfait » sont synonymes; et signifient toutes deux que le prix a été fixé d'avance[85].

Comme nous le verrons dans les pages suivantes, l'existence d'une forme de « contrôle », exercé par le donneur d'ouvrage sur les travaux exécutés par le tiers, tend à assimiler à des contrats de sous-traitance certains contrats qui n'étaient pas conçus comme tels à l'origine (des contrats de vente d'actifs, par exemple). Le travail en sous-traitance suppose l'intervention d'un tiers[86].

Selon le contexte et la convention collective dans son entier, une clause restreignant la sous-traitance peut être interprétée comme interdisant la sous-traitance ou simplement le recours à d'autres employés de l'employeur pour effectuer un travail.

Une clause de la convention collective prévoyant que, sauf certaines exceptions, « aucun travail ou service effectué présentement par des salariés assujettis à l'accréditation syndicale ne doit être donné à contrat ou à sous-contrat à une compagnie ou à un contracteur [*sic*] individuel » a été interprétée comme une interdiction pour l'employeur d'acheter des produits qui sont le fruit du travail effectué auparavant par des salariés de cet employeur, alors que l'employeur possède l'outillage et l'équipement nécessaires pour la fabrication de ces produits[87].

---

85. *Syndicat des travailleurs et travailleuses de la maison mère des Sœurs des Saints noms de Jésus et de Marie et La Maison-mère des Sœurs des Saints noms de Jésus et de Marie*, S.A. Montréal, n° 88-09300, 5 août 1988, arb. Sabourin.

86. *Syndicat des employés de Novagro inc. (C.S.N.) et Compagnie Hudon et Deaudelin ltée*, [1991] T.A. 243, cassée en évocation pour un autre motif.

87. *Syndicat des employés d'entretien de la Société de transport de la Rive-Sud de Montréal (C.S.N.) et Société de transport de la Rive-Sud de Montréal*, précitée, note 82.

Cependant, une clause prévoyant que « les personnes non comprises dans l'unité de négociation et les contremaîtres ne peuvent effectuer le travail normalement effectué par les salariés couverts par l'accréditation » n'a pas été interprétée comme une interdiction au recours à la sous-traitance parce qu'elle prévoyait le cas des contremaîtres, qui sont des personnes physiques précises, et qu'elle n'utilisait pas uniquement l'expression « personnes non comprises dans l'unité de négociation[88] ».

Un deuxième groupe de différends occasionnés par les clauses restreignant le recours à la sous-traitance est relié à l'interprétation des conditions d'octroi de la sous-traitance. Une clause restrictive de la sous-traitance typique stipule que « le fait de donner des contrats en sous-traitance ne doit pas avoir pour effet de causer des mises à pied. » Des débats ont donc eu lieu afin de déterminer si des mises à pied étaient en fait survenues dans certains cas. Un employeur peut, par exemple, transférer des travailleurs, avec ou sans changement de leurs conditions de travail. Cela peut constituer ou non une mise à pied, selon le cas.

Lorsqu'elle a pour conséquence l'abolition de postes, la sous-traitance peut être l'objet de clauses très restrictives, allant jusqu'à interdire à l'employeur qui y a recours de transférer des travailleurs dans d'autres divisions de son entreprise. La convention collective peut également obliger l'employeur à afficher les postes vacants et à les remplir dans un délai déterminé. La possibilité pour un employeur d'octroyer des contrats en sous-traitance pour des fonctions déjà accomplies par l'entreprise peut alors se trouver extrêmement limitée.

Les clauses de sous-traitance ne sauraient toutefois empêcher l'employeur de cesser totalement ou partiellement ses activités pour un motif économique réel, d'abolir en conséquence les postes qui y sont reliés et d'obtenir par la suite les services en question d'un sous-entrepreneur. La cessation des activités doit cependant être bien réelle et la reprise ultérieure, par un tiers, des opérations antérieurement effectuées par l'employeur, au bénéfice de ce dernier, pourrait certainement être invoquée pour prétendre que l'employeur a contrevenu à la convention collective en utilisant un moyen détourné.

Les tribunaux d'arbitrage ont souvent eu à analyser la question du lien de causalité entre l'attribution de sous-contrats et les mises à pied lorsqu'une convention collective prévoyait que l'attribution de sous-contrats ne pouvait viser une partie ou la totalité des tâches accomplies par des salariés couverts par l'accréditation si elle donnait lieu à des mises à pied, congédiements ou licenciements, directement ou indirectement. Dans *Hôpital St-Joseph de Rimouski* et *Syndicat national des employés de l'Hôpital St-Joseph de Rimouski (C.S.N.*[89]*)*, le tribunal d'arbitrage a affirmé :

88.   *Syndicat canadien des communications, de l'énergie et du papier, section locale 123-C* et *Unibéton*, D.T.E. 95T-1074 (T.A.).

89.   S.A. Rimouski, n° 84-12-049, 19 novembre 1984, prés. Casgrain, A.A.S. 84A-484.

L'effet de la clause [X] à laquelle nous ont référés les parties est, à notre avis, de prohiber le travail à forfait si celui-ci est la cause directe ou indirecte d'une mise à pied, d'un congédiement, d'un licenciement ou encore, s'il implique un changement dans les conditions de travail d'un salarié, effectué de manière non conforme aux dispositions de la convention collective de travail[90].

La proximité dans le temps est un facteur important pour l'établissement d'un lien de causalité. De plus, pour établir un tel lien, l'attribution de sous-contrats doit avoir eu lieu avant la mise à pied[91].

Dans les situations de fermeture d'une partie d'une entreprise par des employeurs qui ont ensuite confié le travail à des sous-traitants, la jurisprudence affirme généralement qu'il ne s'agit pas là de sous-traitance interdite, puisque les tâches ne sont plus accomplies par l'employeur. Ce principe a été, entre autres, affirmé dans *Chrysler Plymouth de Blainville ltée* et *T.C.A. Québec*[92]. La fermeture doit être non seulement réelle, mais absolue. Si l'employeur en question continue de superviser les travaux accomplis par le tiers, les arbitres pourraient statuer que le travail a été donné en sous-traitance, en violation de la convention collective. C'est le principe qui peut être dégagé de la décision récente de la Cour d'appel dans l'affaire *Épiciers unis Métro-Richelieu*[93].

L'affaire *Métro-Richelieu*, qui a reçu une couverture médiatique considérable, a soulevé la question de la compétence de l'arbitre en matière de droit civil, question à laquelle nous ne nous attarderons pas ici. Cette affaire est également pertinente à la question de l'impartition, puisqu'elle permet de mettre en lumière

---

90. *Id.*, p. 11.
91. *Syndicat national des employés d'hôpitaux de Ste-Agathe des Monts (FAS-CSN)* c. *Centre hospitalier Laurentien*, S.A. Chicoutimi, n° 85-04-331, 22 mars 85, prés. Côté, A.A.S. n° 85A-176, p. 7. Voir aussi *Centre d'accueil Anne Le Seigneur* et *Syndicat des travailleurs et travailleuses du centre d'accueil Anne Le Seigneur (CEQ)*, S.A. Laval, n° 91-03436, 27 avril, prés. Dufresne, A.A.S. 91A-90.
92. D.T.E. 95T-1222 (T.A.).
93. *Syndicat des Travailleuses et Travailleurs des Épiciers unis Métro-Richelieu* et *Épiciers unis Métro-Richelieu*, [1994] T.A. 950 D.T.E. 94T-1121. La Cour supérieure a cassé cette sentence *Syndicat des travailleuses et travailleurs d'Épiciers unis* Métro-Richelieu c. *Lefebvre*, D.T.E. 95T-211, et la Cour d'appel a renversé le jugement de la Cour supérieure [1996] R.J.Q. 1509, D.T.E. 96T-820 (1996) R.J.Q. 1509) La Cour suprême a refusé le 30 janvier 1997 la permission d'en appeler. Devant la résistance de l'employeur à réintégrer ses anciens chauffeurs, le syndicat a procédé au moyen d'une requête en injonction interlocutoire afin que la Cour ordonne à la compagnie de procéder à la réintégration. Métro-Richelieu a allégué qu'il lui était impossible de se conformer à l'ordre de l'arbitre, au motif que, depuis 1993, un nouveau système de transport avait été mis sur pied par les différents épiciers regroupés sous la bannière Métro-Richelieu; en conséquence, l'injonction aurait des effets juridiques à l'endroit d'un tiers indépendant. La Cour supérieure a accordé la demande du syndicat et a ordonné ladite réintégration dans les quatre-vingt-dix jours et l'exécution provisoire du jugement, nonobstant appel. Le 28 octobre 1997, le juge Baudouin de la Cour d'appel a rejeté la requête en permission d'appeler. Métro-Richelieu a donc dû procéder à la réouverture de son secteur transport.

les difficultés qui se présentent lorsque l'on cherche à distinguer vente d'entreprise et contrat de sous-traitance. En vendant l'équipement réservé au transport de ses produits et en octroyant simultanément des contrats de livraison, Métro-Richelieu cédait-elle par vente l'une de ses divisions ? Ou sous-traitait-elle ses activités de livraison en contravention avec la convention collective qui la liait à ses employés ?

Selon la sentence arbitrale prononcée dans cette affaire, Métro-Richelieu continuait à contrôler les opérations de l'activité qui avait été « transférée » au tiers, ce qui n'aurait pas été dans le cas d'une vente d'entreprise.

Métro-Richelieu, qui exploite une chaîne d'alimentation, avait « vendu » ses équipements de transport et conclu des contrats de livraison. Les deux contrats étaient indissociables. En l'espèce, l'arbitre avait conclu que l'employeur n'avait pas vendu sa division de livraison, mais qu'il avait plutôt vendu son équipement, sans l'achalandage, et qu'il avait ainsi conclu avec les acquéreurs de l'équipement des contrats de sous-traitance en contravention de la convention collective. L'arbitre mentionnait que la division de livraison devait se définir en fonction des moyens nécessaires à la réalisation des activités de transport et que dans les faits, EUMR n'avait pas transféré aux transporteurs la propriété des éléments essentiels du secteur de livraison, puisque l'employeur avait gardé un certain contrôle sur les activités. On était donc en présence de sous-traitance. L'arbitre concluait qu'il ne s'agissait pas d'une vente de la division de livraison dont la finalité consistait à transférer aux clients la propriété des biens achetés par EUMR en leur nom. Les clients avaient choisi d'être approvisionnés par des fournisseurs plutôt que de s'approvisionner eux-mêmes. L'approvisionnement était donc un des éléments essentiels de la livraison des produits. À cet égard, les moyens d'approvisionnement ne se limitaient pas à l'équipement roulant, mais aussi à une organisation efficace sur laquelle l'employeur avait gardé le contrôle. En effet, celui-ci contrôlait les informations nécessaires à l'organisation du transport, s'occupait des commandes, gardait la gestion du logiciel « Truck Stop », traçait les itinéraires, déterminait le taux de facturation des clients, etc. Sur ce chapitre, l'arbitre s'exprimait en ces termes :

> Il n'est pas nécessaire que ce contrôle soit exercé de façon continue et soutenue. Il suffit que l'employeur se réserve le pouvoir d'exercer les contrôles que je viens d'énoncer pour établir un lien de subordination entre EUMR et les transporteurs en regard des éléments essentiels au transport des produits d'épicerie du centre vers les clients.

> En l'occurrence, EUMR a confié aux transporteurs la sous-traitance du secteur du transport par contrat à forfait[94].

En évocation, la Cour supérieure avait renversé cette sentence arbitrale, considérant que la question de savoir si les contrats conclus entre l'employeur et les transporteurs sont des contrats de vente ou de sous-traitance relève du droit civil qui donne lieu à l'exercice d'une compétence générale de l'arbitre soumise à

---

94. *Syndicat des travailleuses et travailleurs des Épiciers unis Métro-Richelieu* et *Épiciers unis Métro-Richelieu*, [1994] T.A. 950, 999.

une révision judiciaire. La Cour d'appel a renversé ce jugement de la Cour supérieure, reconnaissant à l'arbitre la compétence pour décider de l'applicabilité d'une telle disposition de la convention collective. La Cour d'appel affirme qu'une autre interprétation que celle retenue par l'arbitre aurait été possible, mais que cette interprétation avait un caractère rationnel et se situait dans les limites de son autonomie décisionnelle. La décision arbitrale a donc été rétablie.

Il a ainsi été établi qu'il s'agissait bel et bien d'un cas de sous-traitance, ce qui contrevenait à la convention collective en vigueur. Il importe cependant de souligner que toute question relative à la sous-traitance et à la violation de clauses conventionnelles la restreignant est fortement dépendante du libellé de la clause en question et des faits particuliers en cause.

4.1.5   CONCLUSION

Nous avons essayé de répondre, dans le présent chapitre, aux questions soulevées par la perception, généralisée chez les entreprises, que le droit du travail constitue parfois un frein aux décisions d'impartition. Nous avons tenté de déterminer jusqu'à quel point cette perception correspondait à la réalité.

Comme nous avons pu le constater, le droit du travail n'interdit ni ne restreint la sous-traitance ou d'autres formes d'impartition. Le droit du travail attache plutôt des conséquences juridiques à l'aliénation ou à la concession (totale ou partielle) d'entreprise. Ces conséquences sont la transmission de l'accréditation syndicale et de la convention collective en vigueur chez le donneur d'ouvrage au nouvel employeur, puisque ces accréditations et conventions suivront « l'entreprise ».

Les décisions d'impartition auront les conséquences mentionnées quand elles correspondront aux concepts d'aliénation ou de concession de l'entreprise tels qu'ils ont été interprétés par les tribunaux. La Cour suprême du Canada a déterminé les paramètres d'interprétation de ces notions. Cependant, l'application des principes aux cas concrets a soulevé un débat jurisprudentiel intense, débat qui se poursuit toujours.

En ce qui concerne l'article 45 *C.t.*, rappelons que la Cour suprême a affirmé que les critères qui permettent d'identifier l'entreprise (ou partie d'entreprise) ayant été l'objet de l'aliénation ou de la concession doivent être tangibles et identifiables et que l'on doit pouvoir affirmer que l'entreprise ou une partie identifiable de celle-ci se retrouve chez le nouvel employeur en tant que *going concern*. La Cour suprême ayant ainsi choisi une des théories de l'entreprise, la théorie dite « organique », et écarté la théorie dite « fonctionnelle », les cas où l'on ne constatait qu'une transmission de fonctions auraient dû être considérés comme hors de la portée de l'article 45 *C.t.* Cependant, des vestiges de l'approche fonctionnelle sont encore très présents dans les décisions subséquentes des tribunaux.

Les autres conséquences juridiques de l'aliénation ou de la concession d'entreprise sont :

- La continuité de la relation individuelle du travail (entre un employé considéré individuellement et son employeur) : le contrat de travail ne prend pas fin à l'occasion d'une aliénation ou concession d'entreprise. Cependant, les règles pertinentes n'interdisent ni au vendeur (ou concédant) ni à l'acquéreur (ou concessionnaire) de mettre fin aux contrats individuels de travail en suivant les autres dispositions de protection contenues dans les lois du travail.

- La responsabilité solidaire du donneur d'ouvrage qui conclut un contrat avec un sous entrepreneur ou sous-traitant pour les obligations qui incombent à l'employeur selon la *Loi sur les normes du travail.*

Il est essentiel de souligner que les plus importantes restrictions au pouvoir des entreprises de recourir à la sous-traitance ont été stipulées par les parties mêmes dans les conventions collectives du travail. Une jurisprudence des tribunaux d'arbitrage s'est développée afin d'interpréter le concept de sous-traitance et de l'appliquer aux cas sous examen. Comme nous l'avons souligné, toute question relative à la violation de clauses conventionnelles interdisant ou restreignant la sous-traitance dépend du libellé de la clause et des faits particuliers en cause.

Le sujet que nous avons traité dans ce chapitre n'est pas seulement l'objet de débats jurisprudentiels, mais aussi de débats sur la politique à suivre. En ce qui concerne les clauses de conventions collectives en vigueur, il revient aux parties elles-mêmes de négocier celles qui leur sont appropriées. Les perspectives de réforme se limitent à la modification possible des dispositions des codes du travail relatives à la transmission de l'accréditation et de la convention collective. Cependant, les milieux syndicaux n'en continuent pas moins de s'opposer à la pression, exercée par les unions municipales et le secteur privée, en faveur d'une modification législative qui limiterait le nombre de situations soumises à l'application de la règle. Nous croyons qu'il est peu probable qu'une réforme majeure dans le domaine soit entreprise dans un avenir rapproché. Le débat continue et sera certainement intéressant à suivre.

AGMV
MARQUIS
Québec, Canada
1999